Knaur

Von Frank Waters ist außerdem erschienen:

Das Buch der Hopi

FRANK WATERS

Gesänge
der heiligen Berge

Weisheit der Indianer

HERAUSGEGEBEN
VON CHARLES L. ADAMS

Aus dem Amerikanischen
von Heinrich Franz Tophinke

Knaur

Die amerikanische Originalausgabe erschien 1985 unter dem Titel
»Frank Waters A Retrospective Anthology«
bei Swallow Press/Ohio University Press Athens Ohio/Chicago/London

Allen bisherigen und künftigen Lesern von Frank Waters gewidmet

Besuchen Sie uns im Internet:
www.droemer-weltbild.de

Vollständige Taschenbuchausgabe 2000
Droemersche Verlagsanstalt Th. Knaur Nachf., München
Umschlaggestaltung: ZERO Werbeagentur, München
Satz: Ventura Publisher im Verlag
Druck und Bindung: Clausen & Bosse, Leck
Printed in Germany
ISBN 3-426-77431-3

2   4   5   3   1

INHALT

Einleitung

von Charles L. Adams

Ein großer Teil dieser Anthologie basiert auf einem zweisemestrigen Kurs über das Schaffen Frank Waters', den ich fast zehn Jahre lang anbot. Somit spiegelt dieses Buch auch die bevorzugten Themen meiner Studenten wider, und ich erkenne dankbar an, daß diese Sammlung ohne sie nicht entstanden wäre. Vor kurzem hörte ich zufällig, wie ein angehender Teilnehmer meines Frank-Waters-Kurses einen meiner ehemaligen Studenten fragte: »Worum geht's bei Frank Waters überhaupt?« Der ältere Student antwortete: »Es dauert ungefähr bis Mitte des ersten Semesters, dann weißt du es. Aber es ist irgendwie schwer zu erklären.« Es ist in der Tat schwer zu erklären, doch dieses Werk ist mein Versuch, diese Frage zu beantworten.

Die meisten von Waters' Romanen, Biographien und seinen ethnologischen und historischen Studien befassen sich mit Land und Leuten aus dem westlichen Teil des amerikanischen Kontinents. Daß das Interesse am Westen Amerikas dort groß ist, versteht sich von selbst. Die Nachfrage nach seinen Werken in Kanada und Großbritannien wie auch Übersetzungen ins Schwedische, Niederländische, Französische, Deutsche und Japanische belegen jedoch mehr als deutlich ein internationales Interesse. Es gilt sowohl Frank Waters als literarischer Persönlichkeit als auch den amerikanischen Ureinwohnern, den ökologischen Problemen und den damit in Zusammenhang stehenden Fragen der Moral, mit denen Waters sich ein Leben lang befaßt hat. Vielleicht geht dieses Interesse auch darauf zurück, daß Waters' Werk dauerhaften Wert bewiesen hat. (Die Nachfrage nach »The Man Who Killed the Deer« dt. »Martiniano und der Hirsch« zum Beispiel hielt über vierzig Jahre lang an.)

Das vorliegende Buch ist keinesfalls repräsentativ für Waters' Gesamtwerk. So wurde es etwa notwendig, einen Auszug und sogar Hinweise auf sein wunderschönes Buch über den Maler Leon Gaspard wegzulassen. Dasselbe gilt für »Midas of the Rockies«, Waters' Biographie von Winfield Scott Stratton, und die Romane, die er zusammen mit Houston Branch geschrieben hat.

Die hier vorgestellten Texte wurden aus drei Gründen ausgewählt: Erstens, um anhand von Waters' Themen seine Beschäftigung mit Land, Leuten und dem Geist des amerikanischen Westens zu illustrieren. Zweitens, um seine künstlerische Entwicklung aufzuzeigen – was es notwendig machte, mehr seiner späteren Werke heranzuziehen als sein frühes Schaffen. Und drittens ging es um Auszüge, die einfach für sich sprechen – Texte, die man meiner Meinung nach lesen *sollte*. Ich verbinde damit die Hoffnung, daß die Leser durch diese Auszüge angeregt werden, die vollständigen Werke zu lesen.

Um den Schwerpunkt auf Waters' Werk zu belassen, habe ich mich bemüht, möglichst kurze Kommentare hinzuzufügen. Sie sollen lediglich dazu dienen, dieser Anthologie den notwendigen erklärenden Hintergrund zu liefern sowie eine gewisse Kontinuität und Einheitlichkeit zu gewährleisten.

Frank Waters wurde am 25. Juli 1902 in Colorado Springs/ Colorado geboren. Seine Mutter entstammte einer vornehmen Familie aus dem Alten Süden der USA, sein Vater war teilweise indianischer Herkunft. Eines der wichtigsten Themen in allen

Werken Waters', nämlich die Versöhnung offenbar widerstreitender Dualitäten, resultierte sehr wahrscheinlich aus der schon früh empfundenen Notwendigkeit, die gegensätzlichen Kräfte seines eigenen Erbes miteinander in Einklang zu bringen. Die Familientradition verlangte, daß Waters – der die Obsession seiner Familie mit dem Bergbau als »Narretei« bezeichnete – am Colorado College ein Ingenieurstudium begann. Doch er verließ diesen Ausbildungsgang vorzeitig und hielt sich anschließend mit einer Reihe von Jobs über Wasser, die vom Grabenziehen in den Ölfeldern Wyomings bis zu einem Ingenieursposten bei der Southern California Telephone Company reichte.

Frank Waters war Ehrenmitglied in der Western Literature Association, der Rocky Mountains Modern Language Association und der Gesellschaft Phi Kappa Phi. Drei seiner Werke werden vom C.-G.-Jung-Institut in Zürich als originäre Quellen benutzt. Siebenmal wurde ihm die Ehrendoktorwürde verliehen. Zusammen mit seiner Frau Barbara lebte und arbeitete er abwechselnd in Arroyo Seco/New Mexico und Tucson/Arizona.*

---

* Frank Waters starb 1995 im Alter von 93 Jahren. (Anm. d. Verlags)

Die Qual der Erkenntnis

(aus: »Fever Pitch«)

Als Waters 1925[1] unweit der mexikanischen Grenze arbeitete, schrieb er sein erstes Buch, das er später als »einen stolpernden, stümperhaften, unausgereiften ersten Versuch«[2] bezeichnete. Ursprünglich hatte er dieses Werk »The Lizard Woman« genannt, doch es erschien unter dem Titel »Fever Pitch«[3] – ein Roman, der nach den Worten Thomas Lyons »bereits wichtige Themen der späteren Werke erahnen läßt«.[4] Das Hauptthema von Waters' gesamtem Werk, die Beziehung zwischen Mensch und Ort, ist auch der Angelpunkt in »Fever Pitch«: Es legt den Handlungsstrang fest und dient als Basis für die Entwicklung der Charaktere. Im Stil von Joseph Conrad erzählt Eric Dane einer Gruppe von Männern, die auf der Veranda eines Nachtclubs in einer Grenzstadt zusammensitzt, die Geschichte des jungen amerikanischen Ingenieurs Lee Marston und die physiologischen, psychologischen und geistigen Auswirkungen, die eine der trostlosesten Gegenden der Welt auf ihn hat. Die Mestizin Arvilla, ein Bargirl, hat Lee gebeten, sie in die Tiefe der Wüste von Baja California zu begleiten, um zu prüfen, ob sich dort, wie sie hofft, eine riesige Goldmine befindet. Jim Horne, ebenfalls Amerikaner, hält die Stellung, bis die beiden wieder zurückkommen. Nach entsetzlichen Strapazen erreichen Arvilla und Marston das verfluchte Herz der Einöde, ein Wüstental, das ringsum von steil aufragenden Bergen eingekreist ist. Um den Grat des Gebirges windet sich, wie der Körper einer Schlange, eine Felsformation, die die Indianer der Region als *Lizard Woman* (die Eidechsen-Frau) bezeichnen.

Gehen wir noch einmal zurück zum Beginn unserer vier Tage quer durch die Wüste. Zu diesem Zeitpunkt war die Ferne zu einem flachen Streifen geschrumpft, gesäumt von einem weißen, bläulich gefleckten Hitzedunst. Den einzigen Riß in dieser blauen Kette hitzeflimmernder Berge, so hatte Arvilla ihm erzählt, bildete der keilförmige Schatten eines in vorgeschichtlicher Zeit entstandenen Lavastroms, der auch den einzigen begehbaren Paß darstellte. Das also war der steile Anstieg gewesen, den sie während der Nacht bewältigt hatten. Auf beiden Seiten setzte sich jetzt die Reihe der Berge um ihn herum fort, in einem sich windenden, einschläfernden Dunstschleier. Wie eine Kette korallenroter Perlen – um seine Worte zu benutzen –, die zu einem wirren Haufen hingeschleudert wurden, weil sich ihre Farbe in ein lebloses rostiges Braun verwandelt hatte, schuppig wie die Haut einer Bergeidechse; und jede Perle ein Klumpen aus felsigen Beulen, mit sandig-rauhem Ausschlag, übersät mit Pickeln aus Lavakruste.

Vor ihm – und bei diesem Anblick fühlte sich Marston, als hocke er in der Haltung eines Sonnenanbeters aus alter Zeit, mit ausgestreckten Armen und gespreizten Fingern –, vor ihm und unter ihm, zweitausend Fuß tief vielleicht, breitete sich ein rundes Meer aus, in dem unzählige Wellen von Borax-Kristallen und unendlich viele Teilchen von Glimmererde funkelten, Sand, der seit Ewigkeiten unbewegt war … Wie Fliegendreck auf dem Rand einer Teetasse kniete er da; die Berge zogen sich an beiden Seiten des Horizonts entlang, tauchten ein in flirrende Hitzestreifen und verschmolzen mit ihnen. Am Grund dieser großartigen, von der Schöpfung geformten Tasse breitete sich meilenweit ein angetriebenes, zerfallenes, sonnengebakkenes Stück Natur aus, das in der Ferne wie mit einer dicken Zuckerkruste überzogen schien. Die ganze schimmernde, leuchtende, sterilweiße Weichheit einer See innerhalb der See, die tiefer lag als die Wüste ringsum.

Im Leben mancher Menschen gibt es Zeiten, in denen die ganze Pracht und Gewalt der Natur in ihre Herzen eindringt und ihre innere Leere vollständig ausfüllt. Wenn sie wieder zurückweicht, nimmt sie nur den unwesentlichen Stolz auf das eigene Dasein mit und hinterläßt Reste des innersten Kerns vom Werden eines Menschen. In einem solchen Augenblick schreit der Mensch auf in der Qual der Erkenntnis und betet darum, von seiner Last befreit zu werden. So erging es nun Lee Marston. Er stand auf und glaubte, jegliches Leben sei aus ihm gewichen. Er fühlte das Wissen und das Vermächtnis der ganzen Menschheit in seine Seele sickern und spürte, wie es bis in seinen Verstand vordrang.

Er hätte laut herausschreien können, seine Worte wären so schnell herausgesprudelt, daß niemand ihn verstanden hätte, und ihr Sinn hätte sich allen Religionen widersetzt und sie gleichzeitig anerkannt. Er warf die Arme in die Luft mit dem Gefühl, daß er, hätte er einen Pinsel in der Hand, die Form dieses vergänglichen innersten Wesens aller Schönheit, nach der die Menschen vergeblich suchen, malen könnte. Er war im Einklang mit der Musik des Unendlichen. Mit dieser Aufhebung aller Grenzen, aller Beschränkungen, all der leeren Formen dieser Schönheit, von der der Mensch weiß, sah er sie, wie sie war – die bloße, unberührte Tiefe aller Demut. Und als er dort allein inmitten der Unendlichkeit der Schöpfung stand, ganz allein vor Gott, beugte er seinen Willen vor der allgewaltigen Macht der Natur. Ihm war, als habe dieses Stück Erde nie von der Allgegenwart eines Schöpfers gewußt. Als schienen die Berge selbst ein Siegelring Gottes zu sein, den er hingeschleudert hatte, um das davon eingefaßte Land für immer vor der Schöpfung zu bewahren.

In solchen Augenblicken erhabenen Geistes verliert ein Mensch jegliche Vorstellung von der Gegenwart, und auch die Erkenntnis der Zeit und des Raumes, in die er hineingeboren wurde, ist ihm danach für immer genommen. Und genau an der Schwelle zu diesem Gedankenreich, dem Reich des absoluten Wahns, befand sich Lee Marston damals. Denn wenn ein Mensch jenen Gipfel erreicht hat, an dem er nur noch sich selbst und seinen Gott erkennt, gibt es kein Zurück. Marston war an diesem Punkt …

Das Gute in der Welt des Bösen

(aus: »The Yogi of Cockroach Court«)

Während seiner Tätigkeit an der mexikanischen Grenze beendete Waters 1927 auch die erste Fassung von »The Yogi of Cockroach Court«, sein womöglich am meisten mißverstandenes Buch. Zehn Jahre später schrieb er es um, und 1945 überarbeitete er es noch einmal. 1947 wurde das Werk veröffentlicht und erwies sich als absoluter Fehlschlag. Der britische Agent, dem es angeboten wurde, weigerte sich, es »einem Verlag von Rang und Namen in England« anzubieten, da es »zu obszön« sei.[1] Diese Reaktion mag ihren guten Grund gehabt haben, denn in keinem seiner Romane beschäftigt sich Waters derart ungeschminkt mit den Dualitäten der menschlichen Natur wie in diesem. Doch trotz einer Schlußbemerkung, mit der er deutlich auf die Quelle der Yogi-Doktrinen im Buch hinweist, scheinen die meisten seiner Leser bis zur neuerlichen, diesmal erfolggekrönten, Publizierung 1972 sich mehr auf die physischen Aktionen der weniger bedeutenden Figuren konzentriert – und damit nicht nur die Hauptfigur, sondern das gesamte Werk mißverstanden zu haben.

Auch in dieser Geschichte kommt Waters' Faszination von Orten zum Tragen. Die Hauptfigur ist Barby, ein junger Mestize, der in einer typischen mexikanisch-amerikanischen Grenzstadt von dem chinesischen Ladenbesitzer Tai Ling aufgenommen wird. Tai Lings Lebensziel ist es, durch seine Yogi-

Praktiken Befreiung zu erlangen. Barby verliebt sich in Guadalupe, eine Halbblut-Tänzerin in einer der Bars der Stadt. Die Interaktion dieser beiden Charaktere wird von dem philosophischen Tai Ling beobachtet, ebenso wie von Sal, Guadalupes amerikanischer Freundin, einem »leichten Mädchen«. Doch die Hintergründe der Figuren wie auch die typische Grenzstadtatmosphäre mit Prostitution, Glücksspiel und Drogenhandel führen auf je unterschiedliche Weise zur Zerstörung der Charaktere. Trotz all ihrer bedauernswerten Hoffnungen und Anstrengungen ist das Leben für sie alle nichts als ein stetiger Abstieg.

In Frank Waters' späteren Romanen bildet die wohlwollende Atmosphäre oder Ausstrahlung eines Ortes eine Art Konstante für die Figuren; sie ermöglicht ihnen nicht nur harmonische Beziehungen mit der Umwelt, sondern auch die Lösung ihrer inneren Konflikte. Hier jedoch verhindert das negative Milieu der Grenzstadt Derartiges, ja, es wirkt dem sogar entgegen. Den eigentlichen Kern des Buches bildet allerdings nicht der Niedergang von Barby, Guadalupe und Sal, sondern Tai Lings Scheitern: Er erkennt bis zum Schluß nicht, daß es unmöglich ist, die Prinzipien, die das Leben leiten, von diesem selber zu trennen. Denn während Barby, Guadalupe und Sal die Disziplin und Stärke, die sie vielleicht gerettet hätten, nicht aufbringen können, erkennt Tai Ling, der diese notwendige Disziplin und Stärke besitzt, nicht, daß seine Rettung ohne Respekt für die »gewöhnlichen Menschen«, wie sie eben auch im negativen Cockroach Court leben, unmöglich ist – sie ist also nicht möglich ohne einen *Bezug* zur Umwelt.

Im ersten Teil der Geschichte bekommt Tai Ling Besuch von drei Einwohnern von Cockroach Court, die ihn für ihren Plan, Chinesen ins Land zu schmuggeln, gewinnen wollen. Aber Tai Ling lehnt trotz ihrer Drohungen ab; als sie sein Haus verlassen, steht er da und denkt über die Bewohner dieses Grenzortes nach.

Es war nach Mitternacht, als Tai Ling seine Besucher durch die Hintertür entließ. Lange stand er da und starrte die Straße hinunter. Der Regen hatte aufgehört. Die Leuchtreklamen der Cantinas waren verblaßt. Die Nacht war schwül und sternlos.

Aus dem trüben Dunkel wurden zwei quietschende Töne einer Schlangenhaut-Fiedel laut. Dann wiederholten sie sich in unregelmäßigen Abständen. Tai Ling lauschte, und Erinnerungen an andere Lieder schwirrten durch seinen Kopf wie Motten, die von einem Lichtkegel angezogen werden. Lieder vom Birnbaum, vom Knospen des Lotus, ein Herbstgesang, ein Lied über die unglückliche Liebe eines Kaisers – die kurzen, harschen, kratzenden Töne vermochten sie alle auszudrücken. Wie alle vertrauten Lieder riefen ihre unterschiedlichen Motive Bilder in seinem Herzen wach. In den einsamen Flötentönen der Ti-tzu hörte er die plätschernde Musik des Huangpu-Flusses, roch Safran und das ferne Meer. Der Klang eines dreisaitigen Sanhsien glich dem von Tempelglocken und erinnerte an den bleichen Glanz von Seerosen im Mondlicht.

Beherzt wies Tai Ling all diese Gedanken von sich als das, was sie wirklich waren – romantisch und unrealistisch, eine poetische Illusion, geboren aus der seichten Phantasie eines alten Mannes. Von der anderen Seite des Ortes, so weit entfernt, daß ein mechanisches Klavier gerade noch vernehmbar war, erscholl plötzlich der Schrei einer Frau. Tai Ling neigte etwas den Kopf, ohne sich von der Stelle zu bewegen. So stand er da und starrte in die ihm bekannte Welt hinaus in dem Wissen, daß auch sie nur unreal, immateriell und lediglich in der Vorstellung des Menschen geschaffen war.

Von den Bahngleisen bis zum Arroyo, dem tiefen Tal des Rio Nuevo, von der Grenze bis zu den blauen Picachos, die im Wüstendunst flimmerten, war es eine andere, eine völlig eigene Welt; eine Welt, für die ein Fremder keine Augen hat und deren Pulsschlag er nicht fühlen kann. Und bald würde sie vollständig verschwinden; kein Mensch würde dann mehr wissen, daß sie überhaupt einmal existiert hatte.

Tai Ling schien sie wie ein riesiges graues Gehirn: Der Arroyo trennte die beiden Hälften voneinander, die von den Windungen der Straßen und den verstohlenen Gassen durchfurcht waren; hier und da klumpten sich, Blutgerinnseln gleich, spärliche Flecken von Tamarisken und chinesischem Holunder zusammen; und tief im Großhirn lag in einer seitlichen Aushöhlung Cockroach Court, in dem als Zirbeldrüse sein winziger Laden verborgen war. Und obwohl es unter der Sonne, der Hitze und dem Staub faulte und eiterte, lebte und pulsierte dieses korrupte graue Hirn und sonderte seine Träume von Gesichtern, seine Erinnerungen an Gesichter ab, all die sagenhaften und unglaublichen Vorstellungen, die dort je erdacht worden waren, und all die Empfindungen, die es einmal verspürt hatte …

Die Gesichter seiner wandernden Stämme, seiner verschwundenen Rassen und übriggelassenen Völkerschaften. Die dunklen, harten, wie aus Obsidian geschnittenen Züge der Azteken. Die Gesichter der wenigen übriggebliebenen Cocopah- und Mojave-Indianer, dekadent, pockennarbig, aufgezehrt von Krankheiten und schlechter Ernährung; Gesichter ohne Hoffnung, resigniert und dennoch mit der unbewußten Würde des Todes ihrer Rasse.

Die Gesichter der verschiedenen Mischlinge: die der Mestizen gelb und verschlagen, mit schlauen Augen und dünnen Lippen; die brutalen, breitwangigen der Cholos mit ihrer ungewöhnlich animalischen Kraft und unermeßlichen Vitalität; die der Coyotes, die unter dem Braun dunkelrot gefleckt waren; und die scharf geschnittenen Züge der Kreolen und Criollos mit ihren purpurnen Lippen.

Die rauhen Physiognomien der Tagelöhner, die aus erbärmlichen Lehmhütten jenseits des Arroyo in die Straßen der Stadt geschwärmt kamen; erdige Gesichter von Männern, deren ganzes Leben nicht mehr war als eine unbeirrbare Reise von einem erdhaften Mutterschoß in ein irdenes Grab.

Endlos die gelben Gesichter Chinas, sanft und stumm. Die großnasigen, arroganten, turbanbekränzten Antlitze kräftiger Hindu-Baumwollpflücker. Jene von breit lachenden schwarzen Kindern, die vom Kongo an den Mississippi verpflanzt und von dort in dieses Delta des Colorado verschlagen worden waren.

Die offenen Gesichter der amerikanischen Yanquis, die in die Stadt kamen. Die derben, rotgebrannten Gesichter von Ranchern. Die blassen Stadtgesichter der Händler, Käufer, Baumwoll- und Melonenmakler; die angespannten, bleichen Visagen an den Bars und Spieltischen.

Und all die ewigen Tiergesichter: das des blutdürstigen Tigers, des lustvollen Schweins, des listigen Fuchses, des diebischen Affen, des unterwürfigen Wurms, der fleißigen Ameise, des dummen und starken Ochsen.

Und die arglistigen Visagen all der kleinen Kriminellen und vom Unglück geschlagenen Armen, die diesen Grenzslum bevölkerten: die Taschendiebe und Zuhälter, die menschlichen Kakerlaken, die Prostituierten in ihren abgetragenen Slippern und verschwitzten Unterhemden, die Bettler, Drogensüchtigen und Marihuanaraucher, all die Betrunkenen und Zügellosen, die Perversen, Verdammten und Erkrankten …

Gesichter, Gesichter, tausend Gesichter, tausendmal gesehen, glitten sie aus den Windungen und Höhlungen des riesigen grauen Gehirns wie nebulöse, geisterhafte Gedankenbilder. Für

Tai Ling war nichts in den Rufen und Gesten dieser Menschen, nichts von ihrer wilden, gewaltigen und unergründeten Energie lebendig. Nur der endlose Strom ihrer Gesichter, der an seiner Tür vorüberfloß, schien von einem ungeheuren monströsen Zauber berührt.

Gefangen in Elend und Übel, von Gier und Wünschen versklavt, wiederholten sie unablässig ihre eigene Unaufrichtigkeit, passierten ihn wieder und wieder schweigend oder mit durchdringenden Stimmen und gaben sich Liebe und Haß, Tollheit und Verzückung, Macht und Verzweiflung hin. Und für immer strafte die Wesenlosigkeit ihrer Existenz all ihre Mühen Lügen. In einem ungeheuren, monströsen Zauber trieben sie ohne eine wahre Bedeutung vorbei, und das einzig Wahre an ihnen war die seltsame und sagenhafte Natur ihrer Herkunft.

Tai Ling stand im dunklen Hintereingang seines Hauses und spürte Unruhe in sich aufsteigen. Er war an den Kern seines wahren Problems gestoßen. Denn ebenso wie seine eigene Vergangenheit das begründete, was er einen individuellen Charakter oder Karma nannte, schufen all diese manifestierten Gedanken seines Umfelds ein Karma des Ortes. Nur vollständige Objektivität allein konnte ihn befreien. Gegen dieses riesige graue Gehirn aber mußte er sein eigenes aufbieten.

Tai Ling war auf dem Pfad zur Freiheit zu weit fortgeschritten, um seine Schwierigkeiten zu unterschätzen. Es war ein gefährliches Spiel; das bewiesen Märtyrer aller möglichen Glaubensrichtungen. Und er besaß genügend Humor, um auch das Paradoxe seiner Situation zu erkennen. Denn während die meisten Menschen danach streben, in einer Welt des Guten unbemerkt ein klein wenig Böses zu erreichen, versuchte er in einer Welt des Bösen heimlich ein wenig Gutes zu tun. Dies war sein einziger Anhaltspunkt für den Sinn seines Daseins.

Die Töne der Schlangenhaut-Fiedel waren erstorben. Die

Gasse war einsam und verlassen. Das große graue Gehirn schlief; nichts erinnerte mehr an seine korrupten Phantasien.

Tai Ling ging in sein Zimmer, schickte sich an, zu Bett zu gehen, und bemühte sich, an die »Zehn Dinge zum Vergessen« zu denken.

Der Boxkampf

(aus: »Easy Meat«)

Auch Waters' zweite Publikation und seine einzige veröffentlichte Kurzgeschichte spielt in einer Grenzstadt. »Easy Meat«[1] ist die Geschichte eines Preisboxkampfs. Und auch die des Aufeinandertreffens zweier Rassen: Der Bolo Boy, ein intuitiver junger Mexikaner, kämpft gegen Tendler, einen rationalen Amerikaner mit kühlem Kopf. Es werden somit drei Kämpfe gleichzeitig ausgetragen – der Konflikt zweier Männer ungleicher Herkunft, verschiedener Rasse und unterschiedlicher Wahrnehmung und Auffassung.

Von dem Augenblick an, in dem der Bolo Boy seinen Gegner in der anderen Ecke erblickte, von dieser ersten Minute im Ring an, noch bevor ihre Handschuhe geschnürt waren, wußte er, diesen Mann würde er auf Herz und Nieren testen.

Wie die meisten Boxer nahm auch der Bolo Boy gewöhnlich kaum Notiz von seinem Gegner, bis der Gong erscholl. Aber heute abend war es anders. Die ganze Woche lang war in den Bars und Cantinas der Stadt über diesen Gringo Tendler geredet worden; über ihn und seine großmäuligen Anhänger mit ihren Hotelzimmern, ihren zwei Duschen pro Tag, ihren sauberen weißen Hemden jeden Abend beim Essen in dem schicken Hotel jenseits der Grenze; über diese Leute – einen echten Manager, einen Trainer, Sekundanten und Sponsoren – und ihre großen Worte. Noch mehr davon hatte er heute abend auf dem Weg zur Arena an der Bar der Cantina Nuevo Mondo gehört: Sie waren nur an die mexikanische Grenze gekommen, damit ihr Junge ein paar Erfahrungen mit zähen Gegnern sammeln und so seine Technik und Geschwindigkeit verbessern konnte.

Auf der anderen Seite des Rings stand Tendler auf, damit seine Sekundanten ihm den Bademantel ausziehen konnten. Der Bolo Boy warf ihm zwischen seinen eigenen Sekundanten, die über seine bandagierten Hände gebeugt waren, gelegentlich Blicke zu und verfolgte, wie er in eine neutrale Ecke ging. Unbekümmert wanderten seine Augen von den rasch tänzelnden Füßen, die knirschend Kolophonium in die Zeltplane rieben, zum breiten Nacken seines Gegners, diesem untrüglichen Gradmesser für die Stärke eines Mannes. Tendlers Körperbau entsprach den gängigen sportlichen Erwartungen – feste, sehnige Knie, die die knotigen Waden und die langen, muskulösen Oberschenkel kräftig miteinander verbanden. Eine schlanke Taille, und unter den weißen, von einem schmalen, grünen Band gehaltenen Seidenshorts waren deutlich die Konturen der Pobacken zu sehen. Die Arme an den Seilen ausgestreckt, ließ er die Muskeln seiner Schultern spielen, als würde sich unter dem Hemd eine Brut Schlangen winden.

Der Bolo Boy saß auf seinem Hocker und zupfte am Bund seiner Segeltuchshorts, die noch etwas dunkler waren als er selbst.

»Alles klar bei dir, he?« fragte Young Fuera, einer seiner Sekundanten.

Der Bolo Boy nickte. Es war dieser grüne Streifen an den weißen Seidenshorts, der ihm das Gefühl gab, er werde Tendler erledigen; und das seidene Weiß dieses Rückens verstärkte dieses Gefühl zur Gewißheit. Er besaß den Instinkt seiner geschundenen Rasse für ein blühendes Feld in den ausgedörrten Bergen, und das königliche Grün der Azteken war seine geheime Farbe. Den ganzen Tag schuftete er unter der sengenden Wüstensonne auf dem Feld. Und die Früchte seiner Arbeit gingen an die Gringos; sie konnten sich freuen über kühle Winter-, Honig- und Cantaloupemelonen. Sogar heute hatte er bis mittags gearbeitet – vielleicht nur, damit Tendler eine Melone hatte, die er in seinem schicken Hotel mit einem echten Silberlöffel verspeisen konnte. Sein eigenes Abendessen war das, was er fast jeden Tag am gleichen Ort aß: Bohnen mit Speck und Bier, drüben in der *Loncheria* auf der anderen Straßenseite. Und heute abend schien er zum erstenmal in all den Jahren zu spüren, daß es bei diesem Kampf um mehr ging. Als würden alle diese Gringos hier herunter über die Grenze kommen wie eine große weiße Welle, auf deren Kamm Tendler thronte. Nur gut, daß er wußte, er würde Tendler erledigen.

»Laß das Kerlchen nicht aus den Augen, Boy. Sie sagen, er ist verdammt schnell. Spiel nicht herum, und wenn du ihn triffst, dann besorg es ihm richtig!« Bud Cross klopfte ihm auf die Schultern und reichte einen Eimer aus dem Ring hinunter.

Auf das Zeichen des Kampfrichters hin stand der Bolo Boy auf und ging in die Mitte des Rings. Er hatte noch immer einen zerrissenen Pullover über den Schultern hängen und hörte sich die Instruktionen des Mannes an, ohne aufzusehen. Ein kurzer, schneller Blick auf Tendler hatte ihm genügt – auf seine gelockten, braunen Haare und das Gesicht, das außer einer verdickten Nase und einer wülstigen Oberlippe keinerlei Blessuren aufwies. Jetzt wußte der Boy, und durch seine verächtliche Mißachtung machte er es Tendler offenkundig, daß der Jüngere ihn genau studierte, leicht gereizt, weil er keinen Blick von ihm erhaschen konnte. Der Bolo Boy warf mit einer aufmüpfigen Geste die Fäuste nach vorn, wandte sich behende wie eine Katze um und ging in seine Ecke zurück.

Eine angenehm tödliche Stille entstand in der Arena. Überall gingen kleine, gelbe Lichter aus, bis nur mehr der weiße Kegel über dem Ring und eine Lampe oberhalb der Hintertür an der Bar zur Straße hin übrigblieben. Die Luft war noch immer stickig, schweißtreibend und unbewegt wie drinnen in der Bar. Die übelriechende Stille beruhigte den Bolo Boy; leicht und elegant nahm er auf seinem Hocker Platz und legte eine Hand auf den Oberschenkel. Der Handschuh war feucht, als er sie wieder hob. Der Bolo Boy war froh, daß die Nacht so warm war, daß sich kein Lüftchen regte, und er hoffte, es würde so heiß und trocken sein, daß es in der Kehle brannte, bevor der Kampf vorüber war. Er war an solche Nächte gewöhnt – ein weiterer Vorteil für ihn, und …

Der Gong; sofort wurde der Hocker unter ihm weggerissen.

Als Tendler aus seiner Ecke kam, sah der Bolo Boy ein kleines nervöses Lächeln über das jugendliche Gesicht seines Gegners huschen. Es wich jedoch sofort einem lauernden Blick aus zusammengekniffenen Augen und fest, aber nicht verkrampft geschlossenen Lippen: der entschlossene Blick eines Mannes, der sich ganz auf sein Vorhaben konzentriert. Elegant und schwungvoll trat der Mexikaner in den Ring. Mit erhobenen Händen täuschte er an, deckte ab und ließ seine Linke nach vorn schnellen. Schon während seine Gerade im Gesicht des Gegners landete – sie war zu hoch ausgefallen –, spürte er Tendlers Erwiderung und mehrere Haken auf seine Rippen niedergehen. Der Gringo war wirklich schnell. Die anschwellenden Rufe der Zuschauer in den Ohren, wich der Boy seitlich aus und verpaßte ihm über den abwehrenden Arm hinweg einen Cross an den Hals. Als der Ringrichter hinter ihm stand, führte er mit der Rechten einen Rückhandschlag an das Kinn aus, das er zuvor verfehlt hatte. Aber bevor er wieder Kampfstellung einnehmen konnte, warf ein kurzer Treffer auf den Körper ihn auf die Fersen zurück. Und sofort war Tendler unmittelbar vor ihm, umschloß mit den Unterarmen seine Ellbogen, er fühlte leicht Tendlers regelmäßigen Atem an der Schulter.

Die Zuschauer brachten ihre Freude lautstark zum Ausdruck. Der Bolo Boy wußte, daß der Applaus ganz und gar ihm galt, ließ sich davon aber nicht beirren. Er schüttelte kräftig die Arme, um den Eindruck zu erwecken, er werde noch immer festgehalten, und gestand sich ein, daß er Tendler unterschätzt hatte. Dieses blitzschnelle Hochreißen des Kinns vor seinem Cross – das hatte er noch selten erlebt. Die zähen Kleinen von der Grenze – auch er wurde so genannt – standen auf und kämpften, bis sie k.o. geschlagen wurden; sie scherten sich nicht um die kleinen Dinge, diese subtilen kleinen Dinge, mit denen man Punkte machen konnte. Der Bolo Boy spürte einen verhaltenen Respekt für seinen Gegner in sich aufsteigen. Wie durch den Ringrichter von Tendler weggerissen, sprang er zurück und wich unter dem gleißenden Licht, das den Ring erhellte, geschmeidig aus.

In der Ringmitte sparrten sie kurz und versuchten beide mit einer zur Schau gestellten Flinkheit und Cleverness, die nur sie selbst nicht täuschte, sich in den anderen einzufühlen. Als der Gong die Runde beendete, warf Tendler dem Bolo Boy ein anerkennendes Lächeln zu, bevor er sich in seine Ecke zurückzog. Ein Lächeln, das perfekt die dünkelhafte Haltung all dieser Americanos ausdrückte, die in den Casinos auftauchten, um mit der immer gleichen fröhlichen Unbekümmertheit beim Kartenspielen zu gewinnen oder zu verlieren. Er war ihm also gerade recht, der Bolo Boy? Einmal mehr wußte er mit eiskaltem, berechnendem Willen, daß er Tendler schlagen würde.

»Du mußt den Typ fighten, nicht boxen!« mahnte Young Fuera, während er den Hosenbund des Bolo Boy weiter machte.

»Genau, versuch nicht, den Kerl auszuboxen. Du gehst einfach nur ganz an ihn ran und dann – zack! Kapiert?« wiederholte Bud Cross dicht an seinem Ohr.

Der Bolo Boy lehnte sich bequem in seine Ecke zurück und starrte mit einem langsamen, schläfrigen Blick unverwandt quer durch die Arena. Sie war brechend voll. Alle seine Kumpel von den Feldern waren da; auf den Sitzbänken jede Menge alter Señoras; Chinesen, die mit ihren dunkel verfärbten Zähnen unablässig und gleichmütig Samen von Wassermelonen aufbissen, und vereinzelt auch ein paar Hindus mit ihren schmutzigen Turbanen. Bis über die Seitenwände der Arena hinaus zeichneten sich Köpfe und bucklige Schultern vor dem Nachthimmel ab. Und sie alle waren da, um zu sehen, wie er den schnellen Gringo abfertigte. Für eine Menge wie diese waren sie eigentlich ungewöhnlich ruhig, so als könnten sie alle mit telepathischem Gespür erfühlen, daß sie einen echten Kampf zu sehen bekamen. Die Soldaten an den Türen und die *rurales* würden heute abend keine Probleme mit fliegenden Flaschen bekommen.

Der Gong ertönte durch die schwere Luft und kündigte die zweite Runde an. Mit unglaublicher Schnelligkeit schwang sich der Bolo Boy von seinem Hocker auf, sein brauner Körper glitt geduckt bis über die Mitte des Rings. Und noch bevor Tendler die Führung übernehmen konnte, landete der Mexikaner einen linken Haken in die Rippen und einen rechten auf die Augen. Wieder bohrte er sich in ihn hinein. Ein rascher Schlagabtausch. Ein stechender Schmerz an der Wange, der seinen Kopf, seinen Blick ins Dunkel hinaufschnellen ließ. Er trat einen Schritt zurück. Drehte sich um die eigene Achse. Überraschte den schnellen Tendler mit einem harten Aufwärtshaken in die Rippen. Hart. Etwas erwischte ihn voll in der Mitte, so daß sein Atem mit einem Pfeifen ausströmte. Dann war er weg, gewandt,

27

leichtfüßig, fließend wie eine Welle auf der Oberfläche eines Sees.

»Dass'n Kerl, Mex!«

»Mach ihn fertig, Whitey!«

Aus dem Publikum schwoll ein tiefer, donnernder Applaus herauf. Irgendwo zerschellte eine Bierflasche. »Whitey« Tendler, der Weiße, war so schnell, wie sie alle gesagt hatten, aber wenn der Mexikaner sich bewegte, schien es ihnen, als beobachteten sie das unbewußte, aber perfekt koordinierte Muskelspiel eines Tiers. Schon waren die beiden wieder in der Ringmitte. Ein Hagel von Fäusten, das laute Klatschen von Schlägen, die nicht trafen. Clinch. Der Bolo Boy befreite sich und griff sofort wieder an. Diese Runde ging an ihn, aber er wußte, daß sie nicht großartig gewesen war. Am Ende war Tendlers weiße mädchenhafte Haut mit roten Flecken übersät, die man auf dem dunklen Teint des Bolo Boy gar nicht gesehen hätte; doch er ahnte, daß der Körperhaken, den er abbekommen hatte, ihm in den kommenden Runden noch zu schaffen machen würde.

Er drehte den Kopf, um Wasser auszuspucken, und legte sich schwer atmend zurück. Zu schnell. Er mußte zuschlagen, und zwar hart, verdammt hart. Zuschlagen, um diesen Kerl zurück über die Grenze zu verjagen, zurück in die *Estados Unidos*, wo alle diese Weißen hingehörten.

Schnell und prahlerisch – so waren sie, diese Americanos. Sie hatten nichts von dem Langsamen, Unbeirrbaren und Zwangsläufigen seiner Rasse. Sie machten alles so, als ob es ein Spiel wäre. Als sei selbst ihre Arbeit nichts als Spaß und Zeitvertreib. Was wußten sie schon vom immensen Stolz des Landbewohners, für den ein Scherz eine Beleidigung darstellt, für den Ernst auf einer größeren Bescheidenheit gründet. Oder vom Haß, der hinter unergründbaren Augen gehegt, gepflegt und verborgen werden kann, wie dies seit vierhundert Jahren geschah; Augen, die zu steinern waren, als daß die Zeit ihnen etwas anhaben konnte.

Die formlosen Lippen des Bolo Boy schoben sich zurück, als er die Luft einsog. Nicht im Ring zornig werden. Er war es auch nicht. Er fühlte nur einen Wunsch, der ihn warm bis in die ausgestreckten Arme durchflutete, ein Verlangen, die sich kräuselnde weiße Seide dieses Gringo in Fetzen zu reißen.

Die Runde begann langsam. Der Bolo Boy versuchte, Tendler an die Seile zu drängen. Hartnäckig verfolgte er seinen Gegner quer durch den Ring und zurück. Das häßliche braune Gesicht des Boy unter seinem zerzausten Schwarzhaar war unbewegt wie Stein. Seine glasharten Obsidianaugen hatten einen offenen, starren Ausdruck; nicht ein Blick streifte Tendlers blitzschnell arbeitende Hände. Wie schnell der Gringo sich bewegte. Bedrohlich schnell; kreisend und ein- und auswärts und so ökonomisch in seinen Bewegungen, daß er ständig mit perfekter Deckung kämpfte. Bei jedem Angriff duckte der Bolo Boy mit unbewegtem Blick hinter die erhobene Linke ab und ließ die Schläge auf den Schädel prallen. Tendler hatte nicht gelernt, seine Hände zu schützen. Nun, nach diesem Abend würde er wissen, daß man nicht immer nur schlagen, schlagen, schlagen konnte, mit gebrochenen Fingerkuppen, überanstrengten Sehnen und Blutergüssen, die unerbittlich einer nach dem anderen das kostbare Leben einer Boxerhand verkürzten. Hier unten lernte Tendler, was kämpfen bedeutete – das fürchterliche Zertrümmern, das ständige Einhämmern von sich verlagerndem Gewicht und Knochen gegen Fleisch und Nerven.

Unablässig bohrte sich der Bolo Boy in seinen Gegner hinein, angespannt und in der geduckten Haltung, die ihn über die ganzen sechshundert Meilen der Grenze bekannt gemacht hatte: das Gewicht gleichmäßig auf die weit gespreizten Beine verteilt, das linke Handgelenk deckte Kinn und Kehle ab, hochgezogene

Schultern, die rechte Hand unten und pendelnd wie der Kopf einer Schlange, der sich über dem aufgerollten Körper wiegt. Tendler tänzelte um ihn herum und ließ Schläge auf seinen Kopf, seine Arme und Schultern niedergehen – ein leibhaftiger Wirbelwind in schimmerndem Weiß.

Hoffnungslos unterlegen, wich der Bolo Boy zwei große Schritte zurück. Tendler nutzte seinen Vorteil und trieb ihn in die Enge. Seine Augen verrieten den Schlag, und der Bolo Boy sah ihn kommen. Eine linke Gerade aus der Schulter heraus. Der Bolo Boy zuckte mit keiner Wimper. Aber den Bruchteil einer Sekunde, bevor er zwischen die Augen getroffen wurde, landete seine kurze Rechte einen vollen Schlag. Er fühlte, wie sein Handschuh in Tendlers Körper sank. Dann schien das grelle Licht von oben direkt in seine Augen zu strahlen, so daß er nichts sehen konnte. Die Bänder in seinem Nacken wurden gewaltsam verdreht. Instinktiv beugte er sich vornüber und deckte ab.

Er fühlte eine nackte Hand gegen seine Schulter drücken. Plötzlich konnte er wieder sehen und hören. Ein unglaublicher Lärm drang auf seine Ohren ein, und irgendwo ganz in der Nähe hörte er eine Stimme: »Zwei – drei!« Tendler war auf den Knien, die Arme krampfhaft um sich geschlungen. Sein schmerzverzerrter Blick suchte den Himmel ab, er rang nach Luft.

Der Bolo Boy machte einen Satz nach vorn, doch der Arm des Ringrichters schleuderte ihn wieder zurück. Wie ein reißender Hund an der Leine schwänzelte er um den knienden Whitey herum. Bei Fünf war Tendler auf einem Knie. Bei Sechs begann er aufzustehen; nur die Stimmen aus seiner Ecke hielten ihn noch etwas auf. Bei Acht stand er wieder, und der Bolo Boy griff sofort an; er vergaß alles, bis auf den wahnsinnigen, frenetischen Wunsch, an diesen Gegner heranzukommen, bevor er wieder

Atem schöpfen konnte. Aber Tendler ließ ihn nicht an sich heran. Seine Abwehr war fehlerlos, seine Beinarbeit fast perfekt; er befreite sich schneller aus jeder gefährlichen Situation, als der Bolo Boy effektiv zuschlagen konnte, so daß er lediglich harmlose Treffer auf Arme und Schultern des Gringo plazieren konnte. Und dann, noch schneller als sie beide, der Gong. *Carape!* Die verdammte Glocke. Wütend knurrte der Bolo Boy über die Schulter etwas zur Ringmitte hin, als er in seine Ecke schritt.

Wenn er nur eine halbe Minute mehr gehabt hätte! Nur noch eine Chance, um einen guten Schlag anzubringen, bevor der Gringo sich in der Pause wieder erholen konnte. Der Applaus hielt an; aber über dem allmählich ersterbenden Tosen der Menge hörte der Boy das peitschende Knallen von Handtüchern, die Luft in Tendlers Lungen trieben. Begierig beugte er sich nach vorn, um die kühle Brise einzuatmen, die seine eigenen Sekundanten ihm zufächelten. Schweiß tropfte ihm auf die Knie. Seine Arme waren glitschig-naß, wie in dünnes Öl eingetaucht. Heiß? Maria! Aber selbst als er den Kopf hob und den Mund öffnete, um den Schwamm zu bekommen, wünschte er, die Nacht wäre noch schwüler. So drückend heiß, daß sie Tendler erstickte. Irgend etwas, das den Gringo nur für einen Augenblick bremste.

»Bleib an ihm dran, Boy. Und wenn du ihn ohne Deckung erwischst, dann gib's ihm.«

Als Tendler wieder aus seiner Ecke kam, grinste er ihm kurz zu, doch auch in den beiden folgenden Runden kam der Bolo Boy nicht an ihn heran. Während er Tendler unablässig verfolgte, brannte sich dieses Grinsen in seine Gedanken ein. Warum schlug der Gringo nicht einfach auf ihn ein wie die anderen auch? Er versuchte, ihn nach Punkten zu schlagen, in der weiten Distanz zu kämpfen und dann von ihm wegzugleiten.

31

Nahkämpfe mit irritierenden Finten beherrschte er nicht. Andauernd manövrierte er sich aus der Distanz und machte ihn zum Angreifer; verleitete ihn zum Kampf und wich dann mit einem Sidestep und einem abschließenden Haken aus. Am Ende jeder Runde wußte der Bolo Boy, daß Tendler der beste Mann war, gegen den er je angetreten war. Ein geschmeidiger Weißer, bleich, unberührbar wie ein Geist. Und noch mehr als zu Beginn des Kampfes, mehr als je zuvor und mehr als alles andere wollte er den Gringo besiegen – wußte er, er würde Tendler schlagen. In rasch wechselnden, flüchtigen und doch ganz deutlichen Bildern, aber bleich wie Geister, tauchten vor seinem Auge Erinnerungen auf an andere Männer, mit denen er gekämpft, die er besiegt hatte. Und keiner von ihnen, nicht einmal all ihre Stärke und ihr Können zusammengenommen, hätte diesen Gringo auf der anderen Seite des Rings mit seinem grünen Streifen um die Taille schlagen können. Aber er würde Tendler schaffen. Er wußte es. Der Gedanke saß in ihm fest wie ein Dorn im Fleisch.

Langsam aber erkannte er den Grund für Tendlers Überlegenheit – für die Überlegenheit aller Gringos. Das Kämpfen war Tendlers Spiel. Es war sein Geschäft; er hatte kein anderes. Und das Geschäft der Americanos war ihr Leben. Sie lachten und scherzten und redeten, sie redeten laut und viel. Alles *business*. Im Sommer, im Winter, bei Wind und Sonne, bei Tag und bei Nacht. Immer nur *business*. Sie lebten kein Leben. Sie lebten ihr Geschäft, eine Routine, die Freude und Leid, die Sonne wie den Regen aus den Seelen und den Tränen der Menschen sog und auch allen Haß und alle Hoffnung; und alles zusammenbündelte wie Baumwolle, die soundsoviel pro Ballen kostet. Das war der Unterschied zwischen ihnen und seinen eigenen Leuten, mit ihren trägen Tagen in der Sonne, den Feiertagen der Heiligen, den unzähligen *fiestas* und den Tagen des »*Pues*, aber

32

Señor, an einem solchen Tag zu arbeiten …« wenn man einen Peso in der Tasche hatte und in jeder Cantina Freunde warteten. Der Unterschied zwischen Tendler und ihm selbst. Und als er so nachdachte, in jenen raschen, leeren Sekunden im Ring und den Minuten zwischen den Runden, sah sich der Bolo Boy an einer düsteren Kreuzung seines Lebensweges. Anders als das der Gringos war sein Leben absichtslos, ereignislos und ohne Ziel gewesen. Und doch hatte jeder neue Tag ihn einer Veränderung nähergebracht. Denn irgendwie würde selbst er sich verändern müssen. Heute abend mußte er über eine Grenze gehen, eine Schicksalslinie, die dunkel, undeutlich und bedrohlich vor ihm lag und nur darauf wartete, überschritten zu werden. Tendler war nächste Woche fort; nur er würde dann noch hier sein, um das Gerede in den Bars zu hören. Aber er mußte sich bremsen. Seine Lungen, sein ganzer Körper zerbarst bei diesem Tempo. Und jener Treffer in den Körper machte sich zunehmend bemerkbar; bei jedem Schlag, den er ausführte, spürte er ein schmerzhaftes Ziehen.

In der letzten Minute der sechsten Runde machte Tendler plötzlich auf. Es war, als würde er innehalten, doch dann schoß sein Arm ausgestreckt nach vorn. Der Bolo Boy war überrumpelt. Die Linke erwischte ihn seitlich am Kinn; er krachte in einer neutralen Ecke zu Boden wie ein gefällter Baum. Der Schlag nahm ihn ziemlich mit, aber er war unverletzt und wäre auch sofort wieder aufgestanden, doch dieser Young Fuera in seiner Ecke fing ihn mit den Augen ab.

Er verharrte auf einem Knie mit beiden Händen auf dem Boden wie ein Wettläufer am Start. Ein listiger Gedanke überkam ihn, während er wartete. Er drückte seine Handschuhe in die Stellen mit Sand und Kolophonium auf dem Boden. Als die Neun gezählt wurde, sprang er auf. Er bemerkte es sofort – Tendler wußte, daß er versuchen wollte, sich rasch in die Sicherheit eines Clinchs zu flüchten. Der Gringo setzte seine Schläge hoch an. Mit einem bitteren, an sich selbst gerichteten Lächeln ließ der Bolo Boy sie auf seinen Kopf niedergehen. Absichtlich streifte er Tendler nur; dabei spürte er, wie sein Handschuh über dessen Rippen rieb. Wieder kurz vor dem Gong landete er einen unbeholfenen, schwachen Schlag ins Gesicht und drehte den Handschuh. Als er sich mit dem Glockenschlag in seine Ecke zurückzog, bemerkte er, wie sich Tendlers Gesicht zornig rot verfärbte – zwei dicke Flecke, die nicht schlimm waren, aber irritierten und deshalb unvergessen bleiben würden.

Zu Beginn der nächsten Runde ging Tendler sofort auf ihn los. Es war, als habe der Bolo Boy plötzlich einen anderen Gegner vor sich. Der Gringo war nicht mehr der schnelle, defensive Kämpfer, der sich unablässig rasch bewegte. Mit hochgezogenen Schultern, der Mund nicht mehr als eine dünne Linie, erwiderte er die Attacken des Bolo Boy mit einem Gegenangriff und kurzen geraden Haken, die er auf den Zehen stehend schlug, ohne einen Zoll zurückzuweichen. Für den Bolo Boy waren es die mörderischsten Runden seines ganzen Lebens. Schlag folgte auf Schlag. Scharrende Füße und das Quietschen ausgetrockneter Bodendielen. Ohne Pause und vielstimmig brauste der Applaus in seinen Ohren – solche Kämpfe waren es, die das Publikum hier unten sehen wollte, wofür es gern bezahlte. Eine schnelle Eingebung sagte dem Bolo Boy, daß die Menge im Begriff war, sich zu verändern. Schuld daran war der Niederschlag in der vorhergehenden Runde. Einzig und allein dadurch hatte Tendler sich Respekt verschafft, war vom bloßen Gringo und Outsider zu einem gleichwertigen Kämpfer im Ring geworden. Und dieser Schlag bedeutete, daß Tendler nicht nur verdammt schnell war, sondern auch verdammt gut.

Der Bolo Boy kämpfte. Von einem Gongschlag zum nächsten gab es keinen ruhigen Augenblick mehr. Die knappen Minuten, die er zurückgelehnt auf seinem Hocker saß, den Blick auf die Sterne gerichtet und den nassen Schwamm im Nacken, waren ihm kaum bewußt. Mit allem, was er hatte, schlug er auf Tendler ein. Und mit zunehmender Verzweiflung wunderte er sich, daß dieser nach jedem wütenden Schlagabtausch noch immer auf den Füßen stand. Wieder und wieder ging er auf Tendler los, und mehr und mehr schob sich ein kaltes Grauen vor die Gewißheit, den Gringo zu schlagen.

Und dann schickte dieselbe linke Gerade, die er schon zuvor abbekommen hatte, ihn noch einmal in undurchdringliche Dunkelheit. Eine Bewußtlosigkeit, die sich wie ein schneller Vorhang vor seinen Augen zuzog, die aber nicht einmal eine ganze Sekunde lang gedauert haben konnte. Young Fuera sah, wie dem Boy die Knie einknickten, als er in einen Clinch ging, und der Bolo Boy selbst spürte, wie der Ringrichter und Tendler wütend kämpften, um den Gringo vom Gewicht des Boy zu befreien. In der nächsten Sekunde verschwand der schwarze Vorhang, und der Bolo Boy sah auf eine alte Señora in den Zuschauerbänken hinunter. Gleichmütig, mit einem unbewegten Gesicht wie aus braunem Holz, saß sie da mit entblößter Brust, stillte ein Baby und blickte unverwandt zu ihm hinauf. Der Treffer verhalf dem Boy wieder zu einem klaren Kopf. Zum ersten Mal in seinem Leben fühlte er sich geschlagen. Wenn nur diese alte Frau, seine eigene Rasse, nicht so … Aber so waren sie. Ebenso wie er selbst wußten sie alle, was die Gringos taten. Aber sie saßen nur da und warteten und sahen zu und erduldeten.

Am Ende der Runde wußte er, daß er sein Pulver ziemlich verschossen hatte. Die Nacht, die schwüle schwarze Nacht, die sich träge über den Ring gelegt hatte; die verschwommene Masse der Gesichter darum herum; das Wasser, das kaum naß war – alles drückte ihn nieder mit einer Sinnlosigkeit, die nicht bewußt war. Er fühlte sich nur alt; so mitgenommen, daß er sich wunderte, weshalb sein malträtierter Körper nicht ganz auseinanderfiel, jedesmal wenn Tendler erneut auf ihn losging. Aber gegen den Gringo zu verlieren, daran war überhaupt nicht zu denken. Sie würden über ihn herfallen wie die Termiten. Er mußte Tendler einfach fertigmachen.

Ihn fertigmachen. Mit den hinterhältigen Tricks, die im Ring zwar nicht erlaubt waren, aber für den Bolo Boy waren sie doch nicht so schmutzig und hinterhältig, als daß er nicht daran gewöhnt gewesen wäre, sie zu verwenden und sich gegen sie zu schützen. Eine verschwiegene Abmachung, die immer zwischen ihm und seinem jeweiligen Gegner entstand und besagte, sie würden bei jeder Gelegenheit eingesetzt, solange der Ringrichter nichts davon mitbekam. Gegen Tendler brauchte er sie alle. Jedesmal, wenn er in einen Clinch ging, bückte er sich und stemmte dann eine Schulter gegen Tendlers Rippen. Drückte und versuchte einen kurzen Genickschlag. In den Pausen rieb er verstohlen die Handschuhe an der Bodenplane. Und er sorgte dafür, daß alle diese Kniffe auch ihre Wirkung taten.

Tendler war vom Kopf bis zur Taille bereits übel zugerichtet. Und aus jeder Runde ging er mit weiteren Flecken und Blessuren heraus; sein weißer Körper sah aus wie mit sämtlichen Pink- und Rottönen bemalt. Über eine seiner Wangen zogen sich blutige Kratzer wie von den Krallen einer Katze. Aber der Bolo Boy versuchte weiter, ihn am Ohr zu treffen; er wußte, Tendler würde an ihn denken, wann immer er an sein entstelltes Ohr denken würde. Immer wieder trafen seine Fäuste krachend Tendlers Kopf. Und jedesmal wäre er am liebsten zusammengezuckt, denn wenn er spürte, wie seine Fingerkuppen dabei nachgaben, wußte er auch, daß er seine Hände eine Woche lang nicht auf dem Feld würde brauchen können. Aber trotz des Blumenkohlohrs hatte er das Gefühl, daß der Gringo ihm nicht wirklich böse war. Wenn sie am Ende einer Runde weiterkämpften, weil sie den Gong nicht hörten, hob Tendler, sobald der Ringrichter sie getrennt hatte, in einer Geste der Entschuldigung sogar beide Hände hoch. Er kämpfte eben wie ein Gringo, und der Bolo Boy kämpfte auf seine Art.

Der Bolo Boy bemerkte, daß sich die Schnürung eines Handschuhs gelockert hatte. Im zweiten Clinch danach hatte er Erfolg. Mit der Schnur zwischen seinem Handgelenk und Tendlers Schläfe schaffte er es, beim Zustoßen über Tendlers Gesicht zu fahren. Sekunden später klaffte ein Schnitt über Tendlers Auge. Der Anblick von Blut war ergreifend, er erfüllte die Gedanken und Hoffnungen des Boy mit der Illusion eines Sieges. Mit einer übermenschlichen Verausgabung seiner schwindenden Kräfte drängte er Tendler gegen die Seile. Aber er mußte für jeden Treffer, den er landete, drei einstecken. Blut besudelte seine Unterarme, seine Brust, die Bodenplane. Die Menge tobte vor Begeisterung. Das war es, was sie kannten und was sie wollten. Die in den Gängen postierten Soldaten kapitulierten vor dem Lärm und verhielten sich still.

Der Bolo Boy vergaß alle Vorsicht. Zwei wuchtige Rechte in den verschwitzten rosafarbenen Körper. Um die deckende Linke seines Gegenübers nach unten zu bringen, steckte er eine harte Rechte über dem Herzen ein, und dann noch eine. Er versuchte alles, um seine Chance zu bekommen. Und er bekam sie. Tendler, auf einem Auge blind, verschätzte sich; seine Linke schoß am Kopf des Boy vorbei, und er taumelte nach vorn. Der Bolo Boy holte mit der Rechten zu einem Haken auf das ungeschützte Kinn aus. Aber schon beim Zuschlagen wußte er, daß er unterlegen war. Ein winziger, krampfartiger Schmerz, der von diesen wiederholten Treffern auf den Körper herrührte, nahm seinem genau berechneten Schlag den Schwung. Wenn er diese Chance zwei Runden früher bekommen hätte! Aber die am nächsten sitzenden Zuschauer sahen, wie sein Handschuh dennoch voll auf die Spitze des Kinns traf.

Tendler kippte um, als hätte er den Boden unter den Füßen verloren. Er versuchte, wieder aufzustehen, fiel aber im nächsten Augenblick der Länge nach hin. Drei! Vier! Er kam auf die Knie hoch, doch der Blick aus dem einen Auge, mit dem er noch sehen konnte, ging geradewegs an Bolo Boy vorbei. Sechs! Würden seine Beine die nötige Kraft aufbringen? Was war bloß mit dem Arm des Ringrichters, daß er sich so langsam bewegte! Erst Acht, und die steifen Beine des Gringo warteten auf die Neun. Würden seine eigenen Knie durchhalten? Neun – und damit war seine Chance, seine letzte und einzige Chance vorbei. Mit aller Kraft schlug der Bolo Boy auf den schlaffen Körper ein, der sich an seine Schultern klammerte, versuchte, ihn zu Boden zu bringen. Er verfluchte den Ringrichter, der Tendler nicht von ihm losreißen konnte. Die Sekunden verstrichen, und der Bolo Boy meinte geradezu zu spüren, wie die Kraft in seinen Armen nachließ und in die des Gringo floß. Ja, genau so waren sie, diese Gringos; selbst aus einer Niederlage holten sie sich noch Kraft, sie wußten nie, wann sie am Ende waren, immer ließen sie für ihre eigenen Fehler die anderen zahlen. Mit jedem Augenblick stand Tendler wieder leichter auf den Beinen. Seine Faulheit verschaffte ihm neue Kraft. Den linken Arm schützend vor dem Kinn und seinem blutenden Auge, der rechte deckte das Herz und den Solarplexus ab – so schindete er Zeit, bis er sich mit dem rettenden Gong in seine Ecke flüchten konnte. Dort ließ er sich auf seinen Hocker fallen, der bereits außerhalb der Seile auf ihn gewartet hatte. Der Bolo Boy trottete in seine Ecke zurück.

»Noch drei für dich, Boy. Jetzt kriegst du ihn ganz bestimmt.«

Der Bolo Boy schüttelte nicht einmal den Kopf. Sein Körper

wollte ihm nicht gehorchen. Siebenundzwanzig Minuten lang hatte er ihn seinem Willen unterworfen. Jetzt konnte er ihn nicht mehr weiter antreiben. Sein Herz schien ihm die Brust zu zerreißen. Ammoniak und Riechsalze konnten ihm keinen klaren Kopf mehr verschaffen. Seine Knie zitterten. Die schweren, ausgestreckten Arme hingen in den Seilen. Wenn nur ein bißchen Wind aufkäme! Diese gottverdammte Nacht war selbst zum Luftholen zu schwül und schwarz. Als würde er mit jedem Atemzug Feuer einsaugen, so sehr verbrannte ihm die Hitze die Kehle. Wenn sein Körper nur getan hätte, was er wollte. Ein blitzschneller Schlag ans Kinn, einen halben Zoll mehr zur Seite, mit gutem Schwung und das ganze Gewicht der Schulter dahinter. Aber alles, was er zustande gebracht hatte, war, zu drücken, Tendler vor sich her zu schieben. Und jetzt bliesen die Sekundanten des Americano dort drüben ihm wieder neues Leben ein. Noch mehr treibendes, niederschmetterndes Leben, wie es diese Gringos irgendwie alle zu haben schienen; bei jedem Schlag noch mehr Kraft, noch mehr Schwung.

Sie waren wieder im Ring. Tendler, sauber gewaschen, mit sorgfältig geschlossener Wunde und durch die Pause gut erholt, wirkte fast so unverbraucht wie am Anfang. Und bei jedem Gegenangriff spürte der Bolo Boy, daß der Gringo wieder stärker wurde. Er war einfach nicht zu bremsen. Obwohl er übel zugerichtet war – der Körper flammend rot, ein Auge zerfetzt, ein Ohr dick angeschwollen und die Lippen wülstig dick –, war der Gringo so gut wie ein frischer Kämpfer. Er hatte alles eingesteckt, was der Bolo Boy ausgeteilt hatte, und war bereit, noch mehr einzustecken. Doch der Boy wußte, daß er nichts mehr auszuteilen hatte. Er war an dem Wendepunkt seines Schicksals angekommen. Wie wenn man einen Gipfel überschreitet und dann nur mehr abwärts geht. Tendler ging weiter; vor einer Runde hatte der Gringo ihn überholt, ob er nun zufällig gewinnen würde oder nicht. Eine große Abgespanntheit befiel den Bolo Boy. Die melancholische Erfolglosigkeit seiner Rasse fraß sich in seine Gedanken. Er sah sich den Ring verlassen wie andere, die er früher selbst beobachtet hatte. Hinter den an der Bar aufgereihten Rücken stehenbleibend; für ihn waren es lediglich Gesichter im Spiegel. Händeschütteln, den Gringos für ihre spendierten Drinks auf die Schultern klopfen; sogar seine eigenen Arbeiter würden mitmachen. Keine Zurufe der Mädchen – »Super, Boy!«, wie er sie früher so oft bekommen hatte. Hinaus aus der Cantina, wie er sich nie zuvor verabschiedet hatte; ein letzter Blick zurück. War er das, der Bolo Boy, ganz allein, der dort die schmutzige, dunkle Straße zum Arroyo hinunterlief? … Ein grünes Aufblitzen. Alles nur wegen des Gringo. Das dumpfe Geräusch aufschlagender Handschuhe. Würde die Runde nie mehr enden?

Tendler kämpfte vorsichtig. Er wagte es nicht, eine Chance zu ergreifen, denn dann ging der Bolo Boy sofort auf ihn los. Der Mexikaner bewies in jeder Runde erneut, wie hervorragend er war – schnell wie eine Katze, ein geborener Kämpfer, der in jeden Schlag Kraft legen konnte. Wenn er nur technisch ausgefeilter wäre, besser trainiert – was gäbe er dann für einen Champion! Er kämpfte bis zum Umfallen. Der Bolo Boy aber merkte, wie er mit jedem Schritt langsamer wurde. Er spürte es in den Beinen; sie wurden als erstes schwach. Dieses trübe Abgespanntsein packte ihn immer fester, hüllte ihn ein wie ein erdrückender Qualm aus Licht und Hitze. Dann dieses helle Aufleuchten, und er kämpfte mit wilder Besessenheit. Wie Pferde, die kurz davor waren, auf dem sommerheißen Feld einen Sonnenstich zu bekommen: Erst stapften sie dahin wie im Schlaf, dann warfen sie plötzlich den Kopf hoch, legten sich für ein Dutzend Schritte hart ins Geschirr und fielen schließlich tot um. Er hätte heute morgen nicht arbeiten sollen, hätte es auch nicht getan, wenn er nur gewußt hätte, daß der Gringo so stark war. Diese Gringos. Nichts schien sie aufhalten zu können. Wieder der grüne Blitz, und ein Schlag ins Gesicht, den er kaum spürte, der ihn aber auf die Fersen zurückwarf. Grün … Meilen endloser blendender brauner Wüste, die fernen, im Dunst schwimmenden rauchblauen Berge am Horizont, und davor sein kleiner, heimlicher Flecken Grün, der nur ihm gehörte. Die bäuerliche Liebe zu seinem Land. Eine harte Rechte traf ihn über der Taille, er knickte zusammen und ging in die Hocke. In der Arena gab es keine Kämpfe, die unentschieden endeten, aber der Kampf war ihm ohnehin gleichgültig. Und trotzdem wußte er nicht, wie er Tendler besiegen konnte. Nur mehr zwei Runden, und er wußte einfach nicht wie …

Als er sich wieder aufrichtete, traf ihn eine weitere Gerade voll in die Rippen. Dann drehte ein rechter Cross in die Seite ihn halb um die eigene Achse.

Vor dem Hintergrund der vielen dunklen und gelben Gesichter erinnerte er sich an die alte Señora, die mit unbewegter Miene ihr Kind gestillt hatte, egal, ob er nun gewann oder der Gringo. Noch bevor die Gesichter aufgehört hatten, zu einer einzigen großen Masse zu verschmelzen, traf ihn etwas am Kinn, und es wurde dunkel um ihn.

Er konnte nichts mehr sehen. Vor seinem Blickfeld war nichts mehr außer ein paar kleinen Lichtpunkten, die wie ferne Sterne blinkten. In seinen Ohren hämmernde Schreie wie das Tosen der Brandung unten, wo die Fischerboote an Land kamen.

»Vier! – Fünf!« Heilige Mutter Gottes! Er war zu Boden gegangen.

Er richtete sich auf die Knie auf. Kam auf die Füße. Und konnte in dem blendenden Licht noch immer nicht klar sehen. Nur den Gringo konnte er sicher wahrnehmen, der angriffsbereit vor ihm stand, als würde er oben auf dem Kamm einer Welle thronen.

Als er sich aufraffte und versuchte, die Arme zu heben, traf ihn etwas zwischen die Augen. Mit einem Schlag war alles schwarz, und er stürzte schwer zu Boden.

Der Fluch des Goldes

(aus: »Colorado Mining Trilogy«)

Zwischen 1935 und 1940 veröffentlichte Waters seine »Colorado Mining Trilogy«, die aus den Bänden »The Wild Earth's Nobility«, »Below Grass Roots« und »The Dust Within the Rock« bestand. In der 1971 publizierten einbändigen Neubearbeitung mit dem Titel »Pike's Peak« wird das Werk zu einer stärker romanhaften Darstellung von Waters' Großvater Joseph Rogier, der sich 1872 in Colorado ansiedelte, als Bauunternehmer zu Reichtum kam und sein Vermögen durch eine Reihe von Investitionen im Bergbau wieder verlor. Bedeutsamer jedoch ist, daß »Pike's Peak« von Joseph Rogiers Suche nach seinem inneren Selbst erzählt, symbolisiert durch Pike's Peak, einen Berg am Ostrand der Rocky Mountains in der Nähe von Colorado Springs.

Auch in diesem Roman hat der Ort noch nichts Wohlwollendes; ist er in »Fever Pitch« in aggressiver Weise abweisend und in »The Yogi of Cockroach Court« negativ, so wird er in der Trilogie zum Brennpunkt von Rogiers Suche nach sich selbst. Das Werk erzählt von einem Mann, der in eine von Weißen unbesiedelte, fremde, ihm unverständliche Region kommt, und von seiner Unfähigkeit, mit dieser Situation zurechtzukommen. Das Augenmerk gilt vor allem Rogiers Suche nach seelischer Ganzheit *außerhalb* seiner selbst, es ist die Geschichte eines Mannes, der dem Land als Fremder gegenübersteht, es bekämpft – »möglicherweise die Verkörperung der Erfahrung aller Weißen in Nordamerika«.[1]

Erfreulicherweise liegt uns Waters' eigene Zusammenfassung dieses Themas aus dem siebenhundertseitigen Roman »Pike's Peak« vor. Bei der Jahreshauptversammlung der Rocky Mountain Modern Language Association 1980 in Denver/Colorado wurde er gebeten, aus diesem Werk zu lesen. Der folgende Auszug basiert auf diesem Vortrag.

Es erscheint mir in der Tat sehr passend, hier etwas aus meinem Roman »Pike's Peak« vorzutragen. Pike's Peak selbst kam in der Geschichte seit Jahrhunderten ein hoher Stellenwert zu. Er war ein heiliger Berg, ein Mekka für viele indianische Stämme. Er wurde zum Leuchtfeuer für die »Pike's Peak or Bust«-Wagentrecks* und die weißen Goldsucher; an seinem Fuß entstand Cripple Creek, das größte Goldsucherlager der Welt, und heute ist die Air Force Academy dort angesiedelt. Hohe Berge galten überall auf der Welt als Energiezentren, als Orte, die einen Zugang zu höherem Bewußtsein ermöglichen. Und um diesen parapsychologischen Aspekt geht es auch in diesem Buch.

Es ist eine Geschichte mit zwei Hauptfiguren, dem Berg selbst und Joseph Rogier, dem menschlichen Protagonisten. Die Auseinandersetzung der beiden findet auf zwei Ebenen statt: Rogiers praktischen Unternehmungen mit dem Ziel, die Goldlager im Inneren des Berges zu erschließen, und seine Projektion seines eigenen Unbewußten auf den Berg.

Bald nach dem Bürgerkrieg zog Rogier mit einem Wagentreck auf dem Santa Fe Trail westwärts, um für seine Familie ein Heim zu gründen. Weit draußen auf der Prärie sah er dann im

---

* dt. in etwa: »Pike's Peak oder Bruchlandung«-Wagentrecks.

Norden den schneebedeckten Gipfel, den Zebulon Pike zuerst für eine Wolke gehalten hatte.

Er kam ihm vor »… wie etwas, das aus der Tiefe eines traumlosen Schlafs an den Horizont des Wachbewußtseins gestiegen war, ohne klare Umrisse, und doch eine Hoffnung und eine Bedeutung verkörpernd, die in ihrer Vagheit eigenartig vertraut schienen«. Dies ist der erste Satz des Buches. Zweifellos löste der erste Anblick dieses Gipfels in Rogiers Unbewußtem eine Ahnung seines inneren Selbst aus. Er konnte dem Ruf dieses Berges nicht widerstehen. Deshalb verließ er den Treck und fuhr mit seinem Wagen langsam den Fontaine Creek hinauf bis zu einer neuen Siedlung am Fuß von Pike's Peak.

Er besorgte sich Arbeit als Zimmermann, ließ Frau und Töchter nachkommen, vergrößerte seine Familie weiter und wurde im aufstrebenden Colorado Springs ein erfolgreicher Bauunternehmer. Schließlich war er so reich, daß er sich einen ganzen Traberstall leisten konnte. Er lachte über die Dummköpfe, die sich wegen der Silberfunde nach Leadville und wegen des Goldes in die San Juan Mountains aufmachten. Doch dann wurde 1890 am Cripple Creek, am Südhang des Pike's Peak, Gold entdeckt. Das erschütterte ihn bis auf den Grund seines Wesens. Nun war auch er dem Goldfieber verfallen.

Seinem Charakter entsprechend ging er pragmatisch und mit Methode vor. Er streifte tagelang durch die Gegend am Cripple Creek und untersuchte sie eingehend. Das Gebiet liegt etwa 3700 Meter hoch an der Südseite des Pike's Peak. Die wichtigsten Fundorte waren nur über knapp sechzehn Quadratkilometer verteilt; auf dieser Fläche drängten sich hundertfünfundsiebzig Minen und elf Schmelzhütten. Drei Bahnlinien führten in den Distrikt. Die Produktion überstieg im Lauf der Zeit jene der Mother Lode in Kalifornien, des Klondike in Alaska und der Comstock-Mine in Nevada. Mit einem Gesamtausstoß von 450

Millionen Dollar bei einem Preis von 21 Dollar pro Unze war sie führend auf der Welt.

Als Rogier wieder nach Hause kam, fragte ihn eine seiner Töchter: »Hast du eine Goldmine gefunden, Daddy?« »Nein«, knurrte er, »ich gebe mich doch nicht mit Kleinvieh ab!« Er wollte es nicht den Horden von Anfängern gleichtun, die sich nur möglichst schnell und in aller Eile über Tage liegende Erzadern absteckten.

Bis spät in die Nacht saß er jeden Abend an seinem Zeichentisch und studierte geologische Unterlagen und topographische Karten. Er hatte herausgefunden, daß der Distrikt inmitten eines riesigen erloschenen Vulkans lag, von dem nur noch Pike's Peak übriggeblieben war. Bei den Eruptionen war vulkanisches Material durch den Granit gebrochen und in Spalten und Rissen abgekühlt. Durch diese drang heißes Wasser nach oben, wurde durch chemische Vorgänge verändert, und schließlich wurde Golderz ausgefällt. Aus diesem Grunde lagen die meisten Minen über Tage, weshalb Cripple Creek im allgemeinen als Schürfgebiet für jedermann betrachtet wurde. Doch in einiger Tiefe war auch in den Granitwänden Gold entdeckt worden.

Nun verfolgte Rogier auf seinen Karten nächtelang den Verlauf aller wichtigen Erzadern. Sie bildeten ein Muster ähnlich einer großen herzförmigen Schale aus Granit und liefen im Norden direkt unter dem Gipfel des Pike's Peak zusammen. Er stand am Fenster, blickte auf den ins Gold der aufgehenden Sonne getauchten Gipfel und erkannte, daß hier der Schlüssel zu dem Geheimnis lag, das ihn so sehr an diesen Berg fesselte. Er wußte nun, wo er einen Schacht in den pulsierenden Blutstrom dieses lebenden Berges hinabsenken mußte, um die große Arterie anzuzapfen, deren kraftvolle Nebenadern den Stein durchzogen.

Und so begann er, eine unproduktive Mine nach der anderen

anzulegen, und rückte dabei immer näher an den Gipfel von Pike's Peak heran. Er weigerte sich, sie bei der Bergwerksbörse anzugeben, damit die Aktieninhaber keine Kontrollmöglichkeiten hatten. Er verwendete nur sein eigenes Geld, verkaufte eines seiner Geschäfte nach dem anderen, sogar seinen Rennstall. Während der ganzen Zeit arbeiteten zwei alte Bergleute für ihn, Abe und Jake, denen er exorbitante Belohnungen versprach für die Reichtümer, die sie finden würden. Doch die Gesteinsprüfungen erbrachten keinen Goldgehalt. »Es liegt nicht an Ihnen, Colonel«, meinte Abe. »Sie sind ein kluger Mann, das habe ich immer gesagt. Und an uns liegt es auch nicht. Ich glaube, es ist diese Mine. Wir sollten sie aufgeben.«

Mit einem lauten Knall landete Rogiers Faust auf dem Tisch. »Nein! Niemals! Ihr beide arbeitet für mich, bis die Hölle zufriert! Solches Gerede will ich nie mehr hören!« Von da an änderte er seine Taktik und wiederholte immer wieder die Prophezeiung, er werde hier größere Schätze finden als Krösus im Fluß Paktolos und Salomon in den Minen des Landes Ophir. Genau hier!

»Von diesen Minen hab' ich noch nie etwas gehört, und von diesen Leuten auch nicht«, murrte Jake schmollend.

»Dann eben mehr Gold, als Cecil Rhodes aus den Bergen in Südafrika herausgeholt hat«, fuhr Rogier fort. »Lagerstätten, die den Reichtum von Tom Walsh, Tabor und Stratton aussehen lassen wie die Brotsteuer eines Armen. Hast du von denen wenigstens schon mal gehört? Nicht Golderz, du Dummkopf, das man mit dem Wagen in Schmelzhütten schaffen muß. Weißt du noch, was ich dir erzählt habe vom Einbrechen in eine Erzkammer, deren Boden mit feinen Goldkörnern bedeckt ist, Goldkörner, die man nur in Säcke abzufüllen braucht und von deren Wänden und Decken glitzernde, funkelnde Goldkristalle hängen wie in einer Höhle des Aladin! Es ist genau hier, Jungs, irgendwo unter unseren Füßen. Nein, jetzt lasse ich euch nicht gehen. Dafür wart ihr bisher zu treu und habt zu viele Enttäuschungen erleben müssen. Ihr müßt bleiben, damit ihr euren Anteil bekommt!«

❀

Während dieser ganzen Zeit entwickelte sich der Berg zum leibhaftigen Symbol von Rogiers innerem Selbst. Die Tage verstrichen. Am Horizont des Wahrnehmbaren traten Ereignisse auf und versanken wieder. Gebäude entstanden; Rechnungen wurden beglichen. Doch die Zeit blieb stehen. Der fließende, lineare Verlauf der Zeit – welch eine Illusion war er doch in Wirklichkeit! Die Zeit war ein großer, stiller Teich, ein Element, so grundlegend wie Erde und Luft, Wasser und Feuer, in dem sich das Leben seinem eigenen, unmeßbaren Schritt gemäß, hin zu seinem eigenen Grad der Erfüllung entwickelte. Zeit! Was bedeutete sie ihm nun noch? In diesem unsichtbaren, unmeßbaren, nicht erfaßbaren Teich waren er und der Berg seit Aeonen verwurzelt gewesen, um sich nun endlich dem Sinn, der Bedeutung ihres inneren Selbst zu stellen. In geologischer Zeit hatte der Berg dort gestanden, ein gigantischer Vulkan, der auf eine längst in vergessenen Meeren versunkene Welt Rauch und Feuer spuckte. In orogenetischer Zeit hatte er dort gestanden, ein hoch aufragender schneegekrönter Gipfel, der auf einen jungfräulichen, noch nicht von menschlicher Gier geschändeten Kontinent hinabblickte. Den schnellen Atem eines Jahrhunderts hindurch, während geringere, in Silber gekleidete Propheten ihrer Schätze beraubt wurden, war er unverletzlich geblieben. Und nun war er am Augenblick seiner Offenbarung angelangt. Gold, in allen Färbungen und Schattierungen! Und was war das? Sollten andere Dummköpfe für ein bißchen Profit das Gras von der felsigen äußersten Schicht des Berges abkratzen und damit reich und berühmt werden – nicht aber er. Denn auch er war ein Gewächs in diesem unbewegten, unmeßbaren, tiefen, stillen Teich der Zeit, so alt wie der Berg selbst. Und nun, im Augenblick der Wahrheit, standen sie sich gegenüber – zwei Widersacher, die ein gemeinsames Selbst vereinte. Dieselbe goldene Sonne erhob sich über beiden und ging über beiden unter. Durch ihrer beider Adern pulsierte das goldene Leben im gemeinsamen Rhythmus ihrer Herzen. Und in jedem von ihnen glühten die Reflexionen der einen großen Sonne, der goldenen Sonne, die das Herz von allem war. Gold! Ein großes goldenes Herz, eingeschlossen in den Tiefen dieses erloschenen Vulkans, von dem nur dieser kleine Gipfel geblieben war. Natürlich würde er es erreichen, und wenn er dazu die ganze verdammte Spitze dieses Berges wegsprengen und mit der Hand bis zum Endpunkt seiner goldenen Adern graben mußte, bis hinunter zu seinem Herzen!

⚙

Es lief nicht allzu gut. Mittlerweile hatte er praktisch kein Geld mehr und war auch etwas entmutigt. Er blieb in der Stadt, weil er versuchen wollte, noch etwas Kapital aufzutreiben. Drei Monate waren vergangen, seit er Abe und Jake das letzte Mal in Cripple Creek aufgesucht hatte. Dann kamen die beiden eines Nachmittags in die Stadt, um mit ihm zu reden.

»Ihre Geschäfte nehmen Sie nicht sonderlich in Anspruch, Colonel, was?« fragte Jake.

»Nein. Aber berichtet mir von euch. Ich habe seit drei Monaten nichts von euch gesehen.«

»Na ja, uns ist das Geld ausgegangen, deshalb haben wir in der Mary-McKinney-Mine gearbeitet und einen Teil unseres Lohns aufgespart.« Abe stieß seinen Bruder an. »Aber wir haben Sie nicht vergessen, Colonel. Wir haben Ihnen was mitgebracht.« Noch einmal stieß er Jake in die Rippen, der daraufhin einen Stein aus der Tasche holte. Ein zweiter kam aus einer weiteren Tasche zum Vorschein – zwei Brocken gräuliches Erz von der Größe einer Faust, die er Rogier in den Schoß legte. »Keine hundert Yards vom alten Tunnel entfernt! Da hat es die ganze Zeit auf uns gewartet, nur von einem Bergrutsch verdeckt. Eine Mine direkt an der Oberfläche, Colonel. Wir sind ihr nachgegangen. Die Prüfungen sagen, es ist wertvolles Erz. Genau das, was Sie gesucht haben.« Was könnte selbstverständlicher sein? »Schauen Sie sich das Zeug an! Sehen Sie doch! Wir haben was gefunden, das ist so sicher wie das Amen in der Kirche.«

Rogier saß da, in jeder Hand eine Probe, und hörte mit unergründlicher Miene Jake und Abe zu, die immer erregter wurden und versuchten, mit ihren Stimmen in die steinernen Tiefen seines Wesens einzudringen wie ein Meißel in Granit. Schließlich drehte er sich auf seinem Hocker um, schob Papiere zur Seite und legte die Proben auf den Schreibtisch. Mit einer Lupe untersuchte er genau die in das Gestein eingeschlossenen silberklaren Kristalle. »Kristalle, was? Hm«, stieß er leise hervor.

»Ein Stück ist auf zweiunddreißig Dollar geschätzt worden«, sagte Jake. »Ich hab' Ihnen gesagt, daß wir herausfinden würden, ob es eine Mine ist oder nicht. Ich meine, es ist nicht die beste auf der Welt. Aber ich schätze, sie ist groß genug, daß sie sich rentiert, wenn Sie es wollen, Colonel. Es braucht 'ne Stange Geld, um einen Schacht runterzutreiben. Meinen Sie, daß Sie das möchten?«

»Möchten!« Nur mit Mühe konnte Rogier sich beherrschen. Für einen Augenblick beleuchtete sein heftiger, leidenschaftlicher Wille in erschreckendem Ausmaß seine inneren Abgründe.

»Es ist nur eine Mine, Colonel«, setzte Abe vorsichtig hinzu. »Und wir können nur so weit gehen, wie das tragende Erz reicht.«

»Eine Mine!« rief Rogier gereizt. »Allmächtiger Gott! Da ist eure Mine!« Er zeigte zum Fenster hinaus auf den hochragenden Gipfel von Pike's Peak. »Wir gehen ihm auf den Grund, und wenn wir dazu den ganzen Gipfel wegsprengen müssen! Das ist eure Mine. Noch einmal lasse ich mich nicht aufhalten Nicht von Gott und ebensowenig von Granit oder menschlicher Schwäche. Wir gehen bis auf den Grund dieses Berges.«

Aufgewühlt von dieser Entdeckung, blieb er die ganze Nacht auf und beschäftigte sich mit den beiden Proben sylvanitischen Erzes. Die Sonne ging bereits auf, obwohl einige Sterne noch hell am Himmel leuchteten. Jetzt erhob sich der Berg vor ihm wie damals, vor einem Vierteljahrhundert, als er ihn zum ersten Mal erblickt hatte; wie etwas, das sich aus der Tiefe eines traumlosen Schlafs an den Horizont des Wachbewußtseins gehoben hatte, ohne klare Umrisse, und doch eine Hoffnung und eine Bedeutung verkörpernd, die ihm so vage vertraut wie unbeschreiblich erschien. Die Wolken lösten sich auf. Schatten, Risse und Falten verschwanden. Und unter der aufgehenden Sonne zeigte der Berg ein abgeklärtes, majestätisches Gesicht, überzogen von einem glühenden Rosa, und er wirkte so wohlwollend, mitfühlend und göttlich, wie er ihn noch nie zuvor erlebt hatte. O große Mutter der Berge, du Schoß der ganzen Schöpfung, du Selbst vor allen anderen – wie falsch hatte er sie beurteilt! Sie war ihm bei seiner Suche keine Widersacherin, sondern eine Verbündete. Menschen hatten gelebt und waren gestorben, ohne je zu wissen, wonach sie suchten, während sie nur darauf gewartet hatte, sie an ihre granitene Brust zu drükken, sie zu ihrem porphyrischen Schoß zu führen, aus dem sie geboren worden waren, und sie wieder zu Hause willkommen zu heißen in dem einen großen, goldenen Herz, von dem sie ein einziger Pulsschlag gewesen waren. Zeit! Rogier konnte fühlen, wie die in ihm geborenen Zeitalter seine Knochen härteten, so wie sie die in die Kalksteinklippen eingelagerten Zähne des Hais gehärtet hatten; er konnte fühlen, wie sie im Auf und Ab ihrer Gezeiten durch seine Adern flossen und wie sich daraus die Gehirnzellen entwickelten, die das Bild erdacht hatten, das nun als Ziel klar vor ihm lag. Zeit! Die Ewigkeit würde ihm alle Zeit geben, die er brauchte, um dieses Ziel zu erreichen.

Mrs. Rogier erschien in der Tür. »Daddy, du warst die ganze Nacht nicht im Bett! Du wolltest doch den ersten Zug nach Cripple Creek nehmen, deshalb bin ich heruntergekommen.« Er streichelte ihr unbeholfen den Rücken. »Es gibt Schnee dort oben in Cripple Creek. Ich hab' dir deinen Wintermantel herausgelegt und deine Tasche gepackt. Du solltest dich fertigmachen.«

»Ich bin fertig, Martha! Schon lange«, erwiderte er fröhlich.

Und so begann er mit der Arbeit an seiner letzten Mine, der Sylvanite, benannt nach den sylvanitischen Gesteinsproben, die Jake und Abe dort gefunden hatten. Sie lag am oberen Ende eines felsigen Cañyons an einem Abhang des Pike's Peak und war nicht mehr als ein einfacher senkrechter Schaft, in den die Männer in einem Eimer aus Zinnerz hinuntergelassen wurden. Der Eimer hing an einem Stahlseil, das von einer benzingetriebenen Motorwinde auf- und abgerollt wurde. Jake und Abe schufteten mit Handbohrern unter Tage; um den Motor oben zu bedienen, überredete Rogier nun auch noch seinen Schwiegersohn, für ihn zu arbeiten. Doch dieser zog sich eine Lungenentzündung zu, an der er starb. Daraufhin überredete Rogier, immer noch eisern, seine Tochter, ihm die Lebensversicherung ihres Mannes auszuhändigen, wodurch er sie mit ihren beiden Kindern mittellos machte. Aber das bekümmerte ihn nicht; er hatte nur ein einziges Ziel: die Mine tiefer in den Berg zu treiben.

In Stiefeln und Overall und mit einer flackernden Karbidlampe ausgerüstet, kroch er in den rostigen Eisenkübel. Beim Hinunterfahren verflogen seine Sorgen und Bedenken den Schacht hinauf wie die schwachen Flecken des Tageslichts an den Schachtwänden. Jetzt, im schnellen Sinken nach unten, sammelte er das tröstende Geheimnis der tiefen samtenen Schwärze um sich, die ihn rasch verschlang. Auf der Höhe der ersten Sohle stieg Rogier aus und lief fröhlich jubelnd wie ein Mann, der in seine geliebte Heimat zurückkehrt, den ganzen Stollen entlang. Schnell, scharf und hohl hallte das Echo seiner Schritte durch die aufgelassenen Streckenabschnitte. Dann ging er zurück zum Schacht und zog ungeduldig an der Glocke, fuhr zur zweiten und zur dritten Sohle hinab und streifte ganz allein durch aufgelassene Stollen, Erzkammern und Querschläge. Je tiefer er hinabfuhr, desto sicherer fühlte er sich. Oft hängte er seine Lampe an eine Wand, blieb stehen und starrte in die unergründliche Düsterkeit einer höhlengleichen Erzkammer.

Und dann, als seine Lampe ausging, verlor er für einen Augenblick das Gleichgewicht. Es war, als sei er in eine Kreatur verwandelt, die wie eine Fliege mit dem Kopf nach unten stehen und laufen konnte. Verwirrt von der Vision, die ihn plötzlich ergriff, ging er in die Hocke, beugte sich vornüber und stützte den Kopf in beide Hände. Es kam ihm vor, als befände er sich am Rand eines unendlichen Abgrunds, an der Peripherie der Atmosphäre einer unentdeckten Sonne im Zentrum seines Planeten, fix und unveränderlich innerhalb eines Universums, das jenem in der Außenwelt entsprach. Diese Vision widerlegte vehement und mit der ganzen Kraft unerschütterlicher Wahrheit die nicht erhärteten Theorien, daß das Innere seines Planeten fest, flüssig oder gasförmig sei. Wozu brauchte seine Erde noch eine Sonne draußen im Weltall, Millionen von Meilen entfernt? Hier hatte sie ihre eigene. Existierte nicht eine lebendige Welt in einem Wassertropfen, einem Sandkorn, einer mikroskopisch kleinen, mit dem bloßen Auge nicht erkennbaren Zelle? Dann sollten die Menschen doch jeder für sich sein, autark und zufrieden in ihrer Vollständigkeit, und die Universalität innerhalb ihrer eigenen Erde ebenso eingestehen wie die in sich selbst. Hier, unter ihren Füßen, befand sich das eine große unbeachtete Geheimnis aller Zeiten: ein riesiges, subterranes Universum, auf dessen Oberfläche sie herumtraten, ohne auch nur einen Gedanken zu verschwenden an das, was da unter ihnen lag. Wo, o wo waren die unerschrockenen Erforscher der modernen Naturwissenschaft? Wie Frösche tauchten sie in die seichten Meere, schwebten in Fesselballonen hinauf in luftige Höhen; gedankenlose Toren, denen das unterirdische Herz ihres eigenen Planeten mysteriöserweise so unbekannt war, daß sie es ignorierten und statt dessen andere Welten eroberten! Tausende von Jahren hinter ihren intuitiven Vorfahren zurückgeblieben, wußten sie noch nicht einmal, daß im Zentrum ihrer eigenen Erde die goldene Sonne des Lebens glühte, umgeben von ihren eigenen Galaxien und Sternbildern.

⚘

So konnte es nicht ewig weitergehen, entschieden Abe und Jake. Sie mußten ihren Job aufgeben; sie hatten schon lange kein Geld mehr bekommen. Also stapften sie zu der kleinen Bahnstation in Cripple Creek hinunter, um mit Rogier zu reden, sobald er von Colorado Springs zurück war. Aber zuvor mußten sie ihm noch etwas zeigen. »Verdammt!« stieß Rogier heraus. »Was ist denn hier oben los? Ihr schaut beide drein wie die Katze, die den Kanarienvogel gefressen hat. Seid ihr auf noch eine Ader gestoßen?«

»Nein, Colonel, es ist nicht die Sylvanite. Es ist die Cresson.«

»Wieso diese alte Grube?« Was ist nur in die beiden alten Tölpel gefahren, fragte sich Rogier, als sie auf die Cresson-Mine zugingen. Warum waren sie so aufgeregt darüber? Seit ihrer Entdeckung 1894 war die Cresson immer nur eine kleine Grube gewesen, nicht mehr; der Regierungsbericht über den Distrikt aus dem Jahr 1906 erwähnte sie nicht einmal. Irgendwie war sie ein paar Grundstücksmaklern aus Chicago angedreht worden, die einige Anteile verkauft hatten und die Sohlen einzeln an verschiedene Betreiber verpachteten; aber diese Leute konnten wegen des schlechten Erzes nie Gewinne erzielen. Der Schacht war zweihundert Meter tief, und die Mine stand mit 80 000 Dollar in den roten Zahlen.

Sie erreichten die Schachtanlage; eine wirklich schöne Anlage. Sie machte einen sauberen Eindruck und schien gut instand zu sein: eine große gut funktionierende Seiltrommel, klare Anzeigegeräte, ein geräumiger Förderkorb, der auch in einem Hotel in Denver nicht fehl am Platz gewesen wäre. Ein Mann mit einem Gewehr trat heraus.

»Sie sagten, wir können noch mal kommen, Luke – wollen uns nur mal umsehen, in Ordnung?« sagte Abe. Sie bestiegen den Förderkorb und fuhren schnell bis zur zwölften Sohle hinab. Beim Aussteigen wurden sie von einem Mann mit einem abgesägten Gewehr empfangen. »Laß den Korb unten«, ordnete Luke an. »Wir wollen uns nur kurz umschauen.«

Er ging in einen Stollen, bog in einen Seitengang ein, in einen weiteren Stollen und dann in einen Querschlag. Vor der riesigen Stahltür eines Tresorraums blieben die vier Männer stehen. Luke ließ ein Signal ertönen, und daraufhin öffneten drei Männer mit gezogenen Revolvern die Tür. »Ich bin es«, sagte Luke, »diese Jungs wollen nur mal kurz reinschauen.« Die Wachposten traten zur Seite und gaben den Blick auf ein Loch in der Rückwand frei; es hatte etwa die Größe einer Tür. »Gehen Sie da rein!« sagte Jake zu Rogier. Er wurde weitergeschoben und kletterte die Plattform hinauf, gefolgt von Abe und Jake. Luke stand hinter ihnen und hob seine Magnesiumlampe über ihre Köpfe.

Rogier ließ nur einen Laut des Erstaunens vernehmen – ein Laut, der seine Lungen und seine Gedärme gleichzeitig zu entleeren schien – und war dann still. Was er sah, war eine Geode, eine Druse, ein »Furzloch« – ein riesiger Hohlraum im festen Fels, beinahe fünfzehn Meter hoch, sieben Meter lang und fünf breit. Eine Höhle von funkelnder Pracht, die ihn fast blendete, von deren Decke und Wänden Kristalle aus Sylvanit und Calaverit hingen; dazu Schuppen aus purem Gold so groß wie Daumennägel, die im Licht der Lampe glänzten. Ein Boden, mit Goldpartikeln übersät wie mit Sand und glitzernd wie Juwelen. Wo er auch hinblickte, sah er Gold-Telluride, funkelnde Goldkristalle, glitzernden Goldsand. Hier war es genau so, wie er es sich vorgestellt hatte: eine Höhle des Aladin, die aus Tausendundeiner Nacht ins zwanzigste Jahrhundert gelangt war, ein Schatz, größer als der, den Krösus dem Fluß Paktolos entnahm und Salomon den Minen des Landes Ophir.

Eine Hand an seinem Kragen zog ihn zurück. Wie in Trance folgte er Abe und Jake zu ihrer eigenen Mine, der Sylvanite. Rogier kniete nieder und strich mit den Händen über die felsigen Wände. »Abe, laß niemanden hier herein! Sperr die Druse ab!«

»Colonel! Hier ist nichts! Was wir gesehen haben, das war drüben in der Cresson-Mine, nicht hier!«

»In der Cresson! Nicht hier!« Wie von Sinnen kratzte Rogier an der nackten Felswand.

Abe fing ihn auf, brachte ihn zum Füllort und läutete die Glocke. Oben angekommen, trug er Rogier in die Hütte und legte ihn auf seine Schlafstelle. »Er hat einen Anfall«, erklärte er Jake. Sie fanden etwas Whiskey, den sie ihm einflößten. Danach hörte er auf, vor sich hin zu murmeln, sein alter Körper versteifte sich und entspannte sich erst, als er einschlief.

Tag für Tag saß Rogier auf seiner Schlafstelle oder am Tisch und las die Zeitungen, die ihm gebracht wurden. Vierzehnhundert Sack Kristalle und Schuppen waren von den Wänden der Druse abgekratzt worden; sie brachten 378 000 Dollar ein. Tausend weitere Sack waren von dem mit Gold bedeckten Boden eingesammelt worden; sie wurden für 90 000 Dollar verkauft. Acht vierspännige, von bewaffneten Männern eskortierte Fuhrwerke hatten eine Erzladung von der Schachtöffnung zu fünf Waggons mit breiter Spurweite transportiert, die vom amtlichen Schmelzer aus Denver versiegelt und gekennzeichnet waren; sie erbrachte mehr als 686 000 Dollar. Und im Fenster der Bank war ein stornierter Scheck über weitere 468 637 Dollar für eine Ladung von 150 Tonnen zu sehen. Alle Welt staunte über diese Erzladungen, die wertvollsten, die es je gegeben hatte. Sie katapultierten den jährlichen Durchschnittswert des Erzes der Cresson auf 33 Dollar pro Tonne und erhöhten die Jahresproduktion von Cripple Creek beträchtlich, so daß eine extra Dividende von über einer Million Dollar an die Aktionäre ausgezahlt werden konnte.

Rogier lag die ganze Zeit auf seiner Schlafstelle und weigerte sich zu essen. In seinem Kopf dröhnte es wie ein Preßlufthammer unten in der Mine. Als das Licht ausging und Abe und Jake sich hinlegten, drehte er sich um. Die Männer schliefen, und er wartete darauf, daß die Flammen in der Feuerstelle erloschen. Er überlegte einen Augenblick, ob er einen Zettel schreiben sollte. Doch er kam zu dem Schluß, daß das Flackern einer Kerze oder das kratzende Geräusch eines Bleistifts jemanden aufwecken könnte, und so stand er auf und warf sich seinen

Mantel über die Schultern. Dann schlich er auf Zehenspitzen über die nackten Dielen zur Tür und trat hinaus. Er ging zum Schacht der Mine. Dort angekommen, zog Rogier den Mantel enger um sich und kniete an der Schachtöffnung nieder. Vor ihm, über ihm erhob sich das geheimnisvolle Gesicht des Gipfels und starrte mit leidenschaftlicher Größe auf ihn herab. Seit er den Berg von weit unten, von der Fontaine-qui-Bouille aus, zum erstenmal gesehen hatte, hatte sein weißes, zerfurchtes Antlitz ihn immer wieder, Schritt für Schritt, mitleidlos und mit unwiderstehlichem Zwang zu dieser unscheinbaren Öffnung, in seine unergründeten Tiefen gelockt. All seine müßigen Theorien, den verführerischen Glanz des Erfolges und seine zahllosen gescheiterten Unternehmungen sah Rogier nun als Meilensteine einer monströsen Torheit, die zu keinem anderen Ende führen konnte als zu diesem. Er beugte sich vornüber und starrte in die samtene Schwärze des offenen Schachts. Eine einzige Bewegung nur, und er würde sich auf ewig dem Geheimnis dieses mächtigen Gipfels übergeben.

Noch immer dröhnten die Schläge wie Kanonensalven in seinem Kopf. Der letzte zerschmetterte ihm den Schädel und bohrte sich in sein Gehirn. Eine gewaltige Explosion, Getöse und zuckendes Licht, ein goldenes Strahlen, in das er zusammen mit dem Berg eintauchte mit einem letzten Kreischen, das seinen Gedärmen entfuhr. Er spürte Abes muskulöse Arme, die ihn an die Brust drückten wie eine Mutter ihr Baby. »Ich weiß, Colonel, ich weiß.«

❈

Niemand in der Familie in Colorado Springs konnte aus Abes und Jakes wirren Erzählungen ganz verstehen, was ihm wirklich zugestoßen war. Er war weder den Schacht hinuntergefallen noch von einem zu Tal gehenden Felsen erfaßt worden, und auch ein Schlaganfall, der eine Lähmung zur Folge hatte, war es nicht. Der Arzt murmelte unschlüssig etwas, das sich nach Anfall, Epilepsie, geistiger Erschütterung oder Nervenzusammenbruch anhörte. Abe und Jake mußten natürlich gehen. Mrs. Rogier übergab ihnen die Mine: »Dort wird nie mehr etwas abgebaut werden. Wenn ihr irgend etwas von da oben verkaufen könnt, tut es, bevor ihr geht. Das Seil, die Winde, der Motor – vielleicht interessiert sich jemand dafür. Den alten Dampfkessel müssen wir wohl einfach verrosten lassen. Aber ein paar Kisten Sprengstoff und Handbohrer und solches Zeug ist noch oben.«

Rogier zog sich immer mehr zurück. Die Familie wies dem alten Mann den Hinterhof als sein Revier zu, denn er brauchte frische Luft, und schlug ihm vor, mit übriggebliebenem Material ein kleines Gewächshaus zu bauen. Das tat er denn auch; er arbeitete jeden Tag daran. Das Besondere an diesem Gewächshaus war allerdings, daß es nur drei Glaswände hatte; die vierte Seite bestand aus einer fensterlosen Bretterwand wie bei einem Geräteschuppen. Wenn Rogier sich hier aufhielt, schloß er die Tür mit einem Vorhängeschloß ab. Und dann arbeitete er seinen großen Plan aus, von hier einen Stollen in Pike's Peak zu treiben. Oben in Cripple Creek, in der Sylvanite-Mine, hatte er auf einer Höhe von über dreitausend Metern zu graben begonnen. Hier in Little London, in Colorado Springs, befand er sich auf einer Höhe von nur zweitausend Metern, gut anderthalb Kilometer unterhalb der Schachtöffnung der Sylvanite. Was für ein grandioser Vorteil! Er mußte nur einen geraden Tunnel zum Fuß des Pike's Peak graben, um an sein Ziel zu gelangen.

Natürlich gab es Probleme – immerhin war der Berg fast zehn Kilometer entfernt, eine lange Strecke für nur einen Mann. Außerdem würde er unter dem Zentrum der Stadt hindurchgraben müssen, wo Wasserleitungen, Abflußrohre und alle möglichen unterirdischen Leitungen verlegt waren. Und nicht zuletzt mußte er um größte Geheimhaltung bemüht sein. Aus diesem Grund nahm er dieses großartige neue Projekt ganz allein in Angriff. Beim Graben ergab sich ein weiteres Problem. Wenn die Neigung des Tunnels auch nur um ein oder zwei Grad ungenau war, würde er unter Ute Pass herauskommen, oder einige Grad weiter südlich unter Cheyenne Mountain. Er mußte also sehr exakt arbeiten. Um dies zu gewährleisten, befestigte er einen alten, im Leihhaus erstandenen Marinekompaß auf einem Brett, las ihn vor dem Tunnel mit Blickrichtung zum Berg ab und nahm ihn dann mit hinein. Er mußte aber auch sicherstellen, ob er waagrecht oder mit einer Neigung nach oben oder unten grub. Dieses Problem löste er mit Hilfe einer Senkschnur und einer Wasserwaage. Dann grub er mit vollem Einsatz weiter. Sein Pickel war stumpf. Er geriet leicht außer Atem; seine Beine zitterten. Er wurde alt. Aber er hatte keine Zeit, sich auszuruhen.

Plötzlich stürzte der Tunnel ein. Er wich zurück, stand aber sofort vor einem weiteren Erdrutsch. Eine ernstliche Fehlkalkulation, kein Zweifel. Dann löschte eine neuerliche Masse herabstürzender Erde seine Kerze aus. Ein Klumpen traf ihn am Kopf und raubte ihm den Atem. Er stolperte vorwärts, fiel in eine große Pfütze. Fluchend rappelte er sich wieder auf, löste dabei aber noch eine Erdlawine aus.

Im selben Augenblick wurde ihm bewußt, daß er in höchster Gefahr war. Er tastete sich durch das Dunkel, taumelte vorwärts und bekam einen Halt zu fassen, fiel aber dennoch hintenüber zu Boden. Blaßfarbene, fischförmige Blütenblätter wirbelten vor seinen Augen herum und wollten sich zu einem Muster ordnen, das er noch nie gesehen hatte; trotzdem schien er zu wissen, daß es eine große, goldene Blume ergeben sollte. Er sah sie jedoch nicht Gestalt annehmen. Mit ohrenbetäubendem Krachen stürzten die Stützbalken ein, Glas zerbarst. Zuletzt überfluteten ihn Dunkelheit und Stille.

⚙

Rogier kam aus der Klinik nach Hause. Bei seinem Unfall hatte er sich einen schweren Schlag auf den Kopf und eine tiefe Schnittwunde über dem linken Auge zugezogen, deren Narbe ihm ein verschlagenes, düsteres Aussehen verlieh; dazu eine innere Verletzung, die ihn zwang, ein Bruchband zu tragen – genügend Blessuren, um ein Brauereipferd umzubringen. Doch wie durch ein Wunder überstand er sie alle und humpelte bald wieder im Hof herum. Sein einst so kraftvoller Körper war abgemagert und ausgemergelt; Mantel und Hose hingen in Falten an ihm wie an einer Vogelscheuche. Außerdem waren ihm fast alle Zähne herausgefallen, so daß er sich nur mehr von Brei, weichem Brot und Süßkartoffeln ernähren konnte. Aber es kümmerte Rogier nicht, daß er wie eine Vogelscheuche aussah, und auch seine Verletzungen oder die Nachbarn, die über ihn lachten, machten ihm nichts aus. Denn nun, nach einem langen Leben voll Arbeit und Sorgen, Erfolgen und abgrundtiefen Fehlschlägen hatte er den größten Schatz entdeckt, den ein Mensch finden kann.

Er saß in der Nachmittagssonne und betrachtete den Berg. Wie etwas, das aus der Tiefe traumlosen Schlafs an den Horizont des Wachbewußtseins gestiegen war, ohne klare Umrisse, und doch eine Hoffnung und eine Bedeutung verkörpernd, die so seltsam vertraut wie vage war – so hatte er ihn vor Jahren zum ersten Mal gesehen und geglaubt, es sei der hohe, schneebedeckte Gipfel, der ihn angezogen und festgehalten hatte wie ein Magnet, dem er nicht entkommen konnte. Bohrend und sprengend war er in seine granitenen Tiefen vorgedrungen, um zu seinem glühenden Herzen zu gelangen, der leuchtenden Sonne, der goldenen Blume des Lebens. Doch nun starrte er darauf, ohne ihn wirklich zu sehen. Er war dort, wo er immer gewesen war – in ihm selbst; ein Symbol seines eigenen verborgenen inneren Selbst. Nach einem langen Leben der Suche und des Scheiterns hatte er als alter, gebrochener und mittelloser Mann schließlich den größten Schatz entdeckt, den ein Mensch finden kann.

Anatomie einer Legende

(aus: »The Earp Brothers of Tombstone«)

Zwischen 1934 und 1938 verfaßte Waters die ersten Entwürfe zu »Tombstone Travesty«, das schließlich 1960 unter dem Titel »The Earp Brothers of Tombstone« erschien. Dieses Werk ist sowohl als Exposé wie auch historisch und biographisch bedeutsam; darüber hinaus ist es aber auch deshalb von besonderem Wert, weil es ein Thema entwickelt, das mehrere Jahre später in »The Colorado« voll zum Ausdruck kommt: das kollektive Scheitern der europäisch-amerikanischen Eroberer daran, eine zufriedenstellende Einstellung zum Land, zu Geist und Seele des Landes zu finden. »The Earp Brothers of Tombstone« ist nicht nur die Geschichte einer Bande sich herumtreibender Falschspieler, Revolverhelden, Saloonbesitzer und Betrüger, sondern die Anklage gegen eine ganze Gesellschaft, die auf Ausbeutung, Materialismus und Gewalt beruht. Waters legt hier in überzeugender Weise dar, daß die psychischen Unsicherheiten, welche durch das Unvermögen der Eroberer entstanden, sich mit dem physischen und psychischen Herzland des neuen Kontinents auseinanderzusetzen, in gewaltigen, gegen die Fauna, die einheimischen Völker und sogar das Land selbst gerichteten Akten der Zerstörung nach außen projiziert wurden.

Vor diesem Hintergrund vermittelt uns Waters anhand der Anekdoten mit Virgil Earps Witwe »Aunt Allie« ein wahrheitsgetreues Portrait des Revolverhelden im Wilden Westen. Und er legt uns nahe, daß es unsere eigene unbewußte Wahrnehmung dieses Mannes ist, die uns veranlaßt hat, ihn zum Helden hochzustilisieren.

In seiner mit dem passenden Titel »The Anatomy of a Western Legend« überschriebene Einleitung berichtet Waters über die Entstehung des Buches und seine Publikation.

Dieses Buch handelt nicht nur von den Erinnerungen der Witwe Virgil Earps, und es ist auch keine bloße Erzählung der frühen Besiedlung Arizonas. Es ist ein Exposé der Tombstone-Travestie, eine Darstellung der Entwicklung von Tombstone, und sie legt unter dem Skalpell ihrer unbarmherzigen Wahrheit die Anatomie einer jener Legenden bloß, die zur Schaffung eines einzigartigen, nur dem amerikanischen Westen eigenen Mythos beigetragen haben.

Wer weiß, wie dieser amerikanische Mythos einmal aussehen wird, wenn er zu voller Blüte gelangt? Ein Mythos, vage umrissen von geheimnisvollen schneebedeckten Bergen, die sich abrupt aus unfruchtbaren, von der Sonne ausgetrockneten Wüsten gen Himmel erheben. Durchzogen von trägen, roten Flüssen, die sich zeitlos durch unbegrenzten Raum winden. Gemächlich dahinziehende unendlich große Büffelherden, dunkel wie Wolkenschatten im gleißenden Sonnenlicht. Kleine Geisterstädte, namenlos im Raum, verloren in der Zeit; melancholisch in Flammenlicht getauchte Gestalten und Gesichter, die in dieser mystischen Unwirklichkeit eine neue Realität annehmen. Stammeshäuptlinge, fürstlich angetan mit Kriegsbemalung und Kopfschmuck, Büffeljäger in Wildlederkluft und mit breiten Hüten, einzelgängerische Goldsucher, die »Mountain Men«, Siedler in Planwagentrecks, Schurken und jene, die sie zur Strecke brachten – all diese Figuren tragen bei zu dem opernhaften Charakter des prächtigen amerikanischen Mythos von der Ausdehnung nach Westen, die im »Winning of the West« innerhalb knapp eines Jahrhunderts ihren Höhepunkt fand.

Heute jedoch erkennen wir allmählich die von dieser glorreichen Eroberungssaga umschlossene subjektive und tragische Geschichte eines Volkes, dem es nicht gelang, die Motivationen seines Handelns zu begreifen. Pioniere, die nicht nur die Gelüste und Bequemlichkeiten der Zivilisation flohen, sondern auch Heim und Gemeinschaft; ein Volk, noch immer von den Puritanern geprägt, das vor sich selbst flieht. Dies war die Nemesis, welche diese Menschen verfolgte – wegzukommen, irgendwohin und unbedingt ... nur um sich plötzlich, psychisch wie physisch, mit den vernichtenden Kräften jener großen Entität konfrontiert zu sehen, die das Herzland eines neuen Kontinents bildete.

Die hohen Gebirgszüge türmten sich in ihnen auf. Die geheimnisvollen Wasserläufe flossen in ihrem Blut. Die leeren Wüsten fraßen sich in sie hinein. Und schließlich wurden sie von einer Einsamkeit verschlungen, die leerer war als der Raum zwischen den Sternen. Und als Furcht und Spannung in ihnen anstiegen, schlugen sie auf alles ein, auf das Land wie auf seine Menschen, getrieben von einem blinden Zwang zu dominieren und zu zerstören.

Die Übertragung ihrer Furcht und ihres Schmerzes nach außen richtete sich ganz selbstverständlich gegen die Ureinwohner des Landes: die Indianer, die seine ganzen unsichtbaren und feindlichen Kräfte verkörperten. Meile für Meile, Jahr für Jahr, das ganze Jahrhundert der Schande Amerikas hindurch, läßt sich dementsprechend die Auslöschung zahlloser Stämme, ja beinahe der gesamten Rasse verfolgen. Eine eiskalte, skrupellose Dezimierung, die von Kirche und Staat gerechtfertigt wurde und in der gesamten Geschichte kaum eine Parallele kennt. »Nur ein toter Indianer ist ein guter Indianer« – das

Motto unseres Sieges des Guten über das Böse. Wenn dieses Konzept heute die Grundlage für Amerikas einzige moralische Dramaform bildet – nämlich den Western, eine formal und dem Wesen nach so sehr Amerika zugehörige Kunstform, wie die Symphonie oder das Ballett für Europa spezifisch sind – dann ist es auch die Basis unserer tragischen nationalen Psychose: ein Komplex gegenüber allen dunkelhäutigen Rassen, beginnend bei der roten, die fast ausgemerzt wurde, über die schwarze, die versklavt wurde, die braune, welche legal diskriminiert wird, und die gelbe, die per Gesetz ausgeschlossen wird.*

Zusammen mit den Indianern wurde eine weitere Spezies ausgerottet, die im Land heimisch war – der Büffel. Er mußte nicht nur seines Fleisches oder seiner Felle wegen sterben, auch nicht aufgrund von Sportsgeist oder Profit. Sondern er fiel einem wahnsinnigen, mutwilligen Abschlachten zum Opfer, das geschätzte 31 Millionen Tiere dahinraffte und einen Haufen Knochen von zwölf Fuß Höhe und anderthalb Meilen Länge hinterließ. Es überrascht nicht, daß heute aus dieser Orgie verrückten Tötens eine der bemerkenswerten Gestalten des großen amerikanischen Mythos ersteht. Eine großenteils fiktive Figur, erdacht von einem theatralischen New Yorker Unternehmer, gespielt von einem talentierten Exhibitionisten, dessen Biographie von einem Presseagenten neu geschrieben wurde, damit sie besser zu seiner Rolle paßte – der berühmte Buffalo Bill.

Indianer und Büffel: die bedeutendsten Symbole des amerikanischen Mythos, die für einige Zeit sogar auf dem »buffalo nickel« eingraviert waren, der seinerseits ebenfalls dem Fortschritt weichen mußte.

---

* Damit sind die strengen Einwanderungsgesetze gemeint, die in den ersten Jahrzehnten des 20. Jahrhunderts erlassen wurden und asiatische Immigranten gegenüber europäischen stark benachteiligen. (Anm. d. Ü.)

In den entlegensten Schlupfwinkeln gab es Biber und auch Gold. Doch die Trapper und Goldsucher verkauften ihre Biberfellballen und ihre sagenhaften Erzfunde für ein »Butterbrot« oder verschleuderten das Geld dafür so schnell wie möglich, damit sie sich wieder in die Einsamkeit zurückziehen konnten. Denn für diese Einzelgänger und Eigenbrödler waren auch Felle und Gold nichts als leere Symbole. Sie strebten nicht nach Reichtum und leichtem Leben. Auch sie waren getrieben von derselben Nemesis, befanden sich auf der endlosen Suche, die weder Namen noch Ziel hatte.

Und hinter all diesen Gestalten her wälzte sich mit immer größer werdender Gewalt und zunehmender Triebkraft der Moloch »Eroberung«. Er entwurzelte Wälder, zerstörte Ebenen und Prärien, höhlte Berge aus. Und er schuf eine materialistische Ideologie, die der eingeborenen amerikanischen und ursprünglich indianischen Vorstellung, daß alle Materie beseelt ist, daß selbst ein Berg ebenso eine geistige Form wie eine psychische Gestalt besitzt, völlig entgegengesetzt ist.

Mit welchem Ziel? Um den ewig vergänglichen Sieg des Fleisches über den Geist zu beweisen? Es ist unvermeidlich, daß der große amerikanische Mythos, wenn er tatsächlich zur Blüte gelangt, sowohl das Historische als auch das Psychologische beinhalten muß.

Welche Rolle, so können wir nun fragen, spielt der Schurke, der »bad man« des Westens, darin?

❆

Der Two-Gun, der Six-Gun Man, der Killer, der Outlaw, der Bad-Man oder wie immer er sonst noch genannt wird – beim Ziehen ist er immer der Schnellste. Also gut. Da steht er nun, unbeweglich, in leicht geduckter Haltung; die geöffneten

Hände baumeln lose vor seinem Körper; die kühlen, grauen Augen in dem markant geschnittenen, dunklen Gesicht sind zu Schlitzen verengt. Das immer wieder von Schmierblättern wie Hochglanzmagazinen, Taschenbüchern, kurzen Westernfilmen, Monumentalfilmen und dem Fernsehen gleichermaßen wiedergegebene Portrait.

Aber wer war er? Der junge Rowdy aus der New Yorker Bowery, der heute als Billy the Kid glorifiziert wird, war einer von ihnen. Andere waren Spieler, Viehdiebe und Bankräuber; viele auch nur heruntergekommene Rancher, arbeitslose Cowboys, Trunkenbolde oder junge Abenteurer, die dem Alkohol zusprachen und Samstag abends auf den Putz hauen wollten. Aber wenn es einen von ihnen traf, war er sofort abgestempelt. Nur ein paar Drinks in einem überfüllten Saloon, ein Streit, ein gezogener Revolver; danach war ein Mann für den Rest seiner Tage gebrandmarkt. Er mußte sich in den Bergen verstecken, und wenn er in den Ort ritt, wußte er, er würde nur so lange überleben, wie er seinem plötzlichen Ruf gerecht werden konnte, ein schneller und sicherer Schütze zu sein.

Alles an ihm verriet seine Furcht und seine Minderwertigkeit. Ohne wahre Stärke konnte er keine Freundlichkeit zeigen. Da er nichts hatte außer dem Mut der Verzweiflung, schoß er im Zweifelsfall lieber zu früh als zu spät. Selbst sein Gesicht wurde zur emotionslosen Maske, die seine Verschlossenheit demonstrieren mußte. Sein Aussehen und Verhalten trugen dazu bei, die Furcht der anderen zu vergrößern. Die Furcht vor der unermeßlichen, feindseligen Landschaft, in der er nur als winziger Punkt auftauchte, und ihre quälende Zeitlosigkeit, die seine eigene kurze und gefährliche Lebenszeit überdeutlich betonte. Und die Furcht vor seinen eigenen Ängsten. Immer unsicher, angespannt und gehemmt, verkörpert er mehr als jeder andere die Zwänge seiner Zeit und seiner Welt.

Von allen Gestalten des amerikanischen Mythos ist er die bedauernswerteste, weil er am meisten litt. Wir verstehen sein Leid – es macht ihn zu unserem beliebtesten Helden. Und deshalb rechtfertigten wir natürlich seine Rolle. Ein paar realistische Bürger brachten ihn dazu, Sheriff zu werden, oder seine Verbündeten in der Stadt schafften es, ihm eine Ernennung zum Deputy Marshal zu sichern. Der solchermaßen bestärkte und bestätigte Revolverheld durfte seine Feinde erschießen und mußte dabei weder ein Risiko eingehen noch sich hinterher aus dem Staub machen. Mit dem Blechstern konnte er statt der Schlinge des Henkers den Heiligenschein der Rechtschaffenheit tragen – ein amerikanisches Happy-End, das eine Karriere sinnlosen Mordens sanktionierte.

Die Legende von Wyatt und den »Fighting Earps« aus Tombstone stimmt mit diesem prototypischen Muster in allen wesentlichen Punkten überein. Nicht genug damit, daß es in Walter Noble Burns kindisch melodramatischem Werk »Tombstone« heißt, die Earps seien »Ritter des Goldenen Westens« gewesen, die von der göttlichen Vorsehung dazu ausersehen waren, mit ihren sechsschüssigen Revolvern die Kräfte des Bösen aus Arizona zu vertreiben. Oder aus einem Geschichtsbuch wie Paul I. Wellmans »Glory, God and Gold« zu erfahren, es habe sich bei ihnen in der Tat um Friedensbringer gehandelt, die Tombstone vor einer wilden Bande von Desperados erretteten. Und um in Wyatt Earp gar den größten Grenzgänger des gesamten amerikanischen Westens zu sehen, muß man nur zu Stuart N. Lakes angeblich authentischer und lange Zeit als maßgeblich betrachteter Biographie »Wyatt Earp, Frontier Marshal« greifen. Auf dieses veritable Wildwest-Textbuch gehen Dutzende weiterer Bücher zurück, Schundliteratur, dazu eine Menge billiger Actionfilme, Radio- und Fernsehserien und nicht zuletzt Wyatt-Earp-Hüte, Westen, Spielzeugpistolen,

Blechabzeichen – eine ganze fiktive Legende geradezu grotesken Ausmaßes. Den Gipfel dieser Absurdität bildet die Tatsache, daß die Stadt Tombstone selbst jährlich Wyatt Earps ungerechtfertigte Ermordung dreier Männer außerhalb des O.K. Koralls, auf die sich sein Ruhm größtenteils bis heute gründet, als Spiel aufführt.

Bevor sie vom Kongreß gefeiert und von der Kirche heiliggesprochen werden, stellt sich die Frage – wenn sie denn nicht als ungehörig gilt: Wer waren diese Männer, wie haben sie gelebt, und was haben sie der Nachwelt hinterlassen?

Jim war Inhaber eines Saloons und ein professioneller Spieler. Er kam nach Tombstone, ohne Aufheben zu verursachen, lebte einsam und zurückgezogen, verließ die Stadt und fiel dem Vergessen anheim.

Als Warren in Tombstone auftauchte, war er kaum über zwanzig Jahre alt. Er wurde Kutscher und starb bei einem alkoholisierten Streit in einem Saloon.

Morgan war Arbeiter, Berufsspieler und Revolverheld in einem. Er starb beim Poolbillard in einem Saloon durch einen Schuß in den Rücken.

Virgil war ein umherziehender Kutscher, Ranch-Hilfsarbeiter, Goldsucher und Marshal. Er wurde eines Nachts vor einem Saloon in Tombstone überfallen und zum Krüppel geschossen. Den Rest seines Lebens verbrachte er im Westen; er war ständig unterwegs, versuchte vergeblich sein Glück als Goldschürfer und starb an einem unbekannten Ort.

Wyatt war ein umherziehender Salooninhaber, Falschspieler, Revolverheld, Bigamist, Kirchendiakon, Polizist und dazu ein genialer Schwindler, Betrüger und Hochstapler. Er war sein Leben lang Exhibitionist seiner selbst, verlacht von der eigenen Familie, seinen Nachbarn, von Zeitgenossen und der Presse. Seine letzten Lebensjahre verbrachte er in Armut; immer wieder versuchte er glücklos, jemanden zu finden, der sein Leben publizistisch ausschlachtete. Er starb zwei Jahre, bevor seine fiktive Biographie ihn zu Amerikas berühmtestem Marschall des Westens machte.

Und doch erwächst aus den so ziellosen, verfehlten, tragischen Lebensläufen dieser Männer eine tiefere Wahrheit. Sie waren Menschen. Sie wurden geliebt von Frauen, denen sie treu waren oder die sie betrogen – ein jeder seiner Natur gemäß. Mit dem begrenzten Gesichtsfeld ungebildeter und wenig inspirierter Menschen suchten sie dennoch das Glück am Ende des Regenbogens – eine einfache, kleine Ranch, eine geregelte Arbeit, einen guten Ruf und etwas Glück. Sie mordeten und wurden gemordet. Sie waren Menschen ihrer Zeit, und ihr ganzes Sein und alle ihre Taten sind ein Maßstab der Kräfte, von denen sie geformt wurden. Diese tiefere Wahrheit gehört weit mehr zum großen amerikanischen Mythos als die erfundenen Legenden, die diese Figuren umgeben. Eine Wahrheit, die nur von einem Menschen ausgesprochen werden konnte, der diese Männer bestens kannte und sie liebte – der Frau, die den Stoff für dieses Buch lieferte.

Ich lernte sie vor fünfundzwanzig Jahren in Los Angeles im Haus meiner Mutter kennen. Dort saß sie auf dem Sofa – eine schrumpelige, kleine, alte Frau von über achtzig Jahren, kaum vierzig Kilo schwer, mit haselnußbraunem Gesicht, scharfen blauen Augen und weißem Haar, das sie kurz geschnitten und wie ein Schuljunge gekämmt trug. Jeden Nachmittag ging sie durch das Viertel, grau gekleidet mit weißen Strümpfen und hohen Schuhen mit Knöpfen daran, in Begleitung ihres Hundes Twinkle und in der Hand kleine Sträuße aus künstlichen Blumen, die sie verkaufte. Wir erfuhren, daß sie bei Verwandten in der Nähe wohnte und allgemein als »Aunt Allie« bekannt war.

Es dauerte nicht lange, bis wir merkten, daß Aunt Allie ein

echter Charakter war. Die kleinste Provokation reichte aus, und schon feuerte sie in ihrem Western Slang gewissermaßen aus der Hüfte heraus eine großspurige Rede ab, wie sie typisch amerikanischer nicht sein konnte. Sie war hart und sentimental zugleich, mit altmodischen Bräuchen und dennoch verblüffend originellen Gedanken, und immer vergnügt. Dieser auffallende Humor kennzeichnete alle ihre Geschichten. In ihm lagen die ewige Frische und die unabänderliche Lebensfreude jener, die in Zeiten von Aufruhr und Tragödie jung blieben zu einer Zeit, als auch ihre Welt noch jung war.

Ich erklärte mich schließlich einverstanden, ihre »wahre Lebensgeschichte« niederzuschreiben; sie brauchte dringend die paar Dollar, die ihr dieses Unternehmen womöglich einbrachte. Wir fingen also an. Sie war zwar etwas kurzatmig und wurde schnell müde, aber jede ihrer nachmittäglichen Erzählstunden beendete sie mit der Bemerkung: »Und nun, mein Junge, gibst du an das Ganze noch ein bißchen Hefe, damit es schön aufgeht. Was ich dir erzähle, das sind ja nur nackte Tatsachen.«

Was sie berichtete, war erstaunlich. Ich erfuhr, daß Aunt Allie die Witwe von Virgil Earp war und daß sie mir eine authentische Biographie der berühmten »Fighting Earps« von Tombstone lieferte. Sie unterschied sich radikal von jener, die Stuart N. Lake in seinem »Wyatt Earp, Frontier Marshal« vorgestellt hatte; über dieses Buch ärgerte sie sich unablässig. »Nichts als ein Haufen aneinandergereihter Lügen! Josephine Sarah Marcus, Wyatts dritte Frau, hat ihm all dieses überzogene Zeug erzählt. Aber so, wie ich es sage, war es wirklich …«

Um ihre Berichte mit adäquaten historischen Recherchen zu untermauern, fuhr ich nach Arizona. Als ich zurückkam, erfuhr ich, daß Mrs. Josephine Sarah Marcus Earp sich an meine Mutter und Schwester gewandt hatte und mir mit gerichtlichen Schritten drohte für den Fall, daß ich Aunt Allies Geschichte –

die sich inzwischen auf Buchlänge ausgeweitet hatte – veröffentlichte. Daraufhin forderte ich Aunt Allie auf, mir zu erklären, weshalb Wyatts dritte Frau, die er geheiratet hatte, nachdem er Arizona hatte verlassen müssen, eine derart seltsame Angst vor der Veröffentlichung des Buches habe; es schien mir beinahe, als fürchtete sie, ein streng gehütetes Familiengeheimnis könne dadurch gelüftet werden.

Aunt Allie schlug mein Ersuchen rundweg ab. »Ich weiß alles über diese Marcus, aber ich werde nichts sagen! Das würde nur den guten Ruf von Wyatts zweiter Frau beschmutzen, Mattie, die mit uns nach Tombstone ging. Wir sind zusammen durch dick und dünn gegangen, Mattie und ich! Und ich weiß auch Bescheid über all die komischen Dinge, die Wyatt gesagt und getan hat. Aber ich werde diese schwarzen Schatten auch nicht über das Grab von meinem Virge fallen lassen! Ich sage nichts! Erst wenn die Hölle zufriert, und auch dann nur, wenn das Eis ganz schön dick ist!«

Durch diese Weigerung gewann sie für immer unser aller Zuneigung. Ihre Haltung war ein unerschütterliches Zeugnis für die großartige Loyalität und Integrität, die Arizona und den ganzen Westen aufbaute und noch heute Wyatt Earps großsprecherisches Getue widerlegt.

Was machten ein streng gehütetes Familiengeheimnis und ein paar obskure Einzelheiten schon aus? Im Buch wurde darauf bereits deutlich hingewiesen. Trotz der Androhung gerichtlicher Schritte bot ich es einem Verleger an, doch niemand interessierte sich damals für finstere Geschehnisse, die schon mehr als fünfzig Jahre zurücklagen. Einige Jahre später starben Josephine Sarah Marcus Earp und Aunt Allie, und ich übergab das Manuskript der *Arizona Pioneers' Historical Society* in Tucson als eine wertvolle Ergänzung ihrer Akten.

Doch in meinem Buch »The Colorado« faßte ich diese Fakten in einem Unterkapitel mit dem Titel »Outlaws« zusammen. Bald darauf wurden mir erneut gerichtliche Schritte angedroht, dieses Mal von Stuart N. Lake, dem Autor des Werkes »Wyatt Earp, Frontier Marshal«. Er teilte mir mit, daß er vor dem kalifornischen Zivilgerichtshof gegen die Verleger von »The Colorado«, die Lektoren und mich selbst ein Verfahren anstrengen werde, falls keine Zurücknahme des Buches erfolgte.

Dies verweigerte ich mit der Begründung, Aunt Allies Erzählungen würden durch meine eigenen Recherchen erhärtet, und zudem würde die *Arizona Pioneers' Historical Society* gegen Lakes Standpunkt mit meinen Ansichten, die ihr in meinem Manuskript vorlagen, übereinstimmen. Ferner wies ich darauf hin, daß der größte Teil von Lakes Werk aus angeblich wortwörtlichen Zitaten Wyatts bestehe, der Autor aber andererseits in einem Brief an meinen Verleger behauptete, daß Wyatt ihm nie ein Wort diktiert, nie auch nur ein Wort seines Manuskripts zu Gesicht bekommen hatte und zwei Jahre vor der Veröffentlichung des Buches gestorben war. Nun stellte Lake die vorgegebene Authentizität seines Werkes in Abrede und gestand ein, für den gesamten romantisierenden, unwahren und fiktiven Inhalt allein verantwortlich zu sein. Daraufhin ließ sich einer seiner Anwälte bei der *Arizona Pioneers' Historical Society* in Tucson mein Manuskript vorlegen und stellte schließlich jegliche gerichtliche Schritte gegen mich ein.

Zu diesem Zeitpunkt hätte es mir noch genügt, die Sache als eine alte Kontroverse in den Dokumenten ruhen zu lassen, aber die Geschichte wurde aufgebauscht, und niemand wollte mehr davon lassen. Viele Hilfssheriffs in einem Dutzend Städten des Westens begannen, die Angelegenheit zu diskutieren. Ich erhielt mengenweise Briefe, in denen meinen Ausführungen beigestimmt oder widersprochen wurde. Mehr und mehr Bücher und Filme über Tombstone und die Earps erschienen. Sogar ein

Schiff, das sich seinen Weg durch das antarktische Eis zur Bay of Whales bahnte, wurde auf den Namen *Wyatt Earp* getauft. Später folgten Radiosendungen und eine Fernsehserie über Wyatt Earp; in einer Fenseh-Quizshow trat kürzlich gar ein Virgil W. Earp auf, eine Straße in Dodge City wurde nach Wyatt Earp umbenannt, und der Ruhm von Tombstone lebte wieder auf. Innerhalb weniger Jahre war die achtzig Jahre alte Tombstone-Travestie damit erneut zur Hauptattraktion Arizonas und sogar zu einer Angelegenheit des nationalen Interesses geworden. Daniel Boone, Kit Carson und selbst Davy Crockett waren im Vergleich dazu alte Hüte. Ihre Rollen im amerikanischen Mythos waren von der grotesken neuen Legende um Wyatt Earp übernommen worden.

Doch irgend etwas an seinem unglaublichen Heroismus und psychopathischen Exhibitionismus hat zu fast ebenso fanatischen Ressentiments gegen ihn geführt. Achtzig Jahre lang erlagen seine Nachbarn, Zeitgenossen, die Presse, Schriftsteller, Forscher und Historiker zunehmend dem Zwang, die Wahrheit über ihn zu ergründen. Die Nachfragen nach meinem von der *Arizona Pioneers' Historical Society* verwahrten Manuskript wurden so zahlreich, daß der Geschäftsführer der Gesellschaft es aus den frei zugänglichen Beständen herausnahm und mir vorschlug, es zu veröffentlichen.

Damit ist dieses Buch nun fünfundzwanzig Jahre, nachdem es geschrieben wurde, selbst zu einem Kapitel in der Geschichte der Legende geworden, die es enthüllt. Weitere verborgene Aufzeichnungen und unterdrückte Informationen sind inzwischen ans Licht gekommen; das streng gehütete Familiengeheimnis ist endlich gelüftet. Nun ist es an der Zeit, Aunt Allie das Wort zu überlassen. Ihre Stimme ist nicht laut, aber sie sagt die Wahrheit. Sie spricht sich gegen die kursierenden Geschichten aus, aber für den großen amerikanischen Mythos, der aus einer Mischung all dieser Legenden bestehen wird. Und er wird nicht nur die historischen Tatsachen berücksichtigen, sondern auch das psychologische Element, das sich heute so deutlich in unserem beinahe psychopathischen Interesse an erfundenen Geschichten manifestiert – einem Interesse an Fiktionen, das in der westlichen Geschichte beispiellos ist. Es wird ein gutes Zeichen sein, wenn wir Aunt Allies Worten Beachtung schenken können.

Die Weise aus den Bergen

(aus: »People of the Valley«)

Bald nach Beendigung des dritten Bandes der »Colorado Mining Trilogy« begann Waters »People of the Valley«. In diesem Buch porträtiert er erstmals eine Figur, die in völligem Einklang mit ihrer Umgebung steht. Es handelt von einer Frau, deren inneres Wachstum und deren Nähe zu ihrem Land sie über ihre Mitmenschen erhebt – und was noch bemerkenswerter ist, kontinuierlich auch über ihr eigenes vergangenes Selbst.

»People of the Valley« ist die Geschichte von Maria, die im abgeschiedenen Mora-Tal in New Mexico lebt. Sie ist die verwaiste Tochter einer indianischen Mutter und eines vermutlich spanisch-amerikanischen »Fremden«; zwei Ziegenhirten ziehen sie auf, die aber bei einem Hochwasser ertrinken, als sie noch ein Kind ist. So wächst Maria wild und frei auf und überlebt nur mit Hilfe ihres Instinkts und ihrer Intelligenz. Sie bekommt von mehreren Männern mehrere Kinder, die sie mit den gleichen Überlebenstechniken aufzieht. Sie ist ein echtes Produkt des Landes. Ihr Ansehen als *Curandera*, als weise Frau und Seherin, wächst; man sucht sie sowohl aufgrund ihrer Kenntnisse der volkstümlichen Medizin als auch wegen ihrer mystischen Erkenntnisse auf. Als Marias Leben dem Ende naht, werden die Menschen der Gegend mit dem Bau eines Staudamms zur Hochwasserregulierung konfrontiert, der sie von ihrem Land vertreibt. Sie kommen zu Maria.

Zunächst stellt sie sich gegen das Projekt: »Ein Damm blokkiert den freien Fluß des Glaubens, welcher das Leben erneuert und erfrischt und ihm seine einzige Bedeutung verleiht.«[1] Doch mit der Zeit erkennt sie, daß Zeitalter ebenso wie alles, was lebt – Menschen, Pflanzen, Tiere und Berge – wachsen, reifen und am Ende neuem Leben Platz machen. Sie sieht, daß eine Opposition gegen den Damm der Errichtung eines ebensolchen gleichkäme – weil der ewige, unvermeidliche Fluß dadurch gehemmt würde. Schließlich ist sie in der Lage zu sagen:

»Ein Mensch kann keiner Zeit angehören, solange sie keinen Glauben hat, dem er angehören kann. Das ist es, was die Leute in bezug auf diesen Damm nicht mögen. Es steht kein Glaube dahinter, der ihm einen Sinn verleihen würde. Und deshalb müßt ihr eure eigene Zeit mit ihrem Glauben annehmen, bis auch das neue Zeitalter einen Glauben hervorgebracht hat und ihr dafür bereit seid.«[2]

Sie findet eine temporäre Lösung, indem sie ihrem Volk zu neuem Land in einem noch höheren und abgelegeneren Tal verhelfen kann. Damit handelt dieses Werk ebenso vom korrumpierenden technologischen Fortschritt der Weißen wie auch von Marias spirituellem Wachstum.

In diesem Buch finden sich einige von Waters' ernsthaftesten und ausgereiftesten Gedanken. Bezeichnend ist, daß der Autor es ursprünglich »The Dam« betitelte. Doch der amerikanische Herausgeber John Farrar (Farrar and Rinehart) sprach sich vehement gegen diesen Titel aus – vielleicht erkannte er, daß Waters mit diesem Buch mehr erreicht hatte, als er eigentlich in Angriff hatte nehmen wollen. Denn dieses Werk geht in der Tat weit über ein Portrait von Maria und das etwas abstrakte Konzept von Dämmen hinaus. Vielmehr öffnet es sowohl die Augen

für die Mühsal der Menschen, wenn eine Ära eine andere abzu-
lösen beginnt, als auch für das Bedürfnis aller Völker nach einer
Reifung des Bewußtseins. »Maria glaubte an Erfüllung statt an
Fortschritt« heißt es hier, und: »Erfüllung ist individuelle Evolution«.[3] Und allmählich versteht der Leser, daß Maria ihren
Leuten weniger dadurch hilft, daß sie ihnen Land verschafft (so
wichtig dies auch ist), als vielmehr dadurch, daß sie ihnen dazu
verhilft, *Zeit* zu gewinnen – Zeit, um zu lernen, wie sie im unver-
meidbaren neuen Zeitalter leben können. Und was noch bedeu-
tender ist: Wir begreifen, daß die Rettung der Menschen aus
Marias persönlichem Wachstum resultiert, aus der Evolution
ihres, Marias, Bewußtseins. Hier taucht zum erstenmal ein zentrales Thema auf, das erst viele Jahre später in »Mexico Mystique« voll zum Tragen kommt: Das Konzept der Evolution des
menschlichen Bewußtseins und die Notwendigkeit, daß diese
Evolution in jedem Individuum stattfindet.[4] Maria bringt diesen
Schritt zuwege und illustriert damit die Notwendigkeit wie auch
die Möglichkeit eines solchen Wachstums aller Menschen.

In den beiden folgenden Auszügen sehen wir Maria zunächst
als die auf sich selbst gestellte junge Mutter von Teodosio und
Niña an einem stürmischen Tag bei Frühlingsanfang. Im zweiten Abschnitt nähert sie sich dem Ende ihres langen Lebens.

Wie Büffel jagten die schwarzbuckligen Wolken über die
Berge, die das Tal umschlossen. Der Donner ihrer Hufe
ließ die Himmelsebene erzittern. Wenn sich ihre Hörner ineinander verkeilten, zuckten Feuerblitze hervor.

Auf einmal regnete es. Dicke warme Tropfen schlugen zischend auf der trockenen, staubigen Erde auf. Dann spannen
sich unvermittelt schräge Silberfäden vom Himmel zur Erde.
Innerhalb von zwei Stunden war der ganze Sturm vorüber.

Ein Regenbogen, so kräftig bunt wie ein Serape, ein Umhang

aus Chihuahua, wölbte sich über den Himmel. Wassertropfen glitzerten an Kiefern und Pinien. Herber Geruch von Salbei, von einer scharfen Klinge geschnitten. Die schwarzen gepflügten Felder begannen zu dampfen. Die ganze Erde schien wieder lebendig, erregt und wie an unsichtbaren Fesseln zu zerren.

Maria stand mit verschränkten Armen an ihrem Fenster. Sie stützte ihre vollen und seltsam schmerzenden Brüste. Reife hatte ihr eingefallenes Gesicht gefüllt. Am Himmel zeigte sich die Sonne wieder und belebte das stumpfe Rot unter ihren braunen Wangen. Ihre schwarzen Augen waren nicht mehr tot und leer; sie strahlten voller Leben und waren rastlos. Ihr fester Körper hatte die Weichheit eines reifen Pfirsichs erreicht, der darauf wartete, gepflückt zu werden, zu verrotten oder zu verdorren.

Soll's der Teufel holen! Sie wirbelte herum und zog sich die Schuhe an, legte sich ihren langen Schal um die Schultern und eilte hinaus. Drei Uhr nachmittags. Sie ließ ihre Arbeit liegen, verließ das Haus und ging ins Dorf, einfach so, ohne jeden Grund. Heilige Mutter Gottes! Was kann nicht alles in eine Frau fahren?

Was überkommt die ganze Erde in Zeiten wie dieser? Maria hielt an und steckte ihre Hände in den schwarzen dampfenden Lehm, zerdrückte die nassen Erdklumpen unter der Nase. Drüben galoppierte blind und ganz allein ein gescheckter Hengst über die Weide; seine Hufe rissen große Stücke aus dem Rasen. Die Krähen applaudierten wie verrückt.

Am Rand des Ortes blieb Maria mitten in der Straße stehen. Eine verdreckte graue Henne lief gackernd an ihr vorüber und kauerte sich an den Zaun. Ein rostbrauner Hahn eilte ihr hinterher. Krähend flatterte er auf sie zu, trieb sie mit Schnabel und Sporen aus dem Unkraut hervor, und bevor sie die Flucht ergreifen konnte, saß er auf ihr.

Maria stand da und beobachtete. Die graue Henne kauerte sich auf die nasse Erde, ohne Widerstand zu leisten; die Flügel hielt sie halb ausgebreitet, den Kopf demütig nach vorn gebeugt. Auf ihr, die Krallen in ihren nassen Federn vergraben, saß der rostbraune Hahn und bearbeitete sie mit kraftvollem, gleichmäßigem Treten. Aber schon im nächsten Augenblick stieg er elegant von ihr herunter und schüttelte seine Federn. Dann blickte er um sich, immer noch hochmütig, aber ohne die Wildheit von vorhin, und stolzierte davon.

Die kleine graue Henne blieb Sieger. Sie gluckste über seinen Abgang vor sich hin, glättete ihre zerzausten Flügelfedern und hob nacheinander die langen, gelben Füße, um den Schmutz abzuschütteln. Und schon sah sie wieder geschniegelt und selbstgefällig aus, als hätte die Straße um die ganze Welt geführt, nur um hier auf das aufgebauschte verdreckte Gefieder des Tiers zu treffen.

Maria wurde rot vor Zorn. Sie bückte sich und warf einige Handvoll Schmutz auf die Henne, die voller Verachtung weglief. »*Cochina!* Schwein! *Sorda hija de tal!*« Die Henne blickte zurück und gackerte kurz, bevor sie in einer Hecke verschwand. Maria, immer noch kochend vor Ärger, ging in den Ort.

Bei Pierre Fortier stieß sie wütend die Tür auf und trat ein. Pierre stand aus dem Kreis der Männer auf, die sich um den Ofen geschart hatten, und humpelte ihr mit seinem Holzbein entgegen. »Ah, Maria ist es! Die ich schon so viele Wochen nicht mehr gesehen habe. Geht es dir gut? Und den Kindern? Und sicher braucht ihr neue Vorräte ... Was für ein Regenguß! Ich spüre den Frühling in meinen Knochen. Da kriegt man so richtig Appetit auf das Leben – und auf Fleisch. Frisches Fleisch! Schau! Hinten, dort im Korral, da schlachten sie. Ich habe zwei Stiere gekauft. Schau. Ein bißchen frisches Fleisch, das du zur Abwechslung nach Hause mitnehmen kannst. Frisches Rindfleisch von den Weiden oben auf dem Berg. Maria …«

Maria spuckte auf den Boden. »Rindfleisch! *Santisima!* Sprichst du mit einer armen alten Frau? Eine alte Frau, die Gott dankt, wenn sie mal ein Stückchen Ziegenfleisch in den Topf werfen kann! Pah! Du mit deinem Gerede!« Wutentbrannt blickte sie auf die Männer rund um den Ofen. »Gut, komm und rede hier mit mir, an deinem Schreibtisch, über deinen Papieren, und sag mir, wieviel ich dir schulde. Und weshalb du mich betrogen hast, auf dem Papier, weil du dachtest, ich könnte mir nichts merken. Rede! *Si!* Wir haben viel zu reden.«

Es tat gut, die nervöse Anspannung, die sich in ihren Adern gestaut hatte, abzulassen – dieser fast endlose Wortschwall über Salz, Zucker, Faden, Kalkdünger. Pierre, die Brille auf der Nase, saß streitend und argumentierend auf seinem Hocker. Maria warf einen Blick auf das besudelte Papier, als könne sie lesen. Keiner von ihnen war zornig, keiner schätzte die Genauigkeit und den Scharfsinn des anderen falsch ein.

Am Ende schlug sich Pierre Fortier auf die Schenkel. »Was für ein hervorragendes Gedächtnis! So was habe ich noch nie erlebt!«

»So, das schulde ich dir?« murmelte Maria. »Nun, es ist gut für uns beide zu wissen, daß ich zahle, sobald ich das Geld habe. Bestimmt. Aber nicht jetzt. Wächst Silber vielleicht auf Bäumen?« Pierre reichte hinter sich und holte ein rotes baumwollenes Halstuch herunter – jenes aus dem Dutzend an einem Seil aufgehängter Tücher, das am meisten ausgebleicht und von den Fliegen verschmutzt war. Schwungvoll legte er es Maria um die Schultern und verknotete es. »Ein Geschenk. Für meine beste Kundin. Das schönste von allen meinen feinen Halstüchern. Madre! Damit siehst du aus wie ein Mädchen! Was für herrliche rote Wangen!«

Maria stampfte auf. »Dummkopf! Willst du mich vor all diesen Männern lächerlich machen?« Aber dennoch warf sie einen verstohlenen Blick in den Spiegel und überlegte sich rasch, wieviel Pierre ihr für das Tuch auf die Rechnung schlagen würde.

»Aber nun zu dem frischen Rindfleisch«, erinnerte Pierre sie noch einmal. »Du gehst doch am Korral vorbei? Damit du das frische, feste rote Fleisch siehst? Und morgen kommst du zurück und holst dir das Stück ab, das ich für dich zur Seite lege?«

»Ich gehe dran vorbei«, versprach Maria an der Tür. »Aber mehr auch nicht. Bin ich vielleicht eine wohlhabende Frau, daß ich Rindfleisch essen kann wie die Reichen, und gleichzeitig lasse ich einen Freund auf sein Geld warten?«

Pierre seufzte. »Ich schreibe es mir auf. Ich kenne doch schließlich meine Leute, was?«

Es war, wie er gesagt hatte: Im Korral gleich neben der Plaza hatten die Männer mit dem Schlachten gewartet, bis der Regenschauer vorüber war. Maria lehnte sich über das Gatter.

Die beiden Stiere waren bereits getötet und aufgehängt, damit sie ausbluteten und ihnen das Fell abgezogen werden konnte. Zwei weitere erwarteten ihr Schicksal in einer kleinen Einfriedung in einer Ecke. Ihr heiseres, verzweifeltes Brüllen und die nackte Angst in ihren rollenden Augen erregten bei Maria kein Mitleid.

Die Pfützen im Korral schienen die Sonne zu reflektieren, die sich auf die Sangre de Cristo-Berge herabsenkte. Der Boden war rot und schmierig. Er schien eine Hitze abzugeben, die ihr unter die Kleider kroch. Er stank. Doch es war ein erregender Geruch. Marias schwarze Augen funkelten. Sie lockerte das Halstuch und stieß schnelle, kurze Atemzüge in den kalten Nachmittag hinaus. Dazu drängte sie sich an das Gatter des Korrals und rieb ihre Brüste gegen die oberste Stange.

Zwei Männer waren aus der kleinen Einfriedung herausgetreten. Der eine war alt und bärtig und mit einem Ledermantel bekleidet. Der andere, schlank und groß gewachsen, war bis zu den Hüften nackt und hielt ein langes Messer in der Hand. Auf seinem starken, breiten Rücken waren lange Muskelstränge zu erkennen, die sich wie dicke Seile unter der Haut abzeichneten. Maria stockte der Atem, und als ihre steifen Brustwarzen nach hinten über die rauhe Rinde der Gatterstange zurückstrichen, erschauderte sie. Doch gleich drückte sie sich wieder nach vorn an das Gatter, die rosafarbene Spitze ihrer Zunge lugte zwischen ihren Lippen hervor.

Der bärtige Alte öffnete den Korral, trat zurück und hob seine Axt. Als der erschreckte Stier herausgestürzt kam, schwang er sie ein-, zweimal. Das stumpfe Ende der Axt donnerte gegen die Stirn des Stieres. Er ging in die Knie.

Bevor er umkippte, trat der große, schlanke Mann vor, stieß ihm das lange Messer in die Kehle und drehte es darin. Ein warmer Blutstrahl schoß aus dem Hals des Tiers. Als der Mann zurücktrat, waren sein Messer und seine Hand bis über den Knöchel rot. »*Santána!* Was für ein Stier!« lachte er, drehte sich um und schüttelte den besudelten Arm. »So voller Saft wie ein reifer Pfirsich!«

Maria fühlte sich benommen; wie durch einen Schleier nahm sie die kalten rosafarbenen Gipfel wahr, den Korral, dessen Boden rot wurde und den heißen, süßlichen Geruch des Blutes. Jetzt sah sie die Brust des Mannes, nackt, mit scharfen Konturen, wie aus Holz geschnitzt; seinen flachen, muskulösen Bauch, die markanten Linien seines Kinns und seiner Backenknochen. Er lachte. Seine Zähne glänzten weiß wie die eines Wolfs.

Dann, gerade als er sich umdrehte, sah er sie. Sein Blick war dunkel und schnell, scharf wie ein Messer. Er schnitt durch den Schleier über ihren Augen, ließ ihn abfallen wie einen Vorhang. Er bohrte sich in sie; sie öffnete sich, um ihn einzulassen, und tief aus ihrem Innern brach etwas hervor und begegnete dem messerscharfen Strahl seiner Augen.

Es geschah in einem Augenblick. Maria richtete sich auf, rückte ihr neues rotes Halstuch zurecht und machte einige Schritte am Gatter entlang. Der Mann hörte zu lachen auf. Er war angespannt, ungeduldig.

»Carajo!« rief er seinem Kollegen zu, als der Stier weggeschafft wurde. »Worauf wartest du? Die Sonne geht bald unter. Erledigen wir noch den anderen.« Doch er blickte dabei seitlich auf Maria, die am Gatter entlangschlenderte.

Der letzte Stier stürmte daher und erlag Axt und Messer, fiel auf die Seite in Blut und Schlamm. Der Mann trat zurück und zog die Klinge zwischen seinen blutigen Fingern hindurch. Maria hatte das Ende des Gatters erreicht und schritt zaudernd auf die Straße zu.

»Fertig!« rief er laut. »Das war der letzte. Mehr war nicht abgemacht. Es ist Zeit, in die Berge zurückzureiten, bevor es dunkel wird.« Er ging zu einem ausgehöhlten Baumstamm hinüber und begann, sich zu waschen.

»Aber compadre«, beklagte sich der Bärtige, »warum willst du dir nicht Zeit lassen? Eine gute Arbeit muß doch am Ende ein bißchen begossen werden. War es nicht immer so?«

»Carajo!« sprudelte die Antwort aus dem kalten Regenwasser heraus. »Bin ich ein Metzger, ein Fleischzerteiler, ein Verkäufer? Ich habe meine Tiere aus den Bergen geliefert. Ich habe sie getötet, wie es vereinbart war. Ich gehe. Adiós. Adiós, compadre.« Er zog Hemd und Jacke an, sattelte sein Pferd und ritt aus dem Korral.

Maria war noch keinen Kilometer weit die Straße hinuntergegangen, als er neben ihr die Zügel straffte.

»Cómo está, Señora?« sprach er sie an. Seine Stimme war sanft wie die Abenddämmerung.

85

»*Bien. Y usted?*« antwortete sie ruhig.

Wieder fiel sein messerscharfer dunkler Blick auf sie.

Schweigend stapfte Maria am Rand der Straße entlang weiter, während er neben ihr ritt. Er hatte seinen Hut auf und hielt den Kopf gesenkt. Sein Stiefel und das Hosenbein waren blutverschmiert. Das Pferd roch das Blut, es riß den Kopf hoch und schüttelte sich. Das Lederzeug ächzte. Das Gebiß am Zaum rasselte leise.

Als sie die hohen Klippen erreichten, wandte sich Maria seitwärts, ohne etwas zu sagen. Der Mann folgte ihr auf seinem Pferd den Pfad hinunter. Vor dem Haus blieben sie beide stehen.

»Hier wohne ich«, sagte Maria nur.

»Du bist die Frau mit den seltsamen Kräften«, erwiderte er mit einer tiefen, leisen Stimme. »Vielleicht bringst du mir Glück?« Und er blickte vom Sattel aus auf sie hinab.

»*Quien sabe?*« lächelte sie. »Komm.«

Er saß ab und folgte ihr in das lange Hinterzimmer. In der Hütte war die Dämmerung dunkler als draußen. Er konnte die Reihen bleicher Schädel kaum erkennen, aber der Geruch trockener Kräuter umfing ihn. Im Licht des kleinen Fensters drehte er sich mit leicht zitternden Fingern eine Zigarette. Dann setzte er sich auf einen Stapel Schaffelle vor sie hin.

Sein Atem ging jetzt schneller. Er hatte das Hemd nur halb zugeknöpft, und seine glatte, kräftige Brust schwoll ihr bei jedem Atemzug, den er tat, entgegen.

Maria ergriff seine Hände. Sie drehte die Handflächen nach oben und warf einen Blick auf die festen, schwieligen, in die Haut eingegrabenen Linien. Dann senkten sie beide die Köpfe, so daß sie sich fast berührten. Ihr Atem verschmolz zu einem heißen Lodern. Maria legte seine Hände in ihren Schoß. Ihre

Fingerspitzen begannen, über seine Handgelenke mit den stark hervortretenden Adern hinaufzuwandern. Wenn sie ihn berührte, sprangen kleine Feuerblitze seine Arme hinauf. Andere begannen an ihren Beinen hochzuzucken, als er mit den Handrücken über ihre Knie strich. Der Raum verdunkelte sich wie beim Aufkommen eines Sturms. Die Wolken des Unwetters ließen die Wangen in ihren noch immer gesenkten Köpfen erröten. Dann umfaßte er abrupt ihre Handgelenke.

Maria versteifte sich und hob den Kopf. Von draußen waren das Geräusch eines Wagens und Stimmen zu hören. Der Mann ließ von ihr ab, argwöhnisch, distanziert. Maria stand auf. Sie legte eine Hand an seine warme Kehle, zog ihn am Ohr und ging dann zur Tür. Teodosio war gerade mit Niña im Wagen vorgefahren.

»Du übler Tunichtgut! Und du, du Faulpelz!« kreischte Maria. »Seht ihr denn nicht, daß ich Besuch habe? Seid ihr so blind, daß ihr das Pferd nicht erkennen könnt, das dort angebunden steht? Stört mich nicht! Schert euch fort, und bleibt, wo ihr den ganzen Tag lang wart! Oder geht zur *tienda* und holt das Stück frisches Fleisch ab, das Pierre für mich beiseite gelegt hat. Undankbare Kinder! Schamloses Pack! Fort mit euch!«

Als der Wagen auf die Straße hinausgebogen und in der Dunkelheit verschwunden war, schloß Maria die Küchentür und verriegelte sie. Dann ging sie rasch in das lange Hinterzimmer und nahm ihr neues rotes Halstuch ab.

So war es. Ein kurzer Blick aus den Augen eines Mannes, die zufällige Berührung einer Hand auf der Plaza, ein Treffen im Dunkel. Sie kamen unaufgefordert, unerwartet, aber mit den gebieterischen Gesten des Schicksals, um die Monotonie in Marias Leben zu unterbrechen.

Maria ging auf die Neunzig zu.

Sie ähnelte den alten Heiligen auf einem von Pierre Fortiers Ladenregalen, nur daß ihre Kleider abgetragen, schäbig und aus schwarzer Baumwolle waren anstatt aus verstaubter, mottenzerfressener Seide. Ihr Körper darunter war geschrumpft wie abgelagertes Holz, verknotet und verhärtet vom Rheumatismus. Ihr Teint war von einem dunklen, leblosen Braun; längst hatte ihre Haut den gelatineartigen Film von gekochtem Kuhhorn und Gips, ihre Farbe von Oxid und Ocker, vermischt mit Eigelb, ihren Glanz von poliertem Hammeltalg verloren. Ihr weißes Haar war dünn und spröde wie Stroh. Wenn sie stand, war sie vornüber gebeugt und erinnerte an ein Fragezeichen, das von einem Zedernstock gestützt wurde.

Ihre Finger umklammerten den Stock wie die Klauen eines Greifvogels. Doch in ihrem Gesicht lebten noch immer all die Sorgen und die Fruchtbarkeit, die Leidenschaft und wilde Gewalt jener Lebensspanne, wie sie die Leute als Doña Maria aus dem Tal gekannt hatten. Die kraftvollen, primitiven Züge dieses Gesichts spiegelten alle diese Menschen wider. Geprägt wurde dieses dunkle, bittere Antlitz von der vorspringenden Nase, den hohen Backenknochen und dem kantigen, gespaltenen Kinn – es war unzivilisiert, traurig und von der Zeit gezeichnet, aber nach wie vor auch unverletzlich; ein Aussehen, wie es nur alte Indianer erlangen können.

Doch ihre Augen widerlegten alles. Sie waren abgestorben. Ihre einst funkelnde Schwärze war abgestumpft zu einem rauchigen Grau; nur ein kurzes Aufflackern des dahinter wohnenden Geistes konnte sie manchmal aufleuchten lassen wie milchige Opale. Vielleicht waren sie zu lange und zu tief nach innen gewandt gewesen, um sich noch bereitwillig auf das oberflächliche Leben draußen einzustellen.

Beim Gehen begann sie, sich mit ihrem Stock vorwärts zu tasten. Es war eine Gewohnheit, die nur wenigen auffiel, denn wenn sie Besucher empfing, saß sie immer am Feuer.

So vermittelte Maria ihren Mitmenschen den Eindruck einer Zitadelle, die belagert wurde, aber uneinnehmbar blieb. Und ebenso sah sie sich auch selbst.

Doch die Familien der Gertrudes, Niña und Antonio kamen Marias schwächer werdenen Schlägen gleichsam mit einer Axt zuvor und überredeten sie, eine Enkelin bei sich aufzunehmen.

»Unsere Piedad, deine Enkelin«, logen sie, »sie ist ein gutes Mädchen, aber ein bißchen wild, weil sie vernachlässigt wurde. Sie braucht gute Ratschläge. Wir möchten, daß du sie aufnimmst, Doña Maria.«

»Den Winter über werde ich sie zu mir nehmen. Um sie zu unterweisen«, log Maria zurück.

Piedads »Übungsheft« waren reifbedeckte Pinien und eine rostige Axt; ihre Schulkameradinnen ein paar zitternde Ziegen mit dornenzerkratzten Zitzen, ihre Belohnung eine Schüssel Haferbrei und einige lederne Tortillas. Sie war klein, sechzehn Jahre alt, flink wie ein Eichhörnchen und noch neugieriger als ein solches. Sie war *simpática*. Maria mochte sie.

Nachts saßen sie eng aneinandergekauert am Feuer. Ein weißbärtiger Sturm rüttelte an der Hütte und blies seinen frostigen Atem den Kamin herunter. Piedad zitterte und drückte sich noch fester an Maria. »*Mi abuela*, meine Großmutter Doña Maria«, fragte sie, »warum nennen Kinder den unsichtbaren Mann, der ihnen Angst einjagt, *El Abuelo* – Großvater? Vor dir habe ich bestimmt keine Angst.«

»Mein Kind«, erwiderte Maria. »Die Jugend kann das Alter nicht verstehen. Die Unwissenheit hat Angst vor der Weisheit. Das Alter von *El Abuelo* steht für das Lernen, vor dem das unwissende Kind Angst hat. Das ist falsch. Aber sogar Erwachsenen geht es so. Sie besitzen erlerntes Wissen und Kenntnisse und haben dennoch Angst vor der Weisheit, die sie nicht erlangt haben. Wir müssen alle lernen, keine Angst vor dem Dunkel zu haben: das Kind vor dem Lernen, der Erwachsene vor der Weisheit. Denn dadurch erreichen wir die wirkliche Reife, welche ewige Jugend bedeutet.«

Das Feuer fiel in sich zusammen. Piedad legte ein Scheit Holz nach. Neue Flammen züngelten empor, tanzten nach oben wie Schlangen. Das Harz knisterte. Im rötlichen Schein des Feuers waren die Konturen der auf den Dachsparren aufgereihten Schädel von Ziegen und Schafen zu erkennen.

»Doña Maria«, setzte das Mädchen wieder an, »alle sagen, du kannst mit Hilfe von Schädeln und Kräutern die Sterne deuten und das Wetter voraussagen, und auch gute Ernten, Unglück und die Zukunft eines Menschen. Weshalb benutzt du diese Dinge nicht mehr?«

Maria seufzte. »*Ay de mi*, Kind! Damit habe ich schon vor vielen Jahren aufgehört. In meinen jungen Tagen haben sie mir sehr geholfen, als ich wie du dem unsichtbaren Weg, der vor mir lag, mißtraute. Es ist wahr, ich kannte die Zeichen und die Ereignisse, die sie ankündigen. Aber ich besaß keine Weisheit – die Weisheit, die Zukunft in jedem Augenblick wahrzunehmen, in jedem Stein und jedem Grashalm. Und auch die Vergangenheit.

Es ist so: Ein Kind betrachtet das Leben wie ein Wolf die Spur seiner Beute. Es kennt keine Vergangenheit, nur den Hunger, die Zukunft zu verschlingen. Und damit die Zukunft von Erfolg gekrönt ist, bleibt es bald stehen, hebt den Kopf und schnuppert in den Wind. Es beobachtet die Zeichen – sogar die auf Ziegenschädeln. Es hört der ganzen Welt um sich herum zu.

Und nun steht der Mensch in der Mitte seines Lebens. Da er ein Gedächtnis hat, kann er einen Teil des Weges hinter sich sehen, ebenso wie den gegenwärtigen Abschnitt, auf dem er ausschreitet. Aber die Zukunft liegt noch immer unsichtbar vor ihm, sie windet sich zum Gipfel hinauf, der im Nebel liegt. Er erreicht ihn. *Pues!* Die gefürchtete Zukunft, nach der er so gehungert hat, ist nicht mehr als die Gegenwart, die der Vergangenheit ähnelt. Sie sind alle eins. Seine Ängste waren nichtig, seine Voraussagen nutzlos. *Entiende, muchacha?* Ich wiederhole es noch einmal für deine unbedarften Ohren.

Das Leben ist ein großer, weißer Stein. Du, ein Kind, blickst ihn an, und du siehst nur eine Seite. Du gehst langsam um ihn herum. Du siehst die anderen Seiten, jede unterscheidet sich von den anderen in Form und Aussehen, ist rauh oder glatt. Du bist verwirrt; du vergißt, daß es derselbe große, weiße Stein ist. Aber schließlich bist du ganz um ihn herumgelaufen, hast ihn von oben, vom Hügel aus, von allen Seiten gleichzeitig angeschaut. *Verdad!* Da siehst du ihn: wie er viele verschiedene Seiten und Formen hat und unterschiedlich aussieht, einmal glatt, dann wieder rauh, aber dennoch ist es der eine große, weiße Stein: wie alle diese Seiten ununterscheidbar ineinanderfließen: die Vergangenheit in die Gegenwart, die Gegenwart in die Zukunft, die Zukunft wieder in die Vergangenheit.

Hola! Sie sind alle dasselbe. Wie kann man mit Weisheit die eine von der anderen unterscheiden? Es gibt keine Zeit, sie ist nicht mehr als ein Trugbild für unvollkommene Augen. Es gibt nur den ganzen vollendeten Augenblick, und er enthält alles.«

Und Maria mit ihren grauverhangenen Augen, die getrübt mehr sahen als damals, als sie noch glänzten, griff blind nach ihrem Tabaksbeutel. »*Ay de mi!* Oft höre ich draußen Schritte. Ich blicke auf und sehe einen Mann in der Tür stehen. Es könnte Onesimo sein, wie er genannt wurde, ein gewisser Gringo-Soldat, oder Don Fulgencio selbst, der schon so viele Jahre tot ist. Nein! Es würde mich nicht überraschen, wenn es einer von ihnen wäre. Manche Menschen sind weniger lebendig als die bloßen Schatten anderer. Selbst ich bringe das, was war und wieder sein wird, mit dem durcheinander, was ist.«

So lehrte sie voller Weisheit in jenem Winter das, was jeder Mensch für sich lernen muß, und sah nicht das Unverständnis in den schläfrigen Augen des Mädchens.

Aber alle anderen im Tal brachten ihr größte Anerkennung entgegen, als sie ihre Felder wieder pflügten und säten.

»Gut gut, Vetter. Wir werden Land haben, dank Doña Maria. In unserer Unwissenheit stimmten wir für einen Damm. Dann verweigerten wir auf den weisen Rat der Señora hin das Land dafür. Nun wird es keinen Damm geben. Ah, wie schwarz dieser Lehm ist. Wie er riecht!«

Maria hatte den Gipfel der Hochachtung erreicht: Fast nannten sie sie Santa Maria. Doch für Lobpreisungen hatte sie kein Ohr. Sie hörte nur die gähnende Stille dahinter – die Ruhe vor einem Sturm. Und in der Ferne das leise Knistern des Papiers, durch das der Damm errichtet würde.

Zu den Familien der Gertrudes, Niña und Antonio sagte sie: »Unsere Piedad. Sie hat die alten Bräuche erlernt. Sie soll mich jetzt verlassen. Damit sie ins Tal hinuntergehen kann, um nach dem Neuen zu leben. So wird ihr Glaube gefestigt.«

Als sie mit Piedad allein war, sagte sie: »Du hast mir hier sehr geholfen, Kind. Und jetzt kannst du mir noch mehr helfen, wenn du gehst. Verlaß also diese Hütte. Geh hinunter ins Dorf. Es heißt, im alten Wirtshaus wird eine Magd gebraucht. Ich möchte, daß du diese Arbeit machst.«

Piedad war entsetzt. »Dienstmädchen in einem Gasthaus? Für Fremde und Gringos? Das ist nicht unser Brauch. Wir sind immer auf unserem Land geblieben, in guten wie in schlechten Tagen, wir hatten nie einen anderen Herrn. Was soll aus meiner Bescheidenheit werden, meiner Würde, meinem Stolz?«

»Wie du weißt«, fuhr Maria leise fort, »war dieses alte Wirtshaus seit Jahren leer, außer an Gerichtstagen. Jetzt ist es voller Gringos, und sie reden mit Sicherheit über diesen Damm. Mach ihnen die Betten, serviere ihnen ihr Essen, und wasche ihr Geschirr ab, wie man es dir sagt. Aber halte die Ohren auf: Du verstehst ihre Sprache. Hier!« Sie gab dem Mädchen ein altes, quadratisches Goldstück. »Kauf dir ein Pferd. Ein altes, das aber noch ausdauernd ist. Von einem von Antonios Nachbarn. Komm jede Woche einmal zu mir geritten, und berichte mir, was dir an Neuem zu Ohren kommt. Teodosio ist wieder krank. Wir brauchen auch seinen alten Wagen nicht, der am Ende noch auseinanderfällt und dir den Hals bricht. *Sabe?* Hör dir alles an, aber sag es nur mir.«

Und so zog sich Maria wieder in die Einsamkeit ihrer Berge zurück. Sie verließ sie nie.

Martiniano und der Hirsch

(aus: »The Man Who Killed the Deer«)

In dem zu Beginn der vierziger Jahre geschriebenen Roman »Martiniano und der Hirsch« kombiniert Waters seine beiden vorrangigen Themen – die Beziehung der Menschen zu ihrem Land und die Auflösung einander widersprechender Dualitäten – vollständig mit seiner Meisterschaft zum historischen Detail. Maria, die immer im Einklang mit ihrem Land lebte, hatte wenige oder gar keine inneren Konflikte. Anders hingegen die zentrale Figur dieses Werks: Martiniano, ein junger Indianer, der gezwungen wurde, sein Pueblo zu verlassen und eine Staatsschule der Weißen zu besuchen. Dort erlernte er nicht nur den Beruf des Zimmermanns, sondern übernahm auch die Werte und das Denken der Weißen. Zurück im Pueblo findet er sich ständig im Konflikt mit den Stammesführern. Weil im Pueblo und der nahen Stadt kaum eine Nachfrage für seine beruflichen Fähigkeiten besteht, muß er das Land bestellen, das die Stammesältesten einst seinem inzwischen verstorbenen Vater zugeteilt hatten. Somit ist er wirtschaftlich vom Land und der indianischen Lebensweise abhängig, gleichzeitig aber der bäuerlichen Existenz und dem traditionellen Leben im Stammesverband entfremdet. Weil er für sich und seine Frau Fleisch braucht, schießt er einen Hirsch. Aber er hat das Tier außerhalb der Jagdsaison erlegt, und deshalb kommt er in Konflikt mit dem Gesetz der Weißen; und er hat es versäumt, den Hirsch um die Zustimmung zu seiner Tötung zu bitten, und danach die erforderlichen Rituale nicht ausgeführt, wodurch er die indianische Tradition gebrochen hat. In dem Maße, in dem seine Schwierigkeiten wachsen, sieht Martiniano in dem Hirsch eine Art psychologischen Sündenbock, auf den er alle seine Probleme projizieren kann.

Kombiniert mit der Geschichte von Martinianos inneren Konflikten ist der historisch zutreffende, aber fiktionalisierte Bericht über den Versuch der Bewohner des Pueblos Taos, ihren heiligen Blue Lake zurückzugewinnen, der von der Regierung »konfisziert« worden war. Über siebenhundert Jahre lang waren die Indianer zu diesem See gepilgert, den sie als den mythischen Herkunftsort ihres Volkes betrachten. Ihr Recht auf dieses Gebiet war ihnen im Jahre 1551 von König Karl von Spanien bestätigt worden, 1687 vom Königlichen Rat der Indien, 1821 von Mexiko nach dessen Unabhängigkeit von Spanien und 1848 von den Vereinigten Staaten, nachdem sie das Gebiet des heutigen New Mexico in ihren Besitz gebracht hatten. 1906 war die Region um den Blue Lake durch eine Erklärung des Präsidenten zum Nationalpark erklärt worden.

Martinianos Verurteilung durch das Gericht der Weißen wird zum Auslöser für die neuerlich vorgetragene Forderung des Stammes, seinen Anspruch auf den heiligen See und das dazugehörige Land anzuerkennen. Doch wichtiger noch als Verbindung zwischen den beiden Handlungssträngen ist Martinianos Unvermögen, die Verbundenheit der Indianer mit ihrem Land zu begreifen, ihre völlige Hingabe an und Übereinstimmung mit ihrer Umwelt. Den Kernpunkt seiner Probleme mit den Stammesältesten bildet das Bewußtsein seiner Individualität, die die Ältesten als sein Insistieren auf der Illusion des Abgetrenntseins betrachten.

So wird Martiniano unbeabsichtigt zum Instrument der

schließlichen Rückgabe des heiligen Sees, und gleichzeitig lernt er »die Untrennbarkeit und Wechselseitigkeit aller scheinbar voneinander getrennten Dinge« zu begreifen.[1] Dieser Wachstumsprozeß ist langsam und mit Schmerzen verbunden. Doch Waters versteht es, die Geschichte sehr einfach und eindringlich zu erzählen und sowohl seiner Hauptfigur als auch dem Leser ein Verständnis von Martinianos komplexen Problemen und den zu ihrer Lösung notwendigen Dingen nahezubringen. Der Autor vereint in diesem Werk mit Erfolg eine mystische Betrachtungsweise mit historischer Exaktheit in bezug auf Zeit, Ort und Menschen.

Im ersten der beiden folgenden Auszüge hat Martiniano den Hirsch gerade erlegt. Der Stammesrat des Pueblos wird zusammengerufen, um Martinianos Tat und ihre Folgen zu besprechen. Im zweiten Teil erfahren wir, wie Martinianos zunehmende Konflikte sich auf die Beziehung zu seiner Frau Spielende Blumen auszuwirken beginnen und er sich an seinen Freund Palemon wendet.

Als die beiden bleichen Flecke auf den höchsten Häusern in der Abenddämmerung immer undeutlicher wurden, erschien ein dritter. Minutenlang tönte seine klare, tiefe Stimme zu allen Bewohnern des Pueblos hinunter. Es klang wie ein Aufruf, wie der abendliche Gebetsruf eines Muezzins. Ein jeder im Pueblo blieb stehen, um zuzuhören. Dann nahmen die Menschen ihre Arbeit wieder auf.

Holz und Wasser wurden herangeschleppt. Pferde wurden in ihre Pferche gebracht, Esel in die gemeinschaftlichen Gehege getrieben. Die Menschen schlossen sich im Pueblo ein, als würden sie sich in einer Pyramide selbst begraben.

Aus den Tierrümpfen, die von den Dachsparren herabhingen, wurden Rippenstücke herausgeschnitten, gebraten und zusammen mit Chilis und Tortillas gegessen. Zum Kaffeesatz von der Morgenmahlzeit wurde frischer Kaffee hinzugegeben, erneut aufgebrüht und getrunken. Aus Maisblättern wurden Zigaretten gedreht und geraucht. Und dann ruhten sich die Menschen beim Schein des Feuers in den warmen, verräucherten Räumen aus.

Die Kinder hatten sich in Decken und Tücher gehüllt und auf den Sitzbänken ausgestreckt. Die Frauen legten die Betten und Matten zum Schlafen aus. Aber die alten Männer saßen noch nickend vor dem verglimmenden Feuer.

Wer wußte, wie spät es war? Es gab keine Uhren, die die Zeit bewachten. Die Menschen hätten sie wahrscheinlich auch gar nicht lesen können. Sie hatten kein Gefühl für Zeit, diese Menschen. Für sie war Zeit nicht etwas Dahinfließendes, das in seltsame kleine Abschnitte unterteilt, gemessen und von Glockenschlägen angezeigt wurde. Zeit war ein Ganzes, immer Gegenwärtiges und Unzerstörbares. Sie waren es, die in ihr dahinströmten. Es gab nur das Erkennen des Augenblicks für das richtige Tun. Keiner wußte, wann er kam. Aber wenn er kam, gehorchten sie.

Plötzlich gingen Türen auf. Die alten Männer zogen ihre Decken enger um Kopf und Schultern und traten hinaus in die Dunkelheit. Nacheinander, langsam und schweigend, schritten sie auf den beiden kantig behauenen Holzbalken über den Fluß. Zum Ende des Pueblos, wo ein Tor offenstand. In dem Lichtschein, der hinaussickerte, waren zwei Männer zu sehen, die sich, in Decken gehüllt, gegen die Wand lehnten. Sie mußten hier die ganze Nacht in Kälte und Dunkelheit Wache stehen.

Es war eine Versammlung der Alten einberufen worden.

Die Greise traten ein und setzten sich schweigend auf die Bank, die an drei Wänden entlanglief. Palemon trug eine neue rote Decke; sein Gesicht war stolz und dunkel. Martiniano hatte

97

einen weißen Verband um den Kopf; er sah bleich aus. Da sie beide jung waren und nicht dem Rat der Alten angehörten, setzten sie sich an die Tür, wo schon zwei andere, noch Jüngere saßen.

Es war ein großer Raum. Über den Bretterboden verteilt standen hölzerne Kästen mit frischem Sand. Die geweißten Wände waren fleckenlos und nackt bis auf die Insignien des Governors und seines Vertreters. Sie hingen unter einem Bild Abraham Lincolns, der sie ihnen übergeben hatte. Die Sparren, die das Dach stützten, glänzten dunkelgelb wie Honig. Ein Mann hielt einen Zedernzweig ins Feuer. Als er brannte, schritt er damit durch den Raum, so daß die Luft sich mit dem frischen, herben Geruch füllte.

In der Mitte des Saals stand ein Tisch aus Kiefernholz mit einer Kerze, die in einem glänzenden, schwarzen Halter steckte. Davor waren die beiden einzigen Stühle im Raum aufgestellt. In dem einen saß ein klug aussehender Mann mittleren Alters, amerikanisch gekleidet bis auf die Schuhe, von denen die Absätze entfernt waren, und eine Decke, die er um die Hüften gewunden hatte. Wahrscheinlich würde er seinen Mund den ganzen Abend nicht aufmachen, denn obwohl die meisten Anwesenden Spanisch sprachen und Englisch verstanden, würden sie in dieser Nacht nur in ihrer eigenen Sprache reden. Aber hier war sein gewohnter Posten.

Der Mann, der auf dem anderen Stuhl saß, rückte näher zum Feuer. Er war ein zerfurchter Fels, der immer noch ungebrochen hinausragte in die Wogen des Lebens. Aus seinem wild wuchernden Haar lugte weiß Schnee hervor, in seinem Gesicht wuchs Moos. Seine Augen waren wie die eines Sonnenfalken, eines Mystikers, eines uralten Mannes, der sie nicht mehr auf nahe Objekte einstellen konnte. Sie waren das Bezwingendste im ganzen Saal. Denn während jene des alten Governors hinter ihm durch alle Leidenschaften des Wetters und der Menschen in das ruhige Herz aller Stürme zu blicken vermochten, sahen diese Augen noch weiter. Sie sahen die stürmische Seele der Schöpfung in der Ruhe. Dieser Mann hielt auf dem höchsten Dach des Pueblos Wache über die Sonnenuntergänge, er beobachtete, wie die Sonne ihr gebirgiges Haus zwischen den beiden Gipfeln am westlichen Horizont verließ, und bestimmte danach die Zeit der Sonnenwende und der zeremoniellen Tänze. Er war der Kazike, der dieses ererbte Amt sein ganzes Leben lang ausführte.

Auf der Bank hinter ihm saßen zu beiden Seiten des Governors dessen Vertreter, der Hauptmann, der Beauftragte des Fiskus, ihre Assistenten und sämtliche Kiva-Führer. Und um sie herum saßen die alten Männer mit ihren Habichtgesichtern, verwittert und runzlig wie Zedernrinde – fast vierzig Männer, alles Greise, von denen es aber respektvoll hieß: »Die Mitglieder des Rates singen, sie tanzen nicht.«

Die Tür wurde geschlossen. Und noch immer saßen sie da, ohne zu sprechen, zogen nur die Decken bis zu den Gesichtern hinauf. Eine unheimliche Spannung lag im Raum: das vibrierende Schweigen, die trübe Beleuchtung, die dunklen, nun verhüllten Gesichter, aus denen nur die Augen schwarz und glänzend wie Glasperlen hervorstarrten. Es war, als hätten sie sich versammelt, um aus Symbolen jene Deutungen abzulesen, die selber Symbole eines Lebens waren – eines Lebens, dessen Substanz sie fühlten, aber nicht sehen konnten, dessen Begrenzung sie erspürten wie die Ränder einer Tür, die sie jedoch nicht öffnen konnten.

Der Governor brach die Stimmung. Er grinste ein wenig zahnlos, hob einen braunen Papierbeutel vom Boden auf und schob ihn über den Tisch. Der Dolmetscher ging damit im Saal herum und blieb vor jedem Mann einen Augenblick stehen. In dem Beutel war eine Rolle großer, schwarzer Tabakblätter, die feucht zusammengelegt und jetzt trocken und hart waren. Gewächs von den Bergen Mexikos. Stark wie der Huf eines ausschlagenden Pferdes. Ein Geschenk des merkwürdigen weißen Mannes, Rodolfo Byers, in dessen Laden sie alle seit mehr als dreißig Jahren am liebsten einkauften. Jetzt gluckste jeder ein wenig und machte einen kleinen Scherz, während er sich ein Stück abbrach, es zwischen den schwieligen Handflächen zerbröckelte und sich eine Zigarette drehte. Dann saßen sie da, rauchten und spuckten in die kleinen hölzernen Kästen, die, mit Sand gefüllt, vor ihnen auf dem Boden standen.

Jetzt, gesättigt mit Rauch, schien das Schweigen noch dicker, schwerer. Und wieder wurde die Spannung fast greifbar. Die Männer warfen einer nach dem andern ihre Zigarettenstummel weg, lehnten sich gegen die Wand und zogen ihre Decken über die Köpfe. Als ob sie sich alle zum Schlafen anschickten. Dann plötzlich Worte. Langsam, gleichmäßig, höflich und achtsam. Der Governor begann.

»Martiniano hier und diese beiden Burschen. Sie haben sich in Schwierigkeiten gebracht. Sie haben Unruhe in die Luft gebracht. Es wird noch mehr werden. Es gibt viel zu bedenken. Ist es nicht so? Oder hat meine Zunge mich betrogen?«

Ai, ai, ai.

»Also gut. Wir wollen es ruhig untersuchen. Wie Männer. Nicht wie alte Weiber oder schwatzende Elstern. Laßt uns alle mit denselben Gedanken darangehen. Martiniano hier und diese beiden Burschen. Sie gingen in die Berge. Ein Hirsch wurde getötet. Sie wurden verhaftet. Jetzt sollen die jungen Männer sprechen. Filadelphio, bist du bereit, dein Herz auszuleeren? Gott weiß davon, wird uns helfen, wird uns Medizin geben.«

Filadelphio sprach. Er war knapp zwanzig, wie sein Gefährte.

Mit kurzem Haar und besser bekannt unter seinem spanischen Namen.

»Dies ist, was ich sage. Es ist zwei Tage her, daß ich mit Jesús hier aufbrach, und Martiniano, den ihr auch seht. Wir gingen auf dem unteren Pfad, dem oberen Pfad. Wir überquerten den Fluß. Wir traten in die Schlucht, die lang ist und steil und eng. Wir gingen vorbei an den Biberdämmen. Wir kamen zu den kleinen Bergweiden bei den Espen. Wir brieten unser Fleisch und unsere Tortillas. Und dann war es dunkel. Wir schliefen.«

Langsam, tonlos sprach er weiter.

»Wir standen auf. Es war grau und kalt. Wir hatten nichts mehr zu essen. Wir dachten, wir wollen nun zurückgehen. Die Kochtöpfe sind auf den Feuern, die Backöfen sind voll Brot. Aber Martiniano sah die frische Spur eines Hirsches. Er sagte: ›Ich will mein Gewehr laden. Ich will diesen Hirsch schießen. Meine Frau ißt gern frisches Fleisch.‹ Wir gingen weiter. Aus der Schlucht, den Berg hoch. Ich an einer Seite, hinterher. Jesús an der anderen Seite, hinterher. Martiniano in der Mitte, voran.

Welcher Mann weiß nicht, wie ein Hirsch den Abhang hochspringt, wenn er aufgeschreckt wird? Wir sahen es. Martiniano schoß. Der Hirsch war tot. Wir trugen ihn zur Lichtung. Die Sonne war hoch. Es war nach Mittag. Zwei Männer ritten auf Pferden herauf. Weiße Männer, von der Regierung. Sie waren zornig. Sie sagten: ›Die Zeit, um auf Regierungsboden Wild zu schießen, ist vorbei. Wir verhaften euch. Ihr kommt mit uns und bezahlt eure Strafe.‹ Und der eine Mann auf seinem Pferd führte Jesús und mich zu Fuß ab.

Aber Martiniano sah gar nicht auf. Er weidete den Hirsch aus. Er sagte: ›Ich bin Indianer. Ich bin hungrig. Weshalb soll ich mich wegen Männern von der Regierung beeilen?‹ Wir hörten nicht mehr. Wir sahen nicht mehr. Wir gingen zum Gefängnis. Der Richter schrieb unsere Namen auf. Er sah uns ins Gesicht.

Er sagte: ›Vielleicht kriegt ihr eine hohe Geldstrafe. Vielleicht gar keine. Eure Väter sollen zu mir kommen.‹ Und wir kamen zurück, wie man uns geheißen hat. Und jetzt ist mein Herz leer. Dies sage ich.«

Die Rede hatte fast eine halbe Stunde gedauert, und Jesús brauchte beinahe ebenso lange, um alles zu bestätigen. Aber dies war nur die Darstellung des Vorgangs. Was war der Kern? Weshalb gingen zwei junge Burschen mit Martiniano in die Berge, ohne Nahrung, und blieben die ganze Nacht draußen? Sitzen wir nicht alle in demselben Nest?

Jesús versuchte sein Erstaunen zu verbergen. Weshalb ging man in die Berge? Welcher Mann ging nicht in die Berge und schlief nicht, wenn es dunkel wurde, ruhig an seinem Feuer? Da waren die Sterne, der Mond, das Flirren spröder Blätter. Da waren, wenn die Wahrheit aus dem Herzen entlassen werden sollte, die süß duftenden Kräuter, die, in ein Säckchen genäht, das Entzücken der jungen Mädchen sind. Da war endlich dieses: die frische Spur eines Hirsches. In der ersten Minute hat ein Mann gar keinen Gedanken. In der nächsten Minute hat er nur einen Gedanken. Ist es nicht von jeher so gewesen mit unserem Volk?

Jesús sprach sehr bescheiden über diese Dinge. Seine Stimme war sehr leise. Nicht einer der Männer tadelte ihn mit Wort oder Blick. Dennoch sagte ihm sein Herz, daß er zu kühn in seinen Behauptungen und Erklärungen gewesen war, zu dreist. Und er setzte sich ein wenig zu stolz, um seine Scham zu verbergen, und fragte sich, was sein Vater wohl morgen zu ihm sagen würde.

Nun sprach Palemon. Auch er war ein junger Mann, noch bis zu seinem fünfzigsten Jahr würde er als solcher gelten. Aber er hatte Frau und Kinder. Er bearbeitete seinen Boden. Er achtete die Bräuche. Er tat seine zeremoniellen Pflichten. Und also war er alt genug, sein Herz in stolzer Bescheidenheit zu leeren.

»Meine Frau lag im Bett. Meine Kinder lagen im Bett. Ich lag im Bett. Sie schliefen. Aber ich schlief nicht. Ich war wach und wunderte mich, weshalb. Ich blickte auf dies und das, in meinen Körper, meinen Geist, mein Herz. Ihr wißt, wie es ist, wenn etwas in der Luft liegt. Man kann es nicht berühren, man kann es nicht denken, man kann es nicht fühlen. Aber es ist da.

Ich horchte auf das Herz meines Körpers. Ich horchte auf das Herz des Berges. Und ich wußte, daß irgend etwas nicht in Ordnung war. Also wartete ich.

Ich hörte Großvater Coyote heulen. Ich hörte ihn viermal heulen. Jedesmal war er zorniger, weil ich nicht hören wollte auf seinen Ruf, weil ich nicht antworten wollte. Ich ging hinaus und sattelte meine Stute. Und ich horchte auf das Herz meines Körpers, und ich horchte auf das Herz des Berges. Und ich wußte, ich hatte recht getan.

Großvater Coyote heulte nicht mehr; er war nicht mehr zornig. Aber Großvater Krähe und seine Brüder schrien. Sie schrien: ›Pa-le-mon! Pa-le-mon!‹ Und so ritt ich hinauf in die Berge, und sie hörten auf zu schreien, weil ich gekommen war.

Ich ritt durch die Schlucht, vorbei an den Biberdämmen, zu den hohen hellen Espen. Über mir trat das Nachtvolk klar hervor. Der Morgenstern Älterer Bruder zeigte mir den Weg. So kam ich dorthin, wo der Pfad hinaufführt zum Kamm der Berge und sich dann zum See hinabsenkt. Dem Auge des Glaubens. Dem tiefen, türkisfarbenen See des Lebens. Ich konnte das große Herz des Berges hören. Ich konnte mein eigenes Herz hören. Und sie waren eins. Also ging ich nicht weiter. Und dort fand ich ihn. Martiniano. Mit seinem verwundeten Kopf. Und ich brachte ihn herunter.

Dies sage ich. Ihr wißt, wie es ist. Die Dinge, die keine Worte aussprechen können, die aber in unseren Herzen leben. Und jetzt ist auch mein Herz leer.«

Keiner der Männer stimmte ihm zu durch Wort oder Blick. Sie saßen mit gesenkten Köpfen, die Augen zu Boden gerichtet, in Decken gehüllt, eingesponnen in Schweigen. Aber dieses Schweigen war trächtig mit dem immer gegenwärtigen Geheimnis, und Geist und Herz tasteten es ab, um seine Umrisse, seine Gestalt und seinen Inhalt kennenzulernen.

Und Palemon wußte, er hatte gut gesprochen. Bescheiden setzte er sich wieder auf die Bank, seiner neuen roten Decke gar nicht mehr bewußt.

Eine Versammlung der Alten ist etwas Sonderbares. Das Feuer knistert. Die Kerze tropft. Und die alten Männer sitzen stumpf auf ihren Bänken an den Wänden entlang. Sie unterbrechen nicht, wenn einer spricht. Sie senken ihre verhüllten Köpfe und die halb geschlossenen Augen, um den Sprecher nicht mit einem Blick zu entmutigen oder zu verwirren. Und wenn seine kehlige indianische Stimme endlich schweigt, bleibt alles still. Die Stille ist so schwer und tief, daß sie den Kern der Wahrheit aus seinen Worten preßt und die unwichtigen Schalen erbarmungslos preisgibt. Und noch immer spricht niemand. Jeder wartet höflich auf den andern. Und das Schweigen wächst, von einem zum andern weitergereicht, an den Wänden hoch, bis das Schweigen aller ein einziges Schweigen ist und dieses Schweigen die Meinung aller enthält. So löst sich der einzelne auf. Es gibt nur ein Herz. Es gibt nur die Seele des Stammes. Eine Seele, die durch dieses Schweigen verbunden ist mit allen Seelen sämtlicher Stammesversammlungen, die seit Menschengedenken hier gesessen haben.

Eine Versammlung der Alten ist halb Reden und halb Schweigen. Das Schweigen hat mehr Gewicht, mehr Bedeutung, mehr Tönungen als das Reden. Es ist zornig, ungeduldig, heiter unter der Maske der Ruhe, Geduld, Würde. Es schließt alle zusammen. Jetzt verdichtete es sich plötzlich. Es siedete. Es war das angespannte Schweigen eines Jägers unmittelbar vor dem Schuß.

Denn so war es wirklich geschehen. Sie hatten diese Sache von der einen und der anderen Seite betrachtet, von vorn und von hinten. Jetzt wollten sie in ihre Mitte sehen, in ihr Herz.

Ai. Jetzt sollte Martiniano sein Gesicht und sein Inneres vor uns aufdecken, er soll sprechen und sein Herz ausleeren. Gott weiß, wird uns helfen, wird uns Medizin geben.

Martiniano begann zu sprechen. Er hatte ein zimtfarbenes schmerzgezeichnetes Gesicht und einen blutigen weißen Verband um den Kopf. Er war nicht so jung wie Filadelphio und Jesús und nicht so alt wie Palemon. Er war auf der Regierungsschule der Weißen gewesen und trug einen alten fertig gekauften Anzug und Schuhe wie die beiden jungen Burschen, die Haare aber geflochten und eine Decke wie Palemon. Sein Gesichtsausdruck und sein Benehmen zeigten, daß er gleichzeitig zu der alten und der neuen Zeit gehörte und daß er nicht zum erstenmal zwischen beiden gefangen saß. Seine Stimme war trotzig, aber respektvoll.

»Ich ging in die Berge, und ich nahm mein Gewehr mit. Ich wollte einen Hirsch schießen«, sagte er herausfordernd, aber mit gesenktem Kopf. »Der Rat gewährt mir nicht die gleichen Rechte wie den anderen, weil ich auf der Regierungsschule war. Er wollte mir, als ich an die Reihe kam, für meinen Hafer und meinen Weizen nicht die Dreschmaschine geben. Deshalb mußte ich das Korn auf die alte Weise dreschen, mit den Hufen meiner Tiere. Was sonst nur einen Tag gedauert hätte, kostete mich so eine lange, lange Zeit. Dann lieh mir mein Freund, der weiße Kaufmann, seine Maschinen für einen Sack von zehn. Trotzdem wurde ich erst zwei Tage nach der Jagdzeit fertig.

Sollte meine Frau verzichten auf frisches Fleisch, auf Fell für Stiefel und Mokassins? Sollte ich mein Recht aufgeben wegen zwei Tagen nach dem Gesetz der Weißen? Wegen der Regierung der Weißen, die mich auf die Schule schickten, weshalb ihr mir jetzt die Vorrechte der andern verweigert? Welchen Unterschied macht es, ob ein Hirsch am Dienstag oder am Donnerstag geschossen wird? Hätte ich ihn nicht sowieso getötet?«

Er hielt inne und ließ den Pfeil anklagenden Schweigens gegen die Versammlung abschwirren. Aber der Pfeil verfehlte sein Ziel. Oder die stumme Undurchdringlichkeit der Reihen verhüllter Gesichtet war ein zu harter Schild, den nichts durchbohren konnte. Und wie ein Pfeil, der in den Himmel geschossen wird, wieder zur Erde fallen muß, vollendete er seine Bahn und kehrte zurück.

Martiniano sprach weiter.

»Dies sagte ich dem weißen Mann, der, wie ihr gehört habt, bei mir blieb. Ich brauchte nicht aufzublicken, um seine wütende Stimme zu hören und den Haß zu riechen, den sein Körper ausdünstete. ›Du dreckiger Indianer, der außer der Zeit auf Regierungsboden Wild schießt!‹ brüllte er. ›Ich reite zur alten Mine hinauf, hol mir ein Seil und knüpfe dich auf. Wenn du versuchst abzuhauen, erschieß ich dich wie einen räudigen Hund!‹

Als er wegritt, löste ich das Fell etwas und schnitt mir ein Stück aus meinem Hirsch. Ich hatte keine Angst; ich hatte Hunger. Seit dem vorigen Tag hatte ich nichts gegessen. Während das Fleisch über dem Feuer briet, versteckte ich meinen Hirsch im Gebüsch. Aber bevor ich essen konnte, kam der Weiße zurück. Das Seil war um sein Sattelhorn geschlungen, das Gewehr auf meine Brust gerichtet. Er roch das Fleisch. Sein Gesicht wurde rot vor Zorn.

Ich drehte das Fleisch über dem Feuer. Welcher Indianer macht eine törichte Bewegung vor dem Gewehr eines zornigen weißen Mannes? Ich hob meine Hände nur hoch, um die Finger an meinem Haar abzuwischen.

In diesem Augenblick schlug er zu: mit dem Lauf seines Gewehrs. Auf meinen Kopf. Ich wachte auf. Mein Kopf war gespalten. Blut lief über mein Gesicht. Er hatte mir mein Messer weggenommen. Meine Hände waren auf dem Rücken gefesselt. Als er mich mit dem Fuß anstieß, versuchte ich aufzustehen. Er hob mich hoch wie einen Sack und setzte mich hinten auf sein Pferd. Wir brachen auf. Ich konnte nicht aufrecht sitzen, sondern kippte gegen seinen Rücken. Blut befleckte sein Hemd. Das machte ihn wütend. Er setzte mich vor sich. Ich blutete weiter und fiel nur nicht herunter, weil er mich am Kragen festhielt.

Jetzt kehrten meine Gedanken zurück. Ich sagte: ›Ich muß etwas tun, was jeder Mensch tun muß, hinter einem Busch. Du mußt verstehen, diese Wunde macht meine Niere schwach.‹

Er zog die Zügel an. Ich rutschte vom Pferd.

›Verzeihung‹, sagte ich. ›aber meine Hände sind auf dem Rücken gefesselt.‹

›Die brauchst du nicht!‹ sagte er und riß mir mit dem Gewehrkolben vorn die Hose auf. Seht ihr, wie er die Knöpfe abriß?«

Mit Augen so hart wie schwarzer Obsidian stand Martiniano aufrecht da, ein Bein abgespreizt, und zeigte den zerrissenen Schlitz seiner blutbefleckten Hose. Keiner blickte hin. Sie sahen es in seiner Stimme.

»Wenn er mehr getan hätte als dies«, sagte Martiniano leise, »würde es für diese ehrwürdige Versammlung noch mehr zu untersuchen geben. Ich hätte ihn umgebracht.

Aber so« – er deutete eine Entschuldigung an, um seine unziemliche Zurschaustellung wiedergutzumachen – »ging ich geräuschvoll ins Gebüsch. Dann watete ich vorsichtig flußaufwärts zu den lärmenden Wasserfällen. Ich verbarg mich im Wasser, tief zwischen den gefällten Bäumen eines Biberdammes. Ich hörte den weißen Mann rufen. Ich sah ihn durch die Büsche brechen. Plötzlich ritt er weg. Sehr schnell. Angst verfolgte ihn. Er hatte mich, mein Gewehr, meinen Hirsch vergessen.

Lange versuchte ich, meine Fesseln an den scharfen Felsen durchzuschneiden. Als meine Hände endlich frei waren, konnte ich vor Schwäche nicht gehen. Ich kroch auf den Pfad zurück. Ich war schwach, aber als ich an die Stärke meines Hirschfleisches dachte, mußte ich mich übergeben. Ich wußte, ich war krank. Zu krank, um ein Feuer anzuzünden. So legte ich mich neben dem Bach nieder.

Ich schlief, und ich schlief einen Schlaf, der kein Schlaf war. Ich dachte viele Gedanken, aber es gibt keine Worte für meine Gedanken. Und seltsam, als der Morgenstern aufstieg, fühlte ich mich gut, weil ich wußte, es würde Hilfe kommen. Sie kam. Es war Palemon.

Dies sage ich, mein Gesicht und meinen Körper euren Blicken ausgesetzt. Und jetzt ist mein Herz leer.«

Waren sie alle eingeschlafen – diese alten Männer, die rings gegen die Wand gelehnt dasaßen, den abgescheuerten weißen Kalk an ihren Decken, die Köpfe gesenkt oder die Arme hochgehoben gegen den letzten sprühenden Schein der Kerze? Wenn es so war, dann dösten sie jetzt weiter. Nur der Kazike saß aufgerichtet in seinem Stuhl, ein Felsen, der hinausragte in die Wogen des Schlafes. Jemand legte ein neues Kiefernscheit auf das Feuer. Jemand spuckte geräuschvoll in einen der kleinen Sandkästen. Einer der Wachposten machte die Tür auf und kam herein, um sich zu wärmen. Als er wieder hinausging, standen Filadelphio und Jesús auf und folgten ihm.

Gut, nun waren die Tatsachen den Rachen des Schweigens hinuntergeworfen worden. Man konnte hören, wie sie verdaut wurden. Sie gehörten in den Verantwortungsbereich des Governors und seines Stellvertreters im Pueblo, zum »Außen-Häuptling« – dem Hauptmann, den Führern der Kivas, den Beamten, der ganzen beratenden Versammlung. Und so begannen die kehligen indianischen Stimmen in angemessenem Abstand eine nach der andern zu sprechen.

Laßt uns die Sache ruhig zusammen betrachten, Brüder.

Ein junger Mann ging in die Berge. Er tötete einen Hirsch außer der Zeit. Er wurde festgenommen, und ein Hieb auf den Kopf warf ihn um. Ohne Zweifel muß er eine Strafe zahlen, weil er die Regierungsgesetze übertrat, denn wir haben geschworen, sie mit unserer Amtsgewalt aufrechtzuerhalten. Eine einfache Sache.

Aber wartet. War es so einfach?

Dieser junge Mann war Indianer, in unserem Pueblo geboren, ein Mitglied unseres Stammes. Oder war er das, strenggenommen, doch nicht? Wir wissen, wer für die Regierung als Indianer gilt: soundsoviel indianisches Blut, Landbesitz und all das. Aber wir wissen auch, wer für den Rat der Alten als Indianer gilt – je nachdem, wie er sich der Sitte, der Überlieferung anpaßt und an den Zeremonien teilnimmt. Nun ist dieser junge Mann in diesen Dingen nachlässig gewesen, sehr nachlässig. Wir haben ihn gewarnt. Er ist ungehorsam gegen uns gewesen. Wir haben ihn bestraft, Und nun ist er ebenso ungehorsam gegen die Gesetze der Regierung draußen gewesen. Was haben wir damit zu tun, daß wir uns einmischen sollten?

Nun ist aber dies: Es gibt gute Indianer unter uns, und es gibt solche, die ihre Blicke niederschlagen müssen. Aber wir sitzen alle in einem Nest. Kein Indianer ist ein Einzelwesen. Er ist ein Teil des Pueblos, des Stammes. Müssen wir es nicht so betrachten, daß wir der Regierung, unserem weißen Vater, Unrecht getan und unsere Amtsgewalt vernachlässigt haben?

Dennoch ist dies zu bedenken: Das ganze Land hier war unser – die Berge, die Täler, die Wüste. Indianisches Land. Wir haben die Dokumente darüber vom spanischen König. Die Mexikaner kamen, die Weißen – die Gringos. Sie bauten sich eine Stadt auf unserem Boden, indianischem Boden. Wir bekamen nichts dafür. Denn als der spanische König seine Hand öffnete, schloß unser Vater in Washington die seine über dem Land. Er erklärte uns: ›Ihr werdet dafür bezahlt werden. Der Tag der Entschädigung wird kommen.‹

Wollten wir denn Geld haben? Wir wollten Land haben, unser Land, indianisches Land. Vor allem die Berge. Wir wollten die Berge haben, unsere Mutter, zwischen deren Brüsten das Auge des Glaubens liegt. Der tiefe, türkisfarbene See des Lebens. Unser See, unsere Kirche. Zu dem wir pilgern und wo wir unsere Zeremonien abhalten.

Und was ist nun? Wir haben gewartet. Der Tag der Entschädigung ist nicht gekommen. Die Berge sind Wälder der Regierung. Nicht unsere. Die Mexikaner weiden ihre Schafe und Ziegen auf den Hängen. Touristen werfen unschicklich Papier auf die Erde und Fischköder in unseren heiligen See. Beamte der Regierung, diese Ranger, reiten zu jeder Zeit durch den Wald. Ist irgend jemand vor ihnen sicher? Seht euch seinen verwundeten Kopf an! Werden unsere Zeremonien noch lange vor fremden Augen sicher bleiben? Nun denn, sind wir es nicht, denen Unrecht getan wurde und die Genugtuung verlangen, unsere Rechte, unsere Berge einfordern müssen? Dies ist, was ich sage. Gott weiß, wird uns helfen, wird uns Kraft geben.

Und weiter krochen die Stimmen durch den Raum …

Im Regierungsbüro zweihundert Meilen von hier sitzt dieser indianische Rechtsanwalt, unser Sprecher in vielen Schwicrigkeiten. In der Stadt ist der Richter, nur ein kurzer Weg. Sollen wir diesen jungen Mann allein dem Richter überlassen? Oder sollen wir diesen indianischen Rechtsanwalt rufen? Und was sollen wir ihm sagen? Wir müssen es alle mit denselben Gedanken betrachten. Wir müssen eins sein: ein Geist, ein Herz, ein Körper.

Schweigen sprach, und es sprach am lautesten von allen:

Es gibt nichts, das einfach und nur für sich ist. Man läßt einen Stein in einen Teich fallen, aber die Wellen reisen weit. Man hebt einen kleinen Stein in den Bergen auf, einen jener kleinen Steine, die Tränen Christi heißen – und er sieht aus wie ein Stern; der Abhang des Berges ist voll von Sternen wie der Himmel. Oder nimm ein Maiskorn. Pflanze es mit dem Schweiß deines Körpers, mit allem, was du von der Zeit und den Jahreszeiten weißt, mit deinen eigenen Gebeten in Unsere Mutter Erde. Und mit deiner Kraft und Mannhaftigkeit vervielfältigt Unser Vater Sonne es und gibt es an dich zurück. Was ist denn dieses Maiskorn? Es ist nicht einfach und nur für sich.

Nichts ist einfach und allein. Wir sind nicht abgesondert und allein. Die atmenden Berge, die lebenden Steine, jeder Grashalm, die Wolken, der Regen, jeder Stern, die Tiere und die unsichtbaren Geister der Luft – wir sind alle eines, unteilbar. Was einer von uns tut, hat seine Wirkung auf uns alle.

Deshalb sollt ihr auch dies nicht betrachten als etwas, das abgesondert und für sich allein steht, sondern wie einen Stein, der ein Stern ist im Firmament der Erde, wie eine Welle in einem Teich, wie ein Maiskorn. Ihr sollt achten darauf, wie es sich einfügt in das Ganze. Wie weit seine Wirkung reichen mag. Wozu es sich auswachsen wird …

Und noch etwas ist zu bedenken. Der Hirsch. Wir alle erinnern uns, daß wir in früheren Tagen nicht leichtfertig auf eine Jagd gingen. Wir sagten zu dem Hirsch, den wir töten wollten: ›Wir wissen, dein Leben ist ebenso kostbar wie unseres. Wir wissen, daß wir beide Kinder derselben Großen Wahren Einheit sind. Wir wissen, daß wir alle ein Leben sind auf derselben Mutter Erde, unter derselben weiten Prärie des Himmels. Aber wir wissen auch, daß ein Leben manchmal einem

anderen Platz machen muß, damit das eine große Leben aller sich un-
unterbrochen fortsetzen kann. So bitten wir dich um deine Erlaubnis
und Einwilligung für diese Tötung.‹

Dies sprachen wir feierlich und streuten Mehl und Maispollen aus
für Unseren Vater Sonne. Und wenn wir den Hirsch getötet hatten,
legten wir seinen Kopf nach Osten und bestreuten ihn mit Mehl und
Pollen. Und wir ließen Tropfen von seinem Blut und Stücke von sei-
nem Fleisch in den Boden Unserer Mutter Erde sinken.

Es war recht so. Denn immer wenn wir sein Fleisch in unser Fleisch
aufnahmen, wenn wir in den Mokassins aus seinem Fell gingen, wenn
wir in seinem Kleid und Geweih tanzten, wußten wir, daß das Leben
des Hirsches in unserem Leben fortgesetzt wurde, wie es der Reihe nach
in dem Einen Leben fortgesetzt wurde, das um uns, unter uns und
über uns ist.

Wir wußten, daß der Hirsch dies ebenfalls wußte und damit zufrie-
den war.

Aber die Erlaubnis dieses Hirsches wurde nicht eingeholt. Was
haben wir diesem Hirsch, unserem Bruder, angetan? Was haben wir
uns selber angetan? Denn wir sind alle miteinander verbunden, und
unser Griff nach einem geht durch alle und kehrt wieder zu uns zu-
rück.

Laßt uns deshalb den Hirsch nicht vergessen.

Der alte Kazike sprach. Es stimmte, daß die jungen Männer von
heute sich nicht an diese gerechten Regeln hielten. Und es
stimmte, daß deshalb das Wild knapp wurde. Würde es ihnen
vielleicht als nächstes an Wasser mangeln, würde die Luft
dumpf und fade werden, das Leben dieses Land verlassen?

»Deshalb solltet ihr bedenken, ob es nicht an der Zeit ist,
strenger mit unseren jungen Männern zu sein, die durch
schlechte moderne Anschauungen verdorben sind, damit wir
selbst nicht immer weniger werden und schließlich ganz ver-

schwinden. Dies sage ich. Gott weiß davon, wird uns helfen, wird uns Medizin geben.«

Da saßen sie also, und alle diese Dinge und Schatten von Dingen hatten sich wie Fliegen im Netz des Schweigens verfangen. Sie regten unruhig die Flügel. Sie schüttelten und verzogen das ganze riesige Netz. Aber sie brachen nicht aus. Denn es war das Netz, das uns einen an den anderen bindet und alle an das Leben, von dem wir ein untrennbarer Teil sind, – das uns an die unsichtbaren Gestalten bindet, die gegangen sind, und an die, die kommen werden in der Gemeinschaft eines fließenden Ganzen.

So wurde die Nacht dünn wie die dünnste graue Decke rings an den Wänden. Die aufgehäufte Glut wurde zu grauer Asche. Die kleinen hölzernen Sandkästen füllten sich mit Zigarettenstummeln. Die beiden Wachen kamen ein letztes Mal, um sich zu wärmen. Mit ihnen kroch Tageslicht herein.

Da standen die alten Männer auf und reckten ihre steifen, verkrümmten Glieder. Sie zogen ihre Decken fest um die dunklen Gesichter und gebeugten Schultern und humpelten hinaus in die Morgendämmerung.

Die Versammlung der Alten war vorüber. Sie waren ein Körper, ein Geist, ein Herz. Sie hatten alle dieselben Gedanken.

⚜

Spielende Blumen war schon eingeschlafen; bei Tagesanbruch würde sie aufstehen. Er legte leise sein Werkzeug zusammen und ging hinaus, um ein letztes Mal nach seinen Tieren zu sehen. Die Nacht war kalt, der Berggipfel leuchtete weiß in der klaren Luft. Martiniano trat wieder ins Haus, zog sich aus und legte sich ins Bett neben seine Frau.

Er lag und starrte in die Glut auf der anderen Seite des Raums. Er drehte sich um und blickte durch das kleine, viereckige Fenster unterhalb der Dachsparren. Das Nachtvolk lächelte. Der Wind Altes Weib raschelte mit seinen Röcken gegen die Wände. Das Leben war schön. Mit der Frau an seiner Seite fühlte Martiniano sich glücklich.

Plötzlich aber, gerade als er seinen Arm um Spielende Blumen legte, prasselten einige trockene Blätter gegen die Tür. Sie machten ein Geräusch wie die leichten Hufe eines springenden Hirsches, eines aufgescheuchten, wütenden, eines Geisterhirsches. Martiniano wurde ganz steif; er zog den Arm, den er um seine Frau gelegt hatte, zurück. Mit aller Kraft versuchte er, Geräusch und Gedanken von sich wegzuschieben. Er konnte es nicht. Er lag schlaflos da.

So wuchs eine Kälte zwischen ihnen. Spielende Blumen blieb abends nicht mehr länger neben ihm vor dem Kaminfeuer, wo er sie sonst gestreichelt und liebkost hatte. Als schäme sie sich ihres Körpers, der ihrer beider Verlangen nicht genügt hatte, ging sie zu Bett, rückte dicht an die Wand, zog die Knie hoch und starrte mit weit offenen Augen in die Dunkelheit. Martiniano legte sich erst spät in der Nacht neben sie. Seine Hand strich nicht mehr sanft über ihre Schenkel oder zog sie an sich, damit sie warm werde. Sein Atem hauchte im Schlaf nicht mehr über ihre Wange oder Kehle hin. Er lag abgewandt. Und zwischen ihnen lag diese neue fremde Kälte, wie ein Schmerz, gegen den keiner von ihnen ein Heilmittel hatte.

Martiniano fühlte sich betrogen. Er dachte daran, was für eine unfruchtbare Einöde sein Leben ohne sie gewesen war; mit ihr war eine Oase der Liebe und des Vertrauens in eine Wüste des Unglaubens gekommen. Aber es war nur ein Trugbild gewesen! Und die Bitterkeit, die quälende Einsamkeit erfüllten ihn wie zuvor.

Die wilden Kirschen waren gepflückt. Auf den flachen Dächern waren ganze Wagenladungen wilder Pflaumen zum

Trocknen ausgestreut worden. Der Mais war eingebracht. Überall hohe Haufen, darauf Frauen wie Hennen in ihren Nestern. Sie lasen die Kolben aus und legten die schönsten und buntesten beiseite, damit sie zusammengeflochten und für Zermonien, zum Säen und zur Ausschmückung aufbewahrt werden würden. Scharlachrote Ketten von Chilis aus den tiefer gelegenen Ebenen waren an den Wänden aufgehängt und färbten sich blutrot und schwarz. Zwischen den Mauern hingen wie Fahnen und Wimpel ausgetrocknete Bälge und Eingeweide von geschlachteten Schafen. Die Viehgehege waren gegen den Wind mit Fichten- und Kiefernzweigen eingefaßt worden. Hunderte von Eseln schwankten beladen mit Pinon- und Zedernholz die Pfade hinunter.

Dann fraß sich langsam eine warme Stille in den kalten Nachmittag wie eine schlechte Stelle in einen frischen Apfel. Aus dem tiefen grauen Himmel sank ein weißes Fleckchen. Es sah aus wie eine Feder, die sich von der Brust einer einsam dahinfliegenden Wildgans gelöst hatte. Es drehte und wendete sich schwerelos vor der blauen Wand der Berge, wehte sacht über die braune Lehmmauer und ließ sich federleicht auf dem harten rötlichen Boden nieder. Noch eines, noch eines, und dann eine ganze Menge. Das Geheimnis, das Wunder, die Schönheit des ersten Schnees.

Bis zum Morgen war alles verschwunden. Die Sonne war hell, die Luft warm. Aber es blieb die Botschaft von neuem Geheimnis, neuem Wunder, neuer Schönheit. Eine tönende Stimme verkündete es von den höchsten Dächern. Es war Zeit, daß alle zurückkamen von ihren Sommerhütten draußen in den Feldern, von ihren kleinen Hütten in der Schlucht. Es war Zeit, daß alle sich zusammenfanden im Pueblo, in dem einen Nest für alle.

Martiniano ging zum Governor, um ein oder zwei Zimmer zu bekommen. Der Preis war zu hoch, und so wanderte er mit seinem angesammelten Stolz und Eigensinn zurück zu seiner kleinen Lehmhütte außerhalb der Dorfmauer.

Spielende Blumen sagte mit tröstender Munterkeit: »Wir haben ein Heim. Das fand ich in meinem alten Koffer. Aus diesem hübschen Stoff machen wir uns Vorhänge für die Fenster. Wenn der Schnee dagegen stürmt, brauchen wir nur die Hand auszustrecken und die roten Himbeeren zu pflücken.«

Martinianos düsterer Blick riß den Schleier von ihrem lächelnden Trost. Er hatte den mit roten Himbeeren bedruckten Stoff in ihrem Koffer gesehen; es war eines ihrer alten Kleider aus der Schulzeit. Zornig über ihren törichten Versuch, die Wahrheit zwischen ihnen zu verschleiern, trat er in den Raum und setzte sich trübsinnig vor das Feuer.

Ein plötzliches Erschrecken schoß in den Augen der jungen Frau hoch. Ihre Lippen zitterten. Sie wandte sich wieder ihrer Arbeit zu.

So wuchs die Kälte weiter zwischen ihnen.

Martiniano begann, sich nicht mehr um Spielende Blumen zu kümmern. Sie war nur eine Frau. Er fing an, zu Palemon zu gehen.

Die beiden Männer wirkten sehr verschieden, wenn sie beisammensaßen, so ähnlich sie einander in der äußeren Erscheinung auch sein mochten. Der eine war lebhaft, scharfsinnig, persönlich beteiligt. Der andere saß mit gesenktem Kopf, entspannt, unpersönlich, schweigend. Martiniano fühlte den Abgrund zwischen sich und Palemon. Weil er aber auch den verborgenen, aufquellenden Strom des Mitfühlens spürte, gab er dem zurückgedrängten Kummer und der Bitterkeit in sich nach.

»Sie verurteilten mich zu einer Geldstrafe, weil ich die Absätze nicht von meinen Schuhen trennte und weil ich den Boden nicht aus meiner Hose schnitt. Sie peitschten mich aus, weil ich nicht mittanzte. Die Dreschmaschine durfte ich nicht benutzen.

Sie lehnen mich ab, und sie verhöhnen meine Frau. Wir sind Ausgestoßene. Sie wollen nicht, daß wir innerhalb der Pueblomauern wohnen. Nein! Den ganzen Winter müssen wir durch den Schnee zu unserer kleinen Lehmhütte stapfen. Und für unseren Leiterwagen müssen wir uns zur Straße hin einen Weg bahnen … Was haben wir getan, womit haben wir das verdient? Erscheint dir das alles gut an deinen alten Bräuchen, die du aufrechterhältst – diese Grausamkeit, diese Ungerechtigkeit gegen einen Blutsbruder?« Palemon zog bedächtig an seiner Zigarette. Er wußte wohl, daß es gewisse Ungerechtigkeiten gab, die Martiniano zugesetzt hatten, aber er wunderte sich über dessen starre, ganz auf sich bezogene Haltung, die ihn daran hinderte, die eigentliche Ursache zu erkennen. Vielleicht spiegelte sich in dieser Haltung die Zeit draußen auf der Schule, als er auf die wertvollen Ratschläge von zu Hause verzichten mußte. Palemon gab sich Mühe, Verständnis zu zeigen.

»Ich habe nicht die Worte, um alle meine Gefühle im Gespräch auszudrücken, mein Freund. Herz, Verstand, Körper. Sie gehören zusammen. Alles ist eins. Du bist abgetrennt, allein. Das darf nicht sein, Freund.«

Sieh, so ist es: Ich bestehe aus einem sterblichen Leib und einer unsterblichen Seele, und beide sind eines. Nun bin ich für eine kurze Weile auf dieser Erde in meinen sterblichen Körper eingeschlossen. Das verursacht mir kein Unbehagen; ich habe gelernt, welche Bedürfnisse und Grenzen er hat und wie ich sie überwinden kann.

Ich bin aber in diesem sterblichen Körper außerdem in eine Lebensform eingeschlossen – in die meines Stammes, meines Pueblos, meines Volkes. Auch das verursacht mir kein Unbehagen; ich habe gelernt, welche Bedürfnisse und Grenzen sie hat und wie ich sie überwinden kann. Denn wie mein Körper sich in meinen Stamm, mein Pueblo einfügt, so fügt sich diese größere Form ein in die Welt draußen – die

Erde, den Himmel, die Sonne, den Mond, die Sterne und das Leben aller.

Ich habe Vertrauen zu meinem Körper. Ich habe auch Vertrauen zu der Lebensform, die mein größerer Körper ist. Wie also könnte ich mich gegen seine Forderungen auflehnen? Ich bestärke ihn mit meinem Vertrauen; ich beuge mich seinen Bedürfnissen; ich mache seine Last leichter durch Gebet, Tanz und Zermonien.

Wenn ich uneinig wäre mit meinem Körper, wäre meine Seele nicht frei. Und wenn ich mit meinem größeren Körper uneinig wäre, würde meine Seele ebensowenig frei sein. Aber wenn mein Leben in Harmonie mit beiden verläuft, bin ich so frei, daß ich ihnen entfliehen und mich meinem größten Verlangen widmen kann: eins zu werden, formlos und ohne Schranken, untrennbar mit dem einen großen Fluß allen Lebens verbunden.

Palemon rollte sich mit Maisblättern eine neue Zigarette.

Nun hast du, mein Freund, auch deinen sterblichen Körper und lebst in Frieden mit ihm. Und du hast auch einen größeren Körper, deine Lebensform. Es ist nicht meine, denn du lehnst unsere alten Bräuche ab; es ist auch nicht die der Regierung, die des weißen Mannes, denn die lehnst du ebenso ab. Aber eine mußt du haben. Wer weiß, welche die beste ist? Sie sind alle gleich. Alle sind nur Hülsen des Lebens. Aber man muß in Harmonie mit ihnen leben, um frei zu sein. Denn nur wenn die Form nicht als Gefängnis empfunden wird, vermag der Inhalt, die Seele, überzufließen und eins zu werden mit dem großen Fluß allen Lebens, der immerwährend, formlos und schrankenlos ist.

Vergib mir, mein Freund. Siehst du nicht, was dir fehlt? Nicht eine Lebensform, denn es gibt drei für dich zur Auswahl: unsere alte, die neue des weißen Mannes, und eine eigene, die von beiden etwas haben mag oder noch neuer ist. Dir fehlt nur der Glaube an eine von ihnen.

Der Glaube, der dich befreien wird von Bitterkeit und Neid und Kummer. Der deine Seele frei machen wird für ein formloses Leben ohne Schranken, das über die Ufer treten und von allem Leben kosten wird.

Palemons Empfindungen strömten weiter in Wogen schweigenden Mitgefühls aus ihm hervor. Martinianos Gewissen begriff die knappen Worte schnell genug. Erneut brach er in einen leidenschaftlichen Wortschwall aus.

»Glauben! Vertrauen! Worauf kann man heutzutage vertrauen? Die Regierung hat mich betrogen. Meine eigenen Leute weisen mich zurück. Du weißt, wie allein ich war, bis meine Frau kam. Dann wurde ich ein neuer Mensch. Sie war mein Glaube. Und jetzt? Jetzt ist auch das vorbei. Vielleicht hätte ich sie nicht heiraten sollen – noch nicht. Sie ist ebenso unglücklich wie ich. Weshalb?

Weshalb?« wiederholte er stur. »Dieser Hirsch!« rief er plötzlich. »Der bringt sie am meisten gegen mich auf. Der verfluchte Hirsch, den ich getötet habe! Er hat auch die Liebe und das Vertrauen meiner Frau zerstört.«

»Vielleicht ist es wirklich so«, sagte Palemon ruhig. »Vielleicht ist noch etwas anderes um diesen Hirsch, den du getötet hast, etwas, das du vergessen hast.

Ich erinnere mich, wie laut deine Seele rief. Es war, als ob sie deinen sterblichen, verwundeten Leib verließe. als ob sie die Grenzen deiner Lebensform durchbräche. Mir war, als stünde sie neben mir, sie flüsterte Worte in mein Ohr, riß an meinem Herzen, bis ich Antwort gab. So kam es mir vor. Ich habe dir bisher nichts davon gesagt. Ich weiß nicht, wie du diese schlafende Kraft wecktest. Ich frage nicht da nach. Hier geht es um etwas, das jenseits der Worte liegt. Wir täten unrecht, wenn wir Fragen stellten.

Aber ich würde daran denken, wenn ich über den Glauben nachdenke. Höre nicht nur auf deinen Körper! Höre nicht nur auf deinen Geist! Höre auf dein Herz, das alles Fühlen in sich vereinigt.«

Martiniano ging getröstet weg. Immer nach einem solchen Gespräch fühlte er sich durch Palemons schweigendes Gewahrsein bereichert. Aber gerade durch dieses Schweigen empfand er in Gegenwart des Freundes auch eine Qual, so als sei er neben ihm kein Indianer mehr, sondern ein geschwätziger Weißer.

Grand Cañon

(aus: »The Colorado«)

Gegen Ende 1941 begann Waters »The Colorado«. In diesem Buch, das ursprünglich ein Teil der Serie »Rivers of America« war, beschäftigte er sich mit der Geschichte und den Menschen der großen Colorado-Pyramide. In diesem bedeutenden Werk entwickelte er seine Untersuchung der Beziehung zwischen dem Land und seinen Bewohnern in einem großen Rahmen. Einer seiner Grundgedanken besagt, man könne das Leben in der Natur des amerikanischen Westens mit gängigen westlich-europäischen, rationalistischen Auffassungen nicht wirklich begreifen. Vielmehr ermöglicht nur eine mystische Einstellung – Wahrnehmung durch intuitives Bewußtsein – es einem Menschen, mit diesem Land so in Einklang zu kommen, daß daraus eine persönliche psychologische Anpassung resultiert. Im nächsten Schritt überträgt Waters dieses Konzept auf die Amerikaner: auf die Ureinwohner, die, wie er meint, diese »bewußte Wahrnehmung« (Lyon bezeichnet sie als »Wahrnehmung im Quadrat«[1]) besaßen, und auf die weißen Siedler, denen sie fehlte. Der Indianer, der sich mit seiner Umwelt im Einklang befindet, ist geduldig, intuitiv und introvertiert und empfindet Achtung für das Land. Der Weiße hingegen handelt schnell und ist begierig, extravertiert, rationalistisch und machtorientiert. Für Waters bewegt sich der Konflikt zwischen diesen beiden Bevölkerungsgruppen nicht nur auf einer militärisch-politischen Ebene, sondern geht wesentlich tiefer – es ist ein psychologischer Widerstreit, der im Charakter beider wurzelt. Während er die Weißen als Eroberer von Menschen, Flüssen und Ländern schildert, ist er bemüht, die Indianer nicht als »edle Wilde« darzustellen. Statt dessen verbindet er diese Gedanken mit seinem Glauben an die Evolution des Bewußtseins und gelangt damit zu der Ansicht, daß eine Überbetonung beider Vorstellungen nur zerstörerisch sei. Erforderlich – und auch möglich – sei vielmehr eine Synthese dieser anscheinend gegensätzlichen Standpunkte zu einem Ganzen, und zwar sowohl auf der Ebene des Individuums als auch der ganzen Menschheit.[2] Der folgende Aufsatz ist das letzte Kapitel aus »The Colorado«.

Grand Cañon

Kein namhafter Schriftsteller hat je einen ernsthaften Versuch unternommen, den Grand Cañon zu beschreiben; kein Maler hat ihn je adäquat dargestellt. Auch wird es keinem je gelingen. Denn wiewohl dies die faszinierendste Gegend der Erde ist, kann man den Grand Cañon dennoch nicht als Landschaft bezeichnen.

Die königlichen, in Hermelin gewandten Rockies; die düsteren, moosbehangenen Sümpfe und Bayous Floridas und Louisianas; die romantischen Orangenhaine Kaliforniens; die lieblichen, grünen Wiesen des Ohio-Tals; die majestätischen Felsufer des Hudson; die ergreifend schönen Prärien von Kansas; die verträumten Plantagen des tiefen Südens; das rauhe Grasland des fernen Westens – all diese und hundert andere Regionen bieten Landschaften im wahrsten Sinne des Wortes. Und jede von ihnen hat ihren eigenen Reiz, einen ihr eigenen Geist und Charakter, der trotz der unendlichen Vielfalt etwas absolut Einzigartiges darstellt. Solche Landschaften kann man kennen, lieben und zum Teil auch beschreiben.

Der Grand Cañon hingegen entzieht sich jeglichem Verständnis. Niemand könnte ihn lieben. Er zeichnet sich nicht durch eine besondere Eigenheit aus. Er ist in diesem Sinne nicht einzigartig. Er ist universell.

Die Menschheit läßt sich nicht definieren. Man kann lediglich die Begriffe definieren, die die zahlreichen Bestandteile des Menschseins beschreiben: Schönheit, Grausamkeit, Zärtlichkeit, Stärke, Ehrfurcht, Schrecken, Heiterkeit, Traurigkeit, Freude. Doch das Leben zu definieren – die miteinander verwobene Summe all seiner unendlichen Aspekte – ist unmöglich.

Der Grand Cañon stellt in der Natur dasselbe dar wie das, was die Menschheit für den Menschen bedeutet. In ihm sind sämtliche Aspekte der Natur zusammengefaßt zu einem integrierten Ganzen. Er ist sowohl das Lächeln auf dem Antlitz der Natur als auch ihre gerunzelte Stirn. In seinem Herzen findet sich die wilde, unkontrollierbare Wut des gesamten unbelebten Universums ebenso wie die unermeßliche, heitere Gelassenheit, die ihr folgt. Er ist die ganze Schöpfung.

Niemals statisch, niemals in Ruhe, unbeständig wie der flüchtige Augenblick und doch dauerhaft wie die Zeit selbst, ist er das eine große, ewig aufs neue rekapitulierte Drama der evolutionären Veränderung. Doch der Cañon widerlegt selbst diese geologische Realität. Ganze Berge ziehen sich in seinen Tiefen mit den sich verändernden Schatten zusammen, um dann wieder zu expandieren. Wolken treiben in Schluchten hinein oder aus ihnen heraus wie schäumende Wogen. Gipfel und Bergkuppen verändern im wechselnden Licht ständig Gestalt und Farbe. Nichts von alledem scheint real. Es ist ein Reich phantastischer Unwirklichkeit.

Müßte ich etwas derart Erhabenes und Immenses beschreiben, so würde ich es nur mit einem einzigen Begriff definieren: dem alten Sanskrit-Wort für die nicht existente materielle Welt der Sinne – *Maya*, Illusion. Es verkörpert alles, was der Mensch an Wissen über die Realität zusammengetragen hat: daß alle Materie, wie die moderne Naturwissenschaft heute vermutet, lediglich eine Manifestation jener Ur-Energie darstellt, aus der das Elektron besteht und deren letztendliche Quelle der Geist ist – und damit ist sie illusorisch und nicht stofflich. Eine solche Welt scheint der Grand Cañon zu sein. Eine Welt, deren Berge nichts anderes sind als die sich verändernden, sich auflösenden, wiedererschaffenen Gedanken des Einen Omnipotenten Geistes. Sie liegt jenseits der sinnlichen Wahrnehmung im Reich der Metaphysik – die Welt der Illusion, des *Maya*.

Man wird auf den Cañon nicht so vorbereitet wie etwa auf die allmählich ansteigenden Rocky Mountains, denen man sich über die Ebenen nähert. Man überquert einfach ein flaches, mit Zedern und großen Kiefern bestandenes Plateau, und plötzlich tut sich einem unmittelbar vor den Füßen der Abgrund auf.

Die Rocky Mountains auf den Kopf gestellt; ein immenses Intaglio statt einer Kamee. Eine Bergkette von über 450 Kilometern Länge und bis zu knapp dreißig Kilometern Breite, aber gut anderthalb Kilometer tief anstatt hoch.

Dem muß man eigentlich nichts mehr hinzufügen. Wer so etwas mit einem Blick erfassen kann, hat alles gesehen.

Ein guter, für seine Darstellungen des amerikanischen Westens zu Recht gerühmter Schriftsteller behauptete, er habe vor dem Cañon Männer weinend zusammenbrechen sehen. Was für ein sentimentaler Unsinn! Mir kommt dabei eher die kurze Bemerkung eines alten Bewohners des Westens in den Sinn, der bei seinem ersten Eindruck des Cañons achselzuckend gesagt haben soll: »Bei Gott, jetzt weiß ich endlich, wo wir unsere alten Rasierklingen hinschmeißen können!«

Wie bei allen großen Dingen braucht man auch für den Grand Cañon Zeit, um ihn richtig schätzen zu lernen. Die sofort anbrechende Lobeshymne eines Begleiters sollte deshalb mit derselben skeptischen Vorsicht betrachtet werden wie das ehrfürchtige, gekünstelte Schweigen anderer. Man sollte einfach nur schauen, dann auf dem Absatz kehrtmachen und wieder gehen. Wer noch einmal wiederkommen will – der Cañon ist da. Und der, der sich erneut zu ihm hingezogen fühlt, weiß dann, daß dieser Blick eine gewaltige Erfahrung ist, die man nicht zu leicht nehmen und erst dann wiederholen sollte, wenn man dafür bereit ist.

El Tovar am Südrand, Fred Harveys luxuriöse Oase am Endpunkt der Santa Fe Railroad und dem aus Williams/Arizona kommenden Highway, ist schon seit langem der Ausgangsort für Fremde. Von hier aus führen gute Staatsstraßen zu weiteren günstigen Ausgangspunkten: Hopi Point zwei Meilen nordwestlich; Yavapai Point eineinhalb Meilen nordöstlich; Grand View Point elf Meilen südöstlich; Desert View zwanzig Meilen östlich und Lipan Point, das zwischen den beiden letztgenannten abseits der Straße liegt. Von diesen gut geführten, mit Teleskopen ausgestatteten Aussichtspunkten aus kann man sich seinen ersten Eindruck des Cañons mit seiner Länge von 217 Meilen (347 Kilometer) und der durchschnittlichen Breite von zwölf Meilen (19 Kilometer) machen.

M. R. Tillotson, der Direktor des Grand Cañon Nationalparks, bekam einmal einen absolut absurden Brief von einem Filmregisseur aus Hollywood. Er berichtet, der Mann habe ihn gebeten, ihm bei der Suche nach einer leicht erreichbaren, landschaftlich schönen Stelle behilflich zu sein, von der aus sein Filmheld samt Pferd beim Sprung über den Cañon gefilmt werden könne. Dabei ist die Schlucht so lang und so breit, daß sie Tieren den Weg von den Wäldern der einen Seite zur anderen versperrt. So gibt es die Kaibab-Eichhörnchen mit ihren weißen Schwänzen und Haarbüscheln an den Ohren – die weltweit nur diese Art besitzt – nur auf dem Kaibab Plateau am Nordrand des Cañons. Fallschirmjäger sprangen auf bestimmte, aus dem Cañon aufragende Berge ab, um dort nach prähistorischen Formen tierischen Lebens zu forschen, die womöglich in der Schlucht isoliert worden waren. In diesem größten unberührten Waldgebiet der Vereinigten Staaten leben zum Beispiel seltsame Zwergesel, die sich hierher verirrten, verwilderten, sich durch Inzucht vermehrten und so im Wachstum verkümmerten. Am Nordrand gibt es sehr viel Rotwild. Ein von der Regierung beauftragter Trapper erlegte in vier Jahren außerdem fünfhundert Pumas.

Zum Grund des Cañons gelangt man mit dem Pferd über zwei leicht passierbare Pfade, den Hermit Trail und den Bright Angel Trail. Erst beim Abstieg wird seine dritte Dimension wirklich offenbar – die unglaubliche Tiefe. Vom Südrand aus fällt er jäh eine ganze Meile ab, vom Nordrand sind es noch einmal über vierhundert Meter mehr, also gut zwei Kilometer. Hält man sich vor Augen, daß eine Meile Höhenunterschied – 1609 Höhenmeter – achthundert Meilen (knapp 1300 Kilometern) geographischer Breite entspricht, so bewegt man sich hier, was Klimazonen anbelangt, von Zentralmexiko bis in den Norden Kanadas. Der Weg kann von einem Schneesturm am Rand des Cañons bis in subtropisches Klima unten am Fluß führen. Und er passiert sämtliche Zonen pflanzlichen Lebens vom Mesquitbaum der Lower Sonora Zone über die Upper Sonora Zone und die Übergangszone bis zu den zitternden Espen des kanadischen Klimas.

Der Cañon nimmt an Länge, Breite und Tiefe zu. Seine Dimensionen sind unfaßbar. Und doch sind sie nur der Rahmen. Es ist wie mit einer Droge – je mehr man in sich aufnimmt, desto mehr will man. Oft bin ich bei meinen Ritten durch die Wälder an den Rändern einsamen Wanderern begegnet, die einen

Monat, ein Jahr, ein ganzes Leben dort verbrachten, und nichts hielt sie dort fest als das seltsam Undefinierbare des Cañons, seine unerklärliche Faszination. Diese Menschen geben vor, Urlaub zu machen oder Invaliden zu sein, Photographen oder Künstler, oder auch nur Schafhirten, alte Jäger und Fallensteller – sogar ein religiöser Fanatiker war darunter, der das Ende der Welt erwartete. Aber es ist der Cañon, der sie alle im Bann hält. Er ist der mächtigste Magnet, den ich kenne.

Was ist es aber, das ihm eine solch magische Anziehungskraft verleiht? Zum einen enthält er jedwede Form, die dem Menschen bekannt ist. Hochragende Gipfel und ganze Berge erheben sich aus seinen Tiefen. Es gibt riesige Plateaus, flache Tafelberge, hohe Kuppen und Monolithe. Und sie alle ähneln Pyramiden, Tempeln und Burgen, mit Zinnen, Minaretten, kannelierten Säulen und Türmen; mit Säulengängen und Stützpfeilern, Brücken und Bögen, Terrassen, Balkonen oder Balustraden. Sie können massiv oder zerbrechlich, nackt oder mit Gitterwerk versehen sein oder feine Schnitzereien aufweisen. Man hat den Eindruck einer Bühne, die eigens konstruiert wurde, um für alle Ewigkeit die passenden Kulissen für jede Dynastie, jede Religion, jede Legende, jedes Drama und jeden Mythos zu enthalten, den die Menschheit je gekannt hat – sozusagen ein riesiges universales Depot des baulichen und architektonischen Erbes der gesamten Menschheit.

Cardenas und seine Männer – die ersten, von denen wir wissen, daß sie in den Cañon hinabstiegen – erblickten in seiner Formenvielfalt die Türme ihres geliebten Sevilla. Cardenas Butte ist nach ihm benannt; eine weitere Kuppe trägt den Namen Coronados, der die erste Landexpedition in diese Region befehligte, und Alarcon Terrace geht zurück auf den ersten Bootsführer, der den Fluß hinauffuhr.

Aztec Amphitheater ist nach den präkolumbianischen Indianern Mexikos benannt, die von den Spaniern erobert wurden, und Toltec Point nach dem Volk, das den Azteken voranging. Es gibt eine Spitze, die nach dem alten Gott Centeotl, und eine, die nach Quetzal benannt wurde, der dem verschwundenen mysteriösen Quetzal-Vogel ebenso seinen Namen lieh wie dem legendären gefiederten Schlangengott Quetzalcoatl.

Im Grand Cañon stehen Tempel des griechischen Gottes Apollo und der Zeus-Söhne Castor und Pollux; an römischen Göttertempeln sind der des Jupiters, der Juno und der Diana zu bewundern.

Aber auch die christliche Bibel wurde nicht vergessen: Der Salomon-Tempel hat länger Bestand als ein aus Libanon-Zedern erbauter, und jener für die Königin von Saba wird so lange überdauern wie die Sage von ihrer Schönheit.

Hier, weit von Ägypten, ist auch eine Cheopspyramide zu finden, ein Obelisk des Sonnengottes Re sowie die Tempel von Horus, Isis und Osiris.

An persischen Tempeln ist der des Zarathustra vertreten, an chinesischen je einer für Meng-tzu und Konfuzius.

Auch die unsterblichen hinduistischen Philosophen, Erlöser und Gottheiten – sie sind vielleicht die ältesten überhaupt – haben hier ihre Schreine: Es gibt Tempel für Buddha, Brahma und Devi; einen Krishna-Schrein und einen Tempel für Manu, der während der Zerstörung und Wiedergeburt aller Erdteile und Welten über die fortschreitende Evolution des Lebens wacht, einschließlich des der Menschen, der jüngsten Form.

Auch für das großartige germanische Mythenschauspiel sind hier Hintergrund und Kulissen geräumig und majestätisch wie nirgendwo sonst. Über den gigantischen Cañon hinweg können die Walküren auf ihren geflügelten Rossen mit den in der Schlacht gefallenen Helden zum Walhalla-Plateau reiten. Es gibt einen Thron Wotans, Burgen für Gunther und Freya, ein hohes Vorgebirge, das nach Thor benannt ist und ihm genügend Raum bietet, um den mächtigen Hammer zu schwingen, dessen Schläge als Echo von den Wänden des Cañon widerhallen, und auch Siegfrieds Scheiterhaufen flammt auf ewig im feuerroten Fels.

Die englischen Mythen um König Artus und die Suche nach dem Heiligen Gral sind ebenfalls im Gestein des Cañons verewigt. Wir finden King Arthur's Castle und die Burg von Guinevere; ein weiteres für Sir Galahad und eines für die tragische Elaine, in dem sie an den Fensterflügeln stehen und betrübt auf die Rückkehr des unvergleichlichen Ritters warten muß. Hier ragt Lancelot's Point in die Höhe, dort gähnt der Gawain Abyss. Holy Grail Temple hat bei Sonnenaufgang und Sonnenuntergang noch immer jenes Licht, das kein Mensch auf der verzweifelten Suche nach ihm je erblickte. Ein mächtiger Fels ist nach dem magischen Schwert Excalibur benannt, das einst aus einem Stein gezogen werden mußte. Andere tragen die Namen Merlins und des Verräters Mordred.

Eine Spitze nach der anderen taucht auf, schlicht benannt nach den Völkern, die dieses Land seit jeher als ihre Heimat betrachten: Apache Point für den Mutterstamm, andere für die Unterstämme – die Jicarillo, Mescalero und Mimbres Apache; weitere Points für die Hopi, Navajo, Walapai, Pima, Yavapai, Papago, Cocopah und Comanche.

So ragen sie aus Zeit und Raum, ein paar mit Namen versehen in der riesigen, anonymen Masse … Hat der menschliche Geist je eine Gestalt, eine Form erdacht und geschaffen, die es im Cañon nicht gäbe? Ist dies sein Geheimnis, das den Beobachter gebannt verharren läßt – daß er in der Schlucht die noch ungeborenen Formen seiner wildesten Phantasien und seiner heimlichen Sehnsüchte erblickt?

Andererseits hat so mancher darin kaum eine Form gesehen,

sondern nur Farbe. Aber Farbe in einer Üppigkeit und Über-
fülle – der ganze Abgrund ist davon überflutet; Farbe so mächtig, daß sie wie Säure jegliche in ihr enthaltenen Formen auf-
löst. Man kann hier ein Schauspiel erleben, dessen Personen
Farben sind: königliches Purpur, zornige Rotstiche, weiches
Rostrot und mönchische Braunnuancen, beruhigende Blau-
schattierungen, schreiende Gelbtöne, tragisches Schwarz und
mystisches Weiß, kühles Grün, blasses Lavendel und fahle
Graufärbungen.

Ein Leben ist zu kurz, um all diese unendlichen Variationen
an Farben und Schattierungen zu beobachten. Sie alternieren
mit jeder Jahreszeit, jeder Stunde, jedem Wechsel von Licht und
Wetter.

Im blendenden Licht eines sommerlichen Mittags sind die
Farbtöne des Cañons so gedämpft, daß er ganz in feinen Pastell-
tönen erscheint. Völlig anders das Szenario bei Sonnenunter-
gang: Die Gelbtöne vertiefen sich langsam zu Orange, das
Lachsrosa zu Rot, Grün und Blaugrau wird zu Pflaumenblau,
Lila zu Purpur. Bei Sonnenaufgang verkehrt sich das ganze
Spiel. Zentimeter um Zentimeter hebt sich der ganze Abgrund
ans Licht. Der Farbtopf kippt um und läuft aus. Die Farben lau-
fen, sickern die Wände hinab und sammeln sich am Grund in
Pfützen und Tümpeln.

Betrachtet man dieses Schauspiel als Bild, so ist der beste
Rahmen dafür der Winter. Am schönsten ist es, wenn es kräftig
geschneit hat und die Plateaus ganz weiß sind, und noch besser,
wenn jeder Kiefernzweig, jede Nadel dazu von einem Mantel
aus Eis umgeben ist. Solchermaßen umrahmt strahlt der Cañon
eine Wärme und Farbenpracht aus wie ein Dia, wenn man es direkt ans Licht hält. Schnee dringt nie zu seinem Grund vor, ein
starker Sommerregen aber durchaus. Dann bilden sich unten
Nebel und Wolken. Wie winzige Rauchschwaden aus Vaters

Pfeife steigen sie aus den warmen Schluchten heraus, schwellen an wie Ballons und treiben allmählich an die Oberfläche.

Die kalten, klaren, wolkenlosen Oktobertage – das ist die beste Zeit für den Cañon. Dann sind seine Farben unvermischt und positiv. Sie verweisen ihn nicht ins Universelle, sondern auf die Erde. Roter Supai-Sandstein, der kräftig rote Stein mit dem indianischen Namen; die leuchtendrote indianische Erde, die Land und Fluß gleichermaßen färbt und beiden ihren Namen gibt. Grüner Tonto-Schiefer, grün wie Kiefer und Salbei, leuchtend wie Türkis, klar wie der türkisfarbene Himmel darüber. Rot und Grün auf dem Weiß des Kalksteins. Das sind seine charakteristischen Farben, und dies sind auch die Farben der alten zeremoniellen Hopi-Schärpen, der riesigen Masken der Shalako genannten Zuñi-Regenmacher, der Decken der Navajo und der schönen alten Chimayo-Decken, deren unnachahmliche Farbenpracht jetzt so verblaßt ist.

Hier muß ich natürlich eine sentimentale Vorliebe eingestehen, der ich mich aber nicht erwehren kann. Dies ist mein Land, und ihm gehöre ich mit allem, was es ausdrückt und wodurch es ausgedrückt wird. Es ist eine Sache der Atmosphäre. Jeder von uns ist dem Teil des Spektrums verhaftet, der den für uns charakteristischen Ton bestimmt.

Deshalb ist es nicht verwunderlich, daß der Grand Cañon eine so universelle Anziehungskraft ausübt. Er beinhaltet das ganze Spektrum; in seiner Bandbreite kann jeder Mensch seinen eigenen harmonischen Ton finden. Farbe ist etwas Mysteriöses. Wie wir wissen, gab es in geschichtlicher Zeit eine Periode, in der der Mensch nicht zwischen dem Blau des Himmels und dem Grün des Waldes unterscheiden konnte. Auch heute noch gibt es Farben, die nicht jeder Mensch wahrnehmen kann. Aber im Cañon existieren sie – tausend unsichtbare, unbenannte Abstufungen, von denen dennoch jede auf unser Bewußtsein einwirkt.

Ist dies die »Musik der Sphären«, die uns so mit Staunen erfüllt – die himmlische Symphonie der Farben, die uns zu einem völligen neuen Vokabular drängt, um das unaussprechliche Gefühl auszudrücken, das sie in uns wachruft?

Aber all dies ist in einem Augenblick vergessen, wenn nach Mitternacht plötzlich ein Blitz das Dunkel zerreißt. Der Donner poltert durch die Nacht; es dröhnt, als hätte er das Scharnier einer ganzen Cañonwand zerfetzt. Eine Klippe kippt um, reißt eine zweite mit sich nach unten, diese eine dritte – wie ein Kartenhaus, das zusammenfällt. Ein gewaltiges, lang andauerndes Krachen und Bersten von Felsen und Geröll, die donnernd die ganze Tiefe des Cañon hinunterstürzen.

Noch ehe das Getöse vorbei ist, hast du deine Decken von dir geworfen und bist halbnackt an den Rand geeilt. Dies ist das Ende der Welt, wie es der verrückte religiöse Fanatiker prophezeit hat. Ein Blitz nach dem anderen fährt in die Schlucht hinab. Feuerwände erleuchten in der heißen, trockenen Luft die zerbröckelnden Kuppen und Spitzen. Eine Sekunde später sind sie verschwunden, verschluckt von einer immensen Leere aus Feuerrot und Pechschwarz. Im Echo der Donnerschläge, die von den verbleibenden Wänden widerhallen, wächst sie mehr und mehr an – ein Inferno der Flammen, eine chaotische Unterwelt. Dies ist die Apokalypse, der schrecklichste und gleichzeitig grandioseste Anblick, den man erfahren kann. Du stehst davor und hältst dich an einer Kiefer fest, ohne dich selbst, den heulenden Wind oder den peitschenden Regen zu spüren.

Mit einem Mal ist es vorüber. Der letzte Nachhall eines Donners verklingt. Doch die plötzliche, überwältigende Stille scheint die Trommelfelle noch mehr zu zerreißen. In dieser ungeheuren, unterirdischen Ruhe erscheint über den Klippen das erste Tageslicht. Sie stehen also doch noch! Und schließlich siehst du im klaren Licht des vom Regen rein gewaschenen

Morgengrauens eine wiedergeborene Welt, so faszinierend, wie die alte war. Und doch ist sie neu, überwältigend neu!

Ein solcher Sturm bringt jene Eigenschaft zum Vorschein, die subtil und mächtig jede andere Qualität und jede Dimension des Grand Cañons durchdringt. Die Zeit ist seine erfaßbare vierte Dimension. Doch ihre Wirkung ist nicht beschreibbar. Man kann nur stumm dastehen und ganz prosaisch die geologischen Fakten betrachten.

Der Grand Cañon ist das größte und älteste Buch der Welt. Es ist mehr als fünf Kilometer dick und enthält die Geschichte von zwei Milliarden Jahren. Obwohl seine Seiten runzlig, faltig und abgetragen sind, ist die Kolorierung hervorragend, sind die Gravuren einzigartig. Einige Kapitel fehlen allerdings, doch dafür sind die anderen so klar geschrieben, daß sich die Bedeutung der fehlenden ohne Brüche in der Kontinuität erschließen läßt.

Man kann die Felsseiten richtiggehend hinunterblättern.

Die waldbedeckten Plateaus zu beiden Seiten des Cañons enden in Klippen aus hellgrauem, im Sonnenlicht fast weißem Kalkstein, der mit fossilen Schalen, Kieselsäuregestein, Achat und Karneolen angereichert ist. Dieses Gestein heißt Kaibab-Kalk, eine 270 Meter mächtige Schicht, die nach dem Kaibab Plateau auf der Nordseite des Cañons benannt ist. Das Wort Kaibab stammt aus der Sprache der Paiute-Indianer und bedeutet »der Berg, der sich hinlegt«.

Unter dieser Formation befindet sich eine hundert Meter dicke Schicht Coconino-Sandstein von etwas dunklerem Grau. Der Name kommt vom Coconino Plateau im Süden des Cañons, dessen Rand über dreihundert Meter tiefer liegt als der des Kaibab Plateaus.

Als nächstes folgen gewaltige, fast vierhundert Meter starke Schichten aus rotem Schiefer und rotem Sandstein. Diese Supai-Formation bildet die Wand des Cataract Cañons, in dem die Supai leben – daher der Name.

Darunter kommt eine 170 Meter mächtige Wand aus Kalkstein, die einfach nur Redwall genannt wird und aus fast reinem Kalziumkarbonat besteht. Sie unterscheidet sich nicht nur in ihrer Struktur von den darüber liegenden Schiefern und Sandsteinen, sondern auch durch ihre Rotfärbung. Ursprünglich ist dieses Gestein nämlich blaugrau – man kann das an frischen Bruchstellen sehen –, doch wurde es allmählich durch Auswaschung und Wasser, das von den darüber liegenden Schichten herabrieselte, dunkelrot gefärbt.

Diese vier Kapitel, bestehend aus neunhundert Metern Felsseiten, bilden den oberen Teil des Grand Cañons.

Unter diesem liegt ein anderer Teil, der sich aus zwei Kapiteln zusammensetzt und die Tonto-Gruppe genannt wird. Das erste ist eine etwa 270 Meter dicke Schicht aus grünem Tonto-Schiefer, das zweite eine fünfzig Meter mächtige Lage aus Tonto-Kalkstein. Beide sind wesentlich älter als die Redwall darüber.

Nun kommt die komplexeste und dickste Formation des ganzen Buchs. Sie heißt ganz treffend auch Grand Cañon Series und ist viertausend Meter dick. Die ersten Kapitel bildet die Unkar-Gruppe. Sie besteht aus braunem Dox-Sandstein, dunklem Bass-Kalkstein, Hotauta-Trümmergestein an der Basis und Shinumo-Quarzit, das mit hellrotem Hakatai-Schiefer durchsetzt ist. Dieses gemischte Massiv ist wenigstens teilweise passend benannt – Shinumo war der Name der alten Hopi-Konföderation. Die Chuar-Gruppe ist in etwa ähnlich. Ihre Seiten sind zerrissen, verdreht und zerknittert. Denn anders als die horizontale Tonto-Gruppe sind diese Formationen verbogen und gefaltet, und sie fallen nach Norden hin ab.

Nun liegen die letzten Seiten des Grand-Cañon-Buches vor

uns. Die älteste Gesteinsformation der Erde, Teil der ursprünglichen Erdkruste. Große vertikale Schichten aus Gneis, die entstanden, noch bevor die Erde sich abgekühlt hatte, und riesige Granitblöcke, die durch Hitze und enormen Druck in geschmolzenem Zustand in den Gneis hineingepreßt wurden.

Das ist der Grand Cañon – 15 650 Fuß und mehr, also über 5200 Meter, an Felsseiten; Seiten aus hellem Grau, Weiß, dunklem Rot, lebhaftem Grün, Blaugrau, Hellrot, Braun; Seiten aus rauhen Sandsteinen, feinkörnigen Kalken, Schiefern, grobem Trümmergestein, Quarziten, hartem Gneis und Granit. Nie glatt oder ordentlich gepreßt. Aber doch in waagrechten Schichten, in senkrechten Wänden, in großen Faltungen. Verbogen, verdreht, gebrochen. In Schieflage, so daß die tatsächliche vertikale Tiefe von einer Meile eine Schichtstärke von drei Meilen, also fast fünf Kilometern, erreicht. Und schließlich ausgehöhlt und erodiert zu einem geologischen Labyrinth.

Welche Geschichte erzählt dieses Buch? Langsam lernen wir, die Bedeutung seiner Seiten zu entziffern.

Für den Menschen geht die Zeit nicht weiter zurück als bis zu den Anfängen dieses geologischen Berichts, als die Erdkruste noch nicht erstarrt war, sondern noch abkühlte und ihre harte Schale aus Gneis und Granit ausbildete. Diese erste, Archäozoikum genannte Ära hinterläßt für einen Zeitraum von über einer Milliarde Jahre kein Anzeichen eines uranfänglichen Lebens, nicht einmal ein einziges Fossil. Aber allmählich kühlte die Erde ab, die Atmosphäre entstand, Wasserdampf kondensierte zu Regen, und die Erdoberfläche erodierte zu einer Ebene.

Damit endet das erste Kapitel urplötzlich. Diese immense, unermeßliche Ebene versank im Meer. Auf ihr wurden die dikken Sedimentschichten der Unkar- und Chuar-Gruppe abgelagert. Zuerst legte sich auf dem Grund des Meeres der Kalk über den Granit. Dann lagerte sich an den Küsten der Sandstein ab und schließlich der Schiefer in den Buchten. Denn nun geschah etwas Neues: Die Erde hob sich wieder. Unter den Aufwerfungen schüttelte sie sich mächtig, mit riesigen, verzerrenden Bewegungen, legte sich schräg und verwarf die neue Schicht auf ihrer Kruste.

So beginnt das nächste Erdzeitalter, das Proterozoikum, das mit seinen Meerespflanzen und Krustentieren einen ersten Bericht über Leben auf der Erde hinterließ. Doch nun setzten erneut die beharrlichen Kräfte der Zerstörung ein – die Auflösung des Kalksteins durch Regenwasser, Hitze und Kälte, die den Fels expandieren und wieder schrumpfen ließen, Frost, der ihn sprengte, Erosion durch Sand, den der Wind herantrug. Und wieder wurde die Erdoberfläche zu einer gewellten Ebene.

Ein zweites Mal versank die Erde im Meer. Erneut fanden Ablagerungen sedimentärer Schichten statt – grüne Schlämme aus Tonto-Schiefer und Kalkstein, die sogar die kleinen, harten Spitzen der Unkar- und Chuar-Inseln unter sich begruben.

Aber als sich die Erde im Kambrium wieder anhob, war das dritte große Zeitalter angebrochen: das Paläozoikum, die Zeit der Urformen des heutigen Lebens. Algen und Meerespflanzen gediehen in Hülle und Fülle, ebenso Urkrebse, Armfüßer und Krustentiere.

Hier stoßen wir auf eine Lücke im Felsenbuch. Zwei ganze Kapitel – das Ordovizium und das Silur – fehlen; in diesen Erdzeitaltern entwickelten sich die Schalen bildenden Meerestiere und die Riffe bildenden Korallen. Wir wissen, daß sie damals existierten, denn in vielen anderen Teilen der Erde haben sie Spuren hinterlassen. Von einer dritten Periode, dem Devon, blieben lediglich einige isolierte Kuppen übrig. Es war das »Zeitalter der Fische«, in dem erstmals Amphibien und Landpflanzen auftraten. Doch vor und nach dieser Lücke ist das Bild so klar, daß kaum ein Zweifel daran bestehen kann: Es muß weitere Überschwemmungen gegeben haben, deren Ablagerungen hier im Cañon jedoch vollständig fortgespült wurden.

Die Geschichte geht weiter mit einer neuerlichen Überschwemmung, während der die Redwall-Ablagerung entstand. Bei der darauffolgenden langsamen Anhebung der Erdkruste wurden im seichten Wasser die roten Supai-Schlämme abgelagert; danach entstand an den Küsten durch starke Strömungen der Cocorino-Sandstein. Jeder Sand wurde eigens geformt und geschliffen, was nur wenig Zweifel daran läßt, daß die Anhebung äußerst langsam erfolgte.

Die letzte Abfolge von Überschwemmung, Ablagerung und Anhebung ließ die oberste Schicht des Kaibab-Kalksteins entstehen, die heute die Oberfläche des hohen nördlichen Plateaus bildet.

Mit ihr endet eine der großen Perioden der Erdgeschichte, das Karbon, in dem überall auf der Welt durch großen Druck die ältesten Kohlevorkommen entstanden. Dies war das »Zeitalter der Amphibien«, der Haie und der Seeungeheuer. Primitive blühende Pflanzen und die ersten zapfentragenden Bäume entwickelten sich, ebenso die frühesten Wirbeltiere.

Mit dieser Periode geht auch das dritte große geologische Zeitalter zu Ende, das Paläozoikum, das insgesamt 340 Millionen Jahre dauerte. Mit ihm enden alle »alten« Lebensformen, so wie das Proterozoikum das Ende allen ursprünglichen Lebens bedeutete. Und doch entstanden diese vier letzten Formationen – Redwall, Supai, Coconino und Kaibab – in seiner letzten Periode, dem Karbon, und mit ihnen endet die Geschichte des Grand Cañons.

Was ist mit den beiden folgenden Erdzeitaltern? Zunächst das Mesozoikum, die 140 Millionen Jahre andauernde Ära des Erdmittelalters, das »Zeitalter der Reptilien« – der riesigen Landungeheuer, der Dinosaurier und der Flugreptilien. Nach ihm das Känozoikum, die erdgeschichtliche Jetztzeit, das Zeitalter des Menschen, der heutigen Tiere und Pflanzen. Es ist bereits mehr als 60 Millionen Jahre alt.

Um den Grand Cañon herum erheben sich Überreste seiner Entstehung in den Himmel – Vermilion Cliffs im Norden, Cedar Mountain im Osten, Red Butte im Süden. Alles andere wurde fortgespült – mitgerissen vom großen roten Fluß, als er den Grand Cañon schuf. Was er mitnahm, waren tatsächlich seine Werkzeuge – jedes Sandkorn, jeder vom Frost gesprengte Felsblock, jeder Bergesgipfel. Die Zähne, mit denen die Zeit eine klaffende Wunde in die Ewigkeit schnitt.

Dies also ist die Geschichte des Grand Cañons. Das geologische »Dokument« über eine Erde, die mindestens zwei Milliarden Jahre alt ist. Fast drei Viertel dieser immensen Zeit waren bereits vergangen, als erste Spuren des Lebens auftauchten. Und vor einer Million Jahren erst trat der Mensch in Erscheinung. Mehr als drei Meilen ist dieses »Dokument« dick, und doch macht die Evolution des Menschen darin nicht einmal so viel aus wie die Stärke eines Blatts Papier.

Wir wissen so wenig und schätzen das Wissen des anderen so gering. Der älteste Mensch auf diesem Kontinent, der Indianer, hat sich in jener Wissenschaft mitgeteilt, die wir als »Mythos« bezeichnen. Der weiße Mann drückt sich in dem Mythos aus, den er »Wissenschaft« nennt. Doch die identische Geschichte der beiden über diese eine Million fehlenden Jahre könnte man in ein paar Absätzen zu Papier bringen.

Sie würde etwa folgendermaßen lauten: Im Anfang erschuf Gott die Erde, und die Wasser senkten sich, und die Erde hob sich an. Aber dieser Kontinent hat in der ewigen Palingenese – die einen evolutionären Plan für lebende Erden ebenso beweist wie für lebende Pflanzen, Tiere und den Menschen – viele derartige Neuanfänge durchlaufen. Wie wir gesehen haben, wurde

Amerika siebenmal ins Dunkel der Meerestiefen getaucht. Und jedesmal hat es sich erhoben, um wieder im Licht eines Millionen Jahre währenden Tages zu stehen.

Der gegenwärtige Tag ist noch kaum angebrochen.

Aus seinem ersten trüben Licht ragten nur die Spitzen der höchsten Gipfel heraus. Die kleinen Inseln, die heute die Gipfel und Kämme der Colorado Rockies bilden, das älteste trockene Land des amerikanischen Kontinents.

Im nächsten Augenblick erhob sich mit einem Schauder das ganze weite Land, Wasser floß von seinen Flanken ab wie bei einem alten Büffel, der sich schwerfällig aus seiner Suhle erhebt. Es war ein Land, dessen Größe, Gestalt und Beschaffenheit verborgen liegen im Bewußtsein einer indigenen, noch nicht entschlüsselten Mythologie und in einer Wissenschaft, in der eine begründete Vermutung noch nicht als unfehlbar galt.

Denn plötzlich veränderte es sich. Es begann eines der größten Dramen, die Amerika je gekannt hat oder noch kennenlernen wird, bevor es dem Blick wieder entschwindet. In einem letzten, krampfartigen Schauder erbebte die Erde. Berge zerbarsten. Aus Gipfeln schossen Flammen empor. Zehntausend Meter hohe Vulkane wurden weggesprengt; zurück blieben nur die Stümpfe, denen sehr viel später Männer wie Long und Pike Namen gaben.

Und nun kühlte die geschmolzene Erde ab und wurde fest. Zischend wich das letzte der Meere zurück, ließ Schalen von Wassertieren und Zähne von Haifischen im Fels zurück. Ganze Wälder waren niedergewalzt, zu Stein geworden. Ganze Berge von Schutt wurden fortgespült, zusammengepreßt und in riesige Kohlelager verwandelt. Wind und Wasser nagten an den Ecken und Kanten des Landes, gaben ihm das Gesicht, das wir heute kennen. Das Leben der Pflanzen begann, dann jenes Leben, das von ihnen abhängt. Doch über alles ragten die Gebirgszüge hinaus; mit urtümlicher Eleganz leuchteten sie und glitzerten weiß. Die Shining Mountains, wie sie von Anfang an und bis heute heißen.

Und dann entstanden in den Schneeverwehungen und Gletschern der Gebirge die Flüsse. Die vielen hundert kleinen Flüsse, die zu einem großen zusammenflossen – dem großen roten Strom, der sich durch Berg und Gipfel fraß, durch Mesa und Plateau und quer durch die Wüste bis zum Meer im Süden. Dem Fluß, der diese letzten Augenblicke der Erdgeschichte mitgestaltet hat.

So liegt es nun vor uns, kurz vor der Morgendämmerung; neu, abgeklärt und jungfräulich, und doch alt und abgetragen und verzerrt durch den quälenden Schmerz der Wiedergeburt – dieses weite Flußbecken eines Kontinents, der sich aus den Tiefen der Zeit erhoben hat. Die hohe, gezackte Colorado-Pyramide, die gleichzeitig das jüngste und das älteste Stück Erde Amerikas darstellt.

Und nun zieht das erste Licht ihres neuen Tages herauf. Es fällt auf einige dunkle, von der Erde selbst geborene Gestalten, die am fernen Horizont ein Segel beobachten. Einen Augenblick später fährt das Schiff in die Flußmündung ein. Ein paar seltsame Gestalten verlassen es und gehen an Land – sie sind weiß. Die beiden Gruppen, hell und dunkel, treffen aufeinander und vermischen sich kurzzeitig an den Ufern. Den Ufern des Flusses, der für beide das gemeinsame Geheimnis ihres Lebens und der Erde ausdrückt, auf der sie wandeln – der seltsame rote Fluß, der auf ewig zwischen ihnen fließt.

Und noch immer ist das Morgengrauen nicht angebrochen.

Dies ist alles, was wir von der Geschichte des Colorado wissen. Von nichts anderem berichten diese Zeilen.

Mythen, Rituale, Tänze

(aus: »Masked Gods«)

Die dem Werk »The Colorado« zugrundeliegenden Themen entwickelt Waters weiter in »Masked Gods: Navaho and Pueblo Ceremonialism« (1947). Er vertritt hier den Standpunkt, daß das Problem nicht einfach nur in der gegensätzlichen Weltsicht von Weißen und Indianern liegt, sondern immer und überall und in jedem Individuum als »konfliktimmanente« Dualität besteht. Diese Dichotomien sind Teil der menschlichen Natur wie auch der äußeren Naturkräfte. Die Pueblo-Indianer und die Navaho, so Waters, haben diese miteinander im Widerstreit stehenden Kräfte, aus denen sich die menschliche Natur wie auch das ganze Universum konstituiert, schon seit langem erkannt; und da sie auch die Notwendigkeit innerer Ausgeglichenheit und einer Harmonie mit der Umwelt sehen, benutzen sie seit Jahrhunderten Rituale, um die kosmischen Dualitäten darzustellen und ihr Gleichgewicht auszudrücken. Aus diesem Grunde konzentrieren sich diese Zeremonien hauptsächlich auf universale Harmonie und psychische Ganzheit. In dem »The Crucible of Conflict« (»Der Konfliktherd«) überschriebenen Schlußteil von »Masked Gods« postuliert er, die Indianer seien durch ihre Nähe zu den Kräften der Natur intuitiv zu einer Wahrnehmung des Universums gelangt, die der Betrachtungsweise der modernen Naturwissenschaft sehr ähnlich ist. Dazu zitiert er Beispiele aus der Atomphysik, der Biologie und der

Astronomie, die ein Universum der Interdependenz und Mutualität belegen – eine »prozessuale Realität«. Ein solches Universum aber veranschaulichen die Navaho und die Pueblo-Bewohner seit Jahrhunderten in ihren Tänzen. Daß sich die moderne Wissenschaft der indianischen Sicht der Dinge annähert, sieht Waters als vielversprechenden Beleg dafür, daß sich die Menschheit auf dem Weg zu der Synthese befindet, die für ihr Überleben und für eine – bereits begonnene – Evolution des menschlichen Bewußtseins unabdingbar ist.

Der erste der beiden folgenden Abschnitte aus »Masked Gods« beschäftigt sich mit den Mythen der Pueblo-Indianer und der Navaho, die die Erschaffung der gegenwärtigen Welt behandeln. Der zweite ist der Schlußteil »The Crucible of Conflict«.

Am Anfang lebten die Menschen in mehreren Unterwelten. Nach und nach stiegen sie nach oben in eine neue Welt auf. In der Mitte dieser neuen Welt ragte ein großer Fels empor. Er ging durch sämtliche vorherigen Unterwelten hindurch, ragte über die neue Welt hinaus und war das in Zeit und Raum verwurzelte Herz des Universums. Auch war er auf die vier Himmelsrichtungen ausgerichtet, und seine Seiten leuchteten in den entsprechenden Farben – weiß im Osten, blau im Süden, gelbrot im Westen, schwarz im Norden.

Die Menschen stiegen aus der Unterwelt herauf und versammelten sich am Fuß des Felsens. Als sie Samen einpflanzten, damit sich die Erde ausbreitete, und als sie die Heiligen Leute anriefen, damit sie ihnen beim Aufstellen der Heiligen Berge hülfen, war es um diesen großen Geburtsfelsen herum. Deshalb nannten sie ihn einfach den Berg, um den herum sich alles bewegt, den Berg, der von Bergen umgeben ist, oder den Berg der Mitte.

Östlich von ihm stellten sie aus Sand und weißem Muschel-
kalk den Heiligen Berg des Ostens auf. Im Süden stellten sie aus
Sand und blaugrünem Türkis den Berg des Südens auf. Im Westen aus gelbrotem Sand und Abalone den Berg des Westens.
Und im Norden aus schwarzem Sand und Gagat den Berg des
Nordens. In jeden Berg stellten sie eine Heilige Person, einen
Sprechenden Gott, der ihn bewachen und den ihm dargebrach-
ten Gebeten und Gesängen zuhören mußte. Weitere Berge
stellten sie auf und pflanzten Samen der vier heiligen Pflanzen
in die Erde. Sie machten ein Feuer aus vier verschiedenen Höl-
zern und einen Hogan aus vier Baumstämmen. Alles – die
Sterne, die Winde, die Jahreszeiten – ordneten sie und gaben allem Namen, und alles gedieh. Denn »wenn man etwas in Ordnung bringt, es benennt und man damit in Einklang steht: dann
gedeiht es«.

Dies ist die Welt der Navaho im Augenblick des Auftauchens.
Der große Berg der Mitte in ihrem Zentrum. Die vier Heiligen
Berge entsprechend den Himmelsrichtungen. Die weniger bedeutenden Berge, die Pflanzen, die Bäume, mit den Winden,
den Jahreszeiten und der Sonne, dem Mond und den Sternen
darüber. Eine Welt, die ausgebreitet ist wie eine vierblättrige
Blüte, wenn man sie von oben betrachtet. Dies ist heute in einem Sandbild der Navaho das Symbol des großen Axialfelsens,
des Berges der Mitte: eine vierblättrige Blume, wie ein vierblätt-
riges Kleeblatt, wie ein Lotos.

Die vier heiligen Berge, die nach wie vor die alte Heimat der
Navaho begrenzen, gibt es wirklich: Der Berg des Ostens wird
unterschiedlich als Mount Blanca in Colorado, als Wheeler
Peak oberhalb von Taos in der Sangre-de-Cristo-Kette oder als
Pelado Peak in der Nähe von Jemez Pueblo identifiziert; als der
Berg des Südens Mount Taylor aus der San Mateo Range; die
San Francisco Peaks in Arizona als der Berg des Westens und ein

Gipfel der La Plata Range oder der San Juan Range als der Berg des Nordens.

Anders verhält es sich mit dem Berg der Mitte. Er wurde zwar als Huerfano Peak oberhalb des Chaco Cañons identifiziert, doch kann er aufgrund seiner Besonderheit nicht auf einen physischen Berg beschränkt sein. Der Berg der Mitte ist das Herz des gesamten Universums; er existierte bereits, als sich die Ersten Menschen noch in den Unterwelten befanden; und da er sich über ein Zeit-Raum-Kontinuum erstreckt, das unsere irdischen Dimensionen übersteigt, ist er zu groß und zu mächtig, um sichtbar zu sein. Das ist seine metaphysische Realität. El Huerfano ist lediglich deren materialisiertes Abbild, ihr physischer Gegenpart.

Dieses Bild gewinnt noch mehr Bedeutung durch einen Bezug zur Kosmographie des tibetischen Buddhismus, in der sich eine höchst verblüffende Parallele zum Berg der Mitte findet.

Hier ist der Mittelpunkt des Kosmos der Berg Meru. Er hat die Gestalt einer abgestumpften Pyramide, und drei seiner vier Seiten leuchten in denselben den Himmelsrichtungen zugeordneten Farben wie die Weltachse der Navaho: Weiß im Osten, Blau im Süden, Rot im Westen und Gelb im Norden. Er ist achtzigtausend Meilen hoch und achtzigtausend Meilen breit. In ihm befinden sich mehrere Unterwelten und mehrere Himmel. Um diesen mächtigen kosmischen Kern sind sieben konzentrische Kreise aus Bergketten angeordnet, die durch sieben sie umgebende Ozeane voneinander getrennt werden. Jedes dieser Süßwasser-Meere und die ihm zugehörige Bergkette ist ein Universum für sich mit eigener Sonne, Mond und Planeten.

Außerhalb dieser sieben Universen treiben im Salzwasser-Ozean des Raums vier Kontinente, Landmassen, die sich in alle vier Richtungen erstrecken. Der östliche Kontinent ist halbmondförmig und von weißer Farbe wie die Gesichter seiner Bewohner. Er mißt neuntausend Meilen im Durchmesser. Der westliche Kontinent ist rund, von roter Farbe wie die Gesichter seiner Bewohner und mißt achttausend Meilen im Durchmesser. Der nördliche Kontinent ist der größte von allen; er mißt zehntausend Meilen im Durchmesser, ist quadratisch und wie die Gesichter seiner Bewohner von gelber Farbe. Der südliche Kontinent ist unser Planet, die Erde. Er ist der kleinste dieser vier mit siebentausend Meilen (11 200 Kilometern) im Durchmesser; diesen Wert hat die moderne Naturwissenschaft in etwa bestätigt. Und er ist birnenförmig – wie wir heute wissen, ist die Erde tatsächlich nicht genau rund, sondern an den Polenden abgeflacht und in der Mitte ausgebaucht. Ihr ist die Farbe Blau zugeordnet, und die Gesichter ihrer Bewohner sind oval und gräulich-blau.

Unterhalb dieses gewaltigen Berges Meru breitet sich der Kosmos aus wie eine Blume mit vier Blütenblättern, ein Lotos. Jedes dieser Blütenblätter wird von einem Lokapala bewacht, einem Weltbeschützer, so wie jeder der vier Heiligen Berge der Navaho von einem Sprechenden Gott bewacht wird. Und so wie die Welt der Navaho und der Berg der Mitte von einer vierblättrigen Blume symbolisiert werden, wird der Kosmos im Buddhismus durch den Lotos repräsentiert.

Diese bildlichen und mythologischen Parallelen sind auffallend. Doch ohne ihre metaphysische Bedeutung würde man ihren vollen Sinn verfehlen. Der ganze Kosmos wird als ein Lotos dargestellt; doch dieser Kosmos ist auch identisch mit der Göttin-Mutter, die den Namen »Lotos« trägt, und unser irdisches Universum befindet sich in ihr »ungefähr auf der Höhe ihrer Taille«. Es ist in seiner Dualität sowohl das, was erschaffen wurde, als auch jenes, von dem es erschaffen wurde. Und jedes

Lebewesen wurde nach dem Bild der Göttin-Mutter der Schöpfung erschaffen und trägt den ganzen Kosmos als Abbild in seiner Seele.

Nur so können wir den rätselhaften ersten Satz der Legende von der Navaho-Zeremonie »Wo die Zwei zu Ihrem Vater kamen« verstehen: »Als sie die anderen Berge darum herum aufstellten, nahmen sie den Berg, um den herum sich alles bewegt, aus dem Gürtel der Ersten Frau.«

Dies erklärt auch die Hinweise der Zuñi auf die Heilige Mitte, die ihre Vorfahren nach dem Aufstieg aus der Unterwelt in Zuñi fanden, und die Tatsache, daß sie den Berg, der bei ihnen »Berg der Entstehung« heißt, gerade unterhalb des Nabels der Erdmutter lokalisieren. Über alldem steht ihre faszinierende Vorstellung der Erdmutter als der Göttin-Mutter der Schöpfung, durch deren aufeinanderfolgende Schoßwelten die Zuñi zu dieser Welt aufstiegen.

Die Vorstellung einer solch »vier-eckigen« Struktur der Welt ist nicht nur auf Nordamerika beschränkt. Im heiligen »Popol Vuh«, in dem der Schöpfungsmythos der Quiché Maya aufgezeichnet ist, wird die Welt beschrieben als »mit vier Ecken, vier Seiten, vier Grenzen«. Im »Chilam Balam« von »Mani«, einem heiligen Buch der Maya, wird angedeutet, dieser kubische Weltblock sei der Altar der Götter. Auch die stumpfen Pyramidentempel der Tolteken, Zapoteken und Azteken legen solche Weltachsen nahe.

Damit wird ersichtlich, daß es sich bei der Mythologie der Pueblos und der Navaho nicht um etwas leicht Verständliches handelt, das sich etwa mit kindlichen Legenden vergleichen ließe, sondern um ein kosmographisches Konzept, das so abstrakt, so phantasievoll und so alt ist wie das jedes beliebigen anderen Volkes auf der Erde. Dazu paßt es auf geradezu seltsame Weise, daß diese Region mit ihrem Namen »the Four Corners«[1] auch heute noch diese mythologische Bedeutung in sich trägt. Es ist durchaus denkbar, daß ihr Urbild, ihr größtes physisches Abbild, womöglich nicht El Huerfano war, sondern die Colorado Pyramid, das hochgelegene Herz im Hinterland Amerikas. Seine zentrale Region, das Colorado-Plateau, ist noch immer die heilige Mitte, die traditionelle Heimat dieser Völker. Die Bewohner der Pueblos und die Navaho haben das Leben immer als etwas Duales betrachtet: als physisch und psychisch. Und diese beiden Realitäten des Felsens sind es auch, an denen sie gegen alle Angriffe von Erosion und Materialismus gleichermaßen festgehalten haben.

Der Konfliktherd

Von unserer hinteren Weide, einer Wiese zwischen den Kiefern an den hohen Hängen der Sangre de Cristo Mountains, blicken wir hinunter auf eines der schönsten, paradoxesten und bedeutsamsten Panoramen der heutigen Welt. Es ist in seiner Gesamtheit als das Gebiet der »Four Corners« bekannt, das uralte Land der Felsen und Cañyons, das Schwerkraftzentrum der kontinentalen Colorado Pyramid, das wilde Herzstück Amerikas.

Wohl in keiner anderen Region der Erde finden sich so viele Widersprüche zusammengedrängt, sind die gegensätzlichen Polaritäten allen Lebens so klar manifestiert. Die ältesten in dieser Hemisphäre entdeckten Lebensformen finden sich hier neben den neuesten Mitteln der Massenvernichtung. Die ältesten Städte Amerikas neben den neuesten. Der Sonnentempel von Mesa Verde neben den Labors zur Atomspaltung auf dem Pajarito Plateau. Die indianische Trommel neben dem Atomzertrümmerer. Männer, die fliegen wie Vögel und die Wolken impfen, damit es regnet, während andere unter ihnen nackt, bemalt und mit Klapperschlangen im Mund tanzen. Überall stolpert hier die Zukunft über die aus der Erde hervorragende Vergangenheit, das Unsichtbare verleiht dem Sichtbaren Form und Gestalt, blinder Instinkt weist der Vernunft den Weg.

Man kann es nicht beschreiben. Aber in den zeremoniellen Sandbildern der Navaho ist es für uns symbolisiert: das Plateau-Viereck der Four Corners, umschlossen von einem Kreis. Nun erkennen wir es zugleich als den Konfliktherd und das Mandala der Aussöhnung aller kosmischen Dualitäten.

Denn nirgendwo sonst wurde der Konflikt so erbittert ausgetragen wie hier, aber nirgendwo sonst sind die opponierenden Grundsätze auch einer Verschmelzung nähergekommen. Aus dieser Verschmelzung wird der neue Glaube erstehen, den wir so verzweifelt ersehnen. Ein Glaube, der groß genug sein wird, um alle Erfahrung aus der Vergangenheit der Menschheit, alle unsere religiösen Überzeugungen und all unsere wissenschaftlichen Auffassungen in sich zu schließen.

Es wäre kein allzu großer Zufall, wenn die neuen Symbole dieses Glaubens aus jenen der Vergangenheit erstehen würden, ebenso wie die Menschheit selbst sich aus sukzessiven Stadien der Evolution erhoben hat durch das höchste Symbol des *sipapu*, das der Grand Cañyon verkörpert.

Eine historische Perspektive

Ich kann mir die unaussprechliche Faszination nicht erklären, die dieses Hopi-*sipapu* für mich hat. Jedesmal, wenn alles schiefläuft, wenn mir das Geld ausgeht und meine schlechte Stimmung überhandnimmt, werfe ich einen Blick auf den Grand Cañyon, und damit kehrt allmählich mein Gleichmut zurück.

Der bekannte englische Schriftsteller J. B. Priestley empfiehlt ihn sogar noch mit weit ausschweifenderen Worten: »Wenn ich Amerikaner wäre, würde ich meine Erinnerung an ihn zum endgültigen Test für Menschen, Kunst und Politik machen. Ich würde mich fragen: Ist dies gut genug, um im selben Land zu existieren wie der Cañon? Wie würde es mir mit diesem Menschen, mit dieser Art von Kunst, mit diesen politischen Maßnahmen ergehen, wenn ich in der Nähe des Cañons wäre? Jeder Angehörige, jeder Beamte der US-Bundesregierung sollte sich stets voller Stolz daran erinnern, daß er dem Mitarbeiterstab des Grand Cañyons angehört.«

Ich glaube, die Hopi würden diesen Test bestehen. Ihre Kunst, ihre Gesellschaftsordnung, die um die Kivas zentrierten Zeremonien, die die ganze Kosmologie und Kosmogenese dieses Volkes beinhalten, ihr ganzer Lebensstil ist auf den Cañon ausgerichtet. Viele von uns können da nicht mithalten. Und so mancher bekannte Engländer scheint überhaupt nichts davon zu wissen.

Tatsache ist, daß jetzt, hier am Rand des Cañyons, die Sonne untergeht – ein hervorragender Augenblick, um, angeregt von seinen kolossalen Dimensionen, Arnold J. Toynbees monumentales Hauptwerk »A Studo of History«[2] zu würdigen. Wir müssen dazu gar nicht die ganzen ersten sieben Bände lesen, ebensowenig D. C. Somervells hervorragende einbändige gekürzte Version. Ein Künstler der Zeitschrift »Life« hat diese Metapher ebenfalls illustriert.

Hier ist der tiefe, schattige Cañyon selbst – das *sipapu* allen Lebens. Seine steilen Seitenwände herauf kommen aus den Tiefen der Subhumanität die einundzwanzig menschlichen Gestalten gekrochen, die die großen Kulturen der Geschichte repräsentieren. Die meisten schafften es nicht sehr weit. Wie die ägyptische, sumerische, babylonische und hellenische und die Kultur der Maya und Inka liegen sie tot auf einer Felsbank weit unten. Hingestreckt und im Sterben liegen die primitiven Gesellschaften da, zum Beispiel die der Hopi. An kleineren Felsspitzen hängengeblieben, noch am Leben, aber nicht mehr imstande, noch höher zu steigen, finden wir fünf »arretierte« Zivilisationen, etwa die ottomanische und die polynesische. Fünf andere steigen noch weiter, aber vier von ihnen sind in dieser Höhe bereits außer Atem: die islamische, die hinduistische, die chinesisch-japanische und die russische Kultur. Eine einzige nur ist stark und gesund und hat alle anderen weit hinter sich gelassen: unsere europäisch-amerikanische Zivilisation.

Dieses Bild, diese Metapher, ist hier oben in der Tat sehr passend. Aber in Wirklichkeit kommt gerade jetzt vom Grund des Cañyons ein breit grinsender Hopi den Bright Angel Trail herauf. Genau derselbe Hopi, der in unserem Bild die hingestreckt und im Sterben daliegenden »primitiven Gesellschaften« repräsentierte. Viel später, weit hinter ihm, folgt die »westliche Zivilisation« in Gestalt einer Gruppe niedergeschlagener europäisch-amerikanischer Touristen auf Eseln reitend, auf denen (in unserer Vorstellung) das Wort »Maschine« geschrieben steht.

Was stimmt nicht mit unserem Bild?

Es scheint seltsam, daß wir trotz aller Sorgfalt bei der Lektüre von Toynbees Studie nie auf eine Stelle stoßen, in der die Rede ist von aufwallenden, tumultartigen Erhebungen aus dunklen Tiefen, die die Geschichte der Menschheit nicht weniger kennzeichnen wie die Erdgeschichte. Man zweifelt, ob er die ungeheure, geradezu übersinnliche Wirkung des hoch aufgeworfenen Himalaja, der in den Himmel ragenden Anden, der zerklüfteten Rocky Mountains oder dieses größten Risses hier im Angesicht der Erde jemals erfahren hat. Er vermittelt den Eindruck eines Historikers, der alles aus der Perspektive einer flachen, ägäischen Ebene sieht, die vom friedlichen Mittelmeer reingewaschen wurde.

Und in der Tat ist die griechische Kultur für ihn die großartigste: Sie ist das Maß, an dem er alle anderen mißt. Die Basis unserer westlichen Zivilisation, die auf demselben rationalen Prinzip, derselben festgelegten theoretischen Komponente beruht. Aus diesem Grunde finden alle großen Bewegungen der Geschichte auf dieser relativ horizontalen Ebene statt. Eine nach der anderen erheben sich die alten Zivilisationen sanft über die Ebene hinaus, blühen auf, erstarren und gehen dann mit einer Wellenbewegung, die an das Vorwärtskommen einer Schlange erinnert, über in die nächste.

Nirgendwo gibt es bei Toynbee mysteriöse Aufwallungen unbekannter Kräfte aus dem tiefsten Innern der menschlichen Seele, kein seltsames kataklystisches Eintauchen ins Obskure wie bei einem Erdbeben, bei dem sich Kontinente erheben und absinken und so Umbrüche, Umwälzungen im Inneren der Erde widerspiegeln. Doch jeder ist auf irgendeine Art auf den anderen bezogen und hängt von ihm ab; beide sind der reine Ausdruck des Lebens selbst. Eines Lebens, das einer gemeinsamen Quelle entspringt, dessen Bewegung und Richtung nicht vorhersehbar sind und dessen Logik sich noch immer nicht erschließen läßt Und so sind in Toynbees Werk die großen vertikalen, säkularen Systeme der Menschheit, die auf dem intuitiven Prinzip oder auf undifferenzierten ästhetischen Komponenten gründen – das hinduistische, chinesische, das der Inka, der Maya und jenes des alten Mexiko – bestenfalls skizzenhaft porträtiert.

Der Grund für den sukzessiven Aufstieg und Niedergang der einundzwanzig Kulturen ist verkörpert in Toynbees These von »Herausforderung und Reaktion«. Die Gesellschaft wird von ihrer Umwelt herausgefordert, von Kriegen und verschiedentlichen anderen rational erklärbaren Zwängen. Solange sie auf diese Herausforderungen mit Erfolg reagiert, expandiert sie; sobald sie nicht mehr reagieren kann, beginnt ihr Niedergang, ihr allmähliches Verschwinden. Doch alle diese Expansionen sind horizontal nach außen fortschreitend. Nach Osten. Nach Süden. Meistens nach Westen, auf Europa, Euro-Amerika zu. Bisher hat sich die westliche Zivilisation um die ganze Erde verbreitet – der expansive Höhepunkt dieser letztlich griechisch-römischen Kultur.

Konsequenterweise sieht Toynbee die vier Weltreligionen – und alle Religionen sind ihrem Wesen nach vertikale Systeme – als Produkte einer Vermengung der unterschiedlichen säkularen Systeme. Der Islam resultiert aus der Verschmelzung der alten Kultur Israels und des Iran mit den modernen Zivilisationen des Nahen und Mittleren Ostens. Der Hinduismus verbindet die alte Kultur der Arier mit der zeitgenössischen Hindu-Kultur. Der Mahayana-Buddhismus ist die Brücke zwischen der alten Geschichte Chinas und der heutigen des ganzen Fernen Ostens. Das Christentum entsteht aus der Begegnung der syrischen und der griechisch-römischen Zivilisation … Und alle sind sie Reaktionen der verschiedenen Zivilisationen auf die Herausforderung der graeco-romanischen Einflußnahme im Verlauf einer Periode von etwa 1600 Jahren.

Es ist kein Zufall, daß das Datum 4004 vor Christus, welches die christliche Kirche als Ursprungsdatum der Schöpfung angibt, auch in etwa jenes ist, an dem die einundzwanzig bedeutendsten Kulturen begannen. Die Verbreitung des Christentums geschah also gleichzeitig mit der horizontalen Verbreitung der westlichen Zivilisation. Und bis dato hat sich die christlich-westliche Zivilisation als souverän erwiesen.

Bei Toynbee sind die größten vertikalen Religionen der Menschheit also nur unvollständig behandelt. Nirgendwo findet sich bei ihm etwas wie die intuitive Würdigung des Mahayana-Buddhismus F. S. C. Northrops in dessen eindringlichem Werk »The Meeting of East and West«. Ebensowenig lassen sich seine Aussagen mit der bemerkenswerten Darstellung des chinesischen Taoismus eines Richard Wilhelm oder C. G. Jung vergleichen. Die grundlegenden mythisch-religiösen Strukturen, die noch heute in Afrika und Amerika anzutreffen sind, finden bei ihm kaum Erwähnung. In seinem Werk heben oder senken sich keine Kontinente, dabei eingravierte Spuren verschwundener Zivilisationen auf dem Herz von Land und Mensch hinterlassend. Das winzige, hilflose, prähistorische Säugetier begegnet der Herausforderung der großen, gepanzerten Dinosaurier nicht mit der göttlichen, biologischen Erwiderung, die der große französische Biologe Lecomte du Nuoy in seinem Werk »Human Destiny« beschreibt. Bei Toynbee weiß die Menschheit nichts von ihrem kontinuierlichen evolutionären Aufstieg durch vier vorhergehende Welten zu ihrem gegenwärtigen Sein, wie er von Buddhismus, Taoismus sowie allen alten Mystikern und modernen Psychologen bezeugt wird – und von dem Hopi, der den Trail heraufkommt. Auch davon, daß der Mensch ein göttliches Schicksal hat, das ihn bei seinem weiteren Aufstieg leiten wird – eine grundlegende, intuitive Wahrheit aller großen Religionen –, ist bei ihm keine Rede …

Ohne uns geringschätzig über Toynbees Studie äußern zu wollen – immerhin ist sie so umfassend und gelehrt, daß sie zu einem Klassiker ihres Genres wurde –, müssen wir sie hier am Rand des Grand Cañyons doch als zweidimensional und als ein Werk betrachten, dem es an der vertikalen Dimension, an Tiefe, mangelt.

Es gibt einen Hinweis darauf, daß den Autor selbst Zweifel bezüglich dieser mangelhaften Tiefendimension befielen. In seinem später veröffentlichten Buch »Civilization on Trial« stellt Toynbee seine frühere Behauptung in Frage, daß diese relativ neuzeitlichen Zivilisationen das »verständliche Feld« der Geschichtswissenschaft seien und die Religionen nur als Verbindungsglieder zwischen ihnen dienen würden. Nun vertritt er die Meinung, die Religion selbst sei möglicherweise das »verständliche Feld« und der Sinn und Zweck von Kulturen sei lediglich, Religion zwischen ihnen zu verbreiten.

153

Diese extreme und abrupte Kehrtwendung wirft sofort eine Frage auf: Aber welche Religion, welches zivilisatorische Konzept eines göttlichen Plans? Die Antwort hierauf ist sogar noch überraschender:

»Es gibt keinen Grund zu der Annahme, daß das Christentum durch eine eigenständige und höhere Religion abgelöst werden wird, die quasi als Übergang zwischen dem Tod der gegenwärtigen westlichen Zivilisation und der Geburt ihrer Kinder dienen wird ... Ganz im Gegenteil, falls unsere jahrhundertealte westliche Zivilisation untergeht, wird das Christentum wohl nicht nur überleben, sondern als Resultat einer neuen Erfahrung von weltlicher Katastrophe an Weisheit und Statur gewinnen.«[3]

Q.E.D.

Aber gerade in diesem Augenblick, als wir uns der göttlichen Unangreifbarkeit unserer westlichen Ideologie so absolut sicher fühlen, fährt eine Windbö von den Rockies herunter. Sie reißt uns den *Gang der Weltgeschichte* aus der Hand; er wird gegen eine knorrige alte Kiefer am Rand des Cañyons geweht. Der Buchdeckel reißt ab und fällt auf das zwischen den Wurzeln verborgene Nest einer Packratte. Wir blicken darauf – was für ein hervorragendes Dach er doch für diese kleine, subhumane Familie bildet! Er wird Wind und Schnee abhalten, und der Titelaufdruck erinnert sogar ein wenig an die Buchstaben, die oft auf die Blechdächer alter Scheunen aufgemalt sind.

Aber es geht uns natürlich nicht nur um den Bucheinband: Wo ist der Text? Man möchte doch meinen, daß die Geschichte von sechstausend Jahren vor dem Hintergrund der Zeit sichtbar wäre. Und in der Tat – dort sind sie! Einundzwanzig papierdünne Seiten schweben über den blauen und purpurnen Tiefen einer 217 Meilen langen, zwölf Meilen breiten und eine Meile tiefen Zeit, die aus der Ewigkeit herausgefräst wurde. Einundzwanzig Zivilisationen treiben auf die sechstausend Jahre alte oberste Schicht einer historischen Sammlung zu, die zwei Milliarden Jahre umfaßt. Zusammengerollt wie welke Blätter im Wind, flattern und reiben sie aneinander mit einem trockenen, harten Geräusch. Von oben fällt grelles Sonnenlicht auf sie, von unten her werden sie von dunklen Schatten umhüllt. Wie klein und leicht sie doch sind! – und scheinbar unempfindlich für die unsichtbaren Gesetze der Natur.

»Lang lebe der Pharaoh!« schallt es von einer der Seiten. Doch eine Fallbö ergreift die ägyptische Kultur und reißt sie hinab ins Dunkel.

»Ave Cäsar!« Damit stürzt die Pax Romana in die Tiefe.

»Heil, Führer!« Auch das Dritte Reich wird vom unsichtbaren Arm der Schwerkraft nach unten gezogen.

Da fahren sie also hin, verloren im Raum, überflutet von der Zeit – so sinken sie hinab, um bei den fossilen Überresten geistloser, animalischer Kulturen prähistorischer Äonen zu ruhen.

Hoch oben über dem Cañyon bleibt man verdutzt stehen. Er kann es nicht lesen, der Hopi neben mir; er hat nie lesen gelernt. Aber wir wissen beide, was es ist: Es ist die christliche, westliche Zivilisation. Und sie segelt wirklich ganz großartig. Aber dennoch, und trotz all der aufsteigenden Böen, wird auch sie allmählich von der unsichtbaren Schwerkraft hinabgezogen. Vielleicht bleibt sie aber auch irgendwo dort unten auf einem unentdeckten Felsvorsprung liegen und wird zum Nestbaumaterial für eine Elster, den Vogel der Weissagung.

»Ich gehe jetzt nach Hause«, sagt der Hopi. Es ist ein schäbiges, primitives Zuhause. »Hab noch Arbeit zu tun. Meine Kiva-Pflichten.«

Damit bleibt man allein am Rand des Cañyons zurück und

schaut hinab in seine hehren Tiefen: Auf Cheop's Pyramid und den Tower of Ra; auf Zoroaster's Temple, Confucius' Temple und Krishna Shrine; auf Valhalla Plateau und Wotan's Throne; King Arthur's Castle, Gawain Abyss und Lancelot's Point; auf Solomon's Temple, Aztec Amphitheater, Toltec Point, Cardenas Butte und Alarcon Terrace. Der Blick streift über ein Reich des Phantastisch-Unrealen, eine Welt der Illusion, ausgewaschen von ganzen Seen fließender Farbe und ständig sich verändernd im Spiel von Licht und Schatten.

Und wenn der Buddhismus recht hat mit seiner Behauptung, daß die materielle Welt der Sinne nicht existent sei? Daß alle physikalische Materie, wie nun auch die westliche Wissenschaft verkündet, lediglich eine Manifestation jener Ur-Energie ist, aus der das Elektron besteht? Was ist, wenn sich herausstellt, daß der Hopi im Recht ist mit seinem Beharren darauf, durch sämtliche sukzessive Welten seiner Existenz zu steigen, indem er an seinen Kiva-Zeremonien festhält und diesen gegenüber dem Glauben und dem Reichtum seiner Eroberer den Vorzug gibt? Ist der Fels, an den wir uns nun klammern sollen, der Berg, um den herum sich alles bewegt, der für uns ebenso unsichtbar ist wie für die Navaho, weil er nämlich nur in unserem Innern existiert?

Nur der Cañyon kann darauf eine Antwort geben, und er antwortet – mit Schweigen und Zurückhaltung. Nicht durch seine Länge oder Breite, sondern durch seine Tiefe. Denn diese Tiefe, seine dritte Dimension, wird zur Zeit, seiner vierten. An seinem Grund sehen wir die Vergangenheit; das Archäozoikum. Hier oben stehen wir in der Gegenwart, der Jetzt-Zeit. In den Sternen, die über dem jenseitigen Rand des Cañyons aufgehen, sehen wir die Zukunft; die kosmische Zeit. Aber angenommen, all diese Zeiten konvergieren in uns in einer Psychozoikum genannten Zeit, ebenso wie wir gleichzeitig auf das Bodengestein

156

des Cañyons, seine obersten Felsformationen und die Sterne über ihm blicken können?

Nun, dann sollten wir, ebenso wie dieser sture Hopi, eigentlich wissen, daß wir uns ganz und gar nicht im Raum vorwärtsbewegt haben, wie Toynbee behauptet; wir sind stillgestanden, unser ganzer Aufstieg hat nur in uns stattgefunden. Und dann würden wir uns natürlich auch nicht über die Geschichte der einundzwanzig Kulturen Gedanken machen; denn da Vergangenheit, Gegenwart und Zukunft koexistent sind, könnten wir die Geschichte nun einfach so verändern, wie es uns paßt.

Und aus dieser wachsenden Wahrnehmung der Zeit als der vierten Dimension einer realen Welt heraus taucht schließlich das neue Symbol auf, nach dem wir alle suchen.

Zeit, die vierte Dimension[4]

»Der mathematische Laie«, sage Albert Einstein, »wird von mysteriösem Schaudern ergriffen, wenn er von ›vierdimensionalen‹ Dingen hört; von einem Gefühl, das jenem ähnlich ist, welches ihn befällt, wenn er an das Okkulte denkt. Aber dennoch gibt es keine allgemeingültigere Aussage als die, daß die Welt, in der wir leben, ein vierdimensionales Raum-Zeit-Kontinuum ist.«

Ein Kontinuum ist etwas Kontinuierliches wie Raum oder Zeit. Um diese Begriffe zu verstehen, trennen wir sie auf in drei Segmente, die wir als Vergangenheit, Gegenwart und Zukunft beziehungsweise Länge, Breite und Tiefe bezeichnen.

Und nun spazieren wir die Seitenstraße mit dem Namen Zeit hinunter. Vor uns ist eine Linie über die Straße gezogen. Jenseits davon ist die Zukunft; sie existiert noch nicht. Hinter uns quert eine zweite Linie die Straße. Auch hinter dieser Grenze existiert nichts; dort liegt die Vergangenheit. Was existiert, ist offenbar nur der Abschnitt »Gegenwart« zwischen den beiden

157

Linien. Aber ein Teil dieses Segments liegt in der unmittelbaren Zukunft und ein anderer in der unmittelbaren Vergangenheit. Tatsächlich verwandeln wir mit jedem Schritt, mit dem wir uns vorwärts bewegen, einen Teil der Zukunft in Gegenwart und einen Teil der Gegenwart in Vergangenheit.

Offenbar ist das Gegenwarts-Segment aber zu groß. Wir werden die beiden Linien zu einer einzigen verschmelzen müssen. Denn was unseren Aufenthaltspunkt in der Zeit bestimmt, ist nur die eine Sekunde, in der wir über eben diesen Punkt hinwegschreiten. Und wenn wir anfangen zu laufen, wird diese Sekunde zum Bruchteil einer Sekunde. Und nur das ist die einzig wahre Gegenwart: ein Sekundenbruchteil der Unendlichkeit.

Aber anscheinend ist unser räumlicher Aufenthaltsort letztlich ebenso unbestimmbar.

Wenn wir mit einem Zug fahren, der sich zeitplanmäßig auf einer Geraden fortbewegt, kann man unsere Position zu jedem Zeitpunkt anhand der zurückgelegten Strecke ermessen. Doch wenn wir uns in einem Schiff auf dem Meer befinden, sind zwei Dimensionen erforderlich, um unseren Standort zu bestimmen: Längen- und Breitengrad. Und ein Flugzeug schließlich benötigt drei Koordinaten: Längengrad, Breitengrad und Flughöhe.

Die drei Dimensionen – Länge, Breite, Tiefe – konstituieren den Raum, so wie wir ihn kennen, ebenso wie Vergangenheit, Gegenwart und Zukunft unsere Vorstellung von Zeit konstituieren.

Aber unabhängig davon, ob wir mit Zug, Schiff oder Flugzeug reisen – um unsere räumliche Position exakt zu bestimmen, bedarf es der Zeit: des Jahres, des Tages, der Minute. Und um unsere zeitliche Position exakt zu bestimmen, ist die Kenntnis unserer Position im Raum notwendig. Beide stehen in Relation zueinander dadurch, daß wir uns durch beide bewegen.

Damit beginnen wir zu erkennen, daß die Dimensionen

Raum und Zeit etwas miteinander zu tun haben. Barnett zeigt, daß das, was wir eine Stunde nennen, in Wirklichkeit eine Dimension des Raums ist – ein Bogen von fünfzehn Grad in der täglichen Rotation der Erde. Aber die Erde dreht sich nicht nur mit der Geschwindigkeit von etwa 1600 Kilometer pro Stunde an einem Tag um ihre eigene Achse, sondern auch in einem Jahr um die Sonne, und zwar mit einer Geschwindigkeit von 32 Kilometern pro Sekunde. Unser Sonnensystem wiederum bewegt sich innerhalb des Sternensystems, dieses innerhalb der Milchstraße und diese schließlich in Relation zu den fernen äußeren Galaxien.

Unsere Position in Zeit und Raum ist also relativ. Pacific oder Eastern Standard Time, Planetenzeit, Solarzeit, galaktische Zeit. Das Universum ist ein vierdimensionales Raum-Zeit-Kontinuum mit drei räumlichen und einer zeitlichen Dimension.

Der Zeit-Raum-Messung zufolge ist ein Lichtjahr die Entfernung, die das Licht in einem Jahr bei einer Geschwindigkeit von knapp 300 000 Kilometern pro Sekunde zurücklegt, das sind etwa 9,5 Billiarden Kilometer. Demzufolge hat das Universum einen Radius von ungefähr 35 Milliarden Lichtjahren. Das ist ziemlich groß!

Es ist auch sehr alt. Die Geophysiker bestimmen sein gegenwärtiges Alter anhand der Geschwindigkeit, mit der Uran seine atomare Energie abgibt. Die Astrophysiker taxieren die Temperatur, bei der die thermonuklearen Prozesse in den Sternen ihre Masse in Strahlung umwandeln. Und die Kosmogenetiker berechnen die Geschwindigkeit, mit der sich die äußeren Galaxien von unserem Sonnensystem fortbewegen. Aber alle stimmen darin überein, daß unser Universum vor zwei Milliarden Jahren entstand. Da es also einen Anfang hat, muß es auch ein Ende haben. Die Erde kühlt allmählich ab; die Sterne wandeln ihre Energie langsam in Strahlung um; die Sonne selbst, die nur aus freien Neutronen besteht, brennt aus. Irgendwann, auch wenn es noch zwei Milliarden Jahre dauern mag, wird es kein Licht mehr geben, keine Hitze, kein Leben – und keine Zeit. Das Universum wird enden.

Doch wir müssen diese Vorstellungen von Raum und Zeit verändern. Denn – Barnett weist darauf hin – die Relativitätstheorie beweist, daß es für jede Massekonzentration im Universum eine entsprechende Verzerrung des Raum-Zeit-Kontinuums gibt. »Alle Verzerrungen zusammengenommen, die die nicht berechenbare Materiemasse innerhalb des Universums verursacht, sind der Grund dafür, daß sich das Kontinuum in einer großen kosmischen Kurve auf sich selbst zurückbiegt.« Somit beschreibt Lichtenergie, die mit 300 000 Kilometern pro Sekunde von der Sonne abstrahlt, einen großen kosmischen Kreis und kehrt nach zwei Milliarden Erdjahren an ihren Ausgangspunkt zurück.

Wie seltsam ist es doch, daß die moderne Naturwissenschaft den Kosmos mit demselben Kreissymbol bezeichnet, das schon die Mathematiker-Philosophen des antiken Griechenland wie auch die religiösen Systeme des Buddhismus und Taoismus kannten und das auch in den Zeremonien der Pueblo-Indianer und der Navaho Verwendung findet.

Wo immer wir uns also im Raum aufhalten, und gleichgültig, ob wir zu Fuß, zu Pferd, mit dem Zug oder per Schiff, Flugzeug oder Rakete reisen – wir sind in diesen Kreis eingebunden. Die kürzeste Entfernung zwischen zwei Punkten ist keine Gerade. Jeder Schritt, den wir machen, findet auf einem Bogen mit einer sehr großen Krümmung statt.

In ähnlicher Weise ist unsere Reise durch die Zeit keine gerade Linie von der Vergangenheit durch die Gegenwart in die Zukunft. Auch die Zeit biegt sich in einem geschlossenen Kreis auf sich selbst zurück. Und deshalb ist, wie wir wissen, der Kreis auch das Symbol für die menschliche Psyche. Unser evolutionärer Lebensweg schließt den Kreis und kommt zu seinem Anfang zurück. Das Ende der Reise ist der Beginn.

Der Mensch mag mit dem Tod das vermeintliche Ende seiner Reise erreichen. Doch aus dem Zustand nach dem Tod wird er ins Leben wiedergeboren. So wiederholt sich seine Existenz ständig innerhalb des Kreises – bis er sich endlich durch eine innere Entwicklung befreit und aus der Zeit in die Ewigkeit entflieht.

Für einen Schriftsteller bietet dieses großartige Thema hinreißende Möglichkeiten ohne Ende. Er muß seinen Stift gut festhalten, damit ihm die Phantasie nicht damit durchgeht. Man stelle sich nur vor, in eine unzerstörbare Vergangenheit zurückkehren zu können! *Ein Yankee am Hofe des Königs Artus!* P. D. Ouspensky, der immer von diesem Thema der ewigen Wiederkehr besessen war, erforschte es in einem frühen Roman mit dem Titel »The Wheel of Fortune« und führte es weiter in seinem Werk »Strange Life of Ivan Osokin«, in dem die Hauptfigur in dasselbe Haus, zu denselben Eltern, denselben Triumphen und Niederlagen zurückkehrt.

Ja, sagt Ouspensky, während er über den Leiden längst hingegangener Menschen brütet. Die Menschheit kann die Sünden der Vergangenheit nicht hinter sich lassen. Sie muß zurückkehren und die Quellen des Bösen zerstören, mögen sie auch noch so weit zurückliegen. Berichtigung und Verbesserung müssen in der Vergangenheit stattfinden. Und auch die Psychoanalyse behauptet, der Mensch müsse in seine Vergangenheit zurückgehen, wenn er deren nachteilige Konsequenzen begreifen und sich von ihnen befreien will.

Phänomene wie Seelenwanderung oder Reinkarnation haben eigentlich nichts Beängstigendes oder Mysteriöses an sich. Ein Mensch von sechzig Jahren ist nicht mehr der kleine Junge, der er als Sechsjähriger war. Jede der 26 Billionen Zellen seines Körpers hat sich viele Male erneuert; auch sein Denken ist anders geworden. Aber dennoch herrscht zwischen beiden eine Kontinuität des Bewußtseins und der persönlichen Identität. Nicht viel mehr Unterschied besteht zwischen dem Mann, wenn er stirbt, und dem Kind, wenn es wiedergeboren wird. Der Tod zerstört zwar die Identität der Persönlichkeit – denn der Wiedergeborene kann einen anderen Namen haben oder in einer anderen Kultur leben –, doch der kausale Zusammenhang bleibt erhalten. Auch die Kontinuität des Bewußtseins bleibt erhalten; alle Erinnerungen vergangener Leben sind im Unbewußten gespeichert und werden eines Tages ins Bewußtsein aufsteigen.

Beim Tod legt der Mensch einfach seinen dreidimensionalen Körper ab wie einen abgetragenen Mantel und geht ein in eine neue Dimension. Nach einem Leben auf dieser unbewußten Ebene nach dem Tod tritt er wieder in die Ebene des Bewußtseins ein und »zieht« sofort wieder einen dreidimensionalen Körper an wie einen neuen Mantel.

Er verschwindet nie spurlos – ebenso wie auch die essentielle innere Identität jeglicher anderen Lebensform niemals vergeht. Einem unveränderlichen geistig-spirituellen Gesetz zufolge, das unserem physikalischen Gesetz der Energieerhaltung entspricht, ist nichts vergänglich, nicht einmal Orte. Sie können also als Pueblo-Kachinas unsichtbar erinnert werden – nicht als »Geister« oder dergleichen, sondern als die anders-dimensionalen Formen und Gestalten von Bergen, Bäumen, Tieren oder Toten – erinnert von einer dimensionalen Ebene aus, die noch nicht räumlich erfaßt werden kann.

Aber wie sollen wir unsere schließliche Flucht aus diesem synonymen Kreis von Kosmos und Psyche erwirken, um zur letztendlichen Quelle zurückzukehren?

Wie Ouspensky, Gurdjieff, du Nouy, der Buddhismus des Ostens und die Wissenschaft des Westens und auch die Zeremonien der Navaho und der Pueblo-Bewohner bezeugen, fällt die innere Entwicklung oder die evolutionäre Reise des Menschen durch vier Welten oder Stadien zusammen mit seiner wachsenden Wahrnehmung von Dimensionen.

In der ersten Welt, im ersten Stadium des Bewußtseins, erschienen uns die Dinge sehr ähnlich, wie sie einem Stein oder einer Pflanze auf einer Ebene erscheinen würden. Stein oder Pflanze können nicht erkennen, ob die Ebene rechtwinklig oder kreisförmig ist; ob sie sich an ihrem Rand oder im Zentrum befinden. Sie können keinen Horizont sehen, haben kein Zeitbewußtsein und sind nicht fähig, ihre Position in Raum oder Zeit festzustellen. Sie sind eindimensional.

Auf der zweiten Bewußtseinsebene könnte ein zweidimensionales Wesen, etwa eine zu Willensäußerung und Bewegung befähigte Ameise, Länge und Breite unterscheiden. Aber sie würde alles als flache, geometrische Gestalt wahrnehmen. Sie hätte keine Wahrnehmung von Höhe, Tiefe oder Dicke, der dritten Dimension.

Im dritten Bewußtseinsstadium mit der Wahrnehmung der dritten Dimension wird der Mensch fähig, sich von seiner Umwelt zu lösen. Er segelt über den Horizont der flachen Welt hinaus und erlangt die neue Gewißheit, daß sie eine Kugel ist. Er fliegt über sie hinweg und bestimmt seine Position im interstellaren Raum. Als distanzierter Beobachter wird ihm auch die Existenz eines Gestern und eines Morgen bewußt. Doch diese erste Wahrnehmung von Zeit, der vierten Dimension, sieht er noch als dreidimensional: Vergangenheit, Gegenwart, Zukunft; Geburt, Leben, Tod. Er kann sie nicht als eigenständige Dimension im rechten Winkel zu den drei ihm bekannten begreifen.

Aber allmählich erreicht er durch seine innere Entwicklung

die gegenwärtige vierte Ebene der Existenz und kann die vierte Dimension der Realität wahrnehmen. Das Vermögen des Unbewußten wächst entsprechend der vorausgehenden Entwicklung von Bewußtsein und Selbstbewußtsein. Durch Imagination und Träume betritt er das unbewußte Reich von vierdimensionaler Vergangenheit und Zukunft. Wir verlachten die alten Orakel ebenso, wie Roger Bacons im dreizehnten Jahrhundert verlacht wurde für seine Behauptung, es werde eines Tages fliegende Maschinen, Unterseeboote und astronomische Linsen von unvorstellbarer Kraft geben. Wir lachen noch heute über unsere Träume, wenn wir am Frühstückstisch sitzen. Und doch sind sie immer begleitet von einem himmlischen Wissen um ihre letztliche Realität. Dunne analysierte in seinem Werk »An Experiment With Time« viele seiner Träume aus einem langen Zeitraum und entdeckte, daß sie Bilder sowohl der Zukunft als auch der Vergangenheit waren. Rhine erhärtete an der Duke University mit vielen tausend Tests die Faktizität von Phänomenen wie Hellsichtigkeit, Telepathie und anderen übersinnlichen Kräften. Sie sind nicht durch Zeit und Raum beschränkt, durchdringen jegliches Hindernis und sind nicht einmal allzu selten.

Warum sollte es also nicht auch ein fünftes und sechstes Stadium der Existenz mit den entsprechenden Dimensionen geben?

Die Zeremonien der Navaho belegen die vier sukzessiven Stadien oder Welten, durch die wir bereits gestiegen sind, und postulieren zwei weitere. Buddhismus und Taoismus bestätigen dies, die moderne Psychologie und der Biologe Vicomte du Nouy ebenfalls. Und sogar einige Physiker behaupten, daß das Zusammentreffen zweier Elektronen ein sechsdimensionales Universum erfordert, damit diese ihre Potentiale voll ausschöpfen können.

Der Buddhismus postuliert diese weiteren Stadien evolutionärer Entwicklung und beschreibt dadurch gleichzeitig die psychologischen Attribute, die der Mensch aus jedem von ihnen übernehmen wird. Das Attribut des fünften Stadiums wird das Unbewußte sein. Mit ihm wird sich der Mensch an die gesamte Vergangenheit erinnern können. Er wird sich von der Zeit befreit haben. Im sechsten Stadium, der Ebene des Geistes, wird er Bewußtes und Unbewußtes einander angleichen. Damit ist er vollkommen und bereit, in das siebte und letzte Stadium einzugehen – die Rückkehr zur und Verschmelzung mit der ewigen Quelle, undifferenziert vom ganzen Kosmos. So wird der evolutionäre Lebensweg schließlich vollendet.

Das multidimensionale Universum kann also nur begriffen werden, indem sich die Sinneswahrnehmungen des Menschen durch innere Entwicklung allmählich genügend erweitern, um es zu erfassen.

Barnett zufolge ist »die zwangsläufige Sackgasse des Menschen, daß er selbst Teil der Welt ist, die er zu erforschen sucht; sein Körper und sein stolzer Geist sind Mosaiken aus denselben elementaren Partikeln, aus denen auch die dunklen, dahintreibenden Staubwolken des interstellaren Raums bestehen; in letzter Analyse ist er nicht mehr als eine flüchtige Struktur der uranfänglichen Raum-Zeit-Feldes.«

Die einzige Welt, die der Mensch kennt, ist jene, die seine Sinne für ihn kreieren. Aber durch welch einen engen Schlitz sieht er sie! Innerhalb des ganzen riesigen Spektrums lugt er nur durch die winzige Öffnung zwischen dem ultravioletten und dem infraroten Strahlenbereich, den wir das sichtbare Licht nennen. Jenseits davon erstrecken sich auf der einen Seite, beginnend mit einer Wellenlänge von 10^{-4} Zentimetern, die Infrarot-, Radar-, Fernseh- und Radiowellen mit Wellenlängen von 10^9 bis zu unbekannten Längen. Auf der anderen Seite, beginnend mit einer Wellenlänge von 10^{-5} Zentimetern, der Bereich der Röntgenstrahlen, Gammastrahlen und der kosmischen Strahlung mit Wellenlängen bis zu 10^{-14} Zentimetern und solchen von unbekannter Kürze. Welche Reiche majestätischer Farbenpracht und unbekannter Schwingung warten dort, jenseits dieser kleinen Öffnung zwischen dem ultravioletten und dem infraroten Strahlenbereich, noch darauf, entdeckt zu werden, wenn unsere Sinneswahrnehmung einmal ihre Dimension erweitert und sie dann erfassen kann?

Wie in den Zeremonien der Navaho und der Pueblo-Indianer haben wir auch hier eine weitere Darstellung des evolutionären Prozesses. Die zeremoniellen Farben sind sowohl chronologische als auch Richtungssymbole. Durch die sieben Grundfarben des kosmischen Spektrums tritt der Mensch zuletzt ein in das göttliche Sonnen-Weiß, das sich aus ihnen allen zusammensetzt.

Hier kommen wir also schließlich und endlich auch zu jener Zusammenfassung, die die Zeremonien der Navaho und der Pueblo-Indianer verbindet mit dem Buddhismus und Taoismus des Ostens und der Naturwissenschaft des Westens. Die physiologische und psychologische Evolution des Menschen, seine Wahrnehmung der Zeit als einer Dimension des Raums, seine Angleichung von Unbewußtem und Bewußtem und den endgültigen Einklang seiner eigenen Psyche mit der des Kosmos – dem letztendlichen Sinn des Lebens der ganzen Menschheit wie auch des Indiviuums.

Zu diesem ihnen gemeinsamen Ziel streben sie alle hin – Mythologie, Geologie, Psychologie, Astronomie, Atomphysik, Religion und Metaphysik. Nur aus ihren gemeinsamen Symbolen können wir ihren wahren Sinngehalt erschließen, wenngleich diese Symbole in unterschiedlichen Bereichen ihren Ausdruck finden.

Doch ist es dieser Sinngehalt, zu dem die auf so einzigartige Weise amerikanischen und dennoch so universell gültigen Zeremonien der Navaho und der Pueblo-Indianer so großartig beigetragen haben – im Idiom jener Berge und Flüsse, jener maskierten Götter unserer Kindheit, deren vertraute und geliebte Konturen unser Leben, unsere Gedanken und Hoffnungen prägten.

Der Todesengel

(aus: »The Woman at Otowi Crossing«)

Mit »The Woman at Otowi Crossing« nahm Waters 1956 seine größte schriftstellerische Aufgabe in Angriff: Er versuchte, die Themen und Gedanken, die in »The Colorado« und »Masked Gods« ausgereift waren, in einem Roman zu verarbeiten. Das Werk basiert auf der Biographie von Edith Warner, die unweit von Los Alamos eine Teestube führte. Im Buch heißt die Hauptfigur jedoch Helen Chalmers und ist eine Frau, die einerseits mit der Umwelt, die sie sich ausgesucht hat, und dem in der Nähe befindlichen indianischen Pueblo im Einklang lebt, andererseits aber auch mit den ersten in der Gegend arbeitenden Atomphysikern gut befreundet ist. In der Tat fungiert sie als eine Art Bindeglied zwischen diesen beiden sehr unterschiedlichen Welten und Wertesystemen. Denn Helen Chalmers versteht sowohl das passive, intuitive, fügsame Wesen der Indianer als auch die machtorientierte, aggressive, rationale Welt der Weißen, der sie selbst entstammt.

Zu Beginn des Romans führen verschiedene negative Umstände bei Helen – »Furcht, Sorge, Schuld, Scham, finanzielles Scheitern«[1] und die Entdeckung, daß sie Krebs hat – zu einer Art »psychischen Implosion«, vergleichbar dem mystischen Augenblick bei der Erleuchtung. Einer ihrer Physikerfreunde beschreibt dies später so: Als habe sich »... ihr innerstes Selbst, ... aufgelöst und sei, aus der alten atomaren Struktur in neue Elemente transformiert, langsam in eine andere spirituelle Entität und zu neuer, höherer Einsicht aufgestiegen«.[2] Im Sterben lernt Helen zu leben. Ihre Wahrnehmung steigert sich, sie wird aufnahmefähiger und sensibler. Sie ist keine große Mystikerin, sondern einfach »eine Wissende«, ein Mensch mit Einsicht in die Einheit und Harmonie allen Lebens. In den Worten früherer Werke Waters' ausgedrückt, könnte man sagen, Helen ist in ihrem Vermögen, universale Beziehungen und Wechselwirkungen wahrzunehmen, »indianisiert« worden. In diesem Sinn ist die Grundaussage von »The Woman at Otowo Crossing« aus »Masked Gods« abgeleitet.

Da Helens übersinnliche Erfahrung bereits am Anfang des Buches stattfindet, ergeht sich der Großteil der Handlung in ihrem Alltagsleben in der Teestube, die sie mit ihrem alten indianischen Freund Facundo führt, und läuft ab vor dem Hintergrund des aufkommenden Atomzeitalters. Durch den Umstand, daß sie ihre Physikerfreunde versteht, legt Waters den Gedanken nahe, daß deren wissenschaftliches, theoretisches Denken sie im Endeffekt ebenfalls zu ähnlichen Zuständen erhöhter Selbstwahrnehmung führen kann.

Waters' Versuch, mystische Erleuchtung romanhaft darzustellen, ist von Erfolg gekrönt; ein Kritiker schrieb in diesem Zusammenhang von »einer Tour de force der Fusion«.[3] Waters kreiert eine »Anglo«-Frau, die wie bereits Maria in »People of the Valley« überzeugend demonstriert, daß eine Evolution des Bewußtseins durch die Synthese von Konflikten möglich ist.

»The Woman at Otowi Crossing« beginnt kurz vor Ausbruch des Zweiten Weltkriegs. Zwanzig Jahre zuvor war Helen Chalmers aus einer reichen, aber unglücklichen Ehe im Osten der USA ausgebrochen. Jetzt betreibt sie ihre unweit des indianischen Pueblos gelegene kleine Teestube mit Hilfe von Facundo, dem Kaziken des Pueblos, einem spirituellen Führer. Die Sicherheit einer Ehe mit ihrem Liebhaber Jack Turner hat sie ausgeschlagen, denn sie meint, sie sei dafür mittlerweile zu alt und zu eigen. Doch die Stillegung der Bahnlinie, ein bevorstehender Besuch ihrer Tochter Emily Chalmers, die sie verlassen hatte, und entstehende finanzielle Engpässe bereiten ihr zunehmend Probleme. Dann entdeckt sie einen Tumor in ihrer Brust. Ihre erste Reaktion ist totale Panik.

Den ganzen Tag und die ganze Nacht schloß sie sich im Haus ein und blieb der Welt fern. Bei Sonnenaufgang stand sie, noch immer betäubt vor Angst, auf, trank eine Tasse Tee und fuhr mit ihrem alten, zerbeulten Ford nach Espagnola. Dr. Arnolds Praxis war noch nicht offen. Sie ließ sich wie ein Klumpen Lehm vor der Tür zu Boden sinken.

Endlich kam er mit raschen Schritten auf sie zu, ein kleiner Mann mit Brille, einem flatternden dünnen, schwarzen Mantel und abgetragenen Stiefeln. »Nicht gut beieinander bei so einem Wetter, Miss Chalmers? Na, kommen Sie erst mal rein.«

Er schloß die Tür auf, öffnete das Fenster, drehte das Licht an. Sobald sie in der Praxis saß, wurde Helen ruhig und gefaßt. Ohne zu zögern, knöpfte sie ihre Bluse auf. »Da ist es, hier«, sagte sie und deutete auf ihre Brust. »Ich glaube, Sie sehen sich das besser einmal an.«

Dr. Arnold war etwas zu alt, und der Ort, in dem er praktizierte, zu klein, als daß er sich für mehr interessiert hätte als das, was man von ihm verlangte. Aber er versorgte seit Jahren zuverlässig Stichwunden bei Fiestas, half trotz der Drohungen und Klagen der indianischen Hebammen in den Dörfern der Gegend bei Geburten und kurierte alle gewöhnlichen Leiden, die den Kräutern einheimischer Heiler widerstanden. Außerdem war er ehrlich genug, seine Patienten in schwierigen Fällen zu Spezialisten in Santa Fé oder Albuquerque zu schicken. All diese so alltäglichen wie auch mutigen Verrichtungen des Doktors gingen Helen durch den Kopf, als der Arzt die Untersuchung begann.

»Gut. Jetzt beide Arme über den Kopf, damit wir sehen, ob in der linken Brust ein Knoten ist … und jetzt die Hände an die Hüften« … Er nahm ihre rechte Hand und legte seine linke in ihre Achselhöhle … Dann trat er hinter sie und legte seine Hände auf ihren Nacken, um die Lymphknoten in den Bereichen über den Schlüsselbeinen abzutasten. »Sind Ihnen von anderen Mitgliedern Ihrer Familie Brustkarzinome bekannt?«

Sie zuckte wortlos die Achseln, und er fuhr mit der Untersuchung fort. Schließlich richtete er sich auf und begann, sich die Brille zu putzen. »Ich glaube nicht, daß Sie sich irgendwelche Sorgen machen müssen, Miss Chalmers. Wirklich nicht. Ich habe schon einige Male erlebt, daß sich derartige Schwellungen nach kurzer Zeit wieder zurückbildeten. Auch diese wird in ein paar Tagen verschwunden sein.«

Helen zog ihre Bluse wieder an und fixierte ihn dabei die ganze Zeit mit fast entrüsteter Ungläubigkeit. Wie konnte sie ihm Glauben schenken gegen ihre intuitive innere Stimme, die ihr lautlos und mit unanfechtbarer Überzeugung ihr Schicksal vorhergesagt hatte?

Dr. Arnold kannte sie schon lange. »Sehen Sie, Miss Chalmers«, sagte er ruhig. »Sie haben sich wirklich große Sorgen gemacht. Das merkt man. Und Sie sind eine zu vernünftige Frau, als daß Sie wegen einer leichten Lymphdrüsenschwellung, die wahrscheinlich in ein paar Tagen wieder weggeht, gleich in Panik geraten würden. Wenn sie nicht abklingen sollte, suchen Sie einen Spezialisten auf.« Er kritzelte die Adresse eines Facharztes für Karzinome auf einen Zettel und drückte ihn ihr in die Hand. »Es könnte von einer kleinen gutartigen organischen

171

Funktionsstörung kommen, die überhaupt keine Bedeutung hat. Aber selbst wenn es bösartig sein sollte, brauchten Sie sich bei diesem frühen Stadium überhaupt keine Gedanken zu machen. Wirklich nicht!«

Schweigend legte sie einen Fünf-Dollar-Schein auf den Tisch und ging hinaus zu ihrem Wagen. Er sprang nicht an. Ohne Ärger oder Eile zu zeigen, ging sie zur Autowerkstatt, um eine neue Batterie zu besorgen und sie von einem mexikanischen Jungen einbauen zu lassen. Sie setzte sich inzwischen an den Randstein, holte Dr. Arnolds Zettel heraus und starrte lange darauf. Dann zerriß sie ihn. Als sie nach Hause zurückkam, war es fast Mittag.

Sie hatte ein seltsames Gefühl. Es war, als sei sie weit, weit fortgewesen und sehr lange weggeblieben. Und nun zurückgekommen, nur um zu sehen, daß der Kalender noch immer den gleichen Tag anzeigte und rein äußerlich alles so aussah wie zuvor. Das Haus … Die Wellen im Sand, den der Wind auf die längliche Sandbank zutrieb … Das rauhe Gackern der Elstern und der lautlose Flug eines Falken. Aber irgendwie schien sie von allem distanziert zu sein. Als sei sie so weit weggefahren und so lange aus ihrer Welt fortgeblieben, daß ihr deren Sinn verlorengegangen war.

Teilnahmslos ließ sie sich in einen Schaukelstuhl am Fenster sinken und blätterte durch einen Stapel Zeitungen, der sich anscheinend während ihrer langen Abwesenheit angesammelt hatte. Die Schlagzeilen verkündeten gellend in großen, schwarzen Lettern die neuesten Nachrichten vom Krieg. Blut und Gedärme und winselnder Stahl … Sie überflog die aus New York kommenden Modemagazine aus Hochglanzpapier. Ihre kultivierten, ultra-weltklugen Anzeigen flüsterten ihr verführerisch-gelangweilt Klischees und aphrodisische Zweideutigkeiten eines noch schlimmeren Todes-im-Leben zu, flüsterten von diamantenen und saphirnen Gehängen, dazu passenden Pelzen, Spitzennegligés und ausgefallenen Frisuren für den Nachmittagstee ... Sie saß da und schaukelte in ihrem Sessel, unfähig, dem steigenden Druck einer Welt, die außer sich geraten war und auf den Abgrund zutrieb, entfliehen zu können.

Aber ebensowenig konnte sie dem Druck ihrer eigenen, unmittelbaren Sorgen entfliehen und den noch zahlreicheren Ängsten, die dahinter standen: Schuld wegen der Chalmers, die sie verlassen hatte, der Verrat ihrer Liebe zu Turner, Sorgen über alte Freunde, die sie bis jetzt ignoriert und vergessen hatte, und die geheimen Schwächen einer Jugend und Kindheit, die sie so lange unterdrückt hatte. Alles, was sie getan und gesagt oder zu sagen und zu tun unterlassen hatte, ihr ganzes Leben drückte sie mit einer geradezu übermenschlichen Überzeugung totaler Nutzlosigkeit nieder.

Das war, jetzt wußte sie es, die Bedeutung dieser Schwellung über ihrer Brust. Was machte es aus, ob es eine bösartige Geschwulst war oder nur eine geschwollene Drüse? Es hatte ihr Leben in die richtige Perspektive gerückt. Den Tod fürchtete sie nicht. Es war dieses Gefühl der Nichtigkeit, dieses Gefühl, nie richtig gelebt zu haben. Diese Verschwendung von Zeit und Leben, diese erschreckende Sinnlosigkeit. Das war es, was sie erdrückte. Ihre Brüste schmerzten davon, ihr Rücken und ihre Rippen taten weh. Sie meinte, ersticken zu müssen.

Dann, plötzlich, geschah es.

Eine kataklysmische Explosion, die die Schale der Welt um sie herum in Stücke zerbrach und mit ihrem leuchtenden Blitz die innere Realität dieser Welt offenbarte. In seiner blendenden Helle lösten sich alle sterblichen Erscheinungen auf in ewige Bedeutungen, große schimmernde Wellen reinen Gefühls, das keinen anderen Ausdruck hatte als diesen, und die Bedeutungen waren so eng ineinander verschlungen und harmonierten so gut miteinander, daß sie eine einzige, unteilbare Einheit bildeten. Eine Individualität für sich, die sie, das gesamte Universum und alle Zeit und allen Raum umfaßte in einem unsterblichen Sein, das nie einen Anfang gehabt hatte und nie ein Ende haben würde.

Sie nahm es im ersten Augenblick gleichzeitig als etwas Schreckliches und Ekstatisches wahr, denn es kam ihr vor, als habe sie es schon immer gekannt und begreife es doch zum erstenmal. Wie ein winziges irdisches Stäubchen, das im ruhigen Zentrum einer tatsächlichen Explosion unbewegt blieb, saß sie noch lange einfach nur da, nachdem der blendende Glanz in Farbspektren zerfallen war, Farbspektren von solcher Unermeßlichkeit und Subtilität, daß sie sich jeglicher Definition entzogen, um dann langsam zu verblassen und sich aufzulösen. In ihrem Inneren fühlte sie jetzt ein seltsames Verschmelzen von Körper, Geist und Seele zu einer neuen integrierten Entität, die von den groben Elementen ihrer Herkunft losgelöst schien. Langsam kam sie genügend zu sich, um zu erkennen, daß all dies sich in ihrem Inneren abgespielt hatte.

War sie gestorben? Hatte sie einen epileptischen Anfall gehabt? Oder einen Schlaganfall? Vorsichtig bewegte sie eine Hand, einen Fuß. Die Sinneswahrnehmungen strömten in ihren Körper zurück wie in ein Vakuum. Der Schlag einer Uhr hämmerte so laut an ihr Ohr, daß sie meinte, taub zu werden. Sie lief in die Küche und hielt die Uhr an. Auf dem Herd stand eine Pfanne mit kalten Tortillas; ohne nachzudenken, brach sie ein Stück ab. Der Geschmack rief ihr das Aussehen, die Beschaffenheit und den Wachstumszyklus des Maises ins Bewußtsein. Und nicht anders war es mit allem, das sie sah oder berührte: es setzte eine endlos verzweigte Kette von Assoziationen in Gang.

Verwirrt ging sie nach draußen. Die intensive Glut des Sonnenuntergangs machte sie benommen. Sie legte sich mit dem Gesicht nach unten auf die kleine Klippe oberhalb des Flusses, meinte aber sogleich zu spüren, wie sie mit der Erde verschmolz. Wie ein Stück zerfallender Granit, dessen Körner und Partikel voneinander getrennt waren, dennoch aber eine eigenartige Einheit bildeten, sank sie durch den porösen, nassen Sand in den Fluß. Jetzt wußte sie, was ein Wassertropfen fühlte, wenn er mit einem seltsamen gedämpften Schlag auf einen Stein traf und wie ein Gummiball wieder zurückfederte. Wie es über ihr Blasen gab; das vergnügliche Hin und Her an der Wasseroberfläche; hochgeschleudert zu werden und in einer Wolke zu schweben! Es schien nichts zu geben, was sie nicht wußte und fühlte – den langsamen Puls eines Steins, das Lied des Flusses, die Weisheit der Berge. Zum erstenmal schaute sie die ganze Struktur des Universums und wußte, daß alles darin, bis hin zum Grashalm, bedeutsam und von Leben erfüllt war.

Es war zuviel für sie. Sie ging ins Haus zurück und legte sich auf die Couch, ohne sich auszuziehen. Aber sie konnte nicht schlafen vor Freude. Sie schien in ihr aufzusteigen und sich in ihrem Kopf in einen Springbrunnen zu verwandeln, der jede Ritze und jede Falte ihres sterblichen Körpers überflutete. All ihre Befürchtungen, Sorgen und Ängste waren verschwunden. Sie fühlte sich von der Vergangenheit befreit: nicht nur von ihrem eigenen, erinnerten Leben, sondern losgelöst von dem Muster ständig wiederholter menschlicher Leidenschaften, das lange vor ihr begonnen und schließlich ihr eigenes fehlerhaftes Selbst hervorgebracht hatte. Es war, als sei sie soeben wiedergeboren worden – mit all der Frische, Reinheit und Unschuld eines Wesens, das zum erstenmal auf die Welt kam. Aber einer Welt, die so anders war, so wunderbar und erschreckend, aber auch so freudeerregend und überwältigend – sie konnte es kaum begreifen. Einer Welt, die ein vollständiger, abgerundeter Augenblick war, in dem sie nie sterben würde. Es genügte ihr, im Zentrum dieser Welt zu liegen und zu beobachten, wie sie sich um sie drehte.

Sie lag noch immer da, als am nächsten Morgen der alte Facundo kam und seinen Kiesel an die Fensterscheibe warf. Helen war zu sehr in Anspruch genommen, um ihn zu bemerken. Eine Weile später kam er wieder; jetzt sah sie ihn mit ernstem Blick und sichtlicher Betroffenheit auf dem wettergegerbten Gesicht draußen vor dem Fenster stehen. Sie schaute auf, und etwas ging zwischen ihnen hin und her. Als wäre alles, was sie erfahren hatte, aufgenommen, verstanden und von den Pupillen seiner dunklen Augen reflektiert worden. Facundo wußte es. Er wußte Bescheid!

»Sonne gut. Dunkel nicht gut!«

Helen gehorchte ihm, ging hinaus und setzte sich auf den Boden. Er brachte ihr eine Tasse Tee. Es war zuviel Zucker darin, aber sie fühlte, wie der Tee sie stärkte.

»*Vegetáble* weg. Beeren kommen jetzt. Bald sammeln wir Tannenzapfen zum Feuermachen, ja?« Der alte Indianer ließ sie allein und machte sich daran, den Garten zu rechen.

Das Gefühl seiner Anwesenheit, seines absoluten Gewahrseins des Augenblicks und all der Dinge, die jeden einzelnen Augenblick ausmachten, brachte sie zurück in die vertraute Welt. Sie spürte die Wärme der Sonne, roch den Duft der Kiefernnadeln, hörte den Wind in den Cottonwood-Bäumen. Facundo hatte recht. Es würde eine Rekordernte an Wacholderbeeren geben; die Kernbeißer kamen schon. Ein Reiherpaar stand bewegungslos in der seichten Lagune an der Biegung des Flusses, spiegelte sich im Wasser … Ein riesiges Muster, das sich unbegrenzt ausbreitete.

Sie war noch immer nicht ganz sie selbst und fragte sich wieder und wieder, was sich mit ihr ereignet hatte. Es war etwas

Fremdes, Unbeschreibliches und doch Bekanntes; Facundo jedoch schien es ohne ein Wort zu verstehen.

[Mehr als zwei Jahre später, nachdem sie die geheimen Forschungen in Los Alamos begonnen haben, schlägt die Regierung vor, das dort beschäftigte Personal in Helens Teestube essen zu lassen, falls diese sich einverstanden erklärt, keine anderen Kunden zu bedienen und keine Fragen zu stellen. Ihre Krankheit schwächt sie zwar zusehends, doch sie ist finanziell gut genug abgesichert, um ihre Teestube für eine Woche schließen und in den Bergen campen zu können. Nach ihrer Rückkehr macht sie sofort wieder auf.]

Am frühen Morgen des Tages, an dem sie nach Hause zurückkamen, nahm Helen Turner auf ihren Spaziergang mit. Am Eingang zu einem engen, nur nach einer Seite offenen Cañyon stießen sie auf einen Haufen morscher Baumstämme, auf denen kleine wilde Pilze wucherten. Mit einem leisen Aufschrei des Entzückens kniete sie davor nieder.

»Rühr sie nicht an«, warnte Turner. »Es könnten giftige Pilze sein und keine eßbaren.«

»Da gibt es doch gar keinen Unterschied! Das ist nur Aberglaube, daß die einen eßbar sind und die anderen nicht, und daß eßbare Pilze giftig werden, wenn eine Giftschlange auf sie atmet. Man kann sie fast alle essen – Schafchampignons, Wiesenchampignons, alle möglichen.« Helen pflückte einen und hielt ihn hoch. »Aber wenn du einen siehst, der am oberen Teil des Stengels eine Manschette hat – ungefähr hier – und am Ende des Stengels einen Beutel, dann paß auf! Das ist ein ›Todesengel‹ – *Amanita Virosa* –, der giftigste Pilz, den es gibt. Aber so schön! Hochgewachsen und imposant, und seidenweiß wie die Unschuld selbst.«

177

»*Amanita Virosa*«, murmelte Turner. »Zur Hölle mit all dem Pilzzeug! Für mich ist das alles nur fauliges, überflüssiges Gewächs! Parasiten, die auf anderen Pflanzen und auf toter Materie wachsen, auf Dung! Das ist abnorm! Ich kriege Gänsehaut davon!«

Sein starker Ekel erstaunte Helen. Plötzlich bemerkte sie, daß er, ebenso wie ganze Völker überall auf der Welt, mykophob war – ein Mensch, der sich vor Pilzen instinktiv fürchtete. Sie hingegen hatte Pilze immer gemocht und kannte sie auch, ebenso wie die Indianer. Sie mußten wirklich etwas Seltsames an sich haben, daß sie sogar Völker voneinander trennen konnten. Viele ihrer rationalen »Anglo«-Nachbarn haften Pilze geradezu. Aber irgend etwas an ihrem nackten, bleichen, seltsamen Aussehen, ihrem erdigen Geruch und dem moderigen, verkohlten Geschmack brachte die Mexikaner und Indianer dazu, ihnen mysteriöse Eigenschaften zuzuschreiben, wie es lange vor ihnen auch schon die Azteken und die Maya getan hatten. »Sie haben Kraft«, hatte Facundo einmal zu ihr gesagt, doch weiter wollte er sich dazu nicht äußern.

Was immer ihre seltsamen Eigenschaften auch sein mochten, dachte Helen, als sie schweigend weiterging, ihre Form wurde überall von großen, felsigen Spitzkuppen und Mesas imitiert. Weiche Sandsteinstengel, die unter ihren harten Basaltkappen aus weichen Mesa-Oberflächen herauserodiert waren, standen frei am Horizont wie riesige versteinerte Pilze – ein ursprüngliches Bild dieses seltsamen, uralten Amerika.

Kurz vor dem oberen Ende des Cañyons, wo die Wände immer näher zusammenrückten, hielt Helen plötzlich inne. Vor ihr im Gras stand ein weiter Kreis aus Pilzen. Er hatte vor vielen Jahren zu wachsen begonnen, hatte sich Jahr um Jahr ausgebreitet und umfaßte nun die ganze Breite des kleinen Tals.

»Ein Feenring! Jack, schau doch! Hast du jemals so einen großen gesehen?«

Aufs höchste entzückt hüpfte Helen in den magischen Kreis hinein und sprang voller Freude über die Wiese, doch plötzlich blieb sie vor Staunen und Abscheu wie angewurzelt stehen. Auf der anderen Seite des Rings stand der größte Pilz, den sie je gesehen hatte. Er war fast zwei Fuß hoch, und sein Schirm maß mehr als einen Fuß im Durchmesser. Die rauhe Haut war zu einem fauligen, mit braunen Flecken durchsetzten Gelb verfärbt; von der Unterseite des Schirms hingen verdorrte Lamellen herab. Überdimensional groß, bejahrt und abstoßend stand das Monstrum da; es vermittelte Helen ein Gefühl solch überwältigender Bösartigkeit, daß sie es wie hypnotisiert anstarrte.

Turner ließ hinter ihr ein angeekeltes Prusten vernehmen. Er rannte an ihr vorbei auf den Riesenpilz zu. Sie sah, wie er den Rand der Lichtung erreichte, sich dann auf dem linken Bein umdrehte – sein ganzes Gewicht und all sein Schwung vom Laufen lagen in dieser Bewegung – sie sah ihn mit dem rechten Stiefel ausholen und in einem Bogen nach vorne schwingen … und verharren, wie fixiert in einer Zeit, deren Bewegung plötzlich aufgehört hatte.

»Nicht, Jack! O nein!« brüllte sie, verzweifelt die Hände an die Brust pressend.

In diesem Augenblick passierte es. Wie bei einer Zeitlupenaufnahme, bei der jedes kleinste Bewegungsdetail sichtbar wird, und begleitet von einer unnatürlichen Stille, sah sie, wie der riesige, häßliche Schirm des Pilzes nach oben stieg. Dabei zerfiel er langsam in Bruchstücke, die allmählich auseinanderdrifteten; die zerfetzten, zerknitterten Lamellen öffneten sich wie die Kiemen eines Fisches, die einzelnen Stücke drehten sich um sich selbst, als würden sie in einer Brühe kochen, und verfärbten sich

179

dabei zu einem chlorigen Gelbgrün mit braunen und rosafarbenen Tupfern. Weiter und weiter stieg er himmelwärts, über die Wände des Cañyons hinaus, und seine amorphen Teile formten eine riesige Masse aus porösem Grau. Auch der Stengel schien jetzt nach oben zu schweben, als wolle er sich wieder mit dem Schirm vereinen; doch dann fiel er zerschlissen und in Stücke gerissen langsam wieder zur Erde zurück.

Seltsamerweise registrierte Helens Sinnenbewußtsein erst jetzt, daß es Turners Tritt war, der den Pilz zerstört hatte. Sie spürte das dumpfe Auftreffen der Stiefelspitze mehr als sie es hörte; dann der matschige Laut beim Zerreißen des altersschwachen verdorrten Gewebes; das scharfe, saugende Geräusch, als der Schirm vom Stengel gerissen wurde. Der plötzliche Tumult kam, noch immer in Zeitlupe, in einer vibrierenden Welle durch die Erde auf sie zu, schoß ihre Beine hinauf und schlug heftig von hinten auf ihre Knie ein.

Als sie sich aufrichtete, stieg der karzinogene graue Schirm noch immer nach oben, wuchs wie eine pilzförmige Wolke in den Himmel hinein. Während Helen ihn beobachtete, wirbelte ein aufwärts gerichteter Luftstrom ihn etwas auseinander.

Nun schrie sie wieder. Entsetzt kauerte sie sich hin, bedeckte vergeblich mit beiden Armen den Kopf, um dem Regen der heimtückischen Pilzsporen zu entgehen. Millionen, Milliarden von Sporen, unsichtbar klein wie Bakterien, gingen um sie herum nieder. Sie färbten die Grashalme weiß, ließen die Kiefernnadeln schrumpfen, vergifteten den klaren Bach, sanken in die Erde. Doch es war noch nicht das Ende der Zerstörung und des Todes, den sie verbreiteten. Denn der bösartige Sporenschauer war auch ein Regen giftigen Spermas, das in lebende Keimzellen eindrang und deren inhärente natürliche Lebensformen verunstaltete und pervertierte. Es gab kein Entkommen, weder jetzt noch in der Zukunft – außer durch das Wunder einer Berührung.

Sie spürte es ganz plötzlich. Es war Turner, der ihr auf die Füße half.

»Helen! Um Gottes Willen! Was ist denn passiert?«

Es war vorüber. Die Wiese, die Kiefern im Hintergrund, die Wände des Cañyons und der wolkenlos blaue Himmel darüber, sie sah alles wieder richtig und klar. Alle Bewegungen liefen wieder zeitlich normal ab. Das Zwitschern eines Vogels unterbrach die unnatürliche Stille.

Helen schauderte und wischte sich den Schweiß vom Gesicht. »Ich – ich weiß nicht, was genau passiert ist. Es war wie ein böser Traum, ein Alptraum, der mich für einige Sekunden überkam. Das war alles. Jetzt ist es vorbei.«

»Und es ist bestimmt wieder alles in Ordnung?«

»Ja, wirklich, Jack. Aber laß mich für eine halbe Stunde allein. Schwimm ein bißchen im Bach oder so. Ich möchte mich ein wenig hinlegen und entspannen.«

Er blickte sie mit einem besorgten Stirnrunzeln an. »Ich will ja nicht neugierig sein, Helen. Aber ich möchte mir deinetwegen auch keine Sorgen machen.«

»Das ist auch gar nicht nötig!« erwiderte sie so heiter sie konnte und lächelte. »Mit mir ist alles in Ordnung, wirklich!«

Als sie ausgestreckt in der Sonne lag und ihre strahlende Wärme und ihr Leben spürte, wiederholte sie stumm immer wieder, daß alles in Ordnung war – mit ihr, mit den Pilzen, mit der ganzen Welt.

Aber dennoch beendete diese Vision oder Phantasie Helens lange Periode innerer Ruhe. Wenn so etwas in ihrem Innern geschehen war, sagte sie zu ihren wenigen Freunden, dann mußte es irgendwann, auf irgendeine Weise, auch in der Welt draußen geschehen.

[Helens Tochter Emily hat beschlossen, in New Mexico zu bleiben und ihre Doktorarbeit in Anthropologie dort zu beenden.]

Emily hatte den ersten Entwurf ihrer Dissertation beendet, aber vor der Abgabe bat sie ihre Mutter, ihn sorgfältig durchzulesen und zu allen Punkten detaillierte Anmerkungen zu machen, die mit Dingen, welche Helen von Facundo gelernt hatte, geklärt und ausgebaut werden konnten. »Das ist sehr, sehr wichtig«, insistierte sie. »Ich möchte nämlich, daß meine *Untersuchung* als Originalquelle zu diesem Thema veröffentlicht wird!«

Helen willigte ohne Widerrede ein und quälte sich endlose Nächte lang durch das umfangreiche Manuskript. Das Ergebnis war katastrophal. Früh an einem Sonntag morgen kam Emily, um mit ihrer Mutter über die Anmerkungen zu sprechen, die Helen angebracht hatte. Ihr Gesicht war steif und bleich.

Die Prämisse von Emilys umfangreichem Werk war sehr einfach. Die Ursprungslegende der Azteken besagte, sie seien aus sieben Schoßhöhlen aus dem Norden gekommen, doch niemand konnte durch historische Fakten erhärten, daß sie ursprünglich aus New Mexico gekommen und nach Süden gewandert waren. Eben dies aber versuchte Emily anhand von Parallelen zwischen alten aztekischen und bestehenden Pueblo-Ritualen zu beweisen.

Helen wies diese Prämisse zurück mit der Begründung, Emily habe die wahre Bedeutung der Pueblo-Zeremonien mißverstanden. Sie behauptete, die sieben Schoßhöhlen seien keine geographischen Orte und die Wanderung sei nicht wirklich über eine Route von einigen hundert Meilen erfolgt. Es handle sich hierbei vielmehr um einen tiefgründigen Mythos oder eine Parabel, die auf rituelle Weise die evolutionäre Reise der gesamten Menschheit darstelle, und diese Reise habe in einer Art »Ur-

182

heimat« tief in den Schoßhöhlen unseres Unbewußten ihren Ausgang genommen.

»Weißt du, Liebes, ich habe in meinen Anmerkungen zu erklären versucht …«

Emily explodierte wie ein Silvesterböller. »Das sind doch alles nur verschwommene Verallgemeinerungen! Kapierst du denn nicht, daß es mir um wissenschaftliche Bestimmungen geht? Du willst doch nur mich und meine ganze Arbeit schlechtmachen, aber das lasse ich nicht zu!« Sie griff nach Helens Anmerkungen und ihrem Manuskript und rannte zornig hinaus.

Emily erklärte ihre Reaktion einige Jahre später in einem Brief an einen Verleger, der sie gebeten hatte, eine Biographie ihrer Mutter zu schreiben:

»Leider kann ich Ihrer freundlichen Bitte, eine Biographie meiner Mutter zur Veröffentlichung vorzubereiten, nicht nachkommen. Wie Sie wissen, habe ich sie selbst erst einige Jahre vor ihrem Tod kennengelernt. Aus diesem Grunde würde das, was ich an Material anbieten könnte, Mr. Turners Buch ›Intime Einsichten in Helen Chalmers‹, für das ich die notwendigen Fakten zum familiären Hintergrund meiner Mutter bereits beisteuerte, nichts Wesentliches hinzufügen.

Sicher werden Sie meine Weigerung, zu dem kontroversen, um die ›Frau von Otowi Crossing‹ entstandenen Mythos beizutragen, verstehen. Die Tatsache, daß sie gesehen wurde, wie sie bei Mitternacht in ihrem Haus ein indianisches Ritual zelebrierte, kann ich nicht kommentieren. Allerdings halte ich es für meine Pflicht, zu den Symbolen indianischer Pueblos Stellung zu nehmen, mit denen sie viele ihrer Überzeugungen zum Ausdruck brachte.

Meine Mutter hat nie eine höhere Bildung genossen – dies war einer der Gründe, weshalb meine Großeltern väterlicherseits sich gegen eine Ehe meines Vaters mit ihr aussprachen. Sie war nicht sehr belesen und gehörte keiner Kirche an. Ihre engsten Freunde waren die Indianer des benachbarten Pueblos – insbesondere Facundo, der Kazike oder ›Medizinmann‹, der als Gärtner und Spüler für sie arbeitete. Aufgrund ihrer ständigen jahrelangen Verbindung mit den Indianern glaubten viele, sie denke selbst wie eine Indianerin. Mit Sicherheit war ihr ein Großteil der Mythologie, der in den Kivas verwendeten Symbole und der Rituale dieser Menschen gut bekannt. Insofern ist es ganz natürlich, daß sie diese zur Darstellung ihrer eigenen, ziemlich abstrakten Vorstellungen benutzte. Sie nahmen für sie die Stelle der religiösen Dogmen orthodoxer Glaubenssysteme ein; sie ersetzten ihr die intellektuellen Dissertationen unserer mehr akademischen Denkmodelle; und sie eliminierten ihr Bedürfnis nach wortreichen Erklärungen.

In meiner *Untersuchung* habe ich auf die Hilfe, die ich von ihr erhielt, ausdrücklich hingewiesen. Ich möchte diese Hilfe auch durchaus nicht bagatellisieren. Doch als Anthropologin und Ethnologin muß ich mit aller Klarheit feststellen, daß ich von dem Material, das sie mir anbot, nur übernahm, was ich durch sachliche Recherche erhärten konnte und was meine Prämisse stützte.

Wissenschaftler, die wie ich zum Nutzen der Nachwelt mit Material aus der Vergangenheit arbeiten, haben sich notwendigerweise sehr einzuschränken. Wir müssen uns auf beobachtbare Fakten konzentrieren und dürfen uns nicht von imaginären Dingen und Vermutungen beirren lassen. Es ist eine Sache, einen prähistorischen Mythos als wertvolle anthropologische Quelle für die Sozialstruktur eines primitiven Volkes zu betrachten. Etwas ganz anderes ist es, denselben Mythos zu einer esoterischen Erfahrung zu deklarieren, die den Menschen aller Rassen und Zeiten gemeinsam sei und einen Strukturplan unseres heutigen Lebens darstelle. Nein. Ich halte es für nahezu absurd zu glauben, daß wir heute nach den Grundsätzen eines fast primitiven Stammes leben könnten.

Die Meinungsverschiedenheiten zwischen meiner Mutter und mir wurden durch ihren Tod nicht aus der Welt geschafft. Manchmal überfällt mich allerdings ein ungutes Gefühl bei dem Gedanken, daß sie, die vom Mythos als einer lebendigen Erfahrung so sehr überzeugt war, heute selbst zu einem lebenden Mythos geworden ist.«

Das mitternächtliche indianische Ritual, auf das in dem Brief angespielt wurde, hatte Helen in ihrem Tagebuch als einen Ausdruck ihres Wohlwollens gegenüber Tranquilino beschrieben.

Der hochgewachsene junge Indianer war mit einem verstümmelten Arm und entstelltem Gesicht vom Krieg heimgekommen und konnte sein früheres Leben nicht mehr fortführen. Tranquilino lebte ganz allein in einer erbärmlichen Adobe-Hütte unten am Fluß. Er weigerte sich nicht nur, das ihm zugewiesene Land zu bestellen, sondern rebellierte auch gegen seinen Anteil an den gemeinschaftlichen Arbeiten und ignorierte seine zeremoniellen Pflichten. Den ganzen Tag über trank er nur Fuselwhiskey oder billigen Wein. Dann torkelte er betrunken die Straße hinunter und ließ seine Verbitterung an allem aus, was ihm in die Quere kam, schlug auf Hunde oder ein streunendes Pferd ein oder warf mit Steinen nach Kindern. Einmal verlor er in seinem Haß völlig die Beherrschung: Er sah eine Gruppe junger Mädchen, die sich an einem Bewässerungskanal vergnügten, und verkroch sich hinter einem Busch. Dann stürzte er plötzlich schreiend und fluchend aus seinem Versteck hervor und hielt ihnen seinen Penis entgegen. Die Mädchen flohen entsetzt.

»Dieser Junge ist nicht gut«, sagte einer seiner Onkel ernst. »Vielleicht ist es besser, er stirbt, als daß er uns alle beschämt.«

Dieses schockierende Urteil erweckte Helens Mitleid. Tranquilino war so ein netter kleiner Junge gewesen, schüchtern und sensibel und mit großen, braunen Augen. Eines jener Kinder, die es überall auf der Welt gibt – die in Blumen, Kieselsteinen oder aufragenden Felsklippen Gesichter sehen. Oft hatte er ihr einen Stein mitgebracht, den er auf der Straße aufgeklaubt hatte. »Mein Freund«, sagte er dann. »Ich kann hören, wie er mich ruft.«

Und eines Tages war er, noch immer jung und stolz und unschuldig, zum erstenmal nach Albuquerque hinuntergefahren. Die Regierung hatte ihm die Haare kurz geschoren, ihn in eine Armeeuniform gesteckt und in ein fremdes Land jenseits des großen Wassers geschickt. Dort mußte er viele Meilen marschieren, mit ein paar Kameraden ein Loch in die Erde graben und leben wie eine Gopherschildkröte. Weshalb? Er wußte es nicht. Und eines Morgens in aller Frühe passierte es dann. Eine blendende Explosion, die alles erschütterte. Er wurde über und über mit Blut und Gedärmen vollgespritzt, Erde prasselte auf ihn nieder. Der salzige Geschmack seines eigenen Blutes, dann Dunkelheit. Und all das ohne jeden Grund.

Bald darauf war er wieder zu Hause. Seine eigenen Leute mieden ihn. Junge Mexikaner verprügelten ihn. Die Anglos steckten ihn ins Gefängnis, wenn er sich in der Stadt sehen ließ. All das noch immer ohne jeden Grund. Und deshalb nährte der Junge mit dem verstümmelten Arm, der außerdem schwerhörig geworden war und leicht hinkte, seinen Haß auf alles und jeden.

Eines Samstag morgens begegnete ihm Helen auf der Straße zum Pueblo. Er hatte bereits getrunken, sein schmuddliges Hemd war mit Erbrochenem besudelt. Während sie auf ihn zuging, verzog sich sein Gesicht zu einer zornigen Grimasse. Seine rechte Hand bewegte sich langsam auf den aufgeknöpften Hosenschlitz zu.

»Hör auf, Tranquilino!« herrschte Helen ihn an und schritt

entschlossen auf ihn zu. »Was willst du hier vor mir der Sonne zeigen? Ist es deine Männlichkeit, die du im Krieg zurückgelassen hast? Was ist das für ein Krieger, der sich so sehr seiner Wunden schämt, daß er dieses Ding herzeigen muß, damit die Kinder ihm glauben, daß er ein Mann ist! Ai!«

Er schaute entsetzt, machte sich aber unbarmherzig weiter an seiner Hose zu schaffen. »Stell diese Flasche weg! Das ist jetzt deine ganze Männlichkeit. Stell sie weg!«

Tranquilino ließ die halbleere Flasche fallen. Sein Gesicht war noch immer eine haßerfüllte starre Maske, aber er blickte etwas zur Seite und wandte Helen sein gesundes Ohr zu.

»Deine Kleidung ist schmutzig, Tranquilino. Dein Atem riecht wie der eines Koyoten. Die Blumen, die Felsen und die Berge, alle deine alten Freunde verbergen das Gesicht vor dir. Sie sehen ihren Freund nicht. Und du siehst sie nicht. Tranquilino ist noch immer nicht von der Straße des Krieges zurückgekommen. Höre deshalb auf jemanden, der die Macht hat, ihn zurückzuholen. Höre zu, sage ich!«

Er rollte wild die Augen in den geröteten Höhlen, aber ansonsten bewegte er sich nicht.

»Geh zum Fluß. Wasche dich, deine Kleider, deine Haare. Wasch auch den Whiskey aus deinem Bauch. Dann komm zu mir, bevor die Sonne sich in ihren Haus-Berg zurückzieht. Es ist die Macht in mir, die dir das sagt. Und jetzt geh!«

Sie klatschte dreimal schnell und leise in die Hände. Dann ein viertes Mal laut, durchdringend. Mit einem leisen Aufschrei lief Tranquilino in seinen schlampigen Stiefeln davon.

Gegen Sonnenuntergang kam er zu ihr, bleich und kraftlos, Haare und Kleidung waren noch feucht. Sie hatte den Tisch mit ihrem besten Silber und Porzellan gedeckt. Ein Rechaud mit spanischem Reis und Hühnchen stand darauf, eine Kasserolle mit in braunem Zucker gebackenen Bohnen, Brot, Sauce und

Butter und ein kleiner süßer Pudding. Tranquilino aß wie ein Hund, der am Verhungern war; sie konnte es nicht aushalten, ihm zuzusehen. Als er fertig war, blickte er verschämt und furchtsam auf.

»Gut!« sagte sie scharf, holte die alte Gebetsschüssel, die sie oben in den Felsen gefunden hatte, und stellte sie vor ihn hin. »Du weißt, wie es geht? Sie ist von den Alten. Sie hat Macht. Facundo hat sie nie berührt. Keine Hand hat sie je berührt außer meiner. Nimm sie jetzt in deine Hände.«

Tranquilino stand mit zitternden Fingern da. Helen schüttete aus einem Papiersack etwas Maismehl in die Schüssel. »Siehst du? Meine Finger haben es nicht berührt. Es wurde mit den richtigen Liedern und Gebeten gemahlen.«

Die Sonne ging unter. In ihrem letzten Leuchten sah Helen eine winzige Schweißperle auf seiner Stirn.

»Geh jetzt. Du wirst schlafen, aber nichts träumen. Ich werde Medizin für dich machen. Wenn der Mond hochsteht, wirst du aufwachen, wie ich es sage«, erklärte sie ihm. »Du wirst zu den Felsen hinaufklettern, wo die Alten wohnten. Dort wirst du am Morgen mit diesem Gebetsmahl unseren Vater, die Sonne, begrüßen. Du wirst ihm davon opfern, und auch allen Himmelsrichtungen, den Vögeln in der Luft, den Fischen im Wasser und allen Kindern der Erde. Du wirst dein Herz leeren wie diese Schüssel. Und dann wirst du wissen, daß sie dich gehört haben, weil deine Gedanken gut sind. Sie werden wissen, daß ihr alter Freund Tranquilino wieder zu ihnen zurückgekehrt ist. Das sage ich! Und nun geh!«

Kurz vor Mitternacht wachte sie steif vor Entsetzen auf. Ihr war, als würde ein unendlich großes dräuendes schwarzes Meer des Bösen auf sie zuwogen, gegen das Haus donnern. Als sie sich zitternd im Bett aufsetzte, meinte sie, mit Augen, die nicht die ihren waren, auf dem Kamm der Woge eine Gestalt zu sehen.

188

Sie duckte sich wie zum Sprung bereit nieder, in der Hand eine Tonschüssel als Waffe. Es war Tranquilino, und sein Blick aus blitzenden Augen war voller Wut auf sie gerichtet.

Mit all ihrer Willenskraft kämpfte Helen gegen ihn an. Aber noch immer trug die schwarze Woge ihn auf sie zu. Sie war jetzt hellwach und äußerst ruhig. Dies war nicht der richtige Weg, erkannte sie plötzlich. Sie versuchte, ihm ihren Willen aufzuzwingen, anstatt ihm auf seine ihm gemäße Weise zu helfen.

Helen sprang aus dem Bett, zündete die Lampe an und zeichnete mit Maismehl rasch die vier Himmelsrichtungen auf den Boden. An jeder Ecke formte sie einen kleinen heiligen Berg und steckte eine Gebetsfeder aus Adlerdaunen hinein, die Facundo ihr gegeben hatte. Durch die Mitte des Bildes streute sie, wieder mit Maismehl, eine Lebenslinie von Osten nach Westen, entsprechend dem Weg, den die Sonne beschrieb. Darauf setzte sie sich schweigend und mit gesenktem Blick nieder.

Als sie von diesem Symbol aus Tranquilinos Welt eingeschlossen war, ging es ihr fast augenblicklich besser. Ihre Gedanken und Gefühle wurden klar. Es war, als wären sie und Tranquilino nun in ein und demselben magnetischen Gedankenfeld, getrieben von ein und denselben unsichtbaren Lebensströmen. Ohne einen bewußten Gedanken zu fassen, gab sie sich ihnen voll und ganz, mit geschlossenen Augen, hin. Wie lange sie so dasaß, wußte Helen nicht. Aber als die Zeit kam, stand sie steif auf, blies die Lampe aus und legte sich wieder schlafen.

Eine Woche lang sah und hörte sie nichts von Tranquilino. Dann fand sie eines Morgens die alte Schüssel vor ihrer Tür. Darin lag ein kleiner Stein. Sie stellte die Schüssel auf den Kaminsims und legte den Stein daneben. In der darauffolgenden Nacht fiel ihr Blick zufällig auf den Stein. Im flackernden Licht der Lampe erkannte sie für einen kurzen Augenblick das Ge-

189

sicht darauf, doch als sie es näher betrachten wollte, verschwand es.

Später, als sie Tranquilino, den verstümmelten Arm mit Fichtenzweigen bedeckt, im Pueblo tanzen sah, wußte sie, daß er auf dem Weg zurück war. Er betrank sich zwar noch gelegentlich und stritt sich mit seinen mexikanischen Nachbarn herum, aber er nahm seine zeremoniellen Pflichten wieder wahr. Als er bei der Biegung an ihr vorbeiging, lächelte sie und hob einen Finger zum Gruß. Tranquilino erwiderte ihr Lächeln nicht, vielleicht, weil sie bei Facundo und den anderen alten Männern saß.

Die Frauen um Helen herum bemerkten dieses Zeichen der Frau von Otowi Crossing an den, den sie mit ihrer Macht zum Leben zurückgebracht hatte. »*Ai. La hechicera. Cómo no?* tuschelten sie. So verbreitete sich ihr Ruf mehr und mehr bei jenen, die diese wachsende Macht erkannten.

[Gaylord, einer der Atomphysiker und Emilys Liebhaber, veröffentlicht nach Helens Tod eine Reihe von Essays über parapsychologische Phänomene. Sie beginnt folgendermaßen.]

»Meine Kollegen mögen es zwar seltsam finden, daß sich ein Atomphysiker in das unvertraute Reich psychischer Phänomene wagt, doch werden sie dies vielleicht nicht für zu unangebracht halten, wenn sie es lediglich als ein Hobby betrachten. Andere spielen Schach; mich interessiert es, herauszufinden, ob die Pforten des Übersinnlichen den Naturgesetzen der allgemeinen Wissenschaft zugänglich sind. Das ist allerdings ein weites Untersuchungsfeld, und deshalb habe ich mich in diesen kurzen Aufsätzen auf den Mythos der sogenannten ›Frau von Otowi Crossing‹ beschränkt.

Wie die meisten Wissenschaftler bevorzuge auch ich Resultate, die von verschiedenen Beobachtern unabhängig und mit denselben expliziten Methoden erzielt werden können. Dieser Ansatz ist hier jedoch nicht möglich. Die über Helen Chalmers bekannten Fakten ergeben in ihrer Gesamtheit ein Paradox beträchtlichen Ausmaßes. Der Mythos, von dem sie umgeben ist, ist in sich selbst bereits kontrovers. Aus diesem Grunde habe ich mich auf Fragen beschränkt, die die essentielle Basis dieses Mythos betreffen; ferner, wie er in seinen weiteren Aspekten auf das spezifische Gebiet der Atomphysik Bezug nimmt und welcher Zusammenhang zwischen ihm und jenen dynamischen Ereignissen und seltsamen Vorfällen besteht, die ich während meiner allzu kurzen Freundschaft mit Helen Chalmers persönlich miterlebte.

Wann also wurde die Basis für den Mythos der Frau von Otowi Crossing gelegt?

Sie beruht auf der eigentümlichen Simultaneität zweier Dinge, die sich vor etwas mehr als zehn Jahren in der Nähe von Otowo Crossing zutrugen: der Entwicklung und experimentellen Detonation der ersten Atombombe und dem parapsychologischen Phänomen, das Helen Chalmers erlebte. Gibt es nun eine definierbare Parallele zwischen dem objektiven Prozeß, der im Bereich der Atomspaltung stattfand, und dem subjektiven Prozeß, den Helen Chalmers durchlief?

Jeder Schüler kennt heute das Grundprinzip der ersten, noch nicht ausgereiften A-Bombe. Die »New York Times« erklärte es vor einigen Jahren öffentlich in ihrer »Beschreibung von Plänen zur atomaren Sabotage«, einem Artikel, der von Präsident Eisenhower, dem Nationalen Sicherheitsrat, der Atomenergie-Kommission und J. Edgar Hoover, dem Leiter des Federal Bureau of Investigation (FBI), in einem Begleitschreiben gebilligt worden war. Der Artikel definierte eine ›Implosion‹ kurz als ein Zerplatzen nach innen im Gegensatz zum Vorgang bei einer ›Explosion‹ und fuhr dann wie folgt fort:

191

»Die mit der ersten Atombombe befaßten Wissenschaftler brauchten eine Implosion, um nukleares Material so weit zu komprimieren, daß eine atomare ›Explosion‹ erzielt werden konnte. Sie lösten dieses Problem, indem sie eine große Kugel mit explosivem Material bildeten. Das zu komprimierende spaltbare Material wurde in einem Loch im Zentrum dieser Kugel plaziert.

Sodann wurden viele elektrisch miteinander verbundene Sprengkapseln um diese Kugel herum angeordnet, die gleichzeitig gezündet werden konnten …

Wenn diese schnell brennende implodierende Welle die Kugel mit dem spaltbaren Material erreicht, wird die darin befindliche Masse in sich zusammengedrückt, somit also komprimiert.

Damit ist in einfachsten Worten der Grundgedanke für den Bau einer Atombombe erklärt …«

Die Ähnlichkeit dieses implosiv-explosiven Prozesses, objektiv bei der A-Bombe und subjektiv, wie er sich bei Helen Chalmers ereignete, fällt auf den ersten Blick auf. Furcht, Sorge, Schuld, Scham, finanzielles Scheitern – eine große Menge psychologisches Dynamit akkumulierte in ihr; es wurde mit Wut und Schmerz erinnert und darüber nachgegrübelt, und plötzlich eines schönen Tages schien es von überall her gezündet zu werden, zu implodieren und mit immenser psychischer Kraft auf sie einzustürmen.

Was geschah? Wir können dabei auf jede beliebige Beschreibung einer Atombombenexplosion Bezug nehmen. Es handelte sich um dieselbe Wahrnehmung blendender Helle, einer großen Spaltung in ihrem Innern, einer plötzlichen Fusion all ihrer Fähigkeiten; dann eine absolute Stille, aus der ihr innerstes Selbst, aufgelöst und aus der alten atomaren Struktur in neue

Elemente transformiert, langsam in eine andere spirituelle Entität und zu neuer, höherer Einsicht aufstieg.

Jedem dieser Ereignisse ging zwar eine lange Zeit der Geheimhaltung und Vorbereitung voraus, doch gefolgt waren sie von einer unendlich langen Periode voller Kontroversen und geradezu frenetischer öffentlicher Aufregung. Zum einem beziehe ich mich natürlich auf den unsichtbaren radioaktiven Fallout, den Niederschlag aus der atomaren Wolke, die langsam die ganze Erde umschließt. Zum anderen resultierte auch Helen Chalmers' Erfahrung in einem – wenn man es so nennen möchte – psychologischen Fallout. Was genau waren aber die Wirkungen, die durch die von ihr freigesetzte bemerkenswerte psychische Energie hervorgerufen wurden? Und inwieweit betrafen sie andere?

Die rätselhaften Antworten auf diese Fragen finden sich in den Medien über psychische Phänomene, die mir bis dahin völlig unbekannt waren. Im Verlauf meiner Nachforschungen durchlief auch ich eine sehr eigenartige Erfahrung. Sie berührte mich so sehr, daß dadurch mein Interesse an einem Aspekt der menschlichen Natur geweckt wurde, an dessen bloße Existenz ich nicht einmal im Traum gedacht hatte. Aufgrund dieser Vorfälle fing ich mit meinen Nachforschungen an. Und mit einem Bericht über sie begannen diese kurzen Aufsätze …«

[Der Roman schließt mit folgendem Epilog:]

Er war ein alter, alter Mann mit kahlem braunen Kopf und einem durchdringenden Blick. Hoch oben in einem New Yorker Wolkenkratzer saß er an einem Schreibtisch in einem ansonsten leeren Büro, an dessen Eingang nur »M. Mcru« stand. Sein Schreibtisch war leer bis auf ein billiges Schulheft mit der Aufschrift »Geheimes Tagebuch«.

Seit dreiundvierzig Jahren erforschte er parapsychologische Phänomene, und da er auf diesem Gebiet als Autorität galt, holten große Stiftungen, Universitäten, Gerichte, Theateragenturen, Ärzte, Psychiater und eine zunehmende Zahl von Privatpersonen seinen Rat ein.

»Die meisten Fälle, die an mich herangetragen werden, lassen sich rasch als bewußte oder unbewußte Täuschung erkennen – glatter Betrug, professionelle Tricks, scheinbare Altersregressionen, psychopathische Störungen«, begann er mit leiser Stimme. »Mit denjenigen, die nicht unter diese Kategorien fallen, brauche ich am längsten; und sie betreffen eine große Zahl meiner Klienten mehr und mehr. Wie Sie wissen, hat der Throckmorton Endowment Fund einige meiner Forschungen unterstützt. Irgendwann einmal wird das, was einige heute noch als mein seltsames Hobby bezeichnen, von einem Staatlichen Institut für Parapsychologie übernommen werden. Telepathie, Hellsichtigkeit, fragmentarische Erinnerungen pränataler Existenz, Präkognition – solche Dinge sind heute nicht mehr selten oder ungewöhnlich. Sogar beglaubigte Fälle der Erfahrung kreativer Totalität – gewöhnlich als ›Erleuchtung‹ bezeichnet – werden immer häufiger. Sie gehört zu unserem menschlichen Wesen, aber ich vermute, sie wurde so lange verspottet und unterdrückt, daß sie unter dem zunehmenden Druck unserer materialistisch orientierten Zeit nun plötzlich hervorbricht … Möglicherweise erreicht der Mensch auch tatsächlich eine neue Phase in seiner Entwicklung.«

Er öffnete seine gefalteten welken, braunen Hände und klopfte leicht auf das Schreibheft, das vor ihm lag.

»Um auf Helen Chalmers zurückzukommen … Mr. Turner hat mir ihr »Geheimes Tagebuch« gegeben. Er hatte überlegt, es zu vernichten, weil er es für das Produkt einer geistesgestörten Person hielt. Ich konnte ganz im Gegensatz dazu feststellen, daß es sich hierbei um den vollständigsten und mutigsten Bericht eines stichhaltigen mystischen Erlebnisses in neuerer Zeit handelt, der mir je zur Kenntnis gebracht wurde. Ich drängte ihn, es zu publizieren. Mr. Turner sah sich jedoch nicht imstande, dieser Aufforderung nachzukommen. Wie hätte er auch seine lebenslangen Überzeugungen plötzlich umkehren und einsehen können, daß seine Meinung über Miss Chalmers falsch war? Nein, auch dafür müssen wir Verständnis haben. Aber er gab es mir zur Verwahrung und mit dem Einvernehmen, daß es nach meinem Tode veröffentlicht wird.«

Mr. Meru schwieg einen Augenblick und fuhr dann fort: »Mr. Turner überredete freundlicherweise Dr. Emily Chalmers, mir eine eingehende Überprüfung der Anmerkungen Helen Chalmers' zu ihrer ›Untersuchung‹ zu erlauben. Sie ergänzen das ›Tagebuch‹ ganz hervorragend, da hier Helen Chalmers' persönliche Erfahrungen mit den Ritualen eines primitiven Volkes noch einmal formuliert sind. Ich war darüber nicht überrascht, obwohl ich über solche Rituale nicht Bescheid weiß. Aber wenn man von der Universalität einer solchen Erfahrung ausgeht, muß man feststellen, daß sie in jedweder sozialen Form ihren Ausdruck finden kann, in einer archaischen Gesellschaft ebenso wie in einer modernen. Ich konnte mir allerdings nicht die Zustimmung Emily Chalmers' zur Publizierung beschaffen. Aber bei der hohen beruflichen Anerkennung, die sie genießt, muß man dafür wohl absolutes Verständnis haben … Nein, man muß sowohl den statischen als auch den dynamischen Gesichtspunkt akzeptieren.«

Mr. Meru unterbrach sich und blickte auf seine Uhr. Dann öffnete er eine Schublade seines Schreibtischs, holte eine kleine Metallpfeife und eine volle Papiertüte heraus und trat an das offene Fenster. Er blies in die Pfeife, und sofort war das Schlagen von Flügeln vernehmbar. Einen Augenblick später war die Luft von Tauben erfüllt; sie flatterten um das Futter herum, das er auf den Fenstersims streute, flogen in den Raum und setzten sich sogar auf seinen kahlen Kopf und seine Schultern. Mr. Meru, der kleine Mann im blauen Anzug und umringt von weißen Tauben, lächelte still vor sich hin.

»Nehmen wir einmal an«, sagte er dann, »Helen Chalmers' ›Tagebuch‹ und die Anmerkungen zur ›Untersuchung‹ ihrer Tochter würden nie freigegeben. Macht das wirklich einen Unterschied? Sagen uns diese Dokumente mehr als die existierende Literatur aus vielen Jahrhunderten? Der Mythos der Frau von Otowi Crossing, den viele für so absurd halten, ist ein zeitloser Mythos von großer Bedeutung.«

Mit einer sanften Atembewegung veranlaßte er die Tauben, den Raum zu verlassen, und nahm wieder an seinem Schreibtisch Platz. Aus einer anderen Schublade holte er eine Thermoskanne mit heißem Tee, eine Tasse und eine Packung braune Weizencracker hervor. »Meine Mittagspause. Sie und meine unzulänglichen Zähne müssen mir zugestehen, daß ich die Cracker eintauche.«

Während er an einem nassen Keks kaute, sprach er weiter. »Wir neigen in unserer überrationalen Zeit dazu, Mythen zu verachten. Wir sind abhängig von der Naturwissenschaft, die nur beobachtbare Tatsachen gelten läßt. Sogar die Theologie behandeln wir als eine Ansammlung historischer Fakten und vernachlässigen ihren metaphysischen Gehalt. Doch Mythen drücken wie kein anderes Medium die tiefsten Lebenswahrheiten aus. Ein Mythos wird nicht vorsätzlich geschaffen. Er entspringt spontan in uns in demselben unbeabsichtigten Prozeß, der auch den Geist formt, den Fötus im Mutterleib oder die atomare Struktur der Elemente. Nicht anders ist es mit dem Mythos der Frau von Otowi Crossing. Wir haben ihn selbst geschaffen – wir Angehörige eines neuen Zeitalters, die verzweifelt nach einem neuen Glauben rufen oder auch nur nach einer neuen Form, die uns alte Wahrheiten wieder nutzbar machen kann. Helen Chalmers bekräftigt unser Mißtrauen gegenüber dem nicht zukunftsfähigen, negativen Materialismus unserer Zeit. Als warmes lebendiges menschliches Wesen verkörpert sie die ewige Schöne, die sich gegen das Biest behaupten muß, den Geist, der gegen das Fleisch ankämpft, das Gewissen, das im Gegensatz zum Willen des Menschen steht. Helen Chalmers ist tot und wird dem Vergessen anheimfallen, doch der Mythos der Frau von Otowi Crossing wird überdauern. Wir selbst, jeder einzelne von uns, schaffen ihn immer wieder neu für die nachfolgenden Generationen.«

Er öffnete das »Tagebuch« und schob es über den Schreibtisch. Eine verirrte Taube flog ins Zimmer und setzte sich auf seine Schulter. Mr. Meru fütterte sie mit Kekskrümeln; einige davon fielen auf den Abschnitt, auf den er hingewiesen hatte:

»Jack, alle diese vollgekritzelten Seiten sollen dir helfen zu verstehen, daß ein Erwachen oder ein Auftauchen, wie die Indianer es nennen, mehr ist als eine für sich stehende momentane Erfahrung. Es erfordert einen langsamen schmerzlichen Erkenntnis- und Orientierungsprozeß. Im blendenden Aufblitzen dieses ersten Durchbruchs bekommt man alles auf einmal, wie ein Kind bei der Geburt – die umwerfende Wirkung des Lichts nach der Dunkelheit, der Freiheit nach dem Verlies. Aber dann kommen die Schwierigkeiten. Du mußt lernen, in dieser weiten, neuen Welt des Bewußtseins zurechtzukommen. Die alten Regeln unserer verkrampften kleinen Welt der Erscheinungen funktionieren nicht. Die neuen müssen erst erlernt werden. Das ist oft sehr schwer, denn alles, was du bis dahin gewußt hast, bekommt neue Dimensionen und Bedeutungen. Dieser Prozeß des Erwachens mit einem neuen Bewußtsein, einer neuen Perspektive von allem, was dich umgibt, des Wahrnehmens der ›sphärischen Geometrie des vollständigen gerundeten Augenblicks‹, wie Gaylord es einmal nannte – das ist die wunderbare Erfahrung, die ich mache.

Wie viele Tausende unbekannter Menschen wie ich auf der ganzen Welt machen jetzt dieselbe Erfahrung? Und zwar aus keinem ersichtlichen Grund, wie ich auch. Und sie behalten sie auch erst einmal für sich, weil sie es zunächst gar nicht ganz begreifen können, oder weil ihre Freunde glauben könnten, sie seien nicht ganz richtig im Kopf. Und deshalb bekommst du eines Tages dieses Heft hier. Damit du weißt, daß es eine normale, natürliche Erfahrung ist, die wir schließlich und endlich alle machen werden. Wenn es bei dir also so weit ist, Jack, dann hab keine Angst. Freu dich! Es ist das größte Erlebnis, das uns zuteil werden kann, unsere mysteriöse Entdeckungsreise in das letzte Unbekannte, das einzige wahre Abenteuer des Menschen ...«

Tanz mit Klapperschlangen

(aus: »Das Buch der Hopi«)

1959 begann Waters »Das Buch der Hopi«. Dazu verbrachte er die folgenden drei Jahre größtenteils in deren Reservation. Seine Absicht war, nicht nur die traditionellen religiösen Vorstellungen dieses Volkes und die dazugehörigen Rituale aufzuzeichnen, sondern auch »… die intuitive Wahrnehmung der Lebensprozesse, die unsere rational-extravertierten weißen Beobachter noch immer ignorieren«.[1] Waters bezeichnet dieses Werk als »das Buch dessen, was sie [die Hopi] gesagt haben«.[2] Er nahm die Erzählungen von über dreißig Sprechern der Hopi auf Tonband auf, übersetzte und redigierte sie und fügte eigene Augenzeugenberichte der Rituale sowie eine Geschichte der Hopi hinzu. Das Resultat ist ein vollständiger Überblick über die dinglichen und mystischen Aspekte der Hopi-Zeremonien.

Den Hopi zufolge leben wir gegenwärtig in der Vierten Welt. Die vorausgehenden drei Welten wurden wegen der Uneinigkeit, Selbstsucht, Gier und/oder des Materialismus ihrer Bewohner zerstört. Einige Überlebende jedoch durften jeweils in die nachfolgende Welt hinaufsteigen und wurden über den rechten Lebenswandel belehrt. Nachdem sie in der gegenwärtigen Welt angekommen waren, wurde ihnen aufgetragen, sich in Gruppen aufzuteilen und eine Reihe von Wanderungen zu unternehmen, bevor sie sich schließlich in dem von ihnen ausgewählten Land niederließen. Daß dieses Land eine unfruchtbare

Trockenwüste ist, ergibt durchaus Sinn angesichts des Umstands, daß in den vorhergehenden Welten Komfort und materieller Wohlstand unvermeidlich mit geistig-spirituellem Zerfall verbunden waren. Nach den Prophezeiungen der Hopi ist unsere Vierte Welt in rapidem Niedergang begriffen; sie fällt der Zerstörung anheim, doch danach wird ein neues Zeitalter kommen.

Im Mittelpunkt der Hopi-Zeremonien steht die harmonische Einheit aller Formen des Lebens. Ihre Tänze symbolisieren das Miteinander und Gegeneinander sämtlicher Lebenskräfte der gesamten Schöpfung; sie setzen »die ursprüngliche Harmonie der kosmischen Kräfte« fort und halten im wahrsten Sinne des Wortes »die Welt zusammen«.[3] Für die Hopi – wie auch für den Protagonisten in »Martiniano und der Hirsch« – ist das schlimmste Übel die Illusion des Abgetrenntseins. In seiner Einleitung bemerkt Waters:

»... sie sprechen nicht als kleine besiegte Minderheit im reichsten und mächtigsten Land der Erde, sondern mit der Stimme all jener Völker, die ihr Recht beanspruchen, aus ihren ursprünglichen Wurzeln zu wachsen. Sie erwecken alte Götter zum Leben, die durch Instinkte geformt wurden, die wir seit langem unterdrückt haben. Sie machen einen Lebensrhythmus wieder geltend, den wir unheilvollerweise versucht haben zu ignorieren. Sie erinnern uns daran, daß wir uns auf die Notwendigkeit eines inneren Wandels einstellen müssen, wenn wir einen verheerenden Bruch zwischen unserem Verstand und unserem Herz abwenden wollen. Wenn jemals, so ist es jetzt Zeit – für sie, zu sprechen, für uns, zuzuhören.«[4]

Der folgende Ausschnitt zeigt Waters als Beobachter und Interpret eines Hopi-Rituals.

Die Schlangen-Gabelbock-Zeremonie

Die Schlangen-Gabelbock-Zeremonie hat durch ihr höchst aufsehenerregendes Ritual *Chu'tiva – chu'a*, die Schlange und *tiva*, der Tanz – als öffentliches Schauspiel weltweite Berühmtheit erlangt. Indianer tanzen mit lebenden Klapperschlangen im Mund! – ein »widerlicher Brauch«, dem das Indianeramt der Vereinigten Staaten einst die Abschaffung androhte. Aber noch immer wird die Zeremonie Jahr für Jahr aufgeführt, und die Menschen kommen von allen vier Enden der Erde, um sie zu sehen. Zweifellos ist sie ebenso anziehend wie abstoßend, und gewiß ist sie von allen Zeremonien der Hopi die am wenigsten verstandene. Sie umfaßt zwei Tänze, zwei Wettläufe und Rituale in zwei Kivas und ist von berufsmäßigen Beobachtern insgesamt und bis in die Einzelheiten hinein mit größerer Genauigkeit beschrieben worden als irgendeine der anderen Zeremonien. Doch ist ihre tiefste Bedeutung in ein urzeitlichdunkles Geheimnis gehüllt, das vielleicht selbst für die heutigen Teilnehmer der Zeremonie unergründbar ist.

Die Schlangen-Gabelbock-Zeremonie wechselt, wie schon im vorangegangenen Kapitel erwähnt, mit der Flötenzeremonie ab und findet jedes zweite Jahr statt. Auch ihr Beginn wird durch die Beobachtung der Sonnenaufgänge über der Munyá'ovi-Felswand bestimmt; sie dauert sechzehn Tage, und ihr Zweck ist es, Regen herbeizuführen für die letzte Reifung der Feldfrüchte. Der Schlangentanz wird am sechzehnten Tag aufgeführt.

Die oft beschriebenen Einzelheiten der Vorbereitung entsprechen den auch bei anderen Zeremonien üblichen: die Ankündigung, das Aufstellen der Bundeszeichen auf der Gabelbock- und der Schlangenkiva, das Rauchritual, das Herstellen der páhos, das Sich-Einschließen der Bundesbrüder in den Kivas und die Errichtung der Altäre. Dem Gabelbockbund kommt die größere Bedeutung zu, und seine Verrichtungen finden vor denen des Schlangenbundes statt. Die Schlangenführer gehen jeden Morgen und Abend in die Gabelbock-Kiva, um zu rauchen und zu beten. Der Schlangenaltar wird entgegen dem sonst Üblichen in der Nacht errichtet, ist sehr schlicht und zeigt nur die Bildnisse zweier Schlangenmädchen. Der Gabelbockaltar ist kunstvoller gestaltet und wird auf einem Sandgemälde von etwa einhundertundzwanzig Zentimetern im Quadrat errichtet. Er ist mit Linien in den vier Richtungsfarben umrahmt, und an jeder Ecke steht ein »Wolkenberg«, ein kleiner Sandkegel, in dem eine Habichtfeder steckt. Auf dem Gemälde ordnet man eine Maismutter und vier Maiskolben an, die in die vier Richtungen zeigen, sowie mehrere Schalen mit Wasser aus der Flötenquelle. Der Hintergrund des Altars stellt ein Haus dar und ist mit Bussardfedern geschmückt. Dagegen lehnt das etwa siebzig Zentimeter hohe típoni, das aus Adlerschwungfedern besteht, die mit roten Wildlederstreifen umwickelt und an deren Spitzen Daunen angebunden sind. Der Altar im Ganzen stellt die Welt dar, wie sie durch Erde, Luft, Wasser, Pflanzenleben und die Menschheit gestaltet worden ist. Bei seinem Aufbau wird jeder Schritt von Liedern begleitet, die die Entstehung der Welt und ihre Besiedlung beschreiben sowie von Reinigungen durch geweihtes Wasser. Die Lieder sind geheim und dürfen von keiner außenstehenden Person gehört werden. Nach der Fertigstellung des Altars am elften Tag enthalten sich die Gabelbockmitglieder vier Tage lang salzhaltiger Nahrung. Am nächsten, am zwölften Tag, beginnen die Mitglieder des Schlangenbunds mit ihrer wichtigsten Vorbereitung, dem Einfangen der Schlangen.

Das Einfangen der Schlangen

Der Großvater des Weißen Bären, Koahwyma, Tierfell-das-die-Sonnen-reflektiert, aus Oraibi, bringt beim Erzählen seiner eigenen Erlebnisse einige wenig bekannte Tatsachen ans Licht. Er gehört zum Dachsklan und war als junger Mann einmal sehr krank. Der Medizinmann, den er gerufen hatte, konnte ihm nicht helfen und sagte ihm, daß er nur durch die Kraft des Schlangenbundes geheilt werden könne. Koahwyma bat einen Mann namens Siyowma, Der-eine-Blume-trägt, sein Pate zu sein und für ihn Fürsprache einzulegen. Nachdem der Bund befragt worden war, versprach er, Koahwyma zu helfen, wenn er dem Bund beitreten und vier Jahre lang an ihren Ritualen teilnehmen würde. Er stimmte zu, und mit der Arznei des Schlangenbundes und der Hilfe seines eigenen Medizinmanns begann er gesund zu werden. Im Frühling war er wieder wohlauf und stark genug, seine Felder zu bearbeiten.

In jenem Sommer fand er eines Tages beim Nachhausegehen auf seinem Pfad einen Schlangensack und eine Schlangengeißel liegen, und er wußte, daß dies das Zeichen für ihn war, zur Schlangenkiva zu gehen und, entsprechend der Vereinbarung, an den Ritualen teilzunehmen.

»Große Furcht überkam mich«, erzählte er. »Denn ich konnte nicht verstehen, was nur die verstehen, die in den Schlangenklan hineingeboren werden: Warum führt unser Volk eine Zeremonie mit Schlangen durch und nennt die ihre Brüder, die andere Menschen fürchten? Aber meine Großmutter hatte das Essen schon fertig, das ich samt dem Schlangensack und der Schlangengeißel mit in die Kiva nehmen sollte, und mit zitternden Beinen machte ich mich auf den Weg nach Oraibi. Es wurde schon dunkel, und niemand hielt sich in der Nähe der Kiva auf, denn entsprechend dem Brauch war eine Maismehllinie um die ganze Kiva gezogen, die nur Mitglieder des Schlangenbunds überschreiten durften. Dann sah ich das *na'chi* an der Kivaleiter hängen. Es bestand aus langem, rot gefärbtem Haar, das die Sonnenstrahlen darstellt, und daneben hing das Fell eines kolichíyaws, eines Stinktiers. Die Furcht lähmte mich. Doch dann sagte etwas zu mir: ›Du bist am Leben und wanderst noch über diese gute Erde.‹ Da wurde mir bewußt, daß ich mich nicht von meiner Krankheit erholt hätte, wenn ich mein Leben nicht auf vier Jahre dem Schlangenbund gegeben und versprochen hätte, ihnen bei den Ritualen zu helfen. So antwortete ich dem Wesen, das zu mir gesprochen hatte: ›Ja, ich habe es versprochen, und ich bin da.‹ In diesem Augenblick kam wieder Kraft in meine Beine, ich schritt über die Maismehllinie und stieg in die Kiva hinab.«

Koahwyma wurde als Tuwálanmomo, als eine »wachsame Biene«, begrüßt, und man wies ihm für die einleitenden Rituale einen Platz auf der Erhöhung an. Am nächsten Morgen ging er mit allen anderen Mitgliedern hinaus, Schlangen zu fangen. Die Schlangenjagd dauerte vier Tage: zuerst ging es nach Westen, dann nach Süden, nach Osten und schließlich nach Norden. Es war eine Anzahl von Initianden dabei, von denen jeder einen Wasserkrug, einen Beutel mit Maismehl und ein kwáwicki aus zwei zusammengebundenen Bussardfedern trug. Koahwyma erfuhr von seinem Paten, daß die Schwungfedern des Bussards auf der Unterseite graue Flecken haben, die einen eigenartigen Geruch besitzen und die Kraft haben, den Zorn der Schlangen zu besänftigen, wenn man die Federn über dem Kopf der Schlange hin- und herschwingt. Die Schlangen fürchten sich in Wirklichkeit nicht vor dem Menschen und sind auch nicht zornig auf ihn. Sie rollen sich nur zusammen, um zuzuschlagen, »wenn sie sehen, womit Herz und Sinn des Menschen erfüllt sind«. Deshalb muß man ein gutes Herz bewahren und sich nicht fürchten. Niemals soll man eine zusammengerollte Schlange aufheben, sondern man muß mit der Schlangengeißel über ihr wedeln, bis sie sich entrollt.

Koahwyma fürchtete sich davor, auf eine Klapperschlange

oder eine Sidewinder zu stoßen, die beide giftig sind, und hoffte, eine Stier- oder eine Taschenrattenschlange zu finden. Aber er erfuhr, jeder Pate bete in seinem Herzen, daß sein Initiand am ersten Jagdtag lieber eine Klapper- als eine Stierschlange fassen möge, und zwar deswegen, weil eine Stierschlange weit gefährlicher ist und einem Menschen das Leben aus dem Leib saugen kann, ohne zuzuschlagen.

Plötzlich erscholl ein Ruf über die Steppe. Jemand hatte eine Spur gesehen, und Koahwyma wurde aufgerufen, seine erste Schlange zu fangen. Sie beeilten sich der Spur eines großen Läufers zu folgen, die an dem Loch einer Feldmaus endete. Das war vorteilhaft, denn die Schlange hatte die Maus gefressen, und als sie ausgegraben wurde, war sie schon zu schwerfällig, um zu entfliehen. Trotzdem wurde Koahwyma angewiesen, vorsichtig zu sein und die Schlange, seinen Bruder, nicht zu verletzen. Darum segnete er die Schlange zuerst mit Maismehl, mit Sonne und Erde und hob sie dann auf. Als die Schlange begann sich zu sträuben, hielt Koahwyma sie mit der linken Hand hinter dem Kopf fest, spie in seine rechte Handfläche und begann damit über den ganzen Schlangenkörper zu streichen. Die Schlange ließ sich bald lose wie ein Stück Seil hängen, und alle freuten sich über Koahwymas Glück bei seinem ersten *pókoi'ta* (Schoßtier). An jenem Tag kehrte die Jagdgesellschaft mit etwa zwölf Schlangen nach Hause zurück, und am Ende der viertägigen Jagd waren es rund sechzig Stück, was einen langen erfolgreichen Tanz und eine gute Ernte bedeutete.

Koahwyma blieb jede Nacht in der Kiva auf seinem Platz auf der Erhöhung. Die Schlangenführer gingen früh am Abend zum Rauchen und zur inneren Sammlung in die Gabelbock-Kiva, wo der bedeutungsvollste und heiligste Teil der Zeremonie durchgeführt wurde. Die Zeit wurde ihm lang, bis sie wieder zurückkehrten. Koahwyma konnte durch die Leiteröffnung die Milchstraße beobachten, die sich quer über die Luke von Nord nach Süd herüberbog. Meist schaute er aber hinunter zur unteren Altarebene auf die großen Krüge. Ihre Öffnungen waren mit Wildleder bedeckt, in das Luftlöcher eingestochen waren. Darin lagen die Schlangen. Jeden Tag wurden sie mit Blütenstaub ernährt, gewöhnlich mit dem vom Mais, der bei allen Zeremonien als heilig gilt und der das Leben selbst enthält: *talásiva*, das die Blüten hervorbringende Leben der Sonne. Gegen Mitternacht kehrten die Führer zurück. Es war die Zeit für das *pavásio*, der tiefsten Versenkung und Zeit, um die Schlangen zu segnen und zu unterhalten.

»Zuerst wurde Sand auf den Altarboden gestreut«, fuhr Koahwyma fort. »Dann zeigte mir mein Pate, wie man ihn mit einem bestimmten Teil des Webgeräts schön glatt streicht. Dies geschah, um Spuren erkennen zu können und zu wissen, wohin sich eine Schlange bewegt hatte. Alle Mitglieder ließen sich in einem Kreis um den Sand nieder, wobei sie den Schneidersitz einnahmen und jeder die Knie seiner Nachbarn berührte. Dann band einer der Männer die Wildlederabdeckung von den Krügen los und ließ alle Schlangen auf dem Sand frei. Im gleichen Augenblick begann auch der Gesang – leise und tief.

Es gab da alle Arten von Schlangen: Klapperschlangen, große Stierschlangen, Sidewinder, Läufer, Taschenrattenschlangen – etwa sechzig Stück lagen verknäult auf dem Boden. Der Gesang erregte sie, und sie bewegten sich mal in die eine, mal in die andere Richtung und schauten alle Männer in dem Kreis an. Die Männer rührten sich nicht, sondern sangen nur mit einem freundlichen Gesichtsausdruck. Die Schlangen begannen sich im Sand zu wälzen und nahmen ihr Bad. Dann kroch eine große, gelbe Klapperschlange langsam auf einen alten Mann zu, der mit geschlossenen Augen sang, kroch über seine gekreuzten Beine, rollte sich vor seinem Lendenschurz zusammen und schlief ein. Es dauerte nicht lange, da krochen diesem Mann noch fünf oder sechs Schlangen über den Leib, erhoben ihre Köpfe, um auf seine geschlossenen Augen und sein friedvolles Gesicht zu blicken, und legten sich dann schlafen. Dies zeigte an, daß sie ihren Freund gefunden hatten, indem sie ihm ins Herz schauten, bevor sie seinen Körper als Ruheplatz erwählten. Auf diese Weise zeigen die Schlangen, welches gute und freundliche Männer mit reinem Herzen sind, denn einige Mitglieder des Bundes hatten Schlangen auf dem Schoß und andere keine. Deshalb versuchte auch ich mein Herz und meine Gedanken bis zur Morgendämmerung rein zu halten. Da nämlich hörten wir auf zu singen und legten die Schlangen zurück in ihre Krüge. Einige von uns gingen darauf zur Quelle, um ein Bad zu nehmen, während andere besondere Aufgaben zu erledigen hatten, bevor wir unser Frühstück einnahmen.«

Die mystische Heirat

In der Zwischenzeit werden in der Gabelbock-Kiva das gleiche vier Nächte dauernde *pavásio* der heiligen Lieder und das *nánapwal*, die Reinigung-von-innen-heraus, abgehalten. Sein abschließendes Ritual beginnt vor Mitternacht des elften Tages, wenn der Schlangenführer ein junges Mädchen hereinbringt, das Schlangenmädchen, das das lebende Gegenstück zu den zwei Holzfiguren, den Chu'manas, auf dem Altar der Schlangen-Kiva bildet.

Sie ist eine Jungfrau, die in den Schlangenbund der Frauen eingeweiht worden ist. Die obere Hälfte ihrer Stirn, ihr Kinn und ihr Hals sind mit *tuma*, mit Ton, weiß bemalt. Das übrige Gesicht ist mit nánanha schwarz gefärbt, einer Farbe, die aus einem erkrankten Maiskolben gewonnen wird. Über ihrem schwarzen, gewebten Kleid, der üblichen manta, trägt sie den Rock eines Schlangentänzers und den weiß-roten Umhang der

Frauen. In ihrem offenen Haar sind kleine Adlerdaunen eingebunden, und ein Halsband aus Türkisen und Muscheln schmückt ihren Hals. Sie trägt einen irdenen Krug, der Gebetsstäbe, Mais, Melonen, Squash und Bohnenranken enthält.

Dem Schlangenführer und dem Schlangenmädchen tritt der Gabelbockführer zusammen mit einem jungen Mann entgegen, dem Gabelbockjüngling, der ein *típoni* und eine Schlange hält. Auch sein Haar hängt offen herab, und vorn ist eine kleine Daune eingebunden. Er trägt einen weißen Ritualrock, und sein Gesicht und sein Körper sind aschgrau bemalt mit *páskwapi*, zerfallenem Lehm, der vom Rand eines Wassers, nicht aus der Tiefe einer Quelle stammt. Sein Kinn ist mit *tuma* weiß gefärbt, und mit dem gleichen Ton sind über seinen Körper sowie über Arme und Beine Zickzackmuster gezogen.

Das Schlangenmädchen bekommt einen Platz auf der Südseite der Altarebene zugewiesen, der Gabelbockjüngling einen auf der Nordseite. Zwischen der Feuergrube und dem Altar steht eine irdene Schüssel mit einer Seifenlauge aus Yuccawurzeln und vor dem Altar ein Flechtteller mit Saaten aller Arten. Mädchen und Jüngling werden von ihren Führern zur Schüssel geführt, und es wird das Hochzeitsritual gemäß dem Hopi-Brauchtum abgehalten. Das Haar des Schlangenmädchens wird vom Schlangenführer und das des Gabelbockjünglings vom Gabelbockführer in der milchigen Samenflüssigkeit der Yuccawurzeln gewaschen. Dann wechseln die beiden Führer ihre Plätze, um das Haar nochmals zu waschen, und dann wickeln sie die Haarschöpfe, solange sie noch naß sind, zusammen, um die Vereinigung darzustellen. Danach wird das Paar zum Sims auf der Nordseite geführt, wo das Mädchen auf den Flechtteller mit den Saaten gesetzt wird, die der Gabelbockführer mitgebracht hat. Die Saaten bedeuten die Nahrung für die Vögel der Luft, für die Tiere der Erde und für die Menschen.

Nun ist es Mitternacht, und das *pavásio*, die Zeit der Versenkung und des Liedersingens, beginnt. Sie dauert so lange, bis die Sterne des Oriongürtels auf den westlichen Horizont herabhängen. Das Schlangenmädchen und der Gabelbockjüngling bleiben bis zum Ende zusammen sitzen und geben acht, daß sie nicht einschlafen. Dann werden sie gesegnet, und das Mädchen wird von seiner Patin, der Jüngling von seinem Paten nach Hause gebracht.

Die offensichtliche Bedeutung des Rituals ist die Vereinigung der beiden Bünde, die zusammen die Schlangen-Gabelbock-Zeremonie durchführen. Aber der unmittelbare Zweck der Zeremonie besteht, wie bei der Flötenzeremonie, darin, Regen für die Ausreifung der Feldfrüchte zu bringen, und so bedeutet die Heirat auch den Fruchtertrag des ganzen Lebens. Die Schlange ist ein Symbol der Mutter Erde, aus der alles Leben geboren wird. Der Gabelbock, dessen Weibchen gewöhnlich zwei Junge wirft, bedeutet für die Hopi die fruchtbare Vermehrung und das Anwachsen der Bevölkerung. Daher steht die Verbindung von Schlange und Gabelbock symbolisch für das Schöpferische und für die Vermehrung des Lebens.

Betrachtet man das Ritual noch näher, so läßt sich noch ein tieferer Sinn entdecken. Denn da der menschliche Körper und die Welt sich in ihrem Aufbau ähnlich sind, entspricht das tiefe Erdinnere, in dem die Schlange ihre Wohnung hat, dem untersten schwingenden Punkt des Menschen, der seine Zeugungsorgane steuert. Der Gabelbock hingegen wird mit dem höchsten Punkt des Menschen in Verbindung gebracht, weil sich sein Horn auf dem Scheitel oder der Krone des Hauptes, dem *kópavi*, erhebt. Hier tritt das Leben in den Menschen ein und wieder aus, und hier ist die offene Tür, durch die der Mensch mit seinem Schöpfer in Verbindung treten kann. Schlange und Gabelbock symbolisieren somit die beiden entgegengesetzten Pole der menschlichen Lebenslinie, den grob materiellen oder körperlichen und den seelischen oder geistigen, der über die Funktionen des ersteren herrscht und verfügt, so wie der Gabelbockbund über alle Funktionen des Schlangenbundes herrscht und verfügt. Die mystische Heirat bedeutet daher die Verschmelzung der polaren Kräfte des Menschen in dem Körper ihrer gemeinschaftlichen Zeremonie – zu dem einen aufbauenden Zweck der Schöpfung.

Wenn diese Deutung zutrifft, so wollen wir auf ihre Entfaltung in den folgenden öffentlichen Ritualen achten und werden dann bemerken, daß die Gabelböcke immer zuerst das anzustrebende Ziel angeben und daß die Schlangen nachfolgen, um die Mittel und Wege zu zeigen.

Die Wettläufe

Das Gabelbockrennen wird am Morgen des fünfzehnten Tages, das Schlangenrennen am Morgen des sechzehnten Tages abgehalten. Beide Wettläufe sind im wesentlichen gleich, und Mitglieder beider Bünde nehmen an ihnen teil.

Wir sind in Hotevilla. Die Sonne geht gerade auf, und die Hausdächer und die Kanten der Felswände sind mit Menschen bevölkert. Die meisten haben sich gegen den leichten Wind der Morgendämmerung, der von der Wüste heraufweht, in dünne Baumwolldecken gehüllt. Unmittelbar unter uns, in der Biegung der Felswand, entspringt die Quelle, die Hotevilla seinen Namen gegeben hat. Sie strömt aus einer kleinen, nun vergrößerten Höhle, in der sich früher ein Mensch den Rücken aufkratzte, wenn er dort gebückt Wasser holte. Der Name Hotevilla leitet sich darum von *hote*, der Rücken, und von *villa*, der Kratzer, ab. Unterhalb der Quelle ist der steile Mesahang in saubere winzig kleine Felder terrassiert, die allmählich in größere Felder übergehen – Anpflanzungen zwischen hohen Dünen vordringenden Sandes. Dahinter erstreckt sich weit nach Westen die leere Wüste, die sich nun unter der aufgehenden Sonne gelb färbt.

Eine Zeitlang gibt es nichts anderes zu sehen. Dann erkennt man allmählich in den verblassenden Schatten der Felswände, unten an der Biegung des Pfads, eine Gruppe geduldig wartender Schlangen- und Gabelbockpriester. Die Schlangen sind dunkelbraun, die Gabelböcke aschgrau bemalt. Weiter entfernt, noch undeutlich und winzig, tauchen Männer auf dem Weg auf, die grüne Maisstengel, Squash- und Melonenranken tragen. Dann deutet ein neben uns stehender alter Hopi mit dem Kinn zum Horizont: »Sie kommen!«

Ein Freund hat einen Feldstecher. Er ist schwächer als die Augen des alten Mannes, aber in der sonnenbeschienenen Wüste draußen kann man einen Fleck ausmachen, der sich bewegt, und dann noch einen anderen. Die Wettläufer kommen heran.

Der Startpunkt liegt etwa sechseinhalb Kilometer entfernt. Hier haben ein Gabelbock, eine Schlange und ein Qaletaqa eine Maismehllinie nach Osten gezogen und alle Wettläufer ermutigt und gesegnet. Die Ansprache der Starter wird *Mónglavaiti* (Priesteransprache) genannt. Der Starter winkt darauf mit seinem *pahómoki*, dem Maismehlbeutel, und der Wettlauf beginnt. Er ist überhaupt nicht spannend, denn man muß lange warten. Doch ab und zu erscheint einer der Läufer oder eine kleine Schar auf den Dünen oder zwischen den Bäumen.

Nach einiger Zeit beginnt ein Gabelbockpriester, der in etwa drei Kilometern Entfernung gewartet hatte, langsam vor den Läufern herzutrotten. Er ist ein alter Mann, der nicht besonders schnell laufen kann. Sein Haar hängt lose herab, und er ist nur mit einem Lendenschurz bekleidet. Er trägt einen Strauß Gebetsstäbe und einen kleinen Krug mit Wasser, das in der Kiva geweiht worden ist. Ein *Qaletaqa* begleitet ihn, um das geweihte

Wasser zu schützen. Plötzlich spurtet der führende Läufer bis zu ihm vor. Der alte Priester übergibt ihm die *páhos* und den Wasserkrug. »Danke schön und sei gesegnet, mein Sohn. Trage dies zu unserer Heimat.« Der Läufer rennt nun auf den Fuß der Felswand zu. Fortwährend schaut er sich um, denn wenn ihn ein anderer Läufer einholen kann, ist es an ihm, die *páhos* und den Wasserkrug weiterzugeben und seinen Nachfolger zu segnen.

Ein Zittern der Erregung geht durch die Menge. Die anderen Läufer strengen sich gewaltig an, lautstark angefeuert durch die Männer, die entlang der Strecke Maisstengel und Ranken schwenken, und durch die Schlangen und Gabelböcke, die am Fuß der Felswand warten. Es hat keinen Zweck. Der führende Läufer ist ein junger Mann von etwa sechzehn Jahren. Man sagt, er sei der schnellste Läufer des Dorfes und niemand könne ihn einholen. Als er den Fuß der Mesa erreicht hat, beginnt er den steilen Felsenpfad hinaufzuklimmen, angespornt von den Schlangen- und Gabelbock-*Qaletaqas*, die ihre *tovókini*, den Rollenden Donner, herumwirbeln – Schwirrhölzer aus Stäben, die an Schnüren herumgeschwungen werden und die dabei ein Dröhnen wie von fernem Donner erzeugen.

Begleitet von all den Schlangen, Gabelböcken und den Männern mit den Maisstengeln und Kürbisranken, erreicht er die Kiva, noch bevor die übrigen Läufer beginnen, die Mesa hinaufzukeuchen. Oft hält ein übermüdeter Läufer mit schweißüberströmtem Körper an, um seine zerschundenen nackten Füße auszuruhen. Da gibt es dann spöttische Rufe oben aus der Menge, Scherze und Gelächter. Die warme Augustsonne steht am Himmel, und jedermann ist in guter Stimmung. Wenn alle Läufer oben auf der Mesa angekommen sind, beginnt der Spaß: Alle – Frauen und Kinder, vereinzelt sogar Touristen – eilen herbei, um einen Stengel, eine Ranke oder ein Blatt zu erhaschen und mit nach Hause zu nehmen.

Inmitten dieser ganzen Aufregung eilt der Sieger, der in der Kiva gesegnet worden ist, still wieder den Weg hinunter, um seine Gebetsstäbe und den Wasserkrug in den Feldern seiner Familie draußen auf der sandigen Ebene einzusetzen.

Diese Wettläufe sind einfach – trügerisch einfach, denn auch sie sind Rituale einer verwickelten Zeremonie und tragen einen Teil der sich entwickelnden Bedeutung. Doch was stellen sie dar – unter ihrem reizenden und farbenprächtigen Anblick an einem sonnigen Augustmorgen?

Die mystische Heirat von Schlangenmädchen und Gabelbockjüngling zeigte den Zweck und das Ziel: die Vereinigung der beiden menschlichen Lebenskräfte, der körperlichen Kraft, die im tiefsten Punkt am Grund des Rückgrats sitzt, und der seelischen Kraft, die auf dem Scheitel ihre Stätte hat. Aber wo liegt der Weg dazwischen, und wie können sie vereinigt werden?

Als Kanal dient, wie es die östliche Mystik erklärt, der mittlere Hauptnerv, genannt *Sushumna*, der im Zentrum der Wirbelsäule verläuft. Um ihn herum verlaufen links und rechts und in Abständen sich überkreuzend zwei andere seeletragende Nervenkanäle, die wie Schlangen gewunden sind und das Symbol des Merkurstabs bilden.

Der linke Nerv, *Ida*, gilt als »weiblich« und dient der negativen Mondströmung als Leitung; der rechte, *Pingala*, gilt als »männlich« und als Leitung der positiven Sonnenströmung, die den menschlichen Anteil an der kosmischen Energie darstellt. Durch diese feinen Kanäle fließen und vereinigen sich die Lebenskräfte des Menschen, wenn sie angeregt werden.

Die Analogie, die sich zu den Schlangen- und Gabelbockwettläufen herstellt, leuchtet sogleich ein. Die lange Rennstrecke, nur ein Pfad, der von weit unten aus der Wüste hinauf zur Kiva auf dem Scheitel der Felswand führt, entspricht dem mittleren Nerv. An den Stellen, wo die Gebetsstäbe eingepflanzt und Priester postiert sind, wird der Weg in Abständen hin und her überkreuzt. Diese Stellen entsprechen den aufeinanderfolgenden Punkten, die von der aufsteigenden Lebenskraft belebt werden, wenn sie angerufen wird. Sie setzt sich aus zwei Komponenten zusammen: aus der weiblichen oder Mondkraft, dargestellt durch die dunkelbraunen Schlangen, und aus der männlichen oder Sonnenkraft, dargestellt durch die aschgrauen Gabelböcke. Die ganze Zeremonie begann, als der Gabelbockführer sein na'chi auf der Kiva aufpflanzte. Er ist es, der die männliche Kraft der Göttlichkeit vertritt, die die Vorherrschaft über die weibliche hat und der die Erweckung und die Auslösung dieser Kraft gutheißt. Daher hat der Gabelbock während der ganzen Zeremonie gegenüber der Schlange immer den Vorrang, und Tag für Tag zeigt sich der Schlangenführer pflichtgemäß in der Kiva des Gabelbockführers – das niedere Selbst vor dem höheren. Daher findet das Gabelbockrennen zuerst statt und nicht mit den Schlangen der Steppe, sondern mit den Früchten der späteren Verwandlung – den grünen Maisstengeln, Squash-, Bohnen- und Melonenranken.

Wenn die mystische Heirat von Schlangenmädchen und Gabelbockjüngling den Zweck und das Ziel der Zeremonie ausdrückt, dann symbolisieren die Wettläufe von Schlange und Gabelbock die Mittel dazu. So stellen sie in einfachen, schönen und auffallend ursprünglichen Bildern das Muster einer an sich psychologischen Vorstellung dar, die, wenn sie auch bei den Hopi nicht ihren Ursprung hat, doch mindestens so alt ist wie ihre eigenen, vorgeschichtlichen Rituale. Mit dem Ende der Wettläufe wird es nun Zeit für den Höhepunkt der Vereinigung.

Die Tänze

Der Gabelbocktanz findet bei Sonnenuntergang an demselben Tag statt, an dem auch das Gabelbockrennen bei Sonnenaufgang durchgeführt wurde. Am nächsten Tag folgen Wettlauf und Tanz des Schlangenbunds. Die zwei Tänze ähneln sich so wie die beiden Rennen, außer daß man im Gabelbocktanz die vertrauten Squash-, Melonen- und Bohnenranken führt, und nur im abschließenden Schlangentanz die lebendigen Schlangen. Jener erste Tanz hat nur wenige Zuschauer, und manche Hopi bezeichnen ihn sogar als *nátwanta*, als »Übungstanz«. Jedoch hat er, wie alle vorangegangenen Rituale, seinen Zweck, außerdem legt er das Muster für den Schlangentanz fest. Schnell laufende (wirkliche) Gabelböcke erzeugen das Geräusch des Donners, dessen Schwingungen die Wolken aufstören, so daß sie aus ihren Heiligtümern hervorkommen. Daher zieht der Gabelbocktanz die Wolken herbei. Die Stierschlange aber hat die Kraft, aus den Wolken das Leben und den Regen herauszuziehen. Daher bringt der Schlangentanz am nächsten Tag den Regen.

Der Brennpunkt in Oraibi war immer das wichtige *típkyavi*, der Schoß, die Plaza vor der Schlangenkiva. Dort war das *sipápuni*, jenes kleine Loch, das den Ort des Aufstiegs aus der Unterwelt darstellte. Wie wir uns erinnern, gossen hier am Powamu die Kachinas Áholi und Eototo Wasser aus den Krügen an ihren *mongkos*, um die Aufstiegswege des Menschen auf all den aufeinanderfolgenden Stufen seines entwicklungsgeschichtlichen Daseins zu reinigen. Hier in Hotevilla und anderen Dörfern hat man auf der offenen Plaza ein ähnliches kleines *sipápuni* gegraben. Darüber liegt eine Bohle aus Cottonwood, das pochta, das als Klangbrett oder Resonanzboden dient. Dahinter ist das kisi, das »Schattenhaus«, aufgebaut, eine Laube aus grünen Cottonwoodästen, deren Öffnung mit einer Decke oder einem Streifen Segeltuch verschlossen ist. Dort hinein werden am frühen Morgen des sechzehnten Tages, dem großen Tag des berühmten Schlangentanzes, alle Schlangen aus der Kiva getragen.

Schon kommen die Zuschauer an – geschniegelte Urlauber von den Ferienfarmen, Jungen und Mädchen aus den Zeltlagern und Schulen, Touristen aus der ganzen Welt, Staatsbeamte vom Indianeramt, Pueblo-Indianer vom Rio Grande, viele Zuñi und ganze Horden von Navajo, die alle auf der kleinen sandigen Plaza von Hotevilla umherschwärmen, um Plätze auf den flachen Hopidächern kämpfen und Türeingänge und Terrassen verstopfen. Alle braten und schwitzen in der blendenden Sonne und warten geduldig stundenlang, um Indianer mit lebenden Schlangen im Mund tanzen zu sehen.

Mittlerweile machen sich die Teilnehmer der Zeremonie in den Kivas fertig. Die Schlangenmitglieder bemalen den größten Teil ihres Körpers mit einer Mischung aus *suta*, einem roten, und *yalaha*, einem dunkelroten Mineral. Ein großes Oval über Brust und Schultern wird mit *tuma*, mit weißem Ton, bestrichen. Weiß sind auch die Streifen, die den oberen Teil der Stirn und die Vorderseite des Halses bedecken. Das übrige Gesicht ist mit *monha* geschwärzt. Jedes Mitglied trägt einen rötlichbraunen Rock mit einem schwarzen Schlangenmuster und braune, gefranste Mokassins, auf die Meeresmuscheln genäht sind.

Im Gegensatz dazu malen sich die Gabelbockmitglieder aschgrau an, mit weißen Zickzacklinien, die von der Brust aus über Schultern und Arme bis zu den Fingern und an der Vorderseite der Beine bis zum großen Zeh verlaufen. Die Rassel, die jeder trägt, besteht aus einem Flaschenkürbis, der mit der Hodenhaut eines Gabelbocks verschlossen ist. Jeder trägt einen weißen Rock und einen bestickten Gürtel, und den letzten Schliff bildet eine weiße Linie, die sich von einem Ohr bis zum anderen zieht und das Kinn hervorhebt.

Nun ist es schon nach vier Uhr, und die Menge auf der Plaza wird unruhig. Wind ist aufgekommen und fegt Wolken von

Sand und Staub über die Hausdächer. Ein kleines Mädchen läuft zum kisi und macht Anstalten hineinzugehen. Man erschauert bei der Vorstellung, daß sie unter all den sich windenden Schlangen herumkrabbeln könnte, aber niemand ruft eine Warnung; vielleicht weiß auch niemand, was in der Hütte ist. Ganz ungezwungen kommt ein alter Hopi herbei, nimmt sie bei der Hand und führt sie weg.

Mittlerweile geschieht Wichtigeres. Wir, der Weiße Bär und ich, beobachten es von einem Hausdach aus, wo wir in einem Haufen Navajo eingequetscht stehen. Die siedend heiße Augustsonne ist verschwunden, und der Wind treibt eine Schar schwarzer Sturmwolken am Horizont nach Norden. Auch andere Hopi beobachten dieses Schauspiel mit einem Ausdruck von Besorgnis auf ihren sonst gelassenen Gesichtern. Es ist bisher ein Sommer der Dürre und Verzweiflung gewesen. Das Niman-Kachina hatte keinen Regen gebracht; aus irgendwelchen Gründen war die Zeremonie in einigen Dörfern nicht richtig durchgeführt worden. An anderen Orten hatte man den Heimtanz durch einen anderen Tanz ersetzt. Auch die Flötenzeremonie hatte keinen Regen gebracht, und nun verkümmert der Mais auf den Feldern. Der alte Häuptling Tawákwaptiva ist im April gestorben, und ein Nachfolger ist noch nicht ernannt worden. Bosheit und Hader schleichen durch alle Dörfer. Die Schlangen-Gabelbock-Zeremonie ist die letzte Hoffnung – sie bringt immer Regen. Und nun spiegelt der Himmel, oben wie unten, den Kampf zwischen Gut und Böse wider. Und während die Menge vor Kälte fröstelt und durch das lange Warten unruhig wird, beobachten die Hopi geduldig das wachsende Tempo der Schlacht.

Ein Windstoß treibt ein paar Regentropfen herüber, von denen jeder so hart und so kalt wie ein Eiskügelchen ist. Weißer Bär zwängt sich bedachtsam durch die dichtgedrängte Menge der Navajo, klettert die Leiter hinunter und geht zum Wagen. Ich sehe ihn unten, wie er in einer engen Gasse steht und auf die Worte einiger älterer Hopi hört. Alle schauen zum Himmel hinauf. Die schwarzen Sturmwolken werden nach Norden am Dorf vorübergetrieben. Es fällt kein Regen. Statt dessen wird der Himmel schwärzer und die Luft kälter. Weißer Bär kehrt mit einem Mantel zurück, den ich mir über mein dünnes Hemd hängen soll. Man riecht den Schweiß der Navajo, so eng sind wir zusammengedrängt. Noch immer sitzen wir wortlos da und schauen zu, wie die Sturmwolken über der Wüste nach Westen abdrehen.

Dann ziehen sie plötzlich auf der Plaza ein: zwei Reihen von je zwölf Männern, wie ein Paar Gebetsstäbe für jede der sechs Richtungen; die Gabelböcke aschgrau und weiß, die Schlangen rötlichbraun und schwarz. Das Auftreten des Schlangenführers spiegelt die Grundstimmung dieser düsteren Szenerie. Es liegt etwas Steinzeitliches in seiner schweren Gestalt mit den langen Armen und dem losen Haar, das auf die derben Schultern herabfällt. Am Schluß der Reihe stapft ein kleiner Junge. Schweigend umkreisen sie viermal die Plaza. Es herrscht eine eigenartige Stille, die durch das leichte Rasseln der Flaschenkürbisse und Meeresmuscheln noch hervorgehoben wird. Jeder, der an der Vorderseite des *kisi* vorbeigeht, beugt sich vornüber und stampft mit dem rechten Fuß kräftig auf das *pochta*, das Klangbrett über dem *sipápuni*. In der lastenden düsteren Stille klingt das dumpf hallende Stampfen wie ein schwaches Donnergrollen aus der Unterwelt, auf das einen Augenblick später, wie ein Echo aus den fernen Sturmwolken, der Donner folgt.

Dies ist der Augenblick des höchsten Geheimnisses im Schlangentanz, das Wunder der ganzen Schlangen-Gabelbock-Zeremonie. Nirgendwo anders kann man solch einen Ton hören, der so tief und so mächtig klingt. Er versichert denen, die

218

unten wohnen, daß die, die oben wohnen, pflichtgemäß ihre Zeremonie ausführen. Er erweckt die Schwingungszentren tief in der Erde, damit sie ihre Schwingung die ganze Erdachse entlangsenden. Und über die vier Enden der Welt bringt er dem lang verlorenen weißen Bruder die Botschaft, daß er noch nicht vergessen ist und daß er kommen muß. Dieser esoterische Aufruf kann nicht mißverstanden werden, denn er ergeht als ein gebieterischer Ruf an jene schöpferische Lebenskraft, die man in einer anderen Kultur Kundalini nennt. Wie eine Schlange liegt sie in den tiefsten Zentren der einander entsprechenden Körper von Erde und Mensch verborgen, um nun durch jenen Ruf zu erwachen und zum Thron ihres Fürsten aufzusteigen – zum Vollzug der mystischen Hochzeit.

Und die Kraft steigt auf. Man kann dies an den Gabelböcken sehen, die nun in einer langen, vom *kisi* ausgehenden Reihe dastehen. Wie Schlangen wiegen sie sich nach links und rechts, singen leise und schütteln die Rasseln mit den Hodenhäuten der Gabelböcke, während die Kraft langsam in ihnen aufsteigt. Dann straffen sich ihre Körper, und ihre Stimmen schwellen an.

Im gleichen Augenblick bückt sich der Schlangenhäuptling vor dem *kisi* nieder und richtet sich mit einer Schlange im Munde wieder auf. Er hält sie gerade unterhalb ihres Kopfs sanft, aber doch sicher zwischen den Zähnen. Mit der linken Hand hält er in Höhe seiner Brust den oberen Teil des Schlangenkörpers und mit der rechten Hand, in Höhe seiner Taille, den unteren Teil. Dies, sagt man, ist die richtige Art, eine Schlange beim Tanz anzufassen. Sofort tritt nun ein zweiter Schlangenpriester mit einem *kwáwiki*, einer gefiederten Schlangengeißel, hinzu, um die Schlange damit zu streicheln. Er wird allgemein der Führer genannt, da es seine Aufgabe ist, den Tänzer in einem Kreis um die Plaza zu führen. Wenn sie sich von dem *kisi* entfernen, kommt der nächste Tänzer mit seinem Führer und hält an, um eine Schlange aufzunehmen. Dies geht so weiter, bis sogar der kleine Junge am Schluß der Reihe mit einer Schlange im Mund zum erstenmal tanzt. Es ist eine große Klapperschlange, deren flacher, vogelartiger Kopf sich gegen seine Wange schmiegt. Alle Tänzer zeigen mit den Schlangen die gleiche gelassene Vertrautheit wie am Tag zuvor mit den Kürbisranken.

Wenn ein Tänzer die Plaza umrundet hat, nimmt er die Schlange aus dem Mund und legt sie sachte auf den Boden. Darauf hält er mit seinem Führer wieder vor dem *kisi* an und holt sich eine andere Schlange. Ein dritter Mann, der Schlangeneinsammler, nähert sich nun der freigelassenen Schlange. Sie hat sich zusammengerollt und ist bereit zuzuschlagen. Der Einsammler beobachtet sie aufmerksam und rührt sich nicht, bis sie sich entrollt und anfängt, sich schnell über die Plaza zu winden. Da nimmt er sie geschickt auf und hält sie hoch, um zu zeigen, daß sie nicht in die Zuschauermenge geflüchtet ist. Dann händigt er sie einem der Gabelböcke aus, die die ganze Zeit über singen. Der Gabelbock streicht mit der rechten Hand über den sich windenden Körper und singt weiter.

So vergeht der ganze Nachmittag bis zur Dämmerung in einer Art faszinierender Verzauberung. An den tanzenden Männern mit den Schlangen im Mund ist eigentlich nichts Aufregendes – nur ihre eigenartige Würde, die verrät, wie tief sie in das Mysterium versunken sind, und ein fremdartiges Bewußtsein der Kraft, in das sie eingehüllt zu sein scheinen. Die Meeresmuscheln rufen mit dem ihnen eigenen leisen Klang ihre Mutter an, das Wasser, daß es komme und die Erde wieder auffülle. Im Lied der Gabelböcke wird die Ankunft der Wolken aus den vier Richtungen und das Fallen des Regens beschrieben. Alle Hopi wissen, daß mit dem Schlangentanz der Regen kommen wird, wenn es beim Heimtanz des Niman-Kachina nicht geregnet hat. Denn jetzt vollzieht sich die Vereinigung zwischen den beiden kosmischen Polen, die Entbindung des mystischen Regens, der alle psychischen Zentren des Körpers wieder auflädt und den ganzen Lebensstrom im Menschen wie in der Erde erneuert.

Die Dämmerung ist angebrochen, und die Schlacht zwischen den Elementen ist vorüber. Tief hängende Wolken bedecken den Himmel, aus denen ein paar Regentropfen fallen. Es ist genug. Man hat mit der letzten Schlange getanzt, und ein Trupp von Frauen zieht neben dem *kisi* einen Kreis aus Maismehl. Die Gabelböcke legen jeder seinen Armvoll Schlangen dort hinein, und darauf ergreift jedes Schlangenmitglied soviel Schlangen, wie es tragen kann, und bringt sie hinaus in die Wüste; jeder einige nach Westen, einige nach Süden, Osten und Norden. Dort werden sie nochmals gesegnet und dann freigelassen, um die Botschaft von der Erneuerung allen Lebens zu den vier Enden der Erde zu tragen, denn es ist bekannt, daß Schlangen durch das ganze Land wandern.

Wenn die Männer zurückkommen, trinken sie eine Schale mit einem starken Brechmittel, das *nanáyö'ya* heißt, und stellen sich an den Rand der Felswand und erbrechen. Sie müssen dies tun, weil sonst ihre Bäuche von der Kraft wie Wolken anschwellen und platzen würden. Die Frauen helfen ihnen, die Farbe vom Körper zu entfernen, und danach kehren sie zur Reinigung in die Kiva zurück.

Die Schlangen-Gabelbock-Zeremonie ist die letzte große Zeremonie des Jahreskreises, der mit *Wúwuchim*, *Soyál* und *Powamu* begann und sich mit dem *Niman-Kachina* und der Flötenzeremonie fortsetzte. Sie ist eine großartige und tiefsinnige Zeremonie. Wenn die ersten drei Zeremonien die drei Phasen der Schöpfung darstellen und die nächsten beiden in gewisser Weise die Entwicklung auf dem Lebensweg fortführen, so führt die

Schlangen-Gabelbock-Zeremonie aus der Vergangenheit in die immerwährende Gegenwart. Ihre Bühne ist nicht der aus uns selbst hinausverlegte äußere Kosmos, sondern der innere Kosmos der dem Menschen eigenen Psyche. Was immer die Bedeutung dieser Zeremonie sein mag – denn jeder Beobachter wird in ihr etwas anderes erkennen –, so zeigt sie doch, wie die Wechselwirkung der kosmischen Kräfte im Menschen verfügbar gemacht und in der physischen Welt offenbart werden kann. Daß dies im Rahmen eines Ritus geschieht, der allgemein als primitiv und animistisch betrachtet wird, ist eine große Leistung.

Indianische Zeit

(aus: »Pumpkin Seed Point«)

Die Aussagen der Hopi-Ältesten scheinen die Gedanken, die Waters bisher vertreten hatte, zu bestätigen und zu stützen. Vor allem aber scheinen sie seine persönliche Entwicklung gefördert zu haben. Das zeigt sich deutlich in seinem nächsten Buch, »Pumpkin Seed Point«, einer sehr subjektiven Erzählung persönlicher Erfahrungen aus der Zeit, die er bei den Hopi verbrachte. Dieses Werk, das er 1965 – zwei Jahre nach Veröffentlichung von »Das Buch der Hopi« – in Angriff nahm, beschreibt das psychische und spirituelle Wachstum, das er seit »The Colorado«, »Masked Gods« und »The Woman at Otowi Crossing« erfahren hatte. Darüber hinaus stellt er darin seine eigene Synthese vor, indem er auf persönlicher Ebene eine Aussöhnung der zahlreichen Dualitäten versucht, die ihn die Hopi gelehrt hatten. Er erkannte, daß er die wahre Bedeutung der Hopi-Mythen und -Legenden nur von innen, aus einem persönlichen philosophischen System heraus, präsentieren konnte, und in »Pumpkin Seed Point« berichtet er diese Erfahrungen bei der weiteren Entwicklung seiner Philosophie der Fusion.

Deshalb ist es kein Wunder, wenn wir Weiße mit unserem unbeding-ten Vertrauen in die oberflächliche physische Realität nur selten wahr-nehmen, daß es so etwas wie ein verborgenes indianisches Amerika gibt. Wir haben es nie kennengelernt, doch gerade dieses Amerika ver-

*körpert die Wahrheiten unseres eigenen Unbewußten, die unter-
drückten Elemente unseres dunklen, tieferen Selbst.*[1]

Daß es Waters nicht vollkommen gelingt, die indianische und
die Welt der Weißen miteinander in Einklang zu bringen, kann
nicht überraschen. Doch die Aufzeichnung seines Versuchs –
und dessen Implikationen – sind von großer Bedeutung. Der
Leser folgt ihm durch verschiedene Stadien spirituellen Wachstums und kommt dabei zu dem Schluß, daß die westliche Zivilisation, um überleben zu können, »eine lebensfähige Fusion der
beiden großen Welten – der industriell-mechanisch-rationalen
und der organisch-spirituell-intuitiven – [finden muß]«[2], und
daß der Verlauf unserer Geschichte in eben diese Richtung zu
weisen scheint. Waters legt den Gedanken nahe, daß uns die
Hopi-Lehren, indem sie zeigen, was die Hopi haben, erkennen
lassen, was uns fehlt.

Die drei folgenden Essays aus »Pumpkin Seed Point« reflektieren Waters' Kommentar zur Dichotomie der weißen und der
indianischen Welt, seine eingehende Kenntnis indianischer Rituale und seine ständig wachsende subjektive Betroffenheit.

Zwei Ansichten der Natur

Wie schon die prähistorischen Tolteken und Azteken glauben die Hopi, Zuñi und viele andere Indianerstämme
unserer Zeit, daß sie vor der Ankunft in dieser Welt bereits in
drei anderen gelebt haben. Welchem Ur-Volk die Indianer Mit-
telamerikas angehörten, von welchem verschwundenen oder
noch existierenden Kontinent sie wann und wie kamen, ist nicht
bekannt. Ihr Ursprung verliert sich in einer Zeit, die an die
Grenzen des einen großen Lebensgeheimnisses zurückreicht.

Doch solche dokumentarischen Fragen sollten uns nicht be-
unruhigen. Der große Mythos des Auftauchens, wie die Hopi

ihre Ankunft auf diesem Kontinent sehr treffend bezeichnen, ist die in Bilder gefaßte Geschichte vom Aufstieg des Bewußtseins aus dem großen Meer des Unbewußten – die Evolution jenes Bewußtseins von Objekt und Selbst, das den Menschen als einziges Wesen der Schöpfung befähigte, sich von der ihn umgebenden Natur abzugrenzen. Dieser Prozeß bedeutete für die Menschheit einen großen Schritt nach vorn; durch ihn verlieh der Mensch der Welt eine objektive Existenz und nahm teil am Prozeß der Schöpfung.

Wie wunderbar muß dieses uralte, unbekannte Amerika, diese neue vielversprechende Vierte Welt ihren ersten Bewohnern vorgekommen sein! Glitzernd und frisch lag sie im Morgentau vor ihnen; unberührt, rein in nackter Schönheit und voll faszinierender Gegensätze – schneebedeckte Gebirge und flimmernde Wüsten, die bis unter den Meeresspiegel absinken; arktische Tundren, die in unendliche, wogende Prärien übergehen, zu Hochebenen ansteigen und absinken in tropischen Dschungel. Und belebt von einer bunten Vielfalt an Arten: winzige Pflanzen und dichte Wälder, Vögel, Reptilien, Insekten und unzählige Tiere verschwundener Spezies wie dem Büffel, dessen riesige Herden die gelbbraunen Ebenen dunkel färbten. Ein Land mit einem eigenen großen Lebenshauch und einem Schicksal, das mit unsichtbaren Schwingen über ihm schwebt.

Ähnlich wie andere indianische Völker verstanden sich auch die Hopi in dieser großen neuen Welt als privilegierte Neuankömmlinge. Deshalb baten sie bei ihrer Ankunft als erstes den Schutzgeist dieser Welt um die Erlaubnis, dort leben zu dürfen. Er gab seine Zustimmung, allerdings mit der Bedingung, daß sie nicht wahllos auf dem Land umherstreiften und es nicht nach eigenem Gutdünken nutzten. Vielmehr sollten sie Wanderungen nach Norden, Süden, Osten und Westen zu den vier *Pasos* unternehmen, wo das Land auf das Meer trifft, und sich erst dann in der ihnen zugewiesenen neuen Heimat niederlassen. Dort sollten sie mit jährlichen Zeremonien ihrer Wanderungen gedenken und das Land für seinen Schöpfer urbar machen.

Die Bedeutung dieses Mythos ist klar. Das Entstehen des Bewußtseins macht den Menschen nicht vollkommen frei; er unterliegt nach wie vor dem Einfluß des Unbewußten, das seine Vergangenheit seit Anbeginn verkörpert. Zwar kann er bis an die Grenzen von Geist und Willen vordringen, doch ist er immer daran gebunden, jene wundersamen Rituale auszuführen, die ihn an seine Herkunft vom einen großen Ursprung allen Lebens erinnern und seine Ganzheit erhalten.

Diese und viele andere derartige Überlieferungen prägten das Verhältnis der Hopi zu ihrem Land. Wenn die in den vier Himmelsrichtungen liegenden Berge und die Grenzflüsse des Stammeslandes mit dem Blut eines keuschen Knaben und eines jungfräulichen Mädchens befleckt wurden, dann wurde die Erinnerung an diese Opfer über ungezählte Generationen hinweg mit männlich-weiblichen, auf zeremoniellen Altären angebrachten Gebetsfedern aufrechterhalten, um die Menschen an die Heiligkeit des Landes zu erinnern. Das Land war kein Handelsgut, das man besaß und nach Belieben aufteilen und veräußern konnte. Sondern es war ihre Mutter Erde, von der sie geboren und an deren Brust sie genährt wurden und in deren Schoß sie nach dem Tod in der Haltung eines Ungeborenen zurückkehrten.

Die Mutter Erde hat neben den Menschen noch viele andere Kinder: die Stengel der langen Wildgräser, die sich zu Maispflanzen entwickeln, die hochragende Fichte, alle Vögel der Luft, die Tiere der Ebenen und der Wälder und die Insekten. Allen ist das gleiche Recht auf Leben eigen. Sie stillen die Bedürfnisse des Menschen, doch sie werden nicht mutwillig und leichtfertig getötet. Ein Hirsch wird erst erlegt, wenn er zeremoniell seine Zustimmung dazu erteilt hat; so wird der Fortbestand des Lebens in geordneten Bahnen gesichert. Die Adler werden wegen ihrer Daunen und Federn gebraucht. Zuvor wäscht man ihnen jedoch die Köpfe und macht sie so zu Mitgliedern des Stammes. Dann erst wird ihnen ohne Blutvergießen, mit einer Decke, das Leben ausgehaucht. Ihre nackten Körper werden auf dem Adlerfriedhof der Erde übergeben. Die große, stattliche Fichte stellt ihren Stamm, ihre Äste und Nadeln zur Verfügung. Auch sie wird um die Einwilligung zu ihrer notwendigen Opferung gebeten. Damit ihr die Axt keine Schmerzen zufügt, wird ihr ein besonderer Trank verabreicht. All diese noch immer befolgten Riten sind bei den weit auseinander lebenden Stämmen des Südwestens und Mexikos bemerkenswert ähnlich.

Wer wie wir gewohnt ist, Materie und Geist als Gegensätze zu betrachten, dem mögen diese Bräuche seltsam und sentimental erscheinen. Sie entsprechen jedoch einem allen amerikanischen Stämmen gemeinsamen Glauben an eine mysteriöse Kraft, eine dynamische Energie, einen unpersönlichen Lebensgeist, der alle Wesen der Natur erfüllt und vereint – den lebendigen Stein, den großen, atmenden Berg ebenso wie Pflanze, Tier und Mensch. Es ist das *Orenda* der Irokesen, das *Maxpe* der Crow, das *Mahopa* der Sioux und der *Manito* der Algonquin. Und dieser Glaube wird bestätigt durch die Lehren des Ostens, welche besagen, daß die Lebendigkeit jedes Wesens davon abhängt, ob sich sein Bewußtsein im Zustand der Latenz, des Schlafes oder des Wachens befindet. Die Indianer grenzen sich also nicht von anderen Formen des physischen Lebens ab, sondern betrachten sich selbst als Teil eines lebendigen Ganzen.

Jedes Wesen in der Natur besitzt also nicht nur eine äußerliche, physische Gestalt, sondern auch eine innere, spirituelle Kraft. Der Mensch darf den äußeren Körper eines Wesens zur

Befriedigung seiner Grundbedürfnisse verwenden. Dabei muß er sich aber bewußt sein, daß die spirituelle »Komponente« dieses Wesens in Form geistiger Energie erhalten bleibt. Er kann diese Energie sogar anrufen, um ihre Kraft zu seinem Nutzen zu verwenden.

Die Hopi bezeichnen diese spirituellen Kräfte als *Kachinas*, »geachtete Geister«, die noch immer jedes Jahr angerufen werden. Die Geister verstorbener Pflanzen, Tiere und Menschen und aller unsichtbaren Kräfte des Lebens werden manifest in Gestalt maskierter Männer, die bei den Zeremonien von der Kraft des dargestellten Geistes erfüllt werden. So erscheinen sie tanzend auf der Plaza, stoßen eigenartige Schreie aus und singen von Sonnenaufgang bis -untergang.

Eine solche Zeremonie ist ein Mysterienspiel mit tiefem Sinn, das, in Europa aufgeführt, Tausende von amerikanischen Pilgern anziehen würde. Hier jedoch finden sich nur wenige, die dergleichen als eine überragende indigene Kunstform zu schätzen wissen, deren anthropomorphe Masken, stilisierte Tänze und subtile Rhythmen auf der Welt einzigartig sind. Die wahre Bedeutung der *Kachina* liegt jedoch in ihrer Echtheit und geht damit weit über eine oberflächliche, nur künstlerische Betrachtung hinaus. So einzigartig und komplex es auch scheinen mag – mit ihr haben die Hopi dem ewig Gestaltlosen eine Gestalt gegeben und ein lebendiges Symbol des universalen Geistes geschaffen, der alles umfaßt und der so zu uns spricht, wie eben nur ein Geist sprechen kann: durch die intuitive Wahrnehmung unseres Glaubens an das fortwährende Mysterium des Lebens.

Wir halten solche Vorstellungen von der Natur gewöhnlich für primitiv und animistisch. Ein adäquates Urteil über sie läßt sich jedoch nur im Vergleich mit unserer eigenen, euro-amerikanischen Weltanschauung gewinnen.

Diese blickt ebenso wie die indianische auf eine alte religiöse Überlieferung zurück. Im ersten Kapitel Genesis unserer judäisch-christlichen Bibel heißt es, der Mensch wurde nach dem Ebenbild Gottes geschaffen und erhielt den Auftrag, sich die Erde untertan zu machen. Die Konnotationen des Begriffs »untertan« lassen sich kaum ignorieren. Vielleicht liegt gerade in dieser dualistischen Betrachtungsweise von Mensch und Natur die wahre Wurzel der Tragödie des westlichen Menschen.

Für die europäischen Christen war die ursprüngliche neue Welt des amerikanischen Kontinents eine riesige Schatzkammer unbelebter Natur, die nur auf ihre materielle Ausbeutung zum Wohl der weißen Rasse zu warten schien. Die Speerspitzen der Conquista unter Pizarro erstürmten Peru, Cortez eroberte das Aztekenreich. Im Norden des Doppelkontinents fegte die Eroberungswut des britischen Weltreiches wie eine Flutwelle vom Atlantik bis zum Pazifik über das Land hinweg. Und wie schnell der ganze Kontinent unterworfen wurde! Es war eine von purer Raubgier gekennzeichnete Besitznahme, deren Ausmaß und Geschwindigkeit in der Geschichte beispiellos sind. Jahr für Jahr fielen der Axt der weißen Eindringlinge riesige Wälder zum Opfer; Meile um Meile rückten sie nach Westen vor, pflügten das Grasland um, kanalisierten Flüsse, durchwühlten die Berge nach Gold und Silber, teilten, verkauften und verhökerten das Land weiter. Mit ihrem Zerstörungswerk ging die Ausrottung vieler Tiere einher, die nichts waren als ein Teil der feindseligen Natur, die es zu unterwerfen galt. Nicht aus Sportsgeist oder Profitgier, sondern aus purer Lust am Töten wurden riesige Büffelherden vernichtet und Tausende von Kadavern einfach liegengelassen, um in der Sonne zu verrotten.

Die Folgen unseres primitiven Handelns wider die Natur werden in unserer Zeit allzu offensichtlich. Wir haben Prärien und Bergwälder so sehr strapaziert, daß deren fruchtbare Böden von Flußläufen bis ins Meer transportiert werden. Der rapide sinkende Grundwasserspiegel zwingt uns, nach Verfahren zu suchen, um Trinkwasser aus dem Meer zu gewinnen. Die Luft ist in allen Großstädten lebensgefährlich vergiftet, und der ganze Planet wird in großem Ausmaß durch die radioaktiven Niederschläge neuester technischer Errungenschaften verseucht.

Doch die Unterwerfung eines Kontinents und die Ausbeutung seiner Ressourcen allein scheinen uns noch nicht zu genügen. Das ganze unberührte Universum liegt noch vor uns, die unendlichen Reiche der fernen Planeten des Weltalls; schon haben wir Forschungsflüge unternommen, um zu ihnen zu gelangen. Ist es also naiv zu fragen, ob unser nationales Raumfahrtprogramm wohl dazu dienen wird, auch diese Planeten für unsere materiellen Zwecke zu unterwerfen, zu kolonisieren und auszubeuten? Oder sind wir einfach in das Getriebe einer Technik geraten, die wir nicht mehr aufhalten können?

Solche Fragen reflektieren die menschliche Tragödie Amerikas, und zwar des weißen wie des roten. Denn die habgierige Zerstörung der Natur bedeutete von Anfang an auch das Todesurteil für die Indianer. Für die Weißen waren diese »Wilden« keine Menschen. Wie Tiere ohne Seele und Verstand waren sie Teil der unendlichen feindseligen Natur und die Verkörperung des Bösen schlechthin.

Die Geschichte Amerikas dokumentiert das tragische Massaker im »Jahrhundert der Schande«, dem ein Stamm nach dem anderen zum Opfer fiel, auf eine Art und Weise, die jeden weiteren Kommentar erübrigt. Als der Holocaust schließlich vorüber war, gab es auf dem gesamten Gebiet der Vereinigten Staaten noch knapp 200 000 Indianer, die in immer kleiner werdende Reservationen eingepfercht wurden.

Von Häuptling Seattle, nach dem die größte Stadt des Staates Washington benannt wurde, stammt die Grabrede der indianischen Rasse:

Wir sind zwei verschiedene Rassen mit eigenen Ursprüngen und eigenem Schicksal ... Uns ist die Asche unserer Vorfahren heilig, und ihre Ruhestätte ist heilige Erde. Ihr geht weit fort von den Gräbern eurer Vorfahren und scheinbar ohne Bedauern ...

Aber warum sollte ich traurig sein über den vorzeitigen Untergang meines Volkes? Stämme und Völker kommen und gehen wie die Wellen des Meeres. Es ist die natürliche Ordnung, und darüber zu klagen ist sinnlos ...

Wenn der letzte Rote Mann gestorben und die Erinnerung an meinen Stamm bei den Weißen Männern ein Mythos geworden ist, wird es an den Ufern wimmeln von unsichtbaren Toten meines Stamms. Und wenn die Kinder eurer Kinder sich allein glauben auf dem Feld, in der Scheune, der Werkstatt, auf der Straße oder in der Stille der weglosen Wälder, werden sie nicht allein sein.

Nachts, wenn die Straßen eurer Städte und Dörfer still sind und ihr sie für verlassen haltet, werden sich die wiederkehrenden Scharen darin drängen, die dieses schöne Land einst füllten und noch immer lieben. Der Weiße Mann wird nie allein sein.

Möge er gerecht und freundlich zu meinem Volk sein, denn die Toten sind nicht machtlos. Habe ich Tote gesagt? Es gibt keinen Tod, nur ein Hinübergehen in eine andere Welt.[3]

Die aus diesen Worten sprechenden edlen Gefühle konnten die Auswirkungen des für uns alle verhängnisvollen Desasters nicht mildern. Sie warnen uns scharfsichtig vor den Geistern, die nun unsere Straßen bevölkern, vor der Last der Schuld, unter der unser nationales Selbstverständnis zu wanken beginnt, und vor unserem anerzogenen Vorurteil gegenüber anderen Hautfarben. Doch wenn wir die Dezimierung der Indianer innerhalb des Kontextes unseres eigenen Glaubens betrachten, verliert unser auf die Vergangenheit fixiertes Mitgefühl viel von seiner emotionalen Intensität.

Denn die Tragödie war nicht nur die der Indianer, sondern auch die der Weißen.

Der Mensch wurde nicht abgesondert von der Natur erschaffen, wie er meinte, sondern aus ihr heraus, und ihre Kräfte und Triebe beeinflussen ihn noch immer unbewußt und intuitiv. In unserem Versuch, uns die Natur untertan zu machen, unterwarfen wir, die Weißen, auch die natürlichen Aspekte in uns selbst – die geheimgehaltenen und anstößigen Begierden des »Naturmenschen«, die »Fleischeslust« und all jene Instinkte, die mit den Moralvorstellungen des rationalen Menschen so unvereinbar sind. Unser eigener Geist und unser Körper wurden so zum Schlachtfeld des Menschen gegen die Natur, der Menschheit gegen Gott und auch des Menschen gegen sich selbst. Sein Selbst spaltete sich in zwei einander bekämpfende Teile: Verstand und Intuition, Bewußtes und Unbewußtes.

Das Resultat war voraussehbar, denn die weißen Neuankömmlinge hatten jene Sünde begangen, vor der der Große Geist *Masaw* die Hopi damals, bei ihrer Ankunft, gewarnt hatte: Sie hatten sich von den Wurzeln des Lebens abgeschnitten.

Mit dem phänomenalen Aufstieg und der Ausbreitung der westlichen Zivilisation wurden die USA zur materiell reichsten Nation, die je auf diesem Planeten existierte. Das ungeheure Paradox ist, daß wir durch diesen Prozeß der gesamten Menschheit zwar unbeschreibliche Vorteile verschafft haben, spirituell aber dabei verarmten. Durch die scheinbar totale Unterwerfung der Natur haben wir uns eine maschinenbeherrschte Gesellschaft geschaffen, die so sehr aller Lebenskräfte beraubt ist, daß sie die Erzeugung synthetischen Lebens im Reagenzglas plant. So betrachtet wäre es wohl mehr als angebracht, die Maschine zur Gottheit zu erheben.

Doch diesen Gedanken weist die Natur selbst zurück – diese großartige Einheit aller Schöpfung, die erfüllt ist von einem Bewußtsein und durchströmt von einer Kraft, welche das gesamte Universum umfaßt. Alles ist lebendig und unterscheidet sich nur im Grad des Empfindungsvermögens, mit dem es diese alles durchdringende Kraft im Aufstieg vom Mineral bis zum Menschen reflektiert. Das Leben des Ganzen ist ein unbewußter Prozeß, der durch das Bewußtsein erhellt wird. Doch das pragmatische Bewußtsein ist begrenzt. Es erhellt nicht das vollständige Ganze, sondern nur einen faktischen Teil davon, und deshalb ist der »geistige Horizont« des Menschen begrenzt. Er wählt nur den Teil aus, der ihm nützlich erscheint, und ignoriert und verleugnet alles andere.

Für den rationalen westlichen Menschen nahm dieser Teil immer mehr ab. Er wurde sukzessive reduziert auf jenes kleine Segment der Menschheit, das die weiße Rasse umfaßt, die Westeuropäer, und heute, dank eines exzessiven Nationalismus, die von Amerika dominierten Länder. Diese Tendenz ist gegen den evolutionären »Trend« innerhalb der Natur gerichtet, der den Menschen zwingt, die Grenzen seines Bewußtseins ständig neu abzustecken. Er muß künftig nicht nur alle Hautfarben und Völker in die globale Gemeinschaft mit einbeziehen, so »primitiv« sie auch sein mögen, sondern auch einen lebendigen Bezug zum Reich der Tiere, der Pflanzen, der lebendigen Erde und schließlich zum gesamten Universum herstellen, für das er letztlich mitverantwortlich ist.

Dies also sind die durch unsere gegensätzlichen Ansichten der Natur in etwa umrissenen Bilder: die extrovertierte Auffassung, wie sie vor allem von den Europäern vertreten wird, und

die introvertierte, seit jeher von den farbigen Menschen einge-
nommene Perspektive, die sowohl den Völkern des Fernen
Ostens als auch den indianischen Bewohnern Amerikas eignet.
Sie bilden die komplementären Seiten der gleichen Münze.
Wenn der rationale Mensch aus der Natur kam und sich von ihr
entfernte, um sie objektiv betrachten zu können, dann kam die
Natur im Menschen zu sich selbst, um sich subjektiv sehen zu
können. Eine umfassende, allgemeingültige Weltanschauung
muß demnach von einem Standpunkt kommen, der Instinkt
und Verstand in sich vereint. Wie aber können wir ihn erreichen?

Es mag seltsam erscheinen, daß sich diese Frage für jemanden, der durch den Dorfausrufer hier in New Oraibi nicht all-
zugut über den Lauf der Welt informiert wird, überhaupt stellt.
Ähnlich vielen Entwicklungsländern steht auch New Oraibi auf
der Grenzlinie zwischen zwei Welten, ohne sich einer von beiden besonders verpflichtet zu fühlen. Für welche Seite soll es
sich entscheiden? Es kann nicht mehr in der »primitiven« Vergangenheit des Stammesverbands verharren. Ebensowenig
kann es sich aber auf eine rein technologische, bedrohlich-
sterile Zukunft einlassen. Auch die westliche Zivilisation steht
an einem bedeutenden Scheideweg. Ihr hart erkämpftes Bewußtsein darf nicht wieder ins Unbewußte absinken, doch ebensowenig kann sie an ihrer rationalen, hartnäckigen Entfremdung vom Leben festhalten. Beide Kulturen sind in eine Sackgasse geraten, als deren Ausweg sich eines Tages sehr wohl die
H-Bombe erweisen könnte.

Natürlich hält uns der Dorfausrufer von New Oraibi nicht
allmorgendlich über die ständig steigende radioaktive Verseu-
chung auf dem laufenden. Aber beinahe täglich werden wir über
Ereignisse informiert, von denen die umfangreiche Hopi-
Prophezeiung spricht. Sie weist einen Weg aus unserem tragi-

schen Dilemma heraus: Vor langer, langer Zeit, als die Dritte Welt schlecht und unfruchtbar wurde, wurden Vorbereitungen für den Aufstieg in eine neue, Vierte Welt getroffen. Die Menschen wurden einfach aufgefordert, das *Kopavi* auf dem Schädeldach offenzuhalten. Durch dieses für den Schöpfer »offene Tor« würden sie Anweisungen erhalten, wie sie auf der Reise ans Ufer ihrer neuen Welt und auf der vierfachen Wanderung durch den Kontinent in ihre Heimat gelangen würden. Und so wurden sie geführt von der Stimme ihres Schutzgeistes, von *Kachinas*, von einem Stern – durch all die Stimmen, Gestalten und Symbole, mit der die Intuition zu unserem inneren Selbst spricht.

Der Prophezeiung der Hopi zufolge ist die Menschheit jetzt bereit zum Aufstieg in eine neue Fünfte Welt. Wieder einmal müssen wir uns bemühen, offenzubleiben, damit wir eine neue Stimme vernehmen, einen neuen Leitstern sehen können. Es wird *Sasquasohuh* sein, der Blaue Stern; er ist noch weit weg und unsichtbar, wird aber bald auftauchen. Wir werden über sein Kommen unterrichtet, wenn *Sasquasohuh*, die Blaue Stern-*Kachina*, zum ersten Mal als sein manifestierter Geist in der *Kisonvi* tanzt.

Auch wir Weiße stehen auf der Schwelle zu einer neuen Epoche in der Evolution der Menschheit. Vor rund 2000 Jahren erschien den Weisesten unserer Zivilisation ebenfalls ein Stern. Er führte sie zum Fleisch gewordenen Geist eines neuen Glaubens, der über Jahrhunderte hinweg alle unsere Bedürfnisse verkörperte. Auch heute ist die christliche Botschaft nicht antiquiert, doch sie wurde von einer Glaubensgemeinschaft, die sich zur gesellschaftspolitischen Institution entwickelte, zum moralisierenden Machtinstrument verkehrt. Der über-rationale Mensch von heute begreift die mythischen Parabeln des Christentums als bloße historische Ereignisse. Damit ersetzt er Glauben durch Wissen und vergißt, daß der Glaube nicht dem Bewußtsein, sondern dem Unbewußten zugehört. Von dieser einzigen Quelle religiöser Erfahrung aus müssen auch wir nach einem neuen Stern Ausschau halten, einem neuen Symbol, das unseren Glauben an das Leben erneuert.

Mit seiner Hilfe müssen wir die Reise durch die großen, unbekannten interstellaren Räume in uns bewältigen – denn sie werden die neue Welt der Zukunft sein. Sogar die moderne Wissenschaft, die die Materie zu immer noch kleineren Teilchen reduziert, erkennt an, daß es gar keine Materie gibt. Was wir Materie nennen, sind elektrische Felder, die durch gegenseitige, polare Anziehungskräfte entstehen: die unsichtbaren *Kachina*-Kräfte, von denen die von der »großen Welt« ignorierten Hopi sprechen. Ist es unmöglich, einzugestehen, daß aus ihnen neben der destruktiven Energie der Wasserstoffbombe auch wohltätige psychische Energie kommen kann?

Und deshalb scheint es mir hier, in meinem kleinen Haus unterhalb von Pumpkin Seed Point, als ob unsere, die Weltanschauung der Weißen, und die der Hopi sich gar nicht so sehr voneinander unterscheiden. Wir mögen noch so übertrieben pessimistisch sein und uns gegenseitig beargwöhnen – letzten Endes sind wir doch beide vom gleichen, abstrakten Glauben an die mysteriöse Kontinuität des Lebens erfüllt. Und dieser Glaube wird uns auf eine Stufe erheben, auf der wir uns über die gegensätzlichen und komplementären Seiten der Münze ein umfassenderes Bild machen können. Wir haben einen langen Weg hinter uns gebracht vom grünen Algenfleck im stinkenden Teich bei den Dinosaurierspuren im Shalako Cañyon. Aber ebenso wie der schon zurückgelegte Teil der Reise führt auch der noch vor uns liegende durch das subjektive Reich der Zeit und der Liebe. Und diese Reise nach innen läßt sich auch nicht mit Flügen durch das äußere Weltall abkürzen.

Zeit

Daß die Indianer eine völlig andere Auffassung von Zeit haben als wir, ist allgemein bekannt. Doch worin dieser Unterschied besteht, läßt sich kaum erklären. Auch einem *Koshare*, einem Clown der Pueblo-Indianer, den ich einmal auf einer Plaza mit einem Wecker durch die Menge der Touristen tanzen sah, gelang es nicht. Er zeigte nur spöttisch auf die Uhr und rief immer wieder: »Zeit, um hungrig zu sein!« Ich selbst kann den Unterschied ebensowenig erklären, denn »Zeit« ist eine Abstraktion, die sich nicht mit vernunftgemäßen Begriffen ausdrücken läßt. Aber manchmal wache ich nachts auf und spüre eine intuitive Ahnung ihrer mysteriösen Zusammenhänge. Es ist ein Gefühl, als sei ich dann nicht mehr von einem sich ständig weiterbewegenden Fließen umfangen, sondern befände mich in einem ruhigen, tiefen Meer der Fülle, das Sinn und ein Leben ganz für sich hat. In diesen Augenblicken völligen Friedens verspüre ich keinerlei Notwendigkeit, durch den Raum zu eilen, um einen Punkt in der Zeit erreichen – oder eben auf den Glockenschlag hungrig zu sein. Denn dann kommt mir die Zeit vor wie ein lebendiges, organisches Element, das uns auf geheimnisvolle Weise hilft, unser Wachstum und unser Wesen zu gestalten.

Dieses Zeitgefühl vermitteln auch die großartigen Ruinen des alten Amerika – die zeremoniellen Komplexe aus Pyramiden und Observatorien, Tempeln und Grabstätten, die wir in den Dschungeln von Yucatan, in San Juan Teotihuacan im Tal von Mexiko und auf dem Gipfel des Monte Alban in Oaxaca bestaunen. 1500 Jahre vor Christus und 3000 Jahre, bevor die Neue Welt in Europa überhaupt bekannt war, errichteten die Indianer Mexikos hier das erste Observatorium und entwickelten den Kalender, der zur Grundlage ihrer Religion wurde. Die tiefere Bedeutung dieser steinernen Bauten kennen wir nicht; ebenso ist uns der Sinn ihrer Formen, Proportionen und Positionen im

Raum unbekannt. Aber sie hatten etwas zu tun mit den Reisen, bei denen sich der Geist von der Materie befreite, und sie setzten die unsichtbaren Dimensionen von Zeit und Raum gleich mit der Unendlichkeit.

Dies ist nirgendwo ersichtlicher als in der heiligen Toltekenstadt Teotihuacan, dem »Ort, an dem Menschen Götter wurden«, etwa fünfzig Kilometer außerhalb von Mexico City. Angelegt im ersten Jahrhundert vor Christus und mit einer Gesamtfläche von über hundertvierzig Quadratkilometern, war dies die älteste und größte Metropolis Mesoamerikas. Doch sie ist noch immer nicht vollständig ausgegraben worden. Das Zentrum dieser enorm großen majestätischen Ruine war vollständig gepflastert; es umfaßte elf Quadratkilometer und war in zwei Sektoren gegliedert. Der tiefer gelegene Teil war eine riesige viereckige Anlage mit horizontal ausgerichteten Mauerwerken. Hier befand sich der Tempel des Quetzalcoatl, dessen Seitenwände mit 365 in Hochrelief ausgeführten Köpfen der Gefiederten Schlange geschmückt waren – einer für jeden Tag des Jahres. Der Name Quetzalcoatl leitet sich aus zwei Nahuatl-Wörtern ab: *quetzal* ist ein Vogel mit prächtigen Federn, und *coatl* ist eine Schlange; zusammen symbolisieren sie die Vereinigung von Himmel und Erde, Materie und Geist. Quetzalcoatl war ein Gott der Selbstaufopferung und Reue, der die Menschen vom Konflikt der Gegensätze befreite; als der Erlöser war er die oberste Gottheit.

Der obere Stadtteil im Osten, der aufgehenden Sonne zu, war vertikal ausgerichtet und dem Himmel geweiht und bildete so einen Gegenpol zum tieferen Sektor, der mit seinen horizontalen Linien der Erde gewidmet war. Er wurde beherrscht von der Sonnen- und der Mondpyramide. Die Ausmaße der Sonnenpyramide sind immens: Sie ist 65 Meter hoch, die Grundlinien messen 225 Meter. Ihre Ost-West-Achse weicht um siebzehn

Grad nach Norden hin ab; damit ist sie genau auf den Punkt hin orientiert, an dem die Sonne am Tag ihrer Reise durch den Zenit hinter dem Horizont verschwindet.

Die beiden Stadtteile waren durch eine vornehme zwei Kilometer lange und vierzig Meter breite Prachtstraße miteinander verbunden. Sie hieß Miccaotli, die Straße der Toten, und war von terrassierten Gebäuden gesäumt. In ihnen mußten religiöse Neophyten wahrscheinlich Zeremonien über sich ergehen lassen, die der materiellen Welt ihren rituellen Tod verkündeten; dann erstiegen sie die Sonnenpyramide, um das leuchtende Bewußtsein des Geistes zu empfangen. Dies war der rituelle Pfad von Quetzalcoatl, bevor er zum Planeten Venus wurde. Demselben Pfad folgt auch die Venus: Sie geht am westlichen Himmel auf, verschwindet dann mehrere Tage hinter dem Horizont und erscheint dann wieder im Osten, um sich mit der Sonne zu vereinigen.

Laurette Sejourne hat darauf hingewiesen, daß die Sonnenpyramide der Fünften Sonne oder der Fünften Welt geweiht war, in der der Mensch durch eine Synthese aller Elemente der Vergangenheit und die Versöhnung der Gegensätze den abschließenden Aufstieg von der Materie zum Geist vollziehen mußte. Alle großen Steinbauten an der Längsachse der Stadt waren an dieser ausgerichtet. Das heißt, Teotihuacan war astrologisch und geometrisch exakt in der Form eines riesigen Steinmandalas angelegt, einer Quincunx mit vier kardinalen Punkten und einer vereinigenden Mitte, die die Sonne symbolisierte, das Licht des Bewußtseins im Inneren des Menschen.

Wir wissen kaum etwas über diese gewaltigen Ruinen, von denen viele noch immer unter tausendjährigem Schutt und Sand vergraben liegen. Noch weniger ist uns bekannt über ihre einstige Bedeutung und jene Hochkultur zu einer Zeit, als die Wälder Europas von wilden Stämmen durchstreift wurden, die von diesem Kontinent keine Ahnung hatten. Wir können nur ehrfürchtig staunen über diese in Stein gemeißelten Monumente universeller Ganzheit und kosmischer Ausgeglichenheit, die ein für uns mysteriöses Raum-Zeit-Kontinuum zum Ausdruck bringen, welches unserem Konzept einer linearen, fließenden Zeit völlig fremd ist.

Die Tolteken, Zapoteken, Azteken und Maya beschäftigten sich womöglich mehr mit dem Fluß der Zeit als alle anderen Völker, mit der Beziehung jedes einzelnen zu ihr als einem Element seines jeweiligen Wesens. Noch heute ist das gesamte indianische Amerika so lebendig mit dem Element der Zeit verbunden wie mit den Elementen Feuer, Luft, Wasser und Erde.

Wir Euro-Amerikaner aber müssen unsere Vorstellung der Zeit als Mittel der linearen Messung in Frage stellen. Wir bestimmen die Lebenszeit eines Sterns oder eines Steins in Jahrtausenden, das kurze Leben einer Motte in Stunden. Doch wir erfassen nicht jene vertikale Zeitdimension, in der sich der Lebenszyklus jedes Wesens oder Gegenstandes in Übereinstimmung mit seiner einzigartigen Wesenheit schließt.

Unsere Vorstellung von der Zeit gleicht einem seichten horizontalen Bach, der, aus der Vergangenheit kommend, durch die Gegenwart in die Zukunft fließt. Je mehr sie den Bezug zur astronomischen Zeit verliert, desto besessener werden wir von ihrer konstanten Bewegung. Die Uhr tickt immer schneller. Jedes Ticken macht aus einem Segment der fernen Zukunft eines der Gegenwart, die aber wiederum so schnell zur Vergangenheit wird, daß wir sie gar nicht mehr in ihrer Fülle erleben können.

Diese Vorstellung von der Zeit als einem horizontalen Fließen oder einer kontinuierlichen abrollenden Spule erklärt unsere Faszination für Geschichte(n) und Biographien. Denn hier können wir quasi das Abrollen der Spule beobachten. Aber was wir zu sehen bekommen, ist nicht viel mehr als Orte und astronomische Daten, die den Eintritt oder das Ausscheiden des Menschen in den Fluß anzeigen, und dazu einige herausragende Dinge, die sich im Verlauf seiner linearen Reise ereignen. Doch mir scheint, die Geschichte einer Nation oder eines Individuums besteht nicht nur aus den Ereignissen, die wie die Spitze eines Eisbergs aus der Oberfläche herausragen. Die Kräfte, die das wahre Sein ausmachen, liegen tief darunter. Alle großen historischen Umwälzungen – die Kreuzzüge, Revolutionen wie auch die Unruhe unserer Zeit – folgen den Gesetzen einer inneren Notwendigkeit, die ebenso instinktmäßig, unerklärlich und zutreffend sind wie jene, die den Flug der Zugvögel bestimmen. Die bloßen historischen Ereignisse sind lediglich leere Hülsen ohne den Geist, der sie durchwehte.

Nicht weniger besessen sind wir von jenem Teil der Spule, den wir die Zukunft nennen. Wir unterteilen ihn in immer kleinere Abschnitte, von denen jeder mit einem Stichwort versehen wird. Es dürfte kaum ein anderes Volk geben, das so sehr von Programmen, Stundenplänen und Terminen beherrscht wird. »Ich habe keine Zeit!« – das ist der verzweifelte Ausruf des Menschen im zwanzigsten Jahrhundert, der in an Panik grenzender Ruhelosigkeit immer schneller aus der Vergangenheit durch eine ungelebte Gegenwart in die Zukunft hetzt.

Zum Glück gibt es einige wenige, denen unsere »objektive« Auffassung der Zeit allmählich Unbehagen bereitet. Ist es nicht möglich, daß die Zeit etwas Subjektives ist, etwas, das lediglich in unserem Denken existiert? Immerhin erstrecken sich hinter uns geologische Zeitalter, deren Ausmaße immer größer werden, bis ins unermeßliche Archäozoikum, das sich in der azoischen Zeit verliert und schließlich zur kosmischen Zeit wird, die sich in einer Kurve zum Psychozoikum der Zukunft hin krümmt: Der magische Kreis, der ohne Anfang und ohne

Ende Vergangenheit und Zukunft verbindet; die uralte Schlange der Ahnen, die ihren eigenen Schwanz verschlingt.

Indianische Zeit – was sollen wir unter diesem Begriff verstehen, so abstrakt er nun einmal zu sein scheint?

Benjamin Lee Whorf nennt das Hopi in seiner gründlichen Untersuchung eine »zeitlose Sprache«. Anders als unsere indoeuropäischen Sprachen hat sie keine drei Zeitformen. Ebensowenig kennt sie imaginäre Plurales wie zum Beispiel einen Zeitraum von zehn Tagen. Ein Hopi, der einer zehn Tage dauernden Zeremonie beigewohnt hat, sagt einfach, er sei bis zum zehnten Tag geblieben. Für ihn hat Zeit keinerlei Dimension; man kann ihr keine Zahl zuordnen, die größer ist als Eins. Dadurch verhindert diese Sprache, daß Zeit durch ein künstliches lineares Verhältnis ausgedrückt wird wie etwa als Einheiten einer Skala. Eine Dauer oder »Zeitlänge« beschreiben die Hopi nicht als lineares Maß, sondern als ein Verhältnis zwischen zwei Ereignissen. Diese Ereignisse reflektieren die Intensität des Beobachters, denn die Zeit ändert sich mit jedem Beobachter. Das bedeutet, so Whorf, daß die Zeit der Hopi in Wirklichkeit eine psychologische ist. »Denn wenn wir das Bewußtsein betrachten, finden wir keine Vergangenheit, Gegenwart und Zukunft; alles ist im Bewußtsein, und alles im Bewußtsein ist, und ist zusammen.« Deshalb ist Zeit für die Hopi nicht eine Bewegung; sie entspricht eher einer Dauer, einer Speicherung von Veränderung, einer Kraft, die in spätere Ereignisse hinüberreicht. Alles, was je geschah, existiert fort, wenngleich in einer anderen Form. Es geht um ein dauerndes Antizipieren, ein konstantes Werden, aus dem Realität entsteht; ein ewiges Werden im Fortdauern der unbeweglichen Zeit.

Diese über allem stehende Zeit, die weder Anfang noch Ende, weder Zustände noch Brüche hat und so bewegungslos wie grenzenlos ist, ist als Dauer oder *Parakála* auch im Shakta-

Vedantismus bekannt, einer religiösen Philosophie des Ostens. Sie hat zwei Aspekte: Einerseits kann sie statisch zu einem Punkt (Jetzt) verdichtet sein, welcher den zentralen Punkt jedes Ereignisses darstellt. Andererseits kann sie dynamisch zu einem grenzenlosen Kontinuum (Immer) expandieren und die Erfahrung einer Dauer beinhalten, die Vergangenheit, Gegenwart und Zukunft in sich einschließt.

Wie die Zeit hat auch der Raum diesen zweifachen Aspekt – er schrumpft entweder zu einem Zentrum (Hier) oder schwillt zu einem grenzenlosen Kontinuum (Überall) an; Evolution und Involution sind der Puls des Lebens. Ebensowenig kennen die Hopi unser Konzept des statischen, dreidimensionalen Raums. Die Distanz zwischen Ereignissen schließt Zeit mit ein – nicht als ein lineares Maß, sondern als ein zeitliches Verhältnis zwischen ihnen. Denn das Reich der objektiven Ereignisse dehnt sich aus bis zum Reich der mythologischen Ereignisse, die nur subjektiv erfahrbar sind. So lassen sich die Unmittelbarkeit und die emotionale Kraft des mythologischen Geschehens erklären, das in den Zeremonien der Hopi dargestellt wird. Dürfen wir also noch in Frage stellen, ob Raum und Zeit ein einziges Kontinuum umfassen? Und kann dieses mit dem gleichgesetzt werden, was wir als »allumfassendes Selbst« bezeichnen?

In dieser Auffassung von Zeit liegt das Geheimnis der Macht wie auch die Gültigkeit der Hopi-Zeremonien begründet. Der Jahreslauf der Hopi hat neun große Zeremonien: drei im Winter, drei im Sommer und drei im Herbst.

Die erste Gruppe porträtiert in einem tiefgründigen Schauspiel die drei Phasen des Schöpfungsbeginns. Beim *Wuwuchim* keimen alle Lebensformen – Pflanze, Tier und Mensch –, und das Feuer der Schöpfung, mit dem das Leben beginnt, wird entfacht. Im *Soyal*, der zweiten Phase, zeigt sich die Struktur, der gemäß sich das Leben entwickelt. Die weite, nackte Erde wird fest; in der Nacht der Wintersonnenwende kehrt die Sonne zurück, um dem aufkeimenden Leben Wärme und Kraft zu spenden, und die Kachinas treffen aus ihren Wohnstätten in der anderen Welt ein und segnen das Wachstum. Die darauffolgende *Powamu*-Zeremonie läutert das im *Soyal* angelegte Lebensmuster. Das Leben, das im *Wuwuchim* zu keimen begann, erscheint jetzt erstmals in seiner physischen Gestalt, und die Menschen werden als Kinder von den *Kachinas* in die spirituellen Geheimnisse dieser Zeremonie eingeweiht.

Die zweite Gruppe der Zeremonien – *Niman Kachina*, die Schlangen-Antilopen-Zeremonie und die Flöten-Zeremonien – findet zur Zeit der Sommersonnenwende statt. Es ist inzwischen keine Zeit »vergangen«, doch nun werden das in den Winterzeremonien dargestellte Antizipieren und das konstante Werden innerhalb der unbeweglichen Zeit-Dauer Wirklichkeit. Die gespeicherte Kraft der Winterzeremonien verwandelt die potentiellen Ereignisse in manifeste Gestalt – in die volle Entwicklung aller Lebensformen, in den Sommerregen, in das Wachstum und die Reife der Feldfrüchte. Die *Kachinas* haben nun ihre Aufgabe erfüllt und kehren zu ihren Wohnstätten in der anderen Welt zurück.

Im Herbst folgt die dritte Zeremonien-Gruppe; sie wird mit der Ernte abgeschlossen. Diese Zeremonien sind nicht nur mit dem Einbringen der Feldfrüchte befaßt, sondern auch mit der Ernte der Gebete, die den Winter über gesät wurden. *Lakon*, *Maraw* und *Owaqlt* sind Zeremonien der Frauen, weshalb sie auch eine andere Bedeutung haben. Denn nun wird die Erde wieder hart und die Tage kürzer. Es ist Zeit, wieder an das Keimen neuen Lebens zu denken. Daher stehen sexuelle Symbole im Vordergrund; die Frauen sind die Gefäße und die Träger des Samens, der den sich schließenden Kreis mit dem kommenden neuen verbindet.

Die Bedeutung dieser neun ineinandergreifenden Zeremonien kann man nicht mißverstehen. Sie bilden ein Netz von Bezügen, das außer dem Menschen auch die Reiche der Pflanzen und Tiere unter ihm sowie jene der Geistwesen, der *Kachinas* und aller lebendigen Wesenheiten der Erde und der anderen Planeten über ihm mit einschließt. In Wechselbeziehung mit einer ökologischen Struktur korrelativer Verbindlichkeiten dramatisieren sie den Schöpfungsplan, dessen Macht die des begrenzten menschlichen Willens überschreitet – einen Plan, der zeitlich weder einen Anfang noch ein Ende hat. Denn die Schöpfung fand nicht zu einer bestimmten Zeit statt – etwa genau um neun Uhr an einem Morgen des Jahres 4004 vor Christi Geburt, wie Erzbischof Usher einmal behauptete. Der Schöpfungsplan wiederholt sich endlos inner- und außerhalb des Menschen.

Man muß in diesem Zusammenhang feststellen, daß die Zeremonien der Hopi nicht mit unserer formellen »Sonntagsreligion« mit ihren moralischen Dogmen vergleichbar sind, die uns unsere Geistlichen ständig vorhalten. Die Hopi haben keinen geweihten Berufspriesterstand. Jeder nimmt an einer oder mehreren Zeremonien teil, die alle zwischen neun und zwanzig Tage dauern. Die Mitwirkung an den Zeremonien allein hat allerdings keine große religiöse Bedeutung. Jeder Hopi ist aber zu Gebet und guten Gedanken angehalten. Denn Gedanken sind Kraft; sie sind die Saat, die mit der Zeit Früchte trägt, das Antizipieren, das Wirklichkeit schafft.

Die immerwährende Gegenwart umfaßt auch die gesamte Geschichte. Ich war mehr als einmal so verblüfft wie verärgert darüber, daß den Hopi Daten und chronologische Abläufe völlig gleichgültig sind. Sie erzählten mir etwa von Ereignissen, die sie selbst erlebt zu haben schienen – bis ich später herausfand, daß sie vor hundert oder noch mehr Jahren geschehen waren. Die

Wichtigkeit eines Geschehens wird nicht in bezug auf seine Bedeutung in der geschichtlichen Zeit gesehen, sondern an der emotionalen Intensität, die es hervorruft – wie zum Beispiel der Haß auf die weiße Sklavenkirche, der zur Zerstörung von Awatovi führte. Die Bewohner von Oraibi machen in diesem Zusammenhang noch immer stur auf breite, von mächtigen Baumstämmen stammende Spuren aufmerksam, die oben auf ihrer Mesa zu sehen sind. Diese Stämme, so erklären sie, mußten sie aus den fast hundert Meilen entfernten Bergen herbeischleppen, weil sie als Dachbalken für die Missionskirche gebraucht wurden. Ein zufälliger Besucher, der die Kirche vergeblich sucht, erfährt dann unter Umständen zu seiner Überraschung, daß die Spuren dreihundert Jahre alt sind.

Die Eroberung des indianischen Amerika durch die Weißen verdeutlicht dies sozusagen in einem kontinentalen Maßstab. Nur selten wurde ein Volk so sehr und so lange von einem anderen unterdrückt. Und dennoch – auch nach viereinhalb Jahrhunderten ist die Überlegenheit der Europäer lediglich etwas Oberflächliches ohne Tiefgang. Die folgende Geschichte, die mir Anita Brenner in Mexico City erzählte, ist symptomatisch: Eine kleine Dorfkirche in den abgelegenen Bergen von Michoacan wurde bekannt, weil sie seit Jahren mit großer Andacht verehrt wurde. Die Indianer kamen auf beschwerlichen Pfaden von weit her, um dort zu beten und den Altar mit Blumen zu schmücken. Sogar der einfache, unerfahrene Landpfarrer der Gemeinde staunte über die mysteriöse Andacht, mit der die ansonsten so unwissenden wie eigensinnigen Indianer zu dem Kirchlein strömten … bis ein leichtes Erdbeben den Altar umwarf: Darunter kam eine steinerne Figur aus aztekischer Zeit zum Vorschein! Diese Geschichte ist zufällig wahr, aber ebensogut könnte es sich um eine Parabel handeln, in der der Altar für eine Religion steht, die rational bewußt gemacht wurde, unter der aber das mythologische Unbewußte verborgen liegt, das eine große Meer des Lebens und der Zeit.

Ich selbst lernte diese untergründige Eigenart von Land und Leuten vor vielen Jahren kennen, als ich mit einem Maultier allein durch ganz Mexiko ritt. *Jacales*, kleine Dörfer aus Adobe-Hütten, waren die einzigen Siedlungen in den abgelegenen Sierras. Ein Mann, der mit einer Astgabel eine kleine Mais-*Milpa* pflügte; eine barfüßige Frau, die auf einem konkaven Stein, dem *Metatl* der Azteken, heute *Metate* genannt, Körner mahlte. Aus dem Teig machte sie Tortillas, die aztekischen *Tlax-calli*, und buk sie auf einem runden Blech, dem *Comal* oder *Comalli*. Eine Schar nackter Kinder führte mein Pferd zur Hütte ihrer Mutter. Dort bat ich um die Erlaubnis, mit der Familie auf dem Boden übernachten zu dürfen, eingerollt in meinen eigenen *Serape*. Und dann wartete ich einen Tag oder zwei, bis mich jemand ins nächste Dorf bringen konnte.

Ein Führer war notwendig, denn nur ein Indianer konnte in dieser Wildnis ohne Straßen die unmarkierten Wege finden, die seine Vorfahren über Generationen hinweg barfuß beschritten hatten. Ich versuchte immer, dafür einen Jungen oder einen alten Mann zu bekommen, weil sie auf dem Feld leichter entbehrt werden konnten und meist auch gesprächiger waren. Sie pflegten neben meinem Maultier herzugehen, und im Verlauf unserer Unterhaltungen gewann ich allmählich einen Eindruck von diesem Land und seinen Bewohnern. Manchmal verrieten sie mir geheimgehaltene Namen und spirituelle Bedeutungen bestimmter Orte – etwa von Gipfeln, Schluchten oder verborgenen Quellen; und sie erklärten mir die Heilkräfte unbekannter Kräuter. Nicht selten kamen wir an abseits stehenden Schreinen mit kleinen Lehmfiguren vorbei, wie sie auch auf den Feldern zu finden sind. Ich weiß noch, wie verblüfft ich war, als ich einmal einen kleinen Jungen sah, der Blumen pflückte und sie dann auf einem kleinen Hügel niederlegte. Als ich ihn nach dem Grund fragte, scharrte er am Fuß der Erhebung Sand und Kieselsteine beiseite, und zum Vorschein kamen bearbeitete Steine – es war eine kleine Pyramide.

Ein Köhler brachte schließlich den Sinn meiner Reise über drei Monate und tausend Meilen auf den Punkt. Er hatte mich an den Rand einer Schlucht geführt, um mir einen Pfad zu zeigen, auf dem ich in die tief unten liegende Ansiedlung gelangen konnte. Es war später Nachmittag, und ein dünner Nebel begann aufzusteigen. Weit unterhalb, eingebettet in ein winziges Tal, sah ich das uralte Dorf; in seiner Mitte eine große, leere Kathedrale aus geschwärzten Steinen inmitten einer Plaza, die von Adobe-Häusern, Hütten und Viehzäunen umgeben war. Ein Dorf, so erklärte der Köhler, dessen Bewohner noch heute aztekisch sprechen würden. »Wie wunderbar! Hier könnte man ein Leben lang bleiben!« rief ich höchst begeistert aus.

Das Gesicht noch immer geschwärzt vom Kohlenstaub, schaute mich der alte Indianer scheinbar gleichgültig an. Weder seine Augen noch die Stimme verrieten seine ironische Belustigung, als er sagte: »*Pues*. Und wie lange wirst *du* bleiben?«

So verlief die gesamte Conquista. Sie ist die Geschichte einer Horde fremder Eindringlinge, die selbst in den entlegensten Dörfern ihre Kirchen errichteten, den Bewohnern ihre Sprache und Kultur aufzwangen und in ihrer Eroberungswut das ganze Land durchkämmten, ohne je dessen Wurzeln zu erreichen. Noch immer ist der Kuchen mit ihrem barocken Zuckerguß überzogen und mit ihren Mosaiken dekoriert, und noch immer schmücken ihn die Juwelen ihrer großen Städte. Doch darunter blieben Land und Leute unverändert. Der Puls ihres Lebens wird nicht von Kirchenglocken und Fabriksirenen bestimmt – noch heute kommt er vom klatschenden Geräusch brauner, erdfarbener Hände, die aus indianischem Mais eine Tortilla formen.

Die mexikanische Revolution gegen Spanien war nicht das Resultat von Napoleons Überquerung der Pyrenäen. Ebensowenig lassen sich die Unruhen, die heute die Sierra Madres und die Anden erbeben lassen, auf politische und wirtschaftliche Spannungen zurückführen. Diese sind lediglich Symptome, nicht aber Ursachen. Die Ursachen liegen viel tiefer; sie reichen bis in die Seelen der Menschen und des Landes hinab. Die gegenwärtige Renaissance der uralten Werte von Tolteken, Azteken, Maya und Inka in der modernen Architektur, Kunst und Musik »Latein«-Amerikas zeigt in aller Deutlichkeit, wie tief sie verwurzelt sind – und sie sind erst das Vorspiel zu einem Wiedererwachen indianischer Werte auf sämtlichen Gebieten. Ich bin fest davon überzeugt, daß die Blüte der Zivilisation in der ganzen westlichen Hemisphäre noch vor uns liegt und daß sie eigene, indigene Formen und Inhalte mit sich bringen wird. Ebenso wie dem höchsten Berg und dem kleinsten Insekt liegt auch unserer Kultur eine organische Lebensstruktur zugrunde, und ebenso ist auch sie verwurzelt in jener Zeit-Dauer, die auf geheimnisvolle Weise ihr Wachstum innerhalb des ihr eigenen Kreislaufs garantiert.

Wir aber versuchen verzweifelt, gegen den Strom unserer horizontalen Zeit anzukämpfen, werden dabei fast von materiellen Äußerlichkeiten überflutet und haben Angst, daß der Menschheit nicht mehr genug Zeit bleiben könnte, sich zu bessern, bevor sich die Welt durch einen drohenden Nuklearkrieg selbst zerstört. Doch wenn wir manchmal im bewegungslosen Moment einer stillen Nacht zur Ruhe kommen, können wir Trost finden im Glauben an jene andere Dimension, die uns alle Welten und alle Zeit gibt, die wir zu brauchen meinen. In einem solchen Augenblick können wir auch die Kraft finden, einfach nur zu *sein*, sicher zu sein in dem Glauben, daß Vergangenheit und Zukunft in uns ein organisches Ganzes bilden.

Die Träume[4]

Zu den Ereignissen, die in jenem ersten Winter das Eis zwischen uns brachen, zählte eine Reihe außergewöhnlicher Träume, die ich hatte. Sie begannen auf eine sehr seltsame Weise bald nach dem mysteriösen Vorfall mit den Kieselsteinen, die an mein Fenster geworfen wurden.

Als ich eines Nachmittags die zwei Bären besuchte, saß neben Weißer Bär auf dem Sofa ein weit über siebzig Jahre alter Mann. Er trug einen roten Pullover mit Löchern und eine ausgebeulte Hose; die widerspenstigen, grauen Haare fielen ihm an den Seiten bis zum Kinn herunter, auf dem Hinterkopf hatte er sie mit selbstgesponnener Baumwolle zu einem Knoten zusammengebunden. Tränen liefen über sein dunkles, runzliges Gesicht. Ab und zu wischte er sie mit seinen noch dunkleren und runzligeren Händen ab, während er das Tonband besprach. Er wirkte wie jemand, der schwer kämpfen mußte, um aufrichtig zu bleiben, und seine von Weißer Bär übersetzten Worte bestätigten diesen Eindruck.

»Ich verurteile die Weißen nicht, weil sie mit ihren verschiedenen Maschinen Kraft und Energie übertragen können. Aber diese Maschinen beeindrucken mich nicht. Es sind grobe mechanische Apparate, die kaputtgehen können. Wir Hopi brauchen sie nicht. Wir wissen, wie wir unsere Kräfte – dieselben Kräfte – ohne Maschinen erzeugen können. Ich werde dir von diesen Kräften erzählen und davon, wie die Sterne uns helfen. Das wird jedoch nichts Gutes bringen. Denn unsere Erste Welt wurde zerstört, weil die Menschen schlecht wurden, dann die Zweite Welt, und die Dritte Welt ebenfalls. Nun sind wir auf der Vierten Welt, und auch wir sind schlecht geworden; also wird auch sie zerstört werden. Aber laß mich dir erzählen. Auch ohne mein Volk – sogar wenn überhaupt keine Menschen mehr auf der Welt sind, werde ich meine Zeremonien abhalten; ich werde zur Sonne beten und zu ihr singen, damit sie mit unmerkbaren Schwingungen ihre Kraft sendet und wir auf der nächsten, der Fünften Welt weiterleben können. Ich werde meine Pflicht tun.«

Er blieb zum Abendessen und nahm dankbar eine Schachtel Zigaretten an, bevor Weißer Bär ihn nach Hause fuhr. Weißer Bär war in Hochstimmung, als er wiederkam. Dan Qochhongva, erklärte er, sei in Hotevilla die bedeutendste religiöse Autorität, und dieser Mann habe sich bereit erklärt, uns all sein Wissen mitzuteilen. Und er wolle auch alle anderen Zeremonien-, Kiva- und Klan-Häuptlinge überreden, uns zu helfen. Damit seien wir unsere Sorgen los!

»Ich habe ihm von diesen Kieselsteinen erzählt. Er vertraut dir. Ich soll dir sagen, daß du nun vier wichtige Träume haben wirst. Du wirst schon sehen!«

Schon wenige Nächte später kam der erste Traum.

Plötzlich merkte ich, daß zwei Männer im Zimmer waren. Mein erster Gedanke war, aus dem Bett zu springen und den Türriegel vorzuschieben, wie man mir gesagt hatte. Aber die Männer waren bereits im Raum, und überdies machten sie einen harmlosen Eindruck. Sie sahen aus wie Handlungsreisende, zwei dieser altmodischen Hausierer, die manchmal durch die Reservation kamen und von Tür zu Tür billige Ware feilboten. Der eine hatte einen rotbraunen Anzug an, und an seinem Mantel fehlte ein Knopf, der andere trug einen zerknitterten dunkelblauen Anzug.

»Du brauchst keine Angst zu haben«, sagte der mit dem rotbraunen Anzug. »Wir sind Geister, und du weißt ja wohl, daß Geister im Grunde wie Menschen sind, außer daß sie in einer

Welt leben, die für dich nicht sichtbar ist. Wir reisen über große Entfernungen – so ähnlich wie die Wildgänse – auf einer traditionellen Route, die jenseits der Beringstraße beginnt und bis zur Spitze von Südamerika reicht. Ich bin im nördlichen Alaska zu Hause, mein Partner kommt aus dem Süden von Argentinien.«

Auch der andere mit dem dunkelblauen Anzug war vernünftig und freundlich, wenngleich seine Stimme sich etwas härter anhörte.

»Wir sind gekommen, um dir zu sagen, daß dieser Ort direkt auf unserer Route zwischen den Polen liegt. Du bist jetzt auf dieser Linie und stehst in Verbindung mit uns. Paß auf, was ich dir sage. Bleib darauf, bleib in Verbindung mit uns.«

Am nächsten Morgen beim Frühstück erzählte ich Weißer Bär, was geschehen war. Er war seltsam erregt und wollte jedes Detail wissen.

»Nein, an ihre Gesichter kann ich mich überhaupt nicht erinnern«, erklärte ich ihm. »Nur an ihre Kleider. Auch über ihre Hautfarbe und ihre Herkunft kann ich nichts sagen. Es kann also nur ein Traum gewesen sein. Jedenfalls – als ich heute morgen aufwachte, war das Licht aus.«

Weißer Bär rannte zuerst zum Haus von Mama Bär und fuhr dann zum alten Dan Qochhongva hinauf. Als er zurückkam, versicherte er mir, die beiden Männer seien die heiligen Zwillinge Palongawhoya und Poqanghoya gewesen, von denen der eine am Nordpol, der andere am Südpol der Weltachse wohne. Sie seien verantwortlich für die Erddrehung und dafür, mit Hilfe der Schwingungszentren der Erde Warnungen und gute Nachrichten auszusenden.

»Verstehst du? Du bist mit ihnen in Verbindung, du bist auf ihrer Linie und kannst die Schwingungen ihrer Botschaften empfangen«, fügte Weißer Bär hinzu. »Du mußt darauf achten, daß du mit ihnen in Verbindung bleibst, wie sie es dir gesagt haben.«

Eine Woche später kam der zweite Traum.

Ich träumte, daß ich mit meinem Wagen von Hotevilla, das auf dem hochgelegenen nordwestlichen Ende der Mesa liegt, zurückfuhr. Es ging sehr steil bergab, die Straße verlief in engen Windungen an den Felswänden entlang. Ein Halbkreis aus Steilabbrüchen umschloß ein Hochtal, das zu der flachen, darunterliegenden Wüste hin abfiel. Es war unfruchtbar und gefährlich; überall lagen riesige Felsblöcke herum, die von den hoch aufragenden Mauern herabgestürzt waren. Aber plötzlich erglühte das ganze Tal in einem unbeschreiblich schönen rosafarbenen Licht. Als ich um die nächste Kurve bog, sah ich, daß es ganz und gar mit Kirschen-, Pfirsich- und Aprikosenbäumen bestanden war, deren Äste und Blüten das Sonnenlicht in diesem seltsamen Rosarot erglühen ließen. Gleichzeitig merkte ich, wie die Wärme dieses Lichts meinen ganzen Körper durchströmte.

Als ich diesen Traum am nächsten Morgen den zwei Bären erzählte, stieß Braune Bärin plötzlich hervor: »Bär, ist das nicht die Stelle, von der du sagtest, ein paar Geologen hätten dort Öl gefunden, aber keine Erlaubnis zum Bohren bekommen? Na gut, dann werden dort also Ölquellen sprudeln. Und das Land gehört dem Bären-Klan, nicht wahr? Du solltest dich darum kümmern, daß dein Anspruch darauf sofort sichergestellt wird!«

»Ein guter Traum!« meinte Weißer Bär strahlend mit einem Gesicht, so rund wie ein Hopi-Vollmond. »An diesem Ort sind die Rennstrecke und die Steinhaufen der Zwillinge, die Schreine der Oaqol- und Lalakon-Mädchen und die Felsinschriften. Alles wird für uns gedeihen. Wir werden Old Dan fragen!«

Ich hatte ausfindig gemacht, daß der alte Dan Qochhongva

nicht nur als oberster religiöser Führer von Hotevilla galt, sondern letztlich von allen Hopi-Dörfern. Diese Stellung war ihm nicht leicht zugefallen. Häuptling Lololma von Oraibi hatte sich in den achtziger Jahren des letzten Jahrhunderts in Washington zur Zusammenarbeit mit der weißen Regierung überreden lassen. Dagegen hatte sich unter der Führung von Old Dans Vater Yukioma eine Opposition gebildet, die Lololma vorwarf, zu fortschrittlich und zu freundlich zu den Weißen zu sein. Yukioma und seine Anhänger wollten, daß alle Hopi ihren traditionellen Lebensstil beibehielten. Aus diesem Grund weigerten sie sich unter anderem, ihre Kinder zur Schule zu schicken. So entwickelten sich zwei Parteien: die »Freundlichen« unter Häuptling Lololma und die »Feindlichen« oder »Traditionalisten« unter Yukioma.

Das Problem spitzte sich zu, als eine Truppe schwarzer Kavalleristen eintraf, um die Amerikanisierung aller Hopi zu erzwingen. Lololma fühlte sich so beschämt und verraten, daß er vor Kummer starb. Sein Nachfolger Tawakwaptiwa setzte den Streit mit Yukioma fort. Die Auseinandersetzung gipfelte in der berühmten Spaltung von Oraibi: Um eine Entscheidung ohne Blutvergießen herbeizuführen, einigten sich die beiden Parteien auf ein Tauziehen. Yukioma und seine Traditionalisten unterlagen. Noch in derselben Nacht verließen er und fast dreihundert Männer, Frauen und Kinder Oraibi für immer und errichteten ein Lager an der Stelle, wo sie bald darauf das neue Dorf Hotevilla gründeten

Während des heftigen unblutigen Kampfes wurde Dan, der damals noch ein junger Mann war, am Kopf getroffen. Er lag bewußtlos und von niemandem beachtet am Boden, weil sein Vater angeordnet hatte, wenn jemand niedergeschlagen würde, dann dürfe er nicht berührt werden. Als er schließlich wieder zu Bewußtsein kam, schwor er, die Traditionen seines Volkes immer aufrechtzuerhalten. Diese religiöse Erleuchtung kam ihm gut zustatten.

Weitere Kavallerie traf ein, zerrte nackte, verängstigte Kinder aus Verstecken hervor und transportierte sie ab in die Schule. Yukioma leistete Widerstand und wurde zur Agentur in Keams Cañyon gebracht, wo er siebzehn Jahre lang von den Weißen gefangenhalten wurde. Trotz der Inhaftierung dieses »amerikanischen Dalai Lama«, wie der Indianeragent der Regierung ihn nannte, blühte das widerspenstige Hotevilla unter Yukiomas verstocktem Traditionalismus auf. So rasch die Zeremonien im untergehenden Oraibi aufgegeben wurden, so schnell wurden sie in Hotevilla übernommen. 1929 war die achthundert Jahre dauernde Vorherrschaft von Oraibi zu Ende; Hotevilla war zum Zentrum der Hopi-Zeremonien geworden. Yukioma war gestorben, und Old Dan hatte seine Nachfolge angetreten. Inzwischen ging er auf die Achtzig zu, doch er hielt die Zügel noch immer in seinen alten, runzligen Händen.

Wie ich erfuhr, war diese historische Spaltung von Oraibi von größter Bedeutung, denn durch sie wurde die innere Kluft, die sich seit der Ankunft der ersten Weißen allmählich bei den Hopi gebildet hatte, zum ersten Mal offensichtlich. Old Dan wurde für mich immer mehr ein außergewöhnlicher Mann, weil er aufgrund seiner in jungen Jahren erlebten religiösen Erleuchtung allen äußeren Widerständen zum Trotz auf die Führung durch seine innere Stimme vertraute. Deshalb war ich sehr gespannt darauf, was er zu meinem zweiten Traum sagen würde.

Noch vor acht Uhr abends fuhr ich mit Weißer Bär zu ihm hinauf. Hotevilla lag bereits in tiefem Dunkel und war ohne Leben. Es hatte etwas Gespenstisches an sich, wie wir uns hinter dem Lichtkegel einer Taschenlampe durch die engen, sandverwehten Gassen tasteten, auf denen überall Abfall herumlag. Die unheimliche Stimmung ließ auch nicht nach, als wir sein Haus fanden und eintraten. Auf einer Decke am Boden kauerten fünf oder sechs Leute und schälten Mais. Es sah ganz simpel aus, wie sie die Körner mit einem leeren Maiskolben einfach abschabten; aber die Kunst bei dieser Arbeit besteht darin, die Körner nicht im ganzen Raum zu verstreuen. Die Szene hätte durchaus ganz gemütlich und fröhlich sein können, doch im kärglichen Licht der rußenden Kerosinlampe, die niemand kleiner drehte, bekam sie einen düsteren Charakter. Kein Mensch lachte, redete oder sang. Als Old Dan in den Raum trat, hörten alle auf zu arbeiten; die Frauen rückten in einer Ecke zusammen, und die Männer saßen still und mit geneigten Köpfen da.

Old Dan beherrschte den Raum; den Kopf zurückgeworfen, die Augen halb geschlossen und die Hände in seinen roten Pullover vergraben, sprach er eine Stunde lang ohne Pause. Nach einer Weile bat ich Weißer Bär, für mich zu übersetzen. Er ignorierte mich.

Die Situation erinnerte mich an die Geschichte eines Botschafters, der eine Amerikanerin bei ihrem Deutschlandbesuch begleitete, wo sie eine Ansprache des Kanzlers, eines berühmten Redners, hören wollte. Minute um Minute verstrich, ohne daß der Botschafter für sie übersetzte. Schließlich gab sie ihm einen verzweifelten Stoß in die Rippen und flüsterte: »Was sagt er denn?«, worauf der Botschafter einen verärgerten Blick auf sie warf und erwiderte: »Madame! Ich warte auf das Verb!«

Wie diese Dame gab auch ich nach einiger Zeit Weißer Bär einen Stoß in die Seite und fragte: »Worüber spricht er?«

»Er sagte, dein Traum war gut, und der dritte wird bald kommen. Er hat alle Häuptlinge überredet, uns zu helfen.«

Als wir eine Stunde später nach Hause fuhren, teilte mir Weißer Bär noch etwas mit. Er erzählte, Old Dan werde am nächsten Tag in die Kiva gehen, um mit den Reinigungsriten für die kommende Zeremonie zu beginnen. Er habe gesagt, wenn sein

Herz dabei rein sei, würden sich Wolken über ihm sammeln, denn sein Name, Qochhongva, bedeute »Weiße Wolken über Horizont«. Tatsächlich türmten sich am nächsten Tag gegen Sonnenuntergang zum ersten Mal seit vielen Tagen Wolken zu einem leuchtenden Abendrot auf.

Es war jetzt Ende November, und *Wuwuchim* stand bevor, die erste der großen Zeremonien im Jahreszyklus, ein festliches und bedeutungsvolles Ereignis. Das *Wuwuchim* stellt den Beginn der Schöpfung dar; es ist ein feierliches Bittgebet für das Gedeihen allen Lebens auf der Erde – sei es Pflanze, Tier oder Mensch. Kein Weißer durfte dem Hauptritual beiwohnen, und auch von den Hopi nur diejenigen, die sich aktiv daran beteiligten. Dieses Ritual war so heilig und geheim, daß es nur als *Astakoya* bezeichnet wurde, »die Nacht des Haarewaschens«, eine Nacht voller Schrecken und Geheimnisse. Als Häuptling des Zweihornbundes oblag Old Dan die Leitung der Zeremonie. Die Priester tragen dazu das Symbol dieses Bundes, zwei große, geschwungene Tierhörner, auf dem Kopf; es steht für ihr Wissen der drei vergangenen und der gegenwärtigen Vierten Welt. Old Dan war nun in der Kiva eingeschlossen, um die sechzehn Tage und Nächte dauernden geheimen Rituale zu leiten, die der eintägigen öffentlichen Zeremonie vorausgingen. Für uns war es in der Tat ein großes Glück, daß er uns seine Hilfe versprach, und ich freute mich auf den dritten Traum, den er für mich vorausgesagt hatte.

Er kam, während Old Dan noch immer in der Kiva war, und zwar in Gestalt einer intensiven Phantasie.

Eines Nachts wachte ich auf, weil ich hörte, wie jemand um das Haus herumging. Es waren gemessene gleichmäßige Schritte, die von einer eigenartig klingenden leisen Rassel begleitet wurden. Allmählich wurden die Schritte schneller und das Rasseln lauter; schließlich schien es, als würden mehrere

257

Gestalten um das Haus rennen. Ich sprang aus dem Bett und lief zum Fenster. Draußen war niemand zu sehen, alles lag still, friedlich und unbewegt im Mondlicht. Doch die Geräusche wurden noch immer schneller und lauter, bis es wie ein gleichbleibendes Wimmern oder Summen klang. Plötzlich hatte ich das Gefühl, in einen unsichtbaren und undurchdringlichen Ring eingeschlossen zu sein, der sich mit hoher Geschwindigkeit um mich drehte. Ich konnte mir nicht vorstellen, was vor sich ging. Die Tür zu öffnen und nach draußen zu sehen, wagte ich nicht, aber im Haus fühlte ich mich irgendwie sicher. Ich legte mich wieder ins Bett. Kurz darauf brach das Geräusch plötzlich mit einem letzten schrillen Heulen ab, und ich schlief ein, als sei nichts gewesen.

Als mir Old Dan später eine Erklärung der gesamten *Wuwuchim*-Zeremonien auf Tonband sprach, wurde mir auch dieser Traum vollkommen klar. Zu Beginn des *Wuwuchim* wurde mit Maismehl ein Kreis um die Kiva gestreut, um unbefugte Eindringlinge fernzuhalten. Auch alle Straßen wurden vor der gefürchteten »Nacht des Haarewaschens« mit Maismehl abgeriegelt, und jene Bewohner des Dorfes, deren Häuser in der Nähe der Kiva standen, mußten vorübergehend ausziehen. Um die Eingeweihten zusätzlich vor jeglicher Verunreinigung durch weltliche Dinge zu schützen, wurde die Kiva von Zweihorn- und Einhorn-Bewachern umringt, von denen jeder mit einer langen Lanze bewaffnet war und am linken Fuß eine Schildkrötenrassel trug, die bei jedem Schritt ein Geräusch machte. Wenn die entscheidende Stunde näherrückte, in der die Eingeweihten den Aufstieg in die Vierte Welt nachvollzogen, kamen Geister aus anderen Welten hinzu und legten unsichtbare Kraftringe um die Kiva.

Hätte ich irgendeinen Zweifel bezüglich der erstaunlichen Ähnlichkeit zwischen diesem Ritual und meiner Vision gehabt, so wäre er spätestens am letzten Tag der Zeremonie zerstreut worden, als ich sah, wie die Zweihorn- und Einhornpriester aus der Kiva kamen. Mit ihren Rasseln an den Füßen umkreisten sie stampfend zuerst die Kiva, dann die Plaza, das Dorf und schließlich Schreine, die sich in der Nähe befanden. Es war eine eigenartige, barbarisch schöne Prozession geisterhafter Gestalten, die aus der Dämmerung in die Dunkelheit einer unermeßlichen Vergangenheit hinüberglitten.

Ganz im Einklang mit der Abfolge der Zeremonien kam mein vierter Traum während der Vorbereitungen zum *Soyal*, dessen bedeutendstes Ritual am Tag der Wintersonnenwende stattfand. Das *Soyal* ist eine der großartigsten Zeremonien der Hopi. Es symbolisiert die zweite Schöpfungsphase, in der sich die Struktur des Lebens, das mit der *Wuwuchim*-Zeremonie zu keimen begann, zeigt und der Mensch in das Geheimnis seines Seins eingeweiht wird.

Ich wußte zu diesem Zeitpunkt noch nichts Konkretes über die Riten, doch ich träumte, ich würde in der Mitte einer Kiva auf einer niedrigen Bank sitzen. Das Licht war ziemlich schwach, aber ich konnte dennoch sehen, daß sie auf einer von Osten nach Westen verlaufenden Linie aus Maismehl stand, die mit dem Lauf der Sonne draußen übereinstimmte. Vor mir befand sich ein Schrein, den ich jedoch nicht weiter beachtete, weil hinter mir noch jemand war. Ich konnte allerdings nur zwei Hände ausmachen, die um meine Taille faßten und meinen Gürtel öffneten. Sie waren alt, dunkel und runzlig – und sie zogen mir alles aus bis zum letzten Stück. Dann wurden meine Haare in einer Seifenlauge gewaschen, die ich am Geruch erkannte – sie war aus *Amole* zubereitet, den Wurzeln des Seifenkraut-Yuccas. Als diese Prozedur vorüber war, wurde oben auf meinem Kopf eine winzige Falkenfeder an den Haaren festgebunden und ein prächtiger Umhang über meine Schultern gelegt – er war schneeweiß, handgewebt und weich wie rohe Baumwolle.

Ich war die ganze Zeit über mit ausgestreckten Beinen dagesessen und hatte die Hände in den Schoß gelegt. Doch nun stellten mir die seltsamen dunklen Hände die Füße auf die Bank und drückten mir meine Hände in die Achselhöhlen, so daß meine Ellbogen seitlich abstanden – eine Stellung, die alles andere als bequem war.

Nach einiger Zeit tauchten sie wieder auf und reichten mir eine Schale mit einer ziemlich übelriechenden Flüssigkeit, die ich trinken mußte. Auch der Geschmack war unangenehm, so daß es eine ganze Weile dauerte, bis ich damit fertig war. Danach wurde ich, noch immer in dieser unangenehmen Position dahockend, die Arme angewinkelt wie kleine Flügel, allein gelassen.

Meine Arme und Beine begannen sich zu verkrampfen. Dann wurde mir schlecht. Ich verspürte einen starken Brechreiz und das Bedürfnis, eine Toilette aufzusuchen. Aber offenbar wußte ich, daß das unmöglich war; ich hätte nirgendwo hingehen können. Also blieb ich in meiner verkrampften, unbequemen Haltung sitzen und würgte, um mich nicht zu übergeben. Und ich wartete auf ein Taxi, das mich so schnell wie möglich von hier fortbringen sollte – ein New Yorker Taxi mit einem gelben Schild und einer tickenden Uhr! Aber es kam keines, und das nächste, woran ich mich später erinnerte, war, daß ich im Bett lag, wach war und mich ganz wohl fühlte …

Old Dan schien der Traum zu gefallen, aber er gab dazu nur eine einzige Erklärung: Die Brühe, die ich trinken mußte, war *Ngakuyi*, ein Heiltrank, der aus zermahlenen und mit Wasser vermischten Knochen wilder Tiere – Bären, Pumas und Wölfe – zubereitet wurde. Es würde zur inneren Reinigung dienen und auf die Nerven wirken. Normalerweise werde einem davon nicht schlecht, fügte er hinzu, aber bei einer anderen Menschenrasse könne er vielleicht den Effekt eines Brechmittels haben.

Da das *Soyal* in erster Linie eine Zeremonie des Bären-Klans war, wollten wir uns seine Rituale auch von Papa Bär erklären lassen. Er bestätigte, daß alle Teilnehmer *Ngakuyi* tranken und daß eine von Osten nach Westen verlaufende Linie aus Maismehl gestreut wurde, die die Straße des Lebens von Pflanze, Tier und Mensch auf der Erde darstellte. Eine Frau brütete alle diese Lebensformen symbolisch aus. Dazu wurde sie in der Kiva auf eine eigens für diesen Zweck gewobene Decke gesetzt, die mit Samen von Gebetsfedern gefüllt war. Dort blieb sie während der ganzen Zeremonie sitzen und brütete geduldig wie eine Henne die gekeimten Samen und Gebete ihres Volkes aus. Sie hieß Hawk Maiden, das Falkenmädchen, weil die jungen Novizen oder Initianten immer als *Kekelt*, Falkenküken, bezeichnet wurden. Und sie waren es, die – wie ich in meinem Traum – mit angezogenen Beinen, die Hände unter den Achseln und die Ellbogen seitlich abstehend, dahocken mußten, nackt bis auf eine weiße, über die Schulter geworfene Baumwoll-*Manta* und eine winzige Falkenfeder im Haar. So wurde angedeutet, daß sie schwache Küken waren, die mit ihren spirituellen Flügeln noch nicht fliegen konnten. Wie oft habe ich sie später in den Kivas gesehen – Knaben, die geduldig in dieser krampfhaften Stellung dahockten und fasziniert die seltsam maskierten Gestalten beobachteten, die vor ihnen tanzten.

Diese Serie von Träumen, die gekommen waren, wie Old Dan es vorausgesagt hatte, hatte eine sich steigernde Wirkung auf mich. Sie handelten nicht nur von einer esoterischen Religion, die ich bislang noch nicht genau kannte; ich hatte in ihnen sogar detaillierte Rituale dieser Religion gesehen, bevor die entsprechenden Zeremonien überhaupt stattfanden. Und wie sie aufeinander aufgebaut waren! Im ersten Traum mit den beiden Geistern hatte ich erfahren, daß ich mit ihnen »in Verbindung« sei, um Wissen zu empfangen. Es folgte ein glühendes Versprechen der Erfüllung. Bei der dritten Vision saß ich in einer Kiva, und dann erlebte ich meine erste Initiation als Falkenküken. Alle vier waren so deutlich, daß sie nur eine Interpretation erlaubten: Old Dan hatte mich irgendwie durch eine Traum-Initiation in die Geheimnisse der Zeremonien eingeführt, mit denen wir uns damals gerade beschäftigten. Ich fühlte eine eigenartige warme Verbundenheit mit diesem verstockten alten Mystiker in seinem löchrigen, roten Pullover und freute mich auf die nächsten Träume unter seiner Führung.

Sie kamen nie. Plötzlich zeigte Old Dan die Kehrseite seines Wesens, wie es bei den Hopi oft geschieht. Schritt für Schritt erreichte die Geschichte ihren Höhepunkt. Weißer Bär verließ sich stur auf Old Dans Wort, uns mit angesehenen Sprechern in Kontakt zu bringen. Dieser vertröstete ihn immer wieder. Endlich erklärte er sich aber doch bereit, eine Versammlung der Kiva – und Klanhäuptlinge einzuberufen, bei der wir den Zweck unserer Studie erklären und sie um Mitarbeit bitten konnten.

Und dann kamen sie eines Nachts alle von Hotevilla herunter – Old Dan und ein halbes Dutzend seiner Führer. Sie saßen drei Stunden lang da und berieten, hörten zu und berieten wieder. Am Ende versicherten sie uns, daß sie über die Sache nachdenken und uns dann Bescheid geben würden.

Eine Woche später teilte uns Old Dan durch einen Boten mit, einer der Häuptlinge habe sich gegen uns gestellt. Der Mann glaube, die Regierung würde uns dafür bezahlen, daß wir den Hopi Geheimnisse entlockten, die gegen den Stamm verwendet würden. Die Versammlung, so Old Dan, sei lediglich eine List gewesen, um herauszufinden, welcher seiner Führer nicht zu ihm halte. Nun wisse er, wer es sei, und er werde ihn fallenlassen.

Wir gaben diesem Mann den Namen »Mister Hopi«. Viele Traditionalisten auf der Reservation hatten Angst vor ihm und mißtrauten ihm, denn er hatte zwei den Hopi ausgesprochen wesensfremde Charakterzüge: aggressive Machtgelüste und eine ausgeprägte Geltungssucht. Einerseits bezeichnete er sich als standhaften Traditionalisten, andererseits aber versuchte er, sich bei den jüngeren, amerikanisierten Hopi beliebt zu machen. Auch dem von der Regierung unterstützten Stammesrat, der sämtliche weltlichen Entscheidungen der Agentur kritiklos guthieß, schmeichelte er bei jeder Gelegenheit. Er trug modische Kleidung, sprach hervorragend Englisch und korrespondierte sehr viel, wobei er in seinem Briefkopf die Bezeichnung »Hopi Empire« verwendete. Und er scheute sich nicht, Ethnologen, Regierungsbeamten und prominenten Touristen Dinge über die religiösen Traditionen mitzuteilen, die diese Leute gern hörten und für die sie ihn als »Sprecher« zitierten.

Schließlich mündete die Sache in einer Krise. Weißer Bär und ich wurden zu einer Versammlung ins Haus von »Mister Hopi« bestellt. Dort teilte er uns lautstark mit, daß man uns für Spione der Regierung oder der Kirche halte und daß keiner der Führer uns irgendwelche Informationen geben dürfe. Old Dan sagte während der ganzen Tirade kein Wort zu unserer Verteidigung. Er saß nur da mit zurückgelegtem Kopf und halb geschlossenen Augen, und sein dünner, ausgezehrter Körper schrumpfte sichtlich. Wir schämten uns zu sehr für ihn, als daß wir Mitleid mit ihm empfinden konnten, und gingen ohne ein weiteres Wort.

Old Dans Verrat traf Weißer Bär schwer. Nach einer schlaflosen Nacht kam er bleich und niedergeschlagen in mein Haus. »Es ist aus!« rief er. »Wir müssen aufgeben, das Projekt fallenlassen! Es ist prophezeit worden.«

»Unter keinen Umständen!« erwiderte ich heftig. »Dieser feige alte Taugenichts wird uns ebensowenig aufhalten wie ›Mister Hopi‹! Wir werden uns eben andere Sprecher suchen, loyale Hopi, denen es mit ihrem Glauben ernst ist!«

Doch hinter diesem Zwischenfall steckte mehr, als offensichtlich war – letztlich das ganze komplexe Geflecht der Hopi-Traditionen. Der Bären-Klan war zwar, was die Zeremonien anging, führend, aber in Hotevilla gab es keine Mitglieder dieses Klans. Die Leute, die damals Oraibi verließen, um Hotevilla zu gründen, hatten fast alle Yukiomas Feuer- oder Geister-Klan angehört. Da aber die Führung traditionsgemäß vom Bären- an den Papageien-Klan und dann an den Tabak-Klan gehen sollte, weigerten sich viele Hopi, die Führungsrolle des Feuer-Klans anzuerkennen. Und wenngleich diese Tradition der Klannachfolge schon schwierig genug schien, gab es doch noch etwas anderes, was die Dinge noch weit mehr überschattete.

Old Dan war zwar Yukiomas Sohn, doch er gehörte nicht dem Feuer-Klan an, sondern dem Brauch entsprechend dem Sonnen-Klan seiner Mutter. Yukiomas rechtmäßiger Nachfolger war also nicht Old Dan, sondern der Sohn seiner Schwester, ein Mann namens James, der dem Feuer-Klan angehörte. James aber war einige Zeit weg gewesen, und er hatte Probleme. Während seiner Abwesenheit hatte deshalb Old Dan die Führung übernommen. Aber nun, da er alt geworden und seine Macht im Schwinden war, tauchte »Mister Hopi« als Möchtegern-Bewerber für die Führung auf. Doch er gehörte einem relativ bedeutungslosen Klan an, der weder eine Zeremonie hatte, noch sonst irgendein besonderes Ansehen genoß. Er brauchte also etwas anderes, womit er den zittrigen alten Dan von seinem wackligen Thron stürzen konnte. Und das, nun erkannte ich es, war Old Dans schimpfliche Zusammenarbeit mit uns zwei »Spionen«, die von der Regierung oder einer weißen Kirche gut bezahlt wurden. Es hatte geklappt. Wir mußten uns geschlagen geben, und so wie die Dinge lagen, auch Old Dan. Dennoch – man konnte nie absolut sicher sein. Immerhin war Old Dan der Sohn des unbeugsamen, jähzornigen Yukioma. Vielleicht hatte er nur Weißer Bär und mich geopfert, um im verworrenen Spiel der Hopi-Politik seine eigene Position zu verbessern. So tragisch-komisch der Vorfall auch war, er endete schließlich zu unserem Vorteil. Aber ich vermißte Old Dan.

Es vergingen Monate, bis ich ihn wieder sah. Im verlassenen Schulhaus bei Shongopovi auf der zweiten Mesa wurde eine öffentliche Versammlung abgehalten. Dort protestierten »Mister Hopi« und seine Anhänger lautstark dagegen, daß verarmte Hopi vom Staat Sozialhilfe bezogen – diese Abhängigkeit würde ihren Glauben an den Schöpfer zerstören. Als das Treffen vorüber war, sah ich zufällig Old Dan, wie er in seinem löchrigen, roten Pullover angehinkt kam. Weder »Mister Hopi« noch ein anderer seiner ehemaligen Führer hatten ihm eine Mitfahrgelegenheit angeboten; deshalb hatte er die zwanzig Meilen zu Fuß und per Anhalter zurückgelegt. Er sagte nichts, aber in seinen schweißgefüllten Augen lag ein warmer Blick des Wiedererkennens und ironischer Belustigung.

Was war er doch für ein bewundernswerter alter Schurke! Seiner weltlichen Angelegenheiten entledigt, lebte er gleich Yukioma nur im mystischen Reich der Rituale, Träume und Visionen – ein wahrer Hopi.

In diesem Winter dachte ich viel über Träume nach. Meistens erschienen sie mir lediglich als unbewußte Reflexionen des oberflächlichen, bewußten Tagesgeschehens und ohne große Bedeutung – eine Einstellung, die für Weiße typisch ist. Für fast alle Hopi hingegen stellen beständige Träume, Visionen und Phantasien einen allgemein akzeptierten Teil des Alltagslebens dar. Sie verlassen sich auf sie und ziehen sie zur Vorhersage künftiger, ihr Volk betreffender Ereignisse heran. Diese »prophetischen Stimmen« sind alte Götter, archetypische Symbole und Bilder, die aus dem tiefsten Unbewußten sprechen. C. G. Jung nannte diese unterste Schicht das unpersönliche oder »kollektive Unbewußte«, weil sie – im Unterschied zur oberen Schicht des persönlichen, individuellen Unbewußten – die Inhalte des allen Menschen gemeinsamen Ursprungs enthält.

Durch die Lektüre der vielen Studien von Jung und Neumann begann ich den Ursprung dieser psychischen Traumkomponenten im Unbewußten und die Schichten, durch die sie ins Bewußtsein aufsteigen, zu verstehen. Ich lernte, die Unterschiede zwischen den »gewöhnlichen« Träumen der oberen Schichten und jenen der unteren wahrzunehmen. Natürlich erfahren die Träume bei ihrem Aufstieg ins Bewußtsein eine Formung durch die Psyche des Träumenden. Aber ich war mir sicher, daß vor ihrem Eintreffen an der Peripherie des Bewußtseins noch etwas anderes zu ihrer Gestaltung beiträgt. Ich war der Meinung, es müsse im Unbewußten eine Schicht oder eine Stufe existieren, die in keiner der Studien, die ich gelesen hatte, erwähnt wurde – eine Schicht zwischen dem unpersönlichen, kollektiven, und dem persönlichen Unbewußten. Eine Art Filter, der gleichsam alle Veranlagungen oder ererbten Tendenzen des Volkes verkörpert, dem ein Individuum hauptsächlich angehört.

Jung, der den Begriff des kollektiven Unbewußten einführte, war Schweizer. Sein riesiges Werk reflektiert seinen nationalen und kulturellen Hintergrund, insbesondere die Archetypen der alten Alchemie, denn auf diesem Gebiet war er eine Autorität. Seltsamerweise weigerte er sich, die archetypischen Bilder und Symbole Indiens anzuerkennen, obwohl er andererseits den Archetypen Allgemeingültigkeit zuschrieb. »Werden wir imstande sein, die auf einem fremden Acker gediehenen und von einem andern Blut gesättigten, einer andern Sprache entstammenden, in einer fremden Kultur genährten und mit einer fremden Geschichte verflochtenen Symbole überzustreifen wie einen neuen, vorgefertigten Anzug, um so einem Bettler zu gleichen, der sich mit königlichen Gewändern kleidet, oder einem König, der sich selbst als Bettler maskiert?« fragte er.

Ich hatte in meinem ganzen Leben nie einen Traum mit einem alchemistischen Hintergrund oder einem aus dem mittelalterlichen Europa, kenne aber seit Kindestagen solche mit Inhalten und Hintergründen aus der fernen Vergangenheit Asiens und Afrikas. Andererseits habe ich trotz meiner zahlreichen Bekanntschaften mit Indianern und Mexikanern nie einen dieser Menschen kennengelernt, der von König Artus und seiner Tafelrunde oder der Suche nach dem Heiligen Gral geträumt hatte, so universell die Bedeutung dieses Symbolismus auch sein mag.

Dieser Unterschied versteht sich von selbst, wenn man wie ich davon ausgeht, daß jeder Mensch aufgrund seiner evolutionären Vergangenheit mit pränatalen Anlagen oder angeborenen Neigungen ausgestattet ist – jener akkumulierten Vorgeschichte ursächlicher Wirkungen, die die Philosophen des Ostens als Karma bezeichnen. Wir haben jedoch nicht nur ein individuelles Karma, sondern auch eines unseres Volkes und unseres Landes. Zwar ist im kollektiven Unbewußten jedes einzelnen die Geschichte der ganzen Menschheit gespeichert; doch die daraus ins Bewußtsein aufsteigenden Archetypen werden durch die jeweilige Gesellschaft gefiltert, die sie, *ohne ihre Bedeutung zu verändern*, in vertraute, ihr eigene Formen umwandelt.

In diesem einsamen Winter warfen meine Träume eine ganze Reihe von Fragen auf, die ich nicht beantworten konnte. Daß ich – mit Hilfe meiner eigenen teilweise indianischen Herkunft – so vieles über die Zeremonien der Hopi in mich aufgenommen hatte, daß meine vier Träume dies reflektierten, freute mich. Aber ich glaubte nach wie vor, daß diese Träume weniger mit den Zeremonien der Hopi zu tun hatten als mit meiner eigenen Innenwelt. Was versuchten sie mir zu sagen?

Wochen später hatte ich wieder einen seltsamen Traum. In einem dunklen Raum, der mir wie das Innere einer Pyramide vorkam, ging ich langsam eine Steintreppe hinunter. Sie endete in einem kleinen Absatz, von dem aus eine weitere Treppe noch tiefer führte. Im Schein einer Kerze erreichte ich schließlich den Grund, eine unterirdische, auf allen Seiten durch mächtige, dunkle Wände abgeschlossene Kammer.

Ich spürte ein ungutes Gefühl in mir hochsteigen. Dann fiel mir eine in den Boden eingelassene, große Bronzeplatte auf; sie hatte die Form eines rechteckigen Schlüssellochs. Bei näherem Hinsehen bemerkte ich, daß darauf ein Kopf der Maya oder aus dem alten Ägypten eingraviert war. Er trug Ohrringe, die dieselbe Form hatten wie die Platte selbst, und diese wiederum war mit einem Rahmen oder Fries aus denselben, aber kleineren Köpfen eingefaßt. Plötzlich sprach eine Stimme: »Steh nicht einfach da und gaffe! Warum machst du ihn nicht auf?«

Ich beugte mich vor, ergriff einen der großen Ohrringe und zog daran. Die Platte ließ sich leicht anheben, als hätte sie Scharniere, und darunter wurde eine Öffnung sichtbar. Doch in diesem Augenblick wachte ich auf.

Ich erzählte diesen Traum Weißer Bär, der ihn wörtlich interpretierte, weil die Platte die gleiche Schlüssellochform hatte wie die vielen Eingänge überall in den Ruinen des Südwestens und Mexikos. In den Tagen danach machte er mich immer wieder auf ähnliche Formen aufmerksam, an die wir bislang nicht gedacht hatten: den Grundriß vieler Hopi-Kivas; den Teil der Kiva, der sichtbar aus der Erde ragt und *Kivaove*, »der Teil darüber«, genannt wird; die Ohrringe, die die Flötenmädchen beim symbolischen Aufstieg in die Vierte Welt trugen; und schließlich die Kopfform jedes Hopi-Mannes mit den rechteckig geschnittenen, die Ohren bedeckenden Haaren und dem Pony.

Zunächst schien es sich also um eine typische Form der Hopi zu handeln; in der Tat ist das Viereck in allen möglichen Spielarten aber ein der ganzen Menschheit eigenes, heiliges Symbol, das eine religiöse Ganzheitserfahrung ausdrückt. Ich interpretierte den Traum für mich deshalb eher auf mich selbst bezogen als ausschließlich auf die Mythologie der Hopi. Mein einsamer Aufenthalt hier, bei einem mir fremden Volk, führte mich immer tiefer in mein inneres Wesen – das war es, was der Traum mir zeigte. Die an ein Schlüsselloch erinnernde Form der Bronzeplatte war ein Hinweis auf etwas, das es zu öffnen galt. Was befand sich unter ihr?

So betrachtete ich Nacht für Nacht die Sterne über Pumpkin Seed Point und legte mich dann ins Bett, um staunend in das riesige unerforschte Reich in uns zu schauen – die letzte, großartigste und geheimnisvollste Grenze des Menschen.

Das Geheimnis Arthur Manbys

(aus: »To Possess the Land«)

Wie bereits erwähnt, hatte Waters im Jahr 1971 »Pike's Peak« beendet, die Neufassung der Colorado-Trilogie. Dabei hatte er sich auf sein zentrales Thema der Entfremdung des Menschen vom Land konzentriert. In seinem nächsten Buch, »To Possess the Land«, wandte er sich einem historischen Beispiel für eine derartige Entfremdung zu. Dieses Werk ist die Biographie von Arthur Rochford Manby, einem der skrupellosesten, intelligentesten, unmoralischsten und mysteriösesten Männer des amerikanischen Westens. Seine vollkommene Degeneration ist ein historisches Beispiel für die Haltung – und vielleicht auch für das unvermeidliche Schicksal – aller weißen Siedler, für die das Land nichts anderes war als »ein lebloser Schatz, der zu ihrem materiellen Nutzen ausgebeutet werden mußte«.[1]

In seiner Einleitung stellt Waters zwar ganz bescheiden fest, man könne kein Buch mit drei Erzählperspektiven schreiben, doch genau das tut er in diesem Werk. Und mit dem für ihn typischen Zeitempfinden beginnt er mit dem Epilog.

Einleitung

Die Geschichte von Arthur Manbys unglaublichem Leben und seinem mysteriösen Tod oder Verschwinden läßt sich aus drei sehr unterschiedlichen Perspektiven erzählen.

Zum einen ist es eine Geschichte voller gewaltsamer Aktionen und Ereignisse, die selbst die wildesten Phantasien der Produzenten des Western- und Horrorgenres in Hollywood überbietet. Bewährter Tradition folgend, beginnt sie an der »Frontier«, dem gesetzlosen Gebiet des amerikanischen Westens, mit einer wilden Schießerei zwischen Cowboys. Die Biographie Arthur Manbys, der sowohl ein hervorragender Geschäftsmann als auch ein skrupel- und gesetzloser Landspekulant und darüber hinaus ein Kunstkenner war, ist gespickt mit phantastischen Vorkommnissen, die selbst in der Literatur ihresgleichen suchen: Er erreichte einen rechtsgültigen Vertragsabschluß, der ihm Verfügungsgewalt über die Summe von 827 Millionen Dollar verschaffte; er beschaffte sich ein gefälschtes Gold-Zertifikat der US-Regierung über eine Million Dollar; und er gründete einen Geheimbund, der Städte und Dörfer terrorisierte. Manbys Geschichte endet mit seiner schrecklichen Ermordung oder seinem mysteriösen Verschwinden – mit all seinen internationalen Verwicklungen bis heute das größte ungelöste Rätsel des Westens.

Zum anderen ist es eine detaillierte und dokumentierte Geschichte der »krummen« Methoden, mit denen nach dem Krieg gegen Mexiko, in der Zeit der Besetzung New Mexicos durch die Vereinigten Staaten, eine der staatlichen Zuweisungen spanischen Landes privat erworben wurde. Die US-Regierung unternahm nichts, um dem Vertrag von Guadelupe Hidalgo, der die Rechte der Bewohner des eroberten Gebietes garantieren sollte, Gültigkeit zu verschaffen. Gierige Spekulanten, Immobilienhaie und Politiker, Eisenbahngesellschaften und andere Unternehmen rissen das Land an sich und teilten das neue Territorium unter sich auf. Dieser an der Allgemeinheit verübte Diebstahl des Landes samt seiner reichen Bodenschätze wurde nie gründlich historisch dokumentiert und publik gemacht. Erst vor kurzem fand diese Angelegenheit landesweite Beachtung durch die Frage nach dem Besitzverhältnis der riesigen Tierra Amarilla Land Grant und die Erstürmung des Gerichtsgebäudes in dem gleichnamigen Ort, die Verhaftung und Verurteilung von Tijerina und die Gründung seiner *Alianza* zum Schutz der Rechte der Spanisch-Amerikaner. Deshalb ist dieser Bericht über Manbys Erwerb der Antonio Martinez oder Lucero de Godoi Land Grant ein wichtiger Teil des gesamten politischen, wirtschaftlichen und sozialen Bildes und von historischer Bedeutung.

Eine dritte Betrachtungsweise unterscheidet sich grundlegend von dem extravertierten Aspekt der Mystifikation des Westens und deren unpersönlicher und historisierender Seite. Man kann die Geschichte Manbys auch von einem absolut introvertierten, psychologischen Standpunkt aus betrachten. Nichts in der vornehmen englischen Familie, der er entstammte, kann seine Entwicklung zum »schwarzen Schaf« erklären. Er war selbst seinen nächsten Angehörigen ein Rätsel. Sein Lebensweg würde gut für eine psychologische Fallstudie taugen – nämlich der eines Mannes, der vollkommen von seinen Schattenseiten überwältigt war, von dem negativen, für gewöhnlich unterdrückten Aspekt im dualen Wesen des Menschen.

Manbys Geschichte von allen drei sich stark voneinander unterscheidenden Blickwinkel in einem Buch darzulegen, das sich herkömmlichem literarischen Usus zufolge streng an eine Perspektive zu halten hat, ist offenkundig unmöglich. Dennoch ist aber jeder einzelne dieser Standpunkte von wesentlicher Bedeutung. Um diesem Dilemma vorbehaltlos zu begegnen, habe ich von vornherein jeglichen literarischen Anspruch ignoriert und die Details in beliebiger Reihenfolge wiedergegeben. Ich habe hier ganz einfach erst einmal alles zusammengetragen, was über Manby bekannt ist, einschließlich der Mutmaßungen über und der quälenden Anhaltspunkte für seinen rätselhaften Charakter.

Später können aus diesem anfänglichen Quellenmaterial Bücher, historische Abhandlungen und psychologische Studien entwickelt werden.

Epilog

An einem heißen Morgen im Sommer 1929 arbeitete sich United States Deputy Marshal Jim Martinez aus Santa Fé mit einem klapprigen Auto mühsam aus der dunklen Schlucht des Rio Grande heraus. Das Tal von Taos, das sich vor ihm ausbreitete, war ein altvertrauter Anblick für ihn; seit Generationen schon wohnte seine Familie im nördlichen New Mexico. Ihr hatte der berühmte Padre Antonio Martinez angehört. Er war an dem blutigen Aufstand gegen die amerikanische Okkupation des Landes im Jahre 1847 beteiligt gewesen – wahrscheinlich aus dem sehr guten Grund, weil 1716 ein gleichnamiger Vorfahre unterhalb des Bergrückens, dessen Gipfel in der Ferne sichtbar war, ein großes Stück Land zugewiesen bekommen hatte und nicht einsah, weshalb dieser Grund und das ganze übrige Land von Gringos eingesackt werden sollten. Jetzt, zweihundert Jahre später, lebte Malaquias, der Bruder des Marshals, noch immer auf einem Teil dieses zugewiesenen Landes, doch der Rest war von dem alten Mann gestohlen worden, zu dem der Marshal nun unterwegs war.

Er hatte Dokumente bei sich, mit denen eine Klage gegen A. R. Manby wiederaufgenommen werden sollte, die eine Frau im Jahre 1922 gegen ihn angestrengt hatte. Das Gericht hatte ihr eine Geldsumme zugesprochen, die aber nicht bezahlt worden war. Und nun, nach sieben Jahren, würde das Urteil verjähren, wenn der Fall nicht neu verhandelt wurde; deshalb hatte Marshal Jim Martinez Order erhalten, die Dokumente sicher zuzustellen.

Er ratterte zwischen den altbekannten kleinen Adobehäuschen hindurch, die um die mit Stützpfeilern versehene, wuchtige Missionskirche von San Francisco in Ranchos de Taos verstreut lagen, und fuhr dann nach Don Fernando de Taos hinein. Das größte, im Hazienda-Stil erbaute Haus des alten Manby stand unweit der zentralen Plaza und war von einer hohen Mauer aus Adobeziegeln umgeben. Der Eingang war abgesperrt; davor stand unruhig eine Gruppe von Leuten herum.

»*Que pasó?*« fragte der Marshal.

Einer der Männer zuckte die Achseln – eine beredte Antwort.

Es war der dritte Juli, und die Mittagshitze lastete unerträglich über dem Land. Plötzlich kam dem Marshal die Befürchtung, daß der alte Mann vielleicht wegen des Nationalfeiertages am folgenden Tag gar nicht zu Hause sein könnte. Ohne einen Versuch, die Dokumente zuzustellen, fuhr er zur Plaza zurück. Auf den Gehsteigen drängten sich Feriengäste: spanischsprechende Dörfler aus der Umgegend, englischsprechende Händler und Kaufleute, Cowboys, Farmer, Spieler, Indianer, die trotz der brütenden Hitze ihre weißen Decken um sich geschlagen hatten, ein paar Künstler, Nichtstuer und Müßiggänger jeglicher Couleur. Der Marshal ging in das Gerichtsgebäude hinein. Im Flur unterhielt sich sein Bruder Malaquias, der Deputy Sheriff, mit ein paar gelangweilten Leuten. Der Marshal erklärte seinen Auftrag.

»Irgend etwas stimmt da nicht«, erwiderte Malaquias. »Dieser Mann hier ist George Ferguson; er meint, daß Manby womöglich tot ist.«

Ferguson nickte zustimmend. »An seiner Hintertür sind eine ganze Menge Fliegen.«

Wie Ferguson es zustande gebracht haben wollte, durch zwei hohe Mauern hindurch Fliegen an der Hintertür zu sehen, konnte sich der Marshal nicht erklären, aber er fragte auch nicht danach. Er ging einfach mit den beiden Männern zu Manbys Haus zurück.

Die Menge vor dem Eingang wurde immer größer; wahrscheinlich hatte Fergusons Behauptung ein Gerücht entstehen lassen, das die Leute neugierig machte. Einige von ihnen waren dem Marshal bekannt, die Namen anderer flüsterte ihm Malaquias zu. Einer war Doc Martin, der gleich nebenan wohnte; dann der großgewachsene Milton A. Spots, der in der Verwaltung des County arbeitete; Georges Tante, Teracita Ferguson; Carmen Duran, mit dem Teracita jetzt zusammenlebte; ihre Freundin, die dicke Mrs. Archuleta, die ein Restaurant im Ort führte; ein *político* namens Des Georges und ein paar andere.

Angeführt von Carmen Duran, marschierten die Leute jetzt an der hohen Adobewand entlang zur Rückseite des Anwesens, kletterten über die Mauer und gingen über die hintere Terrasse zum Vorderflügel des Gebäudes. Dort stellte Duran fest, daß er einen Schlüssel für die Haustür hatte. Er sperrte auf, und sie gingen hinein.

Sie gingen einem entsetzlichen Gestank und einem großen Schwarm schwarzer Fliegen nach, und Marshal Martinez betrat eines der vorderen Schlafzimmer. Er wurde mit einem entsetzlichen Anblick konfrontiert: Auf einem Feldbett an der Wand lag der enthauptete Leichnam eines Mannes, bekleidet mit dicker Unterwäsche, einem roten Pullover und einem khakifarbenen Mantel. Der Körper war von der Julihitze angeschwollen, aber noch nicht verwest und über und über mit Maden bedeckt. Neben dem Feldbett lag Manbys großer deutscher Schäferhund.

»Hierher, Lobo!« rief Carmen Duran und führte den Hund am Halsband auf die Terrasse hinaus, wo Malaquias ihn erschoß. Dort war ein zweiter Hund, der heulte und an seiner Leine zerrte; Malaquias band ihn los, um ihn später mitzunehmen.

Im Haus zurück, gingen die Männer in das angrenzende

Schlafzimmer, wo Deputy Marshal Jim Martinez den abgetrennten Kopf des Opfers gefunden hatte. Die rechte Gesichtshälfte war bis zur Unkenntlichkeit verstümmelt.

Es wurde umgehend eine Jury zur Untersuchung der Todesursache gebildet und Des Georges zum Vorsitzenden bestimmt. Ohne zu zögern, gab sie bekannt, daß Manby eines natürlichen Todes gestorben sei und Lobo den Kopf des Leichnams abgebissen habe.

»So weit, so gut!« brummte Doc Martin. »Jetzt ist er also tot, dieser verrückte alte Trottel. Schaffen wir ihn unter die Erde!«

Innerhalb der nächsten Stunde hatten sie den Leichnam samt Kopf in einen primitiven Sarg verfrachtet und auf der Rückseite des Anwesens begraben. Dort grenzte es an den kleinen Friedhof an, auf dem der berühmte Kundschafter Kit Carson die letzte Ruhe gefunden hatte.

Für Deputy Marshal Martinez war die Angelegenheit damit beendet; er setzte sich in seinen Wagen und fuhr zurück nach Santa Fé.

Doch für den Ort begann die ganze Sache jetzt erst. Einige Leute behaupteten völlig überzeugt, der alte Mann sei umgebracht worden, und ließen anklingen, daß sie dafür Beweise hätten. Andere stritten dies heftig ab und hielten dagegen, die geköpfte Leiche sei gar nicht Manby gewesen. Wieder andere schworen, Manby einen Tag nach seiner angeblichen Beerdigung gesehen zu haben. Einig waren sich alle nur in dem Punkt, daß irgend etwas an der Sache seltsam war. All diese Mutmaßungen, Behauptungen und Verdächtigungen wurden von der Presse aufgegriffen.

Auf diese Weise fand eines der größten Rätsel des Südwestens Verbreitung über die ganzen Vereinigten Staaten, und es war begleitet von Komplikationen, die sogar bis über die Landesgrenzen hinaus reichten. Dennoch kommt die Art und Weise von Manbys Tod nicht dem Rätsel gleich, von dem sein langes Leben überschattet ist. Wer er war, was für ein Mensch dieser verrufene alte Einsiedler in seiner riesigen spanischen Hazienda mit neunzehn Zimmern gewesen war, dessen Existenz so viele Jahre lang einfach als selbstverständlich hingenommen worden war – niemand wußte es. Sicher waren sich die Menschen seiner Umgebung wirklich nur darin, daß seine untersetzte, breitschultrige Gestalt seit dem Tag seines mysteriösen Todes oder Verschwindens einen dunkel lastenden, dauernden Schatten über sie warf. Wie ein enthaupteter Körper erstreckte er sich von der schwarzen Schlucht des Rio Grande über die Mais-*Milpas* des Ortes bis zu den blutroten Gipfeln der Sangre-de-Cristo-Berge. Über vierzig Jahre lang war er schwer und düster auf ihnen gelegen. Das arme, spanischsprechende Volk hatte in den Zaubereien eingeborener *brujas* Erleichterung von dem Bösen gesucht, das er auf alle Menschen der Gegend geworfen hatte. Die Indianer hatten ihre nackten Augenbrauen hochgezogen und waren geflissentlich verstummt, wenn sein Name fiel. Und die englischsprechenden Künstler und Neuankömmlinge hatten redselig versucht, die nicht enden wollenden Gerüchte über ihn zu ergründen.

Vielleicht hatte ihn nie jemand wirklich gekannt. Seine Unberechenbarkeit übertraf alles, was ihm nachgesagt wurde. Und doch: Trotz seines Rufs und des Schattens, den er warf, spiegelte alles, was er tat, die unglaubliche Größe des Landes wider, das seine große Leidenschaft gewesen war – die Majestät der sich auftürmenden Berge, die grasigen *vegas*, die in der trockenen Hitze verdorrten, die flachen Mesas und die Bergkuppen, die so seltsam geformt waren wie die phantastischen Träume und Vorstellungen, die er mit sich herumtrug, der ganze Reichtum und alle Armut, die Schönheit und Grausamkeit des Landes, das ebenso sehr sein großer Traum gewesen war, wie es ihn verrückt gemacht hatte. Manbys Geheimnis aber, wenn man denn einen Sinn in ihm suchte, ist noch immer verschlossen in dem Berg, an dessen Fuß er angeblich begraben liegt.

Mystisches Mexiko

(aus: »Mexico Mystique:
The Coming of the Sixth World of
Consciousness«)

Fast alle seine Themen und Theorien vereinigt Waters in seinem 1975 erschienenen Werk mit dem Titel »Mexico Mystique: The Coming of the Sixth World of Consciousness«. Hier verbindet er ein enorm umfangreiches Wissen über die Völker des alten Mexiko, ihre Geschichte, ihre Mythen, Symbole und Archetypen, ihre Kosmologie und Astrologie, wobei er ein besonderes Augenmerk auf die darin immanenten Dualitäten wirft:

»Der Widerspruch kommt auf vielfache Weise zum Ausdruck: hell und dunkel, männlich und weiblich, gut und böse, Geist und Materie, Instinkt und Vernunft, Gott und Satan, Bewußtes und Unbewußtes. Der Konflikt zwischen diesen bipolaren Gegensätzen und das notwendige Bestreben, ihn zu überwinden, ist das große Thema, das die Mythologie, den Symbolismus und die Religionsphilosophie des präkolumbischen Amerika durchzieht – des mystischen Mexiko.«[1]

Anschließend geht er über die herkömmliche akademische Einordnung hinaus und setzt dieses Material in Bezug zur Jungschen Psychologie, zur Astrologie und zur allgemeinen Mythologie und kommt zu folgendem Schluß:

»… daß die alte Zivilisation Mesoamerikas im wesentlichen eine religiöse war; daß ihre Glaubensinhalte noch heute eine lebendige Religion konstituieren, die von den Pueblos des Südwestens [der USA, A. d. Ü.] getragen wird; und daß dieses allgemeine Religionssystem des indianischen Amerika die Grundsätze eines globalen Glaubens beinhaltet, die auch im Christentum, im Buddhismus (und anderen großen Religionen des Ostens) sowie in der modernen westlichen analytischen Psychologie Ausdruck finden.«[2]

Ein großer Teil des Werks konzentriert sich auf die Erklärung und Interpretation des alten mesoamerikanischen Kalendersystems mit seinen Großen Zyklen von 5125 Jahren, die jeweils der Dauer einer Welt entsprachen. Den astronomischen Berechnungen der Maya zufolge begann der letzte Große Zyklus, und damit die gegenwärtige Fünfte Welt, im Jahre 3113 vor Christus, und er wird 2011 nach Christi Geburt enden. Mit demselben Datum schließt auch der gegenwärtige noch größere, 25 920 Jahre umfassende Zyklus des Vorrückens der Tagundnachtgleichen.

Die Azteken und Maya glaubten, daß zu diesem Zeitpunkt die gegenwärtige Welt durch eine erdgeschichtliche Katastrophe zerstört wird und eine Sechste Welt an ihre Stelle tritt.

Waters vertritt die Ansicht, daß diese »Welten« nichts anderes sind als dramatische Allegorien für die sukzessive aufeinanderfolgenden Zustände oder Stadien des ständig expandierenden menschlichen Bewußtseins. Was er das »Kommen der Sechsten Welt des Bewußtseins« nennt, bezeichnen andere apokalyptische Interpretationen als »einen Neubeginn durch die Annäherung von Ost und West, Altertum und moderner Zivilisation«.[3] Waters verbindet damit die Hoffnung, daß die Lösung unserer universalen Paradoxa in dieser neuen Zeit auf einem höheren Niveau beginnt.

Es ist unmöglich, eine Synthese solchen Ausmaßes anhand von Exzerpten zu illustrieren. Dennoch vermag das folgende Kapitel vielleicht eine Vorstellung von der Verflochtenheit der Themen und der Sichtweise der Beziehungen zu vermitteln, die für »Mexico Mystique« typisch sind.

Figurenvasen und Kreuze der Maya

Ich habe in diesem Buch zahlreiche Ähnlichkeiten und Parallelen zwischen alten mesoamerikanischen und zeitgenössischen Ritualen der Pueblos aufgezeigt, um deutlich zu machen, wie sehr an diesen bis in den Südwesten der Vereinigten Staaten hinauf bis heute festgehalten wird. Nicht erwähnt habe ich jedoch, wie tief sie in Land und Leuten Mexikos und Guatemalas selbst verwurzelt sind. Doch eine solche Unterlassung wird man mir nicht nachtragen, denn dieses Thema wurde bereits in Hunderten gut dokumentierter Studien behandelt. Auffallend deutlich wird es in den Hochländern, die sich von Chiapas im Süden Mexikos bis nach Guatemala erstrecken. Dort und in Yucatan leben über zwei Millionen Nachfahren der alten Maya.

In diesen ziemlich abgelegenen nebelverhangenen Bergen folgt das Leben den alten Mustern und bietet dem eindringenden Fortschritt nur wenig Raum. Sogar die Kleidung der Menschen, die auf den Gebirgspfaden zu ihren Märkten hinunterwandern, läßt die alten Stile und Muster erkennen und unterscheidet sich nach wie vor von Dorf zu Dorf. Die Männer tragen ein Cape (*capixaiji*) oder eine Decke (*ponchito*) und führen eine *bolsa* mit sich, eine Tasche aus gewebtem Tuch. Die Frauen sind mit einer Bluse (*huipil*) und einem Rock bekleidet, der von einem Gürtel (*faja*) gehalten wird; dazu mit einem *tapado* bezeichneten Mantel oder einem *rebozo* – einem Tuch, das Kopf und

Schultern bedeckt – und *cintas* aus farbenprächtigen Bändern. Die kräftigen Farben ihrer Stoffe reichen von einem tiefen Purpur und Violett über Rot und Orange bis Gelb und werden nach alten Methoden hergestellt. Der runde Ausschnitt des *huipil* mit seinen strahlenförmigen bunten Stickereien symbolisiert die Sonne. Bei den Stickmustern ist am häufigsten das der Gefiederten Schlange; die *huipiles* der Quetzaltenango-Region haben zwei Reihen mit Schlangen, die oben und unten mit Reihen kleiner Vögel zusammengebunden sind. Ein weiteres Dualitätssymbol ist der doppelköpfige Adler, der besonders in Chichicastenango häufig anzutreffen ist. Lilly de Jongh Osborne erwähnt ferner viele unterschiedliche *nahuales*.[4] Auch Spielarten des aztekischen *ollin*, eines Symbols der Bewegung, kommen vor. Das Kreuz ist allgemein verbreitet und verdient deshalb nähere Beachtung.

Bei den Chamula und Zinacanteco von Chiapas ist das Kreuz so häufig, daß viele Beobachter sogar von einem »Kult des Kreuzes« dieser Völker sprechen. Chamula, etwa sechzehn Kilometer von der Stadt San Christobal de Las Casas entfernt, ist eigentlich kein Dorf, obwohl es eine riesige Kirche hat. Es ist eine *cabecera*, ein zeremonielles Zentrum, für die vierzigtausend oder mehr Chamula, die in *parajes* genannten entlegenen Weilern in dieser Gegend leben und zu den großen religiösen Feierlichkeiten hierherkommen – zum Beispiel zum Tag von San Sebastion am 20. Januar. Tausende versammeln sich dann auf der Plaza vor der Kirche, in einer Mulde in den bewaldeten Bergen, und milchige Wolken steigen aus den Kiefern auf. Alle tragen die *traje tipica:* die Männer weiße oder schwarze Ponchos aus Wolle, knielang und mit einem *cincho* gegürtet, die Hände haben sie wegen der Kälte daruntergesteckt; auf dem Kopf ein weißes Tuch wie ein orientalischer Turban, und die Hüte hängen mit bunten Bändern über die Schultern herunter. Die Frauen sind ähnlich gekleidet in schwarze *rebozos*, und die meisten gehen barfuß – ein weites, düsteres Abbild von Land und Leuten in Schwarz und Weiß.

Die bei allen mexikanischen Fiestas präsentierten Einlagen finden auf dem großen Hof statt: Raketen und Feuerwerk, gefolgt von einer Parade von Tänzern, die den *toro* tragen, ein mit einer Plane überzogenes Holzgestell in Form eines Stiers. Im Inneren der mächtigen Kirche herrscht im Gegensatz dazu eine bedrückende Stille.

Fremden wird hier nur selten Zutritt gewährt. Gelegentlich darf man nach einem formellen Gespräch mit dem *presidente* und den *principales* zusammen mit ersterem eintreten – die Begleitung soll korrektes Benehmen sicherstellen. Die Szene, die sich dem Betrachter bietet, ist überwältigend. Das unendlich große, langgestreckte und hoch aufragende Innere der Kirche ist leer bis auf zwei oben hängende Bänder aus buntem Tuch und einem Dutzend lebensgroßer katholischer Heiliger, die an den Seitenwänden aufgestellt sind. Der Boden ist mit frischen Kiefernnadeln bedeckt. Darauf sitzen hundert oder mehr Frauen mit Kerzen, die auf flachen Steinen befestigt sind, und mit Kohlenpfannen, in denen Kopalharz brennt. Sie scheinen zu den an den Wänden aufgereihten Heiligen zu beten – ihre Lippen bewegen sich fast unmerklich, aber es ist nichts zu hören. Von Zeit zu Zeit treffen aus anderen fernab gelegenen *parajes* kleine Gruppen von Männern ein; sie werden von einem *jefe* mit seinem traditionellen Amtsstab angeführt und bringen selbstgebaute Gitarren und seltsame dreieckige Harfen mit. Sobald sie einen Platz gefunden haben, beginnen sie, monoton und gedämpft auf ihren Instrumenten zu spielen. Die Musik wird zu einem Teil der Stille, der von den Kerzen erleuchteten Wolken aus brennendem Kopal.

Im spärlichen Licht, durch das der süße Rauch des Harzes

aufsteigt, führt uns der *presidente* behutsam durch die Menge der kauernden Frauen nach vorn zu einem Holzkasten, in den wir pflichtbewußt einen Fünf-Peso-Schein stecken. Damit und mit der Gönnerschaft des *presidente* ist unser Hiersein abgesegnet. Die Fahnenträger am Altar scheinen unsere Gegenwart gar nicht zu bemerken. Ihre Fahnen sind einfach quadratische, an langen Kiefernstangen befestigte, bunte Tücher. Der *presidente* überläßt uns in der sich rasch füllenden Kirche uns selbst.

Das Feuerwerk und die Späße draußen haben aufgehört. Kein Laut dringt durch die großen, geschlossenen Türen. Der immens große, schwach beleuchtete Raum ist voller Menschen, aber es herrscht tiefe Stille – die schwere indianische Stille, die nur vom uralten Duft des brennenden Kopal durchdrungen wird. Nichts erinnert an die Patina des Christentums. Kein formaler Gottesdienst findet statt – es wird nur stumm die unheimliche Feier des archaischen Geheimnisses begangen, des Geheimnisses allen Lebens.

Nach und nach leert sich dann die Kirche, die Chamula sammeln sich vor einer Reihe hoher Kreuze auf der gegenüberliegenden Seite des Hofes. Alle sind mit einfachen Darstellungen von Bäumen und Ästen geschmückt. Was hat es mit diesem alten Symbol auf sich, daß es Tausende von Menschen mit Schweigen umfängt?

Gut zwanzig Kilometer weiter halten die achttausend Zinacanteco, die in fünfzehn abseits gelegenen Weilern oder *parajes* der Gegend wohnen, die gleiche Fiesta in Zinacantan, ihrer *cabecera*, ab. Dieses zeremonielle Zentrum liegt in einer großen offenen Wiese vor einer Kirche. Anders als das düstere schwarzweiße Chamula aber leuchtet Zinacantan fröhlich rosafarben und weiß im Sonnenlicht – die Männer der Zinacanteco tragen *serapes* oder *ponchos* aus fein gewebter Wolle mit dünnen rosafarbenen und weißen Streifen, aus denen ihre weißen Hemdsärmel hervorragen. Um den Hals haben sie ein Tuch aus zartem Blau gebunden, das über den Rücken hinunterhängt und an den Kanten mit leuchtendroten Quasten verziert ist. Die Tracht der Frauen ist ähnlich, doch sie gleicht in der Form eher einer *manta*, die vorne geschlossen wird.

Die fröhliche Szenerie straft den Nahuatl-Namen Zinacantan – »Haus der Fledermaus« – Lügen, den sie bekam, weil hier einmal eine große Fledermaus aus Stein verehrt wurde. Überall auf der Wiese liegen Berge von Mandarinen, Zuckerrohr und Erdnüssen. Die Menschen sitzen im Gras und essen Tortillas mit kleinen Stücken Fleisch, die man an einem an der Seite aufgestellten Stand kaufen kann, oder sie schlendern müßig herum. In einem einfachen Unterstand sitzen ältere Männer, die neuen Amtsinhaber; San Sebastion ist die erste bedeutende Fiesta, die sie ausgerichtet haben. Ihre Vorgänger vom letzten Jahr sind in die Kirche gegangen, um Vergebung für ihre schlechte Amtsführung zu erbitten. Ihre Frauen werden nicht aus der Kritik ausgeschlossen, und es gibt Anlaß zu zahlreichen Possen.

Zwei Männer mit geschwärzten Gesichtern sowie Hüten und Schwänzen aus Jaguarfell erscheinen. Es sind die *Bolometic*, die Jaguare. Sie haben ausgestopfte Eichhörnchen dabei, deren Genitalbereich rot bemalt ist; die beiden stoßen die Tiere mit einem Stock und werfen sie in die Menge. Es heißt, die Eichhörnchen stellen Frauen der ausscheidenden Amtsinhaber dar, schamlose, sexbesessene Weiber, die sich in die Amtsgeschäfte ihrer Ehemänner einmischten. Am späten Nachmittag klettern die Jaguare auf einen laublosen roten Baum, den Jaguarbaum *Bolom Te*, und schleudern ihre ausgestopften Eichhörnchen sowie Eßbares in die Menge. Weitere maskierte Clowns von einem eine Meile entfernten Weiler kommen dazu, machen Späße und verschwinden in der immer größer werdenden Menschenansammlung. Trotz der Neuerungen aus jüngster Zeit wie auch von seiten der Kirche werden Chamula und Zinacantan als Überreste der alten Maya-Vergangenheit betrachtet. Man fühlt sich an die großartigen *Navajo Sings* von früher erinnert: Die winzigen Kochfeuer, die dichtgedrängten, auf der verschneiten Ebene lagernden Menschen, dieselbe indianische Stille und Versunkenheit in mysteriöse Spiritualität.

Holzkreuze wie in Chamula gibt es überall in diesen Gebirgsregionen – am Fuß und auf dem Gipfel heiliger Berge, an Quellen und Wasserlöchern, in Höhlen und in den Höfen vieler Häuser. Eine äußerst beeindruckende Ansammlung befindet sich in der Nähe des entlegenen primitiven Weilers Romerillo, hoch in den Bergen über Las Casas: Auf dem Gipfel eines abgeholzten Berges steht dort eine Reihe von einundzwanzig riesigen Kreuzen; sie sind über sieben Meter hoch, und zwischen ihnen stecken Äste in der Erde. An dem kahlen Abhang unterhalb liegt der Campo de Santo, der Kirchhof. Jeder seiner zahllosen Grabhügel ist mit einem etwa dreißig Zentimeter hohen Kreuz und einem in die Erde gesteckten Zweig geschmückt. Wie der Ethnologe Evon Z. Vogt bemerkt, vermitteln all diese Kreuze den Eindruck, als sei man in einer der katholischsten Gegenden der Welt. »Aber wenngleich diese Kreuze auch aussehen wie jenes Symbol, an dem Jesus Christus im fernen Jerusalem den Tod fand – für die Zinacanteco haben sie eine völlig andere Bedeutung … Die Zinacanteco sind keine katholischen Bauern, in deren Kultur sich einige Überreste der Maya erhielten, sondern eher ein Maya-Stamm mit spanisch-katholischem Anstrich – einem Anstrich, der um so dünner erscheint, je mehr man sich mit der Kultur dieser Menschen beschäftigt.«[5]

Manche Beobachter behaupten, das Kreuz mit seinen vier Enden repräsentiere den vierfältigen Maya-Regengott Chac. Andere meinen, das mit Darstellungen von Bäumen, Ästen und Blumen geschmückte Kreuz sei der Lebensbaum, den die Maya im Ceiba- oder Kapokbaum verehrten; er wurzelt in der Erde und berührt den Himmel, und seine Äste weisen in die vier Himmelsrichtungen. Vogt bietet noch eine weitere Interpretation an: Die vielen hundert *Kalvarios* auf den Bergen sowie bei Quellen und Höhlen, an denen Kreuze aufgestellt sind, sind Orte, an denen sich alte Götter versammeln. Die Kreuze sind »Pforten« oder Kommunikationskanäle zu diesen Göttern; sie werden geöffnet durch Prozessionen und Gebet, indem man sie mit Kiefernästen und Blumen schmückt, Kerzen entzündet, Weihrauch verbrennt, Rum oder schwarze Hühner opfert. Das *krus* ist also ein Verbindungsweg zwischen dem »Wesen« oder der »inneren Seele« des Menschen und den Göttern.

Allen diesen Interpretationen liegt eine gemeinsame Bedeutung zugrunde. Das Kreuz ist seit den frühesten Tagen der Menschheit ein universales Symbol. So wie seine Arme, die in jeweils entgegengesetzte Richtungen weisen, Konflikt und Teilung repräsentieren, steht ihr Kreuzungspunkt für Versöhnung und Vereinigung. Er ist auch der Punkt, an dem Bewußtes und Unbewußtes zusammentreffen, und das mystische Zentrum, das mit dem kreativen Prinzip des Universums identisch ist. Schon seit Urzeiten wurde dieser Punkt, häufig auch das ganze Kreuz, von einem Kreis umgeben dargestellt. Cirlot erinnert daran, daß die Kreislinie zu verlassen und ins Zentrum zu gehen bedeutet, sich vom Äußeren ins Innere zu begeben, von der Vielheit in die Einheit, von der Form in die Kontemplation. Die Chamula und Zinacanteco schnitzen Kreise in ihre Kreuze und hängen Blumen daran. Und das Kreuz ist auch der Lebensbaum, denn das Leben entwickelt sich nur aus dem Konflikt und der Versöhnung der Gegensätze; die »Pforte« der Kommunikation zwischen Mensch und Gott und zwischen unserem bewußten und unbewußten Selbst. In sein mystisches Zentrum reiste Quetzalcoatl. Und deshalb lassen sich in diesen zahllosen Kreuzen im Hochland von Chiapas auch alter und neuzeitlicher indianischer Glaube vereint sehen.

Bei einem Besuch der Lakandonen kann man noch weiter in der Zeit zurückreisen. Die Lakandonen sind ein Stamm der alten Maya; sie unterwarfen sich nicht der spanischen Eroberung, sondern flüchteten in die Tiefen des tropischen Regenwalds und führten dort das Leben ihrer Vorfahren weiter. Heute leben nur noch einige von ihnen in zwei kleinen Siedlungen auf der mexikanischen Seite des großen Usamacinta-Flusses: das eine Dorf liegt am Naja-See, das andere am Lacanhá-Fluß.

Sie sind schwer zu erreichen, außer mit dem Flugzeug, das auf einer kleinen Piste inmitten der hoch aufragenden *selva* landet, dem dichten Regenwald. Am Rand der Lichtung befindet sich ein Lager, das zeitweilig die wenigen Gäste (wie zum Beispiel wir) von Trudy Blom, der Witwe des Archäologen Franz Blom, bewohnen. Es besteht aus fünf *chosas* (Hütten) mit palmwedelgedeckten Dächern, aber keinen Wänden. Die größte dient als Küche; die kleineren sind Schlafräume, denn sie sind mit Pfosten und Haken ausgestattet, an denen wir unsere Hängematten befestigen können.

Von hier paddeln uns zwei Lakandonen, Old Chank'in und K'in, in einem riesigen Einbaum aus einem Mahagoni-Stamm über den Naja-See. Auf der anderen Seite dieses unvergleichlich klaren, wunderschönen Juwels mitten im Urwald liegt die nördliche Lakandonensiedlung Naja. Sie besteht aus gut zwanzig wahllos über eine Lichtung verstreuten *chosas* mit kleinen *milpas*, Maisfeldern, sowie Gruppen von Bananen- und Orangenbäumen. Das Leben hier ist primitiv. Die Männer bauen Mais an, fischen im See und jagen *cojolites*, Grauhühner, den *curassow* genannten Fasan und gelegentlich etwas Rotwild mit Pfeil und Bogen. Der lange Bogen ist aus *guayacán*-Holz gefertigt, die Sehne aus *ixtle*, Agavenfasern, und die Pfeile sind mit Papageienfedern versehen. Die Frauen mahlen Mais auf steinernen *metates* und kochen ihn in riesigen Töpfen; auf kleinen waagrechten Webstühlen weben sie Baumwolltücher für ihre Kleidung. Jeder Mann hat mehrere Frauen, von denen jede in der gemeinsamen *chosa* ein eigenes Kochfeuer unterhält. Männer wie Frauen tragen nur ein loses, weißes, knielanges Kleid, das lange, schwarze Haar hängt ungekämmt über den Rücken hinunter. Wenn sie barfuß hintereinander durch den feuchten, dunklen Dschungel gehen, erinnern sie an Nachtwandler oder bleiche geräuschlose Geister.

Die Lakandonen gelten als die primitivsten Indianer Mexikos, wenngleich die Tarahumara in den isolierten Cañyons von Chihuahua weitaus wilder, scheuer und verschwiegener sind. Aber mit Sicherheit sind die Lakandonen mit ihren kurzen, kräftigen Körpern, den breiten Füßen und ihren kindlichen, immer zu einem Lächeln bereiten Gesichtern echte Naturmenschen. Sie besitzen eine einfache Würde und schämen sich nicht vor Fremden, sondern begegnen ihnen wie ihresgleichen. Ihr Gruß ist simpel: »*Utz im pusical*« – »Mein Herz ist rein«. Niemand betritt die *chosa* eines anderen, ohne eingeladen zu sein.

Auch ihre Religion ist einfach. Es gibt weder Priester noch Häuptlinge. Jedes Familienoberhaupt ist verantwortlich für Rituale, Gebete und die Unterweisung der Söhne. Die gemeinsame »Kirche« ist das Götterhaus, eine offene strohgedeckte Hütte wie alle anderen, nur daß auf einem Brett unter dem Dach eine Reihe Figurenvasen steht. Es sind rot, weiß und schwarz gestreifte Tongefäße für Weihrauch, deren oberer Teil mit grob gearbeiteten Gesichtern verziert ist. Jedes repräsentiert einen bestimmten Gott, von dem es eine kleine Steinplastik oder ein Stück Jade aus einer alten Tempelruine enthält. Die Rituale beschränken sich auf die Bitte um Kindersegen, eine sichere Reise, langes Leben und Hilfe für Kranke. Old Chank'in erlaubte uns, ihn bei einer Heilungszeremonie für eine seiner Frauen zu beobachten. Dazu machte er kleine Palmruten und hockte sich damit vor eine Figurenvase, in der er Kopalharz verbrannte. Während er lange Zeit leise vor sich hin sang und betete, schwärzte er die Ruten im Rauch des süßen Harzes. Dann verließ er das Götterhaus, um seine Frau mit den Ruten zu berühren.

Jeden Frühling findet eine lange Erneuerungszeremonie statt, zu der sich alle Bewohner von Naja im Götterhaus einfinden. Neue Figurenvasen nehmen die Plätze der alten ein; diese werden in Höhlen versteckt. Die Frauen machen *pasole*, eine Maisgrütze, und *balché*, ein Getränk aus der Rinde des gleichnamigen Baums, das mit Wasser und Zuckerrohr angesetzt gegärt wird. In den neuen Figurenvasen wird Kopal verbrannt, und sie bekommen zu essen und zu trinken angeboten. Dazu beten und singen die Männer und bitten darum, daß der duftende Rauch ihre Opfer zu den wirklichen Göttern emportragen möge.

Überreste ähnlicher Figurenvasen wurden in alten Maya-Ruinen gefunden. Das ist möglicherweise ein Hinweis darauf, daß der Großteil des einfachen Volks dieselben simplen Rituale vollzog und die komplizierten Tempelzeremonien den Priestern und Adeligen vorbehalten waren. Bei den heutigen Lakandonen ist die ausgefeilte Religion ihrer Vorfahren in Vergessenheit geraten, doch sie glauben noch immer an drei Himmel – *Chembeku*, *Kapoch* und *Hachakyum* – und eine *Yaralum* genannte Unterwelt, deren Herr, Kisin, böse ist. Trudy Blom sagte mir die Namen von vier ihrer vielen Götter: Hachakyum, der Himmel und Erde erschuf; Akíinchob, sein Schwiegersohn; Itzanoku und K'ak, der Gott des Feuers.

Die Geburtsstätte aller Götter war, wie es heißt, Palenque, die lieblichste aller Maya-Städte. Price berichtet, daß die Lakandonen von der uralten Grabkammer tief im Inneren der Steinpyramide des Tempels der Inschriften wußten, lange bevor sie von Archäologen entdeckt wurde.[6] Sie verehren auch Bonampak, das unweit von Lacanhá liegt und heute für seine farbenprächtigen Wandgemälde berühmt ist. Doch der heiligste aller Orte war Yaxchilán. Der Maisgott Ak'inchob erbaute ihn auf Anweisung von Hachakyum als eine neue Stadt für die Götter von Palenque.

Hier kamen die Götter zusammen und zeigten sich. Auf der Akropolis befand sich der Tempel oder das irdische Heim von Hachakyum; dort steht auch eine große Steinplastik von ihm. Die Lakandonen pilgerten häufig zu dieser inzwischen längst verfallenen Stadt. Old Chank'in und einer seiner Söhne besuchten sie vor einigen Jahren, um dort Kopal zu opfern.

Ihre Reise durch den Dschungel muß lang und anstrengend gewesen sein. Sogar uns stellt sie vor einige Probleme, was den Transport anbelangt. Heute fliegt man mit einem kleinen Flugzeug über die vielfach nebelverhangene *selva*, die so dicht ist, daß sie von oben aussieht wie vollkommen mit Moos überwuchert. Die Wolken machen einen Flug riskant; nicht selten muß der Dschungelpilot stundenlang warten, bis sich der Nebel verzieht und er starten kann, und wenn die Landepiste bei Agua Azul unsichtbar und wolkenverhangen ist, muß er oft genug wieder zurückfliegen. Die drei Gebäude dort stehen am Hochufer des großen Usamacinta-Flusses, der die Grenze zwischen Guatemala und dem mexikanischen Chiapas bildet. Früher war Agua Azul ein Zentrum für den Mahagoni-Handel und die *chicleros*, die den Saft des *zapote chico* sammelten, einer immergrünen Pflanze, welcher den Grundstoff für Kaugummi liefert. Von hier aus trieben die riesigen Mahagoni-Stämme flußabwärts nach Tenosique; dort wurden sie zu Flößen zusammengebunden, die bis zum Golf von Mexiko weiterfuhren, wo die Frachter sie bereits erwarteten.

Wir fahren von Agua Azul aus in einem langen Mahagoni-

Einbaum mit Außenbordmotor den Fluß hinunter. Die zwei- bis dreistündige, von der Strömung beschleunigte Reise ist großartig. Der breite Usamacinta ist an beiden Seiten von fast undurchdringlichem Urwald gesäumt: riesige, bis zu fünfzig Meter hohe Mahagoni-Bäume; Ceiba-Bäume mit langen, geraden Stämmen und Kronen wie Regenschirme; Sapotillbäume; der Balché-Baum, dessen Rinde die Lakandonen mit Zuckerrohr, Honig und Wasser ansetzen, um daraus ihr gleichnamiges Getränk herzustellen; Der *chechéen* mit seinen giftigen Blättern; Gummibäume, Bambus, Palmen. Orchideen überall. Hüfthoch wachsende Begonien. Uns bietet sich ein Einblick in eine jungfräuliche Welt unmittelbar nach der Schöpfung.

Bei Yaxchilán macht der Fluß eine große Schleife; wie eine Halbinsel ragt das Land sieben Meter hoch über das Wasser auf, doch in der Regenzeit steigt der Spiegel bis auf diese Höhe an. An einer sandigen Landzunge ziehen wir den Einbaum ans Ufer; darüber befindet sich eine Lichtung, auf der ein halbes Dutzend mit Palmwedeln gedeckte *chosas* verstreut liegen. Zwei Familien leben hier, dem Oberhaupt obliegt die Verantwortung für die Ruine. Wir essen im Schein einer Lampe in zwei leeren *chosas*, befestigen unsere Hängematten und hören den Brüllaffen zu.

Der Dschungel beginnt zehn Meter hinter uns; man wagt nicht, allein weit zu gehen. Die Ruinen sind in unmittelbarer Nähe, aber um zu ihnen zu gelangen, müssen zwei Männer einen Pfad durch das dichte Unterholz schlagen. Yaxchilán war eine der schönsten und bedeutendsten Städte der Maya, und seine Ruinen sind schon seit langem berühmt. Die Spanier entdeckten sie im Jahre 1696, Maudsley und Charney 1882, Maler 1895; viele verstorbene Archäologen studierten sie und überließen sie danach wieder ihrem Schicksal, vom Dschungel verschlungen zu werden. Weshalb Yaxchilán nicht gerettet und re-

stauriert wurde, zum Beispiel anstelle des weit jüngeren Chitzén
Itzá, ist rätselhaft. Malers Karte der Stadt aus dem Jahr 1897
zeigt eine große und eine kleine Akropolis und davor und dahinter ganze Reihen majestätischer Tempel, insgesamt über vierzig
Gebäude. Den architektonischen Gesamtplan zu ermitteln ist
heute nicht mehr möglich. Der Dschungel, der die Ruinen
überwuchert, ist so dicht, daß ihn die Verwalter alle zwei Monate zurückschneiden müssen, damit die Gebäude wenigstens
sichtbar bleiben. Trotzdem durchstoßen gigantische Bäume
und baumgroße Wurzeln Dächer, Mauern und unterirdische
Kammern und drücken die zugeschnittenen Steine auseinander.

Die Pyramidentempel von Yaxchilán sind nicht hoch, aber
ihre oberen Fassaden und Dächer sind mit aus Stein gemeißelten Figuren verziert. Es heißt, der Stein hier sei härter als in Palenque mit seinen hervorragenden Fresken, und deshalb gehören die Steinarbeiten von Yaxchilán mit zu den am besten erhal-
tenen; berühmt ist es für seine gemeißelten Tür- und
Fensterstürze. Sturz Nr. 8 weist eine Kalenderrunde aus dem
Jahr 755 vor Christus auf. Die riesigen Stelen sind großartig,
wenngleich die meisten von ihnen umgefallen und von Moos
überwachsen sind. Andere wurden nach gründlicher Untersuchung mit der bearbeiteten Seite nach unten gelegt, um sie vor
Erosion zu schützen.

So ist Yaxchilán heute ein Juwel der klassischen Maya-Kultur,
seit langem verlassen und mißachtet – lediglich abenteuerlustige
Diebe interessierten sich dafür und raubten eine Stele, um sie an
private Sammler zu verkaufen.

Weshalb die Lakandonen zu dieser heiligen Stadt ihrer alten
Kultur, diesem Ort brütender Geheimnisse, pilgerten, erkannten wir erst, als wir vor dem mittleren Eingang des großen Tempels die kopflose Statue von Hachakyum sahen. Sie hatte die
Gestalt einer menschlichen Katze in einer Positur der Anbetung

oder Verehrung, die sofort an die halbmenschliche Jaguar-Skulptur der Olmeken im Museum von Villahermosa erinnerte. Mahagoni-Holzfäller hatten ihr vor vielen Jahren den Kopf abgeschlagen und am Boden liegengelassen. Hier verbrennen die Lakandonen unzählige kleine Pyramiden aus Kopal und beten dafür, daß Kopf und Körper des Gottes wieder vereint werden. Der Zeitpunkt der Vereinigung bezeichnet die Zerstörung der jetzigen Welt und den Beginn einer neuen Ära mit der Wiedergeburt der alten Götter und einer letzten Blüte der alten Maya-Kultur.

Der exakt berechneten, astronomisch-astrologischen Voraussage ihrer Vorfahren zufolge liegt dieser Zeitpunkt in nicht allzu weiter Ferne.

Das Vermächtnis
der Heiligen Berge

(aus »Mountain Dialogues«)

1981 veröffentlichte Waters eine Sammlung persönlicher Essays mit dem Titel »Mountain Dialogues«. Der Titel des Buches geht zurück auf zwei Berge in der Nähe seines Hauses in Arroyo Seco, New Mexico. Den Heiligen Berg von Taos beschreibt er als »gütig« und »mütterlich«, den anderen, El Cuchillo Del Medio, als »unheilvoll« und »maskulin«. Wie die biblischen Berge Ebal und Garizim prägen diese bipolaren Berge »… der physischen wie der anorganischen Welt und dem organischen Leben ihre Kraft ein …« Waters schreibt:

»[Arroyo Seco] hatte eine eindeutige Aura, einen Rhythmus, ein eigenes Flair. So viele Gefühle zwischen einander widerstreitenden Polen! Alle diese unsichtbaren Kräfte trugen dazu bei, mich nach ihrem Muster zu formen, was immer das heißen mag. Mit der Stimme des lebendigen Landes begannen sie allmählich zu mir zu sprechen, und seine hauptsächlichen Exponenten waren die beiden großartigen Gipfel, die sich über die anderen Berge erhoben …

Unsere Kommunikation mit dem Wesen eines Ortes, mit den dazugehörigen Stimmen eines Baches, eines Felsens, eines Baums, bekräftigt die Tatsache, daß diese Wechselbeziehung notwendig ist für unsere weitere Existenz als eine Spezies von

Organismen, die ebenso wie alle anderen von denselben ewigen Mächten abhängig ist, welche das universale Ganze durchdringen.«

Auf den ersten Blick scheint sich diese Sammlung mit grundverschiedenen Themen zu befassen – von Waters' Nachbarn bis zu »Die Natur und der Sinn des Menschen«. Bei näherem Hinsehen erkennt man jedoch, daß das Buch sehr sorgfältig zusammengestellt ist – es ist so fest gewebt wie eine Navajo-Decke. Themen, die in einem Aufsatz eingeführt werden, erscheinen, verschwinden und tauchen immer wieder in anderen auf. Damit wird die Bedeutung jedes einzelnen dieser Essays unmittelbar in Zusammenhang gestellt mit dem, was vor und nach seinem Erscheinen im Buch gesagt wurde. So wird Waters im ersten Abschnitt beispielsweise von einem Mädchen aus der Nachbarschaft gefragt: »Wie kommt es, daß aus der Erde im Garten etwas wächst?« Diese Frage wird zum Anlaß für den darauffolgenden Aufsatz »The Living Land«. Im zehnten Essay mit der Überschrift »Ley Lines« wird sie wieder aufgegriffen; dort schreibt Waters: »Und hier erhalten wir vielleicht eine Antwort auf die Frage, die das Mädchen aus der Nachbarschaft stellte ...« Darüber hinaus steht das, was der Leser aus diesem Aufsatz und den anfänglichen Essays in »The Sacred Mountain« und »El Cuchillo Del Medio« erfährt, in direktem Zusammenhang mit dem letzten Beitrag. Dieser trägt den Titel »The East is Red« und befaßt sich mit Waters' Besuch der Volksrepublik China im Jahre 1976. Er trägt also auch dazu bei, den Rahmen des Buches zu erweitern – der am Ende in der Tat so weit gesteckt ist, daß der Autor mit Fug und Recht behaupten kann:

»Das Welt- und Menschenbild der großen vergangenen Zivilisationen in Ägypten, Indien, Tibet, China und Mexiko wurde bereits kurz umrissen.«*

Das prominenteste der vielen Themen des Buches ist vielleicht die Persönlichkeit Frank Waters' selbst, denn in diesem Buch gibt er mehr über seine Interessen, seine Erfahrungen und sein Wesen preis als in allen früheren Werken. In »Mountain Dialogues« bekennt sich Waters zu seinen Quellen, den Schriftstellern, Denkern und Orten, die ihn am meisten beeinflußten. Er webt die Fäden dieser Einflüsse zusammen, fügt eigene Gedanken hinzu und präsentiert so einen wahrhaft kosmischen Überblick.

Die Prophezeiung der Hopi

Es ist eigenartig, wie einer merkwürdigen Idee aus obskurer Quelle, die lange Zeit unbekannt, ignoriert oder als irrelevant erachtet wurde, mit einem Mal allgemeine Aufmerksamkeit zuteil werden kann. Die Idee als solche kann keine Erklärung für ihre plötzliche Verbreitung liefern, ebensowenig die Medien, die über sie berichten. So relevant ein Gedanke auch sein mag, er braucht zunächst einen fruchtbaren Boden, in dem er Wurzeln schlagen und sich entfalten kann. Und dieser Boden ist das kollektive Unbewußte jener Menschen, die etwas an ihm finden, das ihre eigenen tiefliegenden Gefühle anspricht.

Die Prophezeiung der Hopi ist ein solches Phänomen. Als ich sie vor einigen Jahren im »Buch der Hopi« veröffentlichte, war sie so unbekannt wie dieses Volk selbst. Heute machen die Hopi Schlagzeilen, und ihre Prophezeiung beschäftigt viele Menschen in aller Welt.

Als ich damals drei Jahre lang bei den Hopi lebte, waren sie

* vgl. S. 351

nicht mehr als ein kleiner Stamm von fünftausend Menschen auf einer Wüstenreservation im Norden Arizonas, die kaum mehr als zehntausend Quadratkilometer umfaßte. Sie wohnten auf neun alte Dörfer verteilt, die auf drei großen Mesas erbaut waren; eine zehnte Siedlung lag in gut achtzig Kilometer Entfernung. Oraibi auf der dritten Mesa besteht mindestens seit dem Jahr 1200 und ist damit die älteste ständig bewohnte Siedlung in den Vereinigten Staaten. Direkt darunter liegt Kiakochomovi, New Oraibi, historisch gesehen ein neues Dorf ohne Tradition, ein sogenanntes »Regierungsdorf«. Die nächsten modernen Städte am damaligen transkontinentalen Highway – Flagstaff, Holbrook, Winslow – lagen hundertsechzig Kilometer südlich und waren nur über Pisten erreichbar. Die Hopi waren verarmte Bauern, die hauptsächlich von dem Mais lebten, den sie auf kleinen Feldern in der sandigen Wüste unterhalb ihrer Mesas anbauten. Und sie waren isoliert und vergessen – ebenso wie die anderen Völker der generell ignorierten indianischen Minderheit der Vereinigten Staaten.

Aber so ärmlich und bedeutungslos die äußere Existenz der Hopi einem erschien, so reich an Sinn und Bedeutung war ihr inneres Leben. Sie gaben ihre Tradition einer mythologischen Vergangenheit weiter wie auch die Prophezeiung einer bedrohlichen Zukunft. Diese befruchtende Vergangenheit war eingebettet in ihren Schöpfungsmythos und die Legenden über ihre sagenhaften Wanderungen, und sie wurde in Szene gesetzt in ihren neun großartigen jährlichen Feierlichkeiten, den einzigen Mysterienspielen, die ihren Ursprung in Amerika haben.

Diese Spiele berichten davon, daß die Hopi in drei aufeinanderfolgenden Welten lebten, die alle zerstört wurden, weil die Menschheit dem Plan der Schöpfung nicht mehr folgte, sondern statt dessen von materiellen Wünschen und technischen Neuerungen abhängig wurde. Eine kleine Minderheit hielt allerdings an dem göttlichen Plan fest und konnte deshalb in die nächste Welt entkommen. Den Hopi gelang es, aus der Vernichtung der Dritten in unsere gegenwärtige Vierte Welt aufzutauchen und die Küsten des südlichen Mexiko oder Mittelamerika zu erreichen. Hier bekamen sie von Massau, dem Verwalter und Bewacher der Welt, die Anweisung, nach Klans geordnete Wanderungen in die vier Himmelsrichtungen zu unternehmen – *pasos* nach Norden und Süden, zum Atlantik im Osten und zum Pazifik im Westen –, bevor sie sich in ihrer Heimat Túwanasavi, dem Zentrum der Welt, niederließen. Túwanasavi war nicht das geographische Zentrum des Kontinents, sondern das spirituelle und magnetische Zentrum an der Kreuzung der von Norden nach Süden und von Osten nach Westen verlaufenden Routen ihrer Wanderungen. Diese Region fällt in etwa zusammen mit der, die heute als die »Four Corners Region« bezeichnet wird – der einzige Punkt in den USA, an dem sich vier Staaten berühren: New Mexico, Arizona, Colorado und Utah. Um in dieser rauhen Wüstengegend überleben zu können, blieb den Hopi nichts anderes übrig, als sich ganz der Natur unterzuordnen und dem göttlichen Plan des Schöpfers zu folgen, anstatt gottlos und materialistisch zu werden.

Dies ist der Unterschied zwischen der Weltanschauung der Hopi, die die Natur erhalten wollen, und den pragmatischen späteren Ankömmlingen, die die Natur um materieller Gewinne wegen zerstören. Wenn diese Zerstörung ihren Höhepunkt erreicht hat, wird es nach Ansicht der Hopi zu einem vernichtenden Bruch, einer erdgeschichtlichen Katastrophe kommen, durch die das Gleichgewicht der Kräfte wiederhergestellt wird. Eine neue Welt wird erschaffen, welche die alte ersetzt, und zu ihr werden jene frommen Hopi aufsteigen, die danach trachten, dem heiligen Schöpfungsplan wieder Gültigkeit zu verleihen. Jeder derartige Aufstieg des Menschen zu einer neuen Welt ist ein weiterer Schritt in der Entwicklung des menschlichen Bewußtseins, und er erfolgt in Übereinstimmung mit den ewigen moralischen Gesetzen, die den revolutionären Prozeß bestimmen. Dieser Ablauf der Dinge hat bereits dreimal stattgefunden, und er wird sich genauso wieder ereignen.

Der Zeitbegriff der Hopi reflektiert diese durchgängige, bis in die früheren Welten zurückreichende Kontinuität des Lebens; die dort stattgefundenen Ereignisse sind im Unbewußten gespeichert, werden aber noch immer intuitiv oder unmittelbar als bewußt empfunden. Vergangenheit und Zukunft sind zu sehr mit der Gegenwart verflochten, als daß sie in eigene »Abteilungen« abgetrennt werden könnten, wie es in der rationalen Zivilisation der Weißen der Fall ist.

Benjamin Lee Whorf nennt die Sprache der Hopi in seinem scharfsichtigen Werk »Sprache, Denken, Wirklichkeit«[1] eine »zeitlose Sprache«. Das Hopi verfügt nicht wie unsere Sprache über drei Zeiten. Unsere »Zeitdauer« wird im Hopi nicht als lineare Einteilung von Vergangenheit, Gegenwart und Zukunft ausgedrückt, sondern als eine Beziehung zwischen zwei Ereignissen. Die Zeit der Hopi, so Whorf, ist im Gegensatz dazu eine echt psychologische Zeit. »Denn wenn wir das Bewußtsein betrachten, finden wir keine Vergangenheit, Gegenwart und Zukunft; alles ist im Bewußtsein, und alles im Bewußtsein *ist*, und ist zusammen.« Deshalb ist Zeit für die Hopi nicht eine Bewegung; sie entspricht eher einer Dauer, einer Speicherung von Veränderung, einer Kraft, die in spätere Ereignisse hinüberreicht. Es geht dabei um ein dauerndes Antizipieren, ein konstantes Werden, aus dem Realität entsteht.

In dieser Denkweise liegen die Kraft und der Wert der neun großen miteinander zusammenhängenden Zeremonien im Jahreslauf der Hopi begründet. Sie inszenieren den Aufstieg aus den drei früheren Welten, als würde er in der unmittelbaren Gegenwart stattfinden. Und als Vorbereitung für den Aufstieg in eine weitere neue (Fünfte) Welt beten die Hopi bei jeder der neun bis neunundzwanzig Tage dauernden Zeremonien und versuchen, gute Gedanken zu hegen. Denn Gedanken sind Kraft. Sie sind die Saat, die mit der Zeit Früchte trägt, das Antizipieren, das Wirklichkeit schafft. Der unmittelbare Zweck ihrer kollektiven Bemühungen bei den Ritualen besteht darin, das Gleichgewicht aller Kräfte der Natur zu erhalten. Welch ein gewaltiger, kosmischer Anspruch! Ein unermeßliches Netz von Beziehungen, das nicht nur die Menschen, sondern auch die Sub-Ordnungen der Minerale, Pflanzen und Tiere beinhaltet, ferner die Supra-Ordnungen der Kachinas, der Geister, und der lebenden Planetenkörper über uns. Alle sind miteinander verbunden in der spirituellen Ökologie eines universalen Musters, das den menschlichen Willen übersteigt.

Doch die Prophezeiung der Hopi ist nicht so simpel, wie es diese skeletthafte Beschreibung vermuten läßt. Sie ist angefüllt mit einem ausgeklügelten System von Symbolen, archetypischen Bildern und zeremoniellen Interpretationen, deren Verständnis eine Betrachtung im Lichte der historischen Ereignisse erfordert, die sie hervorbrachten.

Als die ersten Hopi in dieser neuen Vierten Welt ankamen, so berichtet die Prophezeiung, wurden dem führenden Bärenklan drei Steintafeln gegeben. Die geheimen Zeichnungen stellten die Grenzen des heiligen Landes der Hopi dar, die Gebiete, die den verschiedenen Klans zugeteilt werden sollten, und die Gestalten von sechs Männern, die die führenden Klans repräsentierten. Eine dieser uralten Steinplatten hatte Mina Lansa in Verwahrung, der weibliche *kikmongwi* oder Dorfhäuptling von Old Oraibi; sie zeigte sie mir vor einigen Jahren.

Es sollte jedoch die Zeit kommen, in der die Hopi von einem seltsamen Volk überwältigt wurden, das ihnen einen großen Teil ihres Landes raubte und versuchte, ihnen einen neuen Lebensstil aufzuzwingen, der vom heiligen Pfad abwich. Falls sie sich nicht fügten, würden sie bestraft wie Verbrecher. Die Hopi, ein friedvolles Volk, wie schon ihr Name sagt, leisteten keinen Widerstand. Sie würden Hilfe bekommen; das wußten sie von einer vierten Steinplatte, die der Feuerklan von seinem Gott Massau erhalten hatte. Auf einer Seite dieser Platte waren eine Swastika und eine Sonne eingraviert. Die andere Seite zeigte einen Mann ohne Kopf und das *nakwach*-Symbol der menschlichen Brüderlichkeit. Eine Ecke der Platte war abgebrochen. Massau erklärte, sie sei Pahána (abgeleitet von *pásu*, »Salzwasser«), dem älteren Bruder der Hopi, gegeben worden, der den Auftrag erhalten hatte, in die Richtung der aufgehenden Sonne zu wandern. Er wird schließlich mit der fehlenden Ecke der Platte zu seinem jüngeren Bruder, den Hopi, zurückkehren, und sich damit als der Verlorene Weiße Bruder zu erkennen geben. Einige Hopi werden vom materialistischen Lebensstil ihrer Eroberer verdorben und am Tag der Läuterung zusammen mit der ganzen Welt zerstört; nur jene, die am göttlichen Plan festhalten, werden gerettet. Mit ihnen wird Pahána eine neue universale Brüderschaft der Menschen ins Leben rufen sowie einen neuen Zyklus beginnen und den Aufstieg der Menschheit in die Fünfte Welt unternehmen.

Die Hopi interpretierten die Geschehnisse der aufgezeichneten Geschichte als Bestätigungen von Prophezeiungen und bekräftigten den Unterschied zwischen ihrer Weltanschauung und der der Weißen. Das Vordringen der Weißen nach Westen bestätigte die Vorhersage bezüglich einer Rasse von Eroberern, die einen Großteil des Landes der Hopi an sich riß und sie praktisch auf einer von der Regierung überwachten Reservation einsperrte. Amerikanische Soldaten verschafften sich gewaltsam Zugang zu den Häusern der Hopi, nahmen ihre Kinder mit und brachten sie in weit entfernte Schulen; dort mußten sie eine neue Sprache und einen neuen Lebensstil erlernen. Das Volk des Friedens leistete keinen bewaffneten Widerstand wie seine Nachbarn, die 8491 Navajos, die schließlich unterlagen und in eine vierjährige Gefangenschaft marschierten.

Die heilige Steinplatte des Feuerklans mit der Gestalt des Mannes ohne Kopf gab einen Hinweis darauf, wie diese üblen Umstände überwunden werden konnten: Wenn ein Führer der Hopi sich freiwillig enthaupten ließe, könne er damit sein Volk retten. Doch die beiden Stammesführer zur Zeit der Jahrhundertwende, Lololma, der den Weißen freundlich gesinnt war, und Yukioma, der sie als Feinde betrachtete, lehnten es beide ab, die Prophezeiung zu erfüllen.

Lololma schämte sich so sehr vor seinem Volk, daß er 1901 vor Kummer starb. Sein Nachfolger als Dorfhäuptling von Oraibi wurde Tewaquaptewa, der Sohn seiner Schwester. Tewaquaptewa trat zum Christentum über, stellte sich mit den Weißen auf guten Fuß und wurde der Führer der »Freundlichen«. Ein bewaffneter Konflikt zwischen den beiden Fraktionen wurde durch ein Tauziehen vermieden, das am 8. September 1906 stattfand. Auf der Dritten Mesa wurde eine Linie gezogen, und die beiden Parteien stellten sich links und rechts davon auf. Es wurde vereinbart, daß die unterliegende Seite Oraibi für immer verlassen müsse. Der unblutige Kampf der Friedliebenden endete damit, daß Tewaquaptewas Leute die »Feindlichen« unter Yukioma über die Linie zogen. Noch am selben Abend packten Yukiomas Anhänger ihre Habseligkeiten und wanderten nach Norden, wo sie an einer Quelle lagerten und später das Dorf Hotevilla gründeten.

Die Lebensweise der Hopi hatte dreihundert Jahre Fremdherrschaft der Spanier und Mexikaner überdauert und fünfzig Jahre lang der Aggressivität der Amerikaner widerstanden. Die

Spaltung von Oraibi war mehr als ein Auseinanderbrechen des Volkes in zwei Fraktionen, von denen die eine den eindringenden Weißen freundlich gesinnt war – sie zeigte die psychologische Kluft zwischen Gut und Böse in der Seele der Hopi und den kulturellen Bruch zwischen der alten und der neuen Lebensweise auf.

Im Jahre 1934 verabschiedete der Kongreß der Vereinigten Staaten ein für die Ureinwohner folgenschweres Gesetz, den *Indian Reorganization Act*, der auch als *Wheeler-Howard Act* bekannt wurde. Er leitete eine neue Epoche der Beziehungen zwischen der Bundesregierung und den Indianern ein. Den Hopi wurde erklärt, dieses Gesetz biete ihnen wirtschaftliche Hilfe und die Unterstützung der Bundesregierung, wenn sie eine eigene Verfassung annähmen und einen Stammesrat gründeten, der als alleiniger Repräsentant aller Hopi-Dörfer fungieren sollte. Die Annahme oder Ablehnung dieses Vorschlags sollte durch eine allgemeine Abstimmung beschlossen werden.

Um die Hopi zur Annahme des Vorschlags zu bewegen, engagierte das *Bureau of Indian Affairs* (BIA) der Regierung Oliver LaFarge, einen bekannten Anthropologen, der auch einen Roman über die Navajo geschrieben und dafür den Pulitzer-Preis erhalten hatte.[2] LaFarge begegnete von Anfang an Schwierigkeiten. Die *kikmongwis*, religiöse Führer und Klan-Oberhäupter, sahen keinen Grund, weshalb ihre traditionelle Regierungsform einer vom BIA ins Leben gerufenen und von der Bundesregierung kontrollierten Institution Platz machen sollte. Auch die große Masse der Hopi ließ ihre ablehnende Haltung gegenüber jeglicher Art von Kontrolle durch die Regierung erkennen. Sie nahmen nicht an den Versammlungen teil, die LaFarge in sämtlichen Dörfern einberief mit dem Ziel, den Stamm zu einer Föderation unter einer neuen Konstitution und einem Stammesrat umzustrukturieren. Durch ihr Fernbleiben bei allen Versammlungen und Diskussionen brachten sie auf ihre traditionelle Weise klar ihre ablehnende Haltung zum Ausdruck.

Am 24. Oktober 1936 fand schließlich die Abstimmung statt. In Hotevilla, der Hochburg der Traditionalisten, gaben nur dreizehn von weit über zweihundert Einwohnern ihre Stimme ab – zwölf dafür, eine dagegen. Dieses Ergebnis wurde von der Regierung als überwältigende Zustimmung zur Neustrukturierung des Stammes nach dem Vorschlag des BIA und im Sinne des Gesetzes von 1934 ausgegeben; die 237 Personen, die ihre Opposition durch den Boykott der Abstimmung zum Ausdruck gebracht hatten, wurden einfach ignoriert.

Insgesamt wurden nur 755 von 4500 Stimmen abgegeben – davon waren 651 für die Annahme des Regierungsvorschlages und 104 dagegen. Die 755 Stimmen entsprachen einer Beteiligung von sechzehn Prozent. Doch das BIA und das Innenministerium waren mit dem Ergebnis überaus zufrieden; für sie reflektierte es den Willen des Volkes. Im Dezember 1936 wurden das Abstimmungsergebnis offiziell bestätigt und der Stammesrat der Hopi etabliert.

Der Stammesrat sollte seiner Konzeption entsprechend aus je einem Vertreter pro Dorf bestehen. Diese demokratische Vorstellung der Weißen war den Hopi völlig fremd. Seit Urzeiten war jedes Dorf unter Führung eines eigenen spirituellen Führers, des *kikmongwi*, unabhängig und souverän gewesen. Der *kikmongwi* und andere religiöse Klanführer leiteten nicht nur das religiöse, sondern auch das weltliche Leben der Dörfer. Eigentumsrechte wurden von den Klans in einer hierarchischen Ordnung innerhalb eines Systems der Matrilinearität geregelt. Doch die Eigentumsrechte der Klans wurden als gemeinschaftliche Rechte betrachtet; kein Land der Hopi konnte veräußert oder von fremden Mächten enteignet werden.

Der Stammesrat löschte dieses traditionelle System mit einem Schlag aus, indem er die Funktion der *kikmongwis* und damit die uralte Klanstruktur in Abrede stellte. Daraufhin weigerten sich die führenden Dörfer der Traditionalisten, die den Stammesrat ohnehin nur als Werkzeug des BIA betrachteten, Vertreter in den Rat zu entsenden. Dadurch wurde er effektiv ungesetzlich, weil er nicht mehr repräsentativ für den Stamm war. Doch einige Progressive unterstützten ihn in der Hoffnung, Prestige, die Gunst der US-Regierung oder sonstige Vorteile daraus ziehen zu können.

Und der Erlöser Pahána, der Verlorene Weiße Bruder, kehrte noch immer nicht zurück. Aber als der Zweite Weltkrieg ausbrach, gab es Zeichen, die hoffen ließen.

Auf die Kürbisrasseln, die die Kachinas in den Zeremonien benutzen, sind zwei äußerst wichtige Symbole der Hopi aufgemalt: ein roter Kreis, der die Sonne darstellt, und in seiner Mitte die Swastika. Die Bedeutung dieses Zeichens wurde noch gewichtiger, als die Nazis es zu ihrem Emblem machten. Für einige Zeit glaubten manche Hopi, die Deutschen seien das Volk, das mit Pahána zurückkehren würde. Dann, mit der Niederlage des Hitler-Regimes, kam Japans Streben nach der Weltherrschaft, das jedoch mit der Bombardierung von Pearl Harbour sein Ende fand. Das nationale Emblem der Japaner war die aufgehende Sonne – das zweite bedeutsame Symbol der Hopi. Also transferierten sie nun ihre Hoffnungen auf die Japaner.

Ich erwähnte diese beiden bedeutungsschweren Vorkommnisse in meinem »Buch der Hopi«, doch der Verlag strich sie damals heraus. Das war eine weise Entscheidung, denn schließlich ließen sie eine eindeutige politische Illoyalität der Hopi gegenüber den USA erkennen, während mit dem Buch doch die Hoffnung verbunden war, es könne zur Verbesserung der wirtschaftlichen Situation des Stammes und seiner Beziehungen zur US-Regierung beitragen.

Der Abwurf der Atombomben auf Hiroshima und Nagasaki bestätigte einen weiteren Aspekt der Hopi-Prophezeiung – hatte es darin doch geheißen, es würde ein Kürbis voller Asche vom Himmel fallen und der Erde und den Menschen Zerstörung bringen. In einem Brief mit der Datumszeile »Hopi Indian Empire, 28. März 1949«, der von sechs Häuptlingen unterzeichnet war, wandten sich vier Dolmetscher und sechzehn andere Hopi als Vertreter des Stammes an den Präsidenten der Vereinigten Staaten. Darin sprachen sie die Warnung aus, daß die Hopi und die Weißen nun Angesicht zu Angesicht am Scheideweg ihrer Existenz stünden, am kritischsten Punkt in der Geschichte der Menschheit. »Was wir jetzt entscheiden und im Anschluß daran tun, wird das Schicksal unserer Völker bestimmen ... Wir sprechen hier vom Jüngsten Tag. Im Lichte unserer Prophezeiung wird er im Reich der Hopi stattfinden.«

Keine Antwort traf ein, nichts geschah. Das Geschehen entwickelte sie weiter in Richtung auf den Tag der Läuterung.

Dann wurden in der Black Mesa riesige Kohlevorkommen entdeckt. Dieses 8500 Quadratkilometer große Tafelland liegt zum Teil innerhalb der Hopi-Reservation und zum Teil inmitten des immensen Landes der Navajo und ist beiden Stämmen heilig. Ohne eine Debatte im Kongreß und ohne eine öffentliche Anhörung verpachtete das Innenministerium den im Hopi-Reservat liegenden Teil der Mesa an die *Peabody Coal Company*, die dem Konsortium der zweiundzwanzig größten Energieunternehmen der USA angehörte und mit ihrem Tagebau bereits die Appalachen verwüstet hatte. Weder die traditionellen Stammesführer noch das Volk der Hopi wurden über die Konditionen des Vertrags unterrichtet, der am 16. Mai 1966 vom Stammesrat unterzeichnet wurde. Dieser handelte durch seinen vom

Innenministerium anerkannten Anwalt, einen gewissen John S. Boyden aus Salt Lake City.

Drei Wochen später, am 6. Juni, unterzeichnete der Stammesrat der Navajo einen ähnlichen Vertrag über eine 35jährige Pacht des Teils von Black Mesa, der auf der Reservation dieses Volkes liegt. Beide Dokumente sahen für die Eigentümer des Landes eine Beteiligung von fünfundzwanzig Cents pro Tonne Kohle vor. Die Hopi würden demnach letztlich schätzungsweise 14,5 und die Navajo 58,5 Millionen Dollar erhalten; die Gewinne der *Peabody Coal Company* hingegen würden sich auf circa 750 Millionen Dollar belaufen.

Das Unternehmen begann unverzüglich, 45 000 Tonnen Kohle pro Tag im Tagebau abzubauen. Das riesige kohlebetriebene Kraftwerk spuckte täglich 1300 Tonnen Gase, Schad- und Partikelstoffe in die Luft und verteilte sie über ein Gebiet von mehr als 25 000 Quadratkilometern. Die jährlich geförderten fünf Millionen Tonnen an pulverisierter Kohle wurden mit Wasser vermischt und zum fast 450 Kilometer entfernt liegenden Mohave-Kraftwerk bei Bullhead in Nevada gepumpt. Das dazu nötige Wasser – zwischen 7500 und 19 000 Litern pro Minute – wurde dem Grundwasser entnommen, auf das die Hopi für ihre Quellen und zur Bewässerung ihrer Felder so sehr angewiesen waren. Ein drittes großes Kraftwerk, die *Navajo Plant*, entstand in der Nähe von Page und Glen Cañyon Dam in Arizona. Die acht bis zehn Millionen Tonnen Kohle aus der Black Mesa, die es pro Jahr verbrauchte, wurden per Bahn über 125 Kilometer indianisches Land befördert; seine siebzig Stockwerke hohen Schlote erhöhten den Schadstoffausstoß in dem Gebiet beträchtlich.

Dieser ungeheuerliche »Raub von Black Mesa« mit der damit einhergehenden enormen Verwüstung des Landes, der Erschöpfung natürlicher Wasservorräte und einer enormen Luftverschmutzung zu dem Zweck, Energie an Las Vegas, Los Angeles, Phoenix und Tucson zu verkaufen, machte überall Schlagzeilen. Der öffentliche Unmut über die großen Energieunternehmen und die Bundesbehörden, die deren Interessen unterstützten, wurde vom *Native American Rights Fund*, dem *Environmental Defense Fund*, dem *Sierra Club*, der *National Wildlife Federation* und dem *Black Mesa Defense Club* zum Ausdruck gebracht. Überall tauchten Poster mit der Aufschrift »Rettet die Black Mesa« auf. Daraufhin erließ die Regierung 1969 den *National Environmental Policy Act*, ein Gesetz, das von den Energieunternehmen Angaben über die Auswirkungen ihrer Tätigkeiten auf die Umwelt verlangte. Aber trotz erfolgter Versuche, Emissionsgrenzwerte festzulegen, waren die Ausweitung des Tagebaus und die Pläne für weitere Kraftwerke der von den Bundesbehörden unterstützten Privatindustrie nicht aufzuhalten.

Die Verpachtung der Black Mesa führte nun zum Wiederaufflammen eines jahrhundertealten Streits zwischen den Hopi und den Navajo. Die Regierung hatte im Jahre 1882 ein etwa zehntausend Quadratkilometer großes Wüstengebiet reserviert für die »Hopi und andere Indianer, je nachdem, wie der Innenminister eine Besiedlung für angebracht hält«. Diese Fläche, nämlich die Hopi-Reservation, lag inmitten der riesigen, 65 000 Quadratkilometer umfassenden Reservation der Navajo. Die fünftausend Hopi waren seßhaft; sie lebten in ihren Pueblos auf den Mesas und bauten darunter in kargen Flecken in der Wüste Mais an. Die Navajo hingegen waren Schafhirten. Als ihre Bevölkerung auf mehr als 100 000 anwuchs und ihre Herden das Land überweideten, drangen immer mehr Navajo-Familien in die Reservation der Hopi ein.

Daraufhin erklärte die Bundesregierung ein kleines Kerngebiet von etwa 6500 Quadratkilometern, das *District 6* benannt wurde, als ausschließlich den Hopi gehörendes Weideland. Doch die Übergriffe von Navajos auf das Land der Hopi wurden immer häufiger, und die Auseinandersetzungen zwischen beiden Völkern nahmen an Schärfe zu.

Nun bestimmten drei Bundesrichter, daß die Hopi nach wie vor das exklusive Recht auf das Gebiet des *District 6* hätten; die restlichen 3500 Quadratkilometer ihrer Reservation aber wurden offiziell als *Joint Use Area* deklariert, die von beiden Stämmen benutzt werden dürften. Doch zu einer »gemeinsamen Nutzung« kam es kaum, weil die immer zahlreicher werdenden Navajo-Schafhirten immer mehr Land beanspruchten. 1974 sah sich die Bundesregierung schließlich gezwungen, das Gebiet per Gesetz so aufzuteilen, daß jeder Stamm etwa 3700 Quadratkilometer bekam. Doch aus dieser Entscheidung erwuchsen zum einen zahlreiche Rechtsstreitigkeiten sowohl zwischen den beiden Stämmen als auch gegen die Regierung; zum anderen das bis dato ungelöste Problem einer Neuansiedelung von 3500 Navajo und einigen Hopi. Für die Hopi bedeutete diese Regelung den effektiven Verlust von 3700 Quadratkilometern ihres Landes, das ihnen 1882 zugesprochen worden war.

Die letzte Hoffnung der Hopi, ihr heiliges, ihnen von Massau gegebenes Land je wieder zurückzubekommen, zerschlug sich, als man ihnen für sämtliche verlorenen Gebiete eine Entschädigung von fünf Millionen Dollar anbot. Den Antrag für diese Form einer Einigung hatte der vom Innenministerium anerkannte Anwalt der Hopi bei der *Indian Claims Commission* gestellt. Diese speziell für Forderungen von Indianern etablierte Kommission erkannte den Antrag als berechtigt an, und zwar mit dem Argument, daß die Vereinigten Staaten sich das Land der Hopi angeeignet hatten, als sie 1882 die Hopi-Reservation einrichteten, und daß die damals eingerichtete Reservation das gesamte Land der Hopi umfaßte. Die Hopi argumentierten dagegen, daß ihnen ihr Land bereits 1848 weggenommen worden sei, als die Vereinigten Staaten die ganze Region von Mexiko übernahmen, und daß ihr Gebiet damals mehr als doppelt so groß gewesen sei wie die Reservation von 1882.

Trotzdem wurde eine Abstimmung über die vorgeschlagene Einigung durchgedrückt – den Traditionalisten zufolge von dem Stammesanwalt Boyden, der dafür eine zehnprozentige Provision von 500 000 Dollar einstrich, nachdem er bereits eine Million für die Vermittlung des Pachtvertrages der Black Mesa erhalten hatte. Sie fand im Oktober 1976 statt. Am Tag der Abstimmung aber waren fast 2500 Hopi in Shongopovi versammelt, um einem zeremoniellen Tanz beizuwohnen, und erschienen nicht zur Stimmabgabe. Auch viele andere kümmerten sich nicht darum; sie brachten ihre Opposition der Tradition entsprechend durch Abwesenheit zum Ausdruck. Von den 7500 Hopi stimmten nur 229 für die vorgeschlagene Einigung, 21 waren dagegen.

Die Traditionalisten wandten sich umgehend mit einer von tausend Hopi unterzeichneten Petition an die Kommission und protestierten gegen die Aufgabe aller Rechte und Ansprüche auf ihr angestammtes Land. Doch die Kommission verwarf dieses Gesuch, und der General-Staatsanwalt erkannte das Ergebnis der Abstimmung an.

Dieser Streitfall zog zahlreiche indirekte juristische Konsequenzen nach sich, und auch viele Persönlichkeiten waren darin involviert. Der frühere Innenminister Stewart Udall, der der *Peabody Coal Corporation* die Black Mesa verpachtet hatte, war Mormone. Auch der Hopi-Stammesanwalt John S. Boyden aus Salt Lake City, der sich früher einmal um das Amt des Gouverneurs von Utah und den Vorsitz der Kommission für indianische Angelegenheiten beworben hatte, war Mormone. Der Vorsitzende des Stammesrats der Hopi, Abbott Sekaquaptewa, gehörte ebenfalls einer fest im Glauben der Mormonen verwurzelten Familie an. Sein Bruder Wayne schließlich war ein Kirchenführer der Mormonen, der Herausgeber der Wochenzeitung *Qua' Togti*, Chef einer Baufirma und der Leiter der Handwerkervereinigung, des Motels und des Restaurants im vom Hopi-Stammesrat betriebenen *Hopi Cultural Center*.

Als nächstes schloß der Stammesrat mit der Kirche der Heiligen der Letzten Tage einen Langzeit-Pachtvertrag über ein Stück Land von gut 80 000 Quadratmetern nördlich von Old Oraibi ab, damit die Mormonen dort eine Kirche bauen konnten.

Old Oraibi war in der Zwischenzeit zu einer nur mehr für Archäologen interessanten Ruine verkommen; lediglich eine Handvoll Traditionalisten wohnten noch dort. Das neue Lebenszentrum war Kiakochomovi, New Oraibi, der Sitz der Stammesbüros, die sich für den Fortschritt stark machten. Es war kein echtes Hopi-Dorf, das unter der Leitung eines *kikmongwi*, eines Dorfhäuptlings, dem Zyklus der Rituale folgte, sondern im Grunde eine »weiße« Stadt, die nach Art der Weißen von einem *governor* und einem Verwaltungsrat gemanagt wurde.

Mit einem Zuschuß der Regierung in Höhe von 1,3 Millionen Dollar wurde der Bau eines großen, modernen Bürgerzentrums begonnen. Ein Angehöriger des Sand-Klans erhob Einspruch mit der Begründung, daß der Standort des geplanten Gebäudes seinem Klan gehöre; als traditioneller Priester leitete er zudem sofort gerichtliche Schritte gegen den Stammesrat ein. Doch seine Klage wurde abgewiesen mit der Begründung, daß er keine Funktion als Priester mehr erfülle und daß es kein klaneigenes Land mehr gebe. Kiakochomovi hatte also das Land annektiert und die Baustelle urkundlich dem Stammesrat übertragen.

Die gesamten Auswirkungen der ganzen hier nur kurz umrissenen tragischen Entwicklung traten nun immer deutlicher in Erscheinung. Nur noch wenige Hopi begnügten sich mit einer einfachen bäuerlichen Lebensweise; viele gingen einer Arbeit bei der Regierung oder in der freien Wirtschaft nach. Den Kindern wurde nicht mehr die Bedeutung der Zeremonien nahegebracht. Immer mehr Hopi traten zum Christentum, insbesondere zu den Mormonen, über und führten ein Leben wie die Masse der weißen Amerikaner.

Doch diese tiefgreifenden Veränderungen brachten Probleme mit sich, wie sie der Stamm bisher noch nicht gekannt hatte. Uneinigkeiten und Streitfälle zwischen den beiden Fraktionen zerrissen alle Dörfer; selbst Morde waren nicht mehr ungewöhnlich. Der Alkoholismus wurde zu einem ernsten Problem. Und allen modernen Neuerungen zum Trotz verbreitete sich auf den drei Mesas ein – wenn auch nicht greifbares – Gefühl spirituellen Scheiterns.

Die Minderheit der Traditionalisten blieb bei ihrer unbeugsamen Haltung gegen jeglichen moralischen und sozialen Zerfall oder das, was sie dafür hielt. Sie widersetzte sich allem und jedem mit Vollversammlungen, Aufrufen an Hopi wie Navajo und Briefen an den Präsidenten und den Kongreß. Manche ihrer Anhänger bereisten das ganze Land und hielten Vorträge und Diskussionen ab; ihre Delegationen versuchten vergeblich, bei den Vereinten Nationen Gehör zu finden. Einer der Traditionalisten nahm im September 1977 in Genf an einem besonderen UN-Komitee zur Menschenrechtskonvention teil, um deren Dokumentation von der »Diskriminierung indigener Völker in den Amerikas« mitzuverfolgen – die von der amerikanischen Presse ignoriert wurde. Dem folgte im Oktober ein Schreiben an Präsident Jimmy Carter mit der dringenden Bitte, der Verletzung der Rechte auf Religionsfreiheit, der Landrechte und der grundlegenden Menschenrechte der Hopi Einhalt zu gebieten. Der von Weißen getragenen Gruppe *Friends of the Hopis* zufolge erhielt Präsident Carter mehr als 30 000 Briefe und Telegramme zur Unterstützung der Sache der Hopi. Eine Antwort kam nicht.

Die Anführerin dieser hartnäckigen Widerstandsgruppe war die kleine, alte und kranke Mina Lansa, die Adoptivtochter von Häuptling Tewaquaptewa von Old Oraibi, die auch die alten Steintafeln des Bärenklans verwahrte. Als der Häuptling 1960 starb, ohne einen Nachfolger aus dem Bärenklan zu hinterlassen, wäre seine Position als *kikmongwi* nach der traditionellen Erbfolge an den Papageienklan zurückgegangen. Der erste männliche Nachkomme war sein ältester Sohn Myron, doch dieser hatte sich gegen seinen Vater gestellt. Der nächste war sein Adoptivsohn Stanley Bahnimtewa, der in Los Angeles, Kalifornien, lebte. Er erklärte sich damit einverstanden, daß seine Schwester Mina die Position an seiner Stelle übernahm. So wurde Mina 1964 *kikmongwi* von Old Oraibi, die Führerin der Traditionalisten und die symbolische Mutter aller Hopi. Unterstützt wurde sie von ihrem Ehemann John, dem Oberhaupt des Dachs-Klans und Häuptling der bedeutenden *Powamu Society*. Ich war mit den beiden seit zwanzig Jahren befreundet und bewunderte ihren unbeugsamen Kampfesmut gegen eine überwältigende Übermacht. Doch Minas Gesundheitszustand war schlechter, als wir angenommen hatten; deshalb brachte Dan Budnik sie und John im November 1977 nach Taos. Wir hofften, daß Ruhe und ein Heilritual von Joe Sun Hawk von Taos Pueblo ihr helfen könnten. Doch im Januar 1978 starb sie im Alter von 75 Jahren in einem Krankenhaus in Phoenix, Arizona. Sie war eine große spirituelle Persönlichkeit gewesen, die die Traditionen und den Glauben ihres Volkes in überzeugender Weise verkörpert hatte.

Ihr Tod nahm den Hopi ihre Mutterfigur, so wie Tewaquaptewas Hinscheiden ihnen bereits den symbolischen Vater entrissen hatte. Die Wochenzeitung *Oua' Topti*, »Der Schrei des Adlers«, hatte Mina immer lächerlich gemacht als den »selbsternannten weiblichen Häuptling von Old Oraibi«; in den Leitartikeln des Blattes war oft zu lesen gewesen, daß Minas altmodische Religiosität nur dem Aberglauben Vorschub leiste. In Hotevilla blieb nach dem Tod des alten Dan Katchongva nur noch ein harter Kern von Traditionalisten übrig – eine »streitsüchtige, abtrünnige Fraktion«, die die Zeitung *Oua' Togti* »Großvater David und seine Bande« nannte. Der alternde »Großvater« David Monongva war nicht der anerkannte *kikmongwi* von Hotevilla, denn er gehörte einem unbedeutenden Klan an, der traditionell kein hohes Ansehen genoß. Trotzdem aber wurde er als nomineller, wenngleich uneffektiver Führer ohne Autorität und Einfluß akzeptiert.

Unterstützung bekamen die Traditionalisten von jener »weißen« Organisation, die die fortschrittsgläubigen Hopi als die »schuhlose, langhaarige, radikale Linke der blauäugigen sogenannten ›Freunde der Hopi‹« abstempelten.

So wie es aussah, hatte die progressive Fraktion des Stammesrats, die anstatt der Traditionen der Vergangenheit auf die von der Technik beherrschte Zukunft baute, die Dinge fest in der Hand.

Der wirtschaftlich orientierte Stammesrat leitete die komplexen Geschäfte des Stammes mit Hilfe einer beeindruckenden Zahl von Abteilungen und Komitees. Er hatte über vierhundert feste Angestellte – jeder zwanzigste der mittlerweile 8000 Hopi wurde also von, beziehungsweise war mit der Stammesverwaltung beschäftigt. Die Gesamtsumme der Löhne und Gehälter war von weniger als einer Million Dollar im Jahre 1973 auf drei Millionen Dollar 1977 gestiegen.

Das Gesamtvermögen des Stammes belief sich auf über dreizehn Millionen Dollar. Das jährliche Einkommen aus eigenen Ressourcen der Hopi, die Zuwendungen der Regierung ausgenommen, rangierte zwischen 1,5 und zwei Millionen Dollar; den Großteil davon machten die Gewinnanteile der *Peabody Coal Corporation* aus.

Weitere Bauvorhaben waren im Gang, unter anderem ein zweites Gebäude für die Stammesverwaltung für eine Million Dollar und das riesige 1,3 Millionen Dollar teure Bürgerzentrum. In Planung waren eine neue High School, ein neues Krankenhaus und ein neuer Highway quer durch die Reservation zur Förderung des Tourismus. Überdies versuchte der dem BIA, dem *Bureau of Indian Affairs*, politisch hörige Stammesrat, auch die soziale Struktur der Hopi dem Vorbild der Weißen anzupassen. Nach der Verpachtung des dem Sand-Klan gehörenden Landes für den Bau einer Mormonenkirche schlug er die Gründung einer *New Village Community*, einer neuen Dorfgemeinschaft, auf dem Land des Dachs-Klans vor.

Trotz dieser wirtschaftlich angenehmen Zukunft stellte sich das *Indian Law Resource Center* in Washington, D.C., ein führendes Unternehmen zur Durchsetzung der Rechte amerikanischer Ureinwohner, 1977 auf die Seite der Hopi-Traditionalisten. In einem ausführlichen Bericht deckte es die betrügerischen Machenschaften auf, mit denen die Bundesregierung vorsätzlich durch die Etablierung des vom BIA kontrollierten Stammesrates das traditionelle, von den *kikmongwis* getragene Führungssystem der Hopi sabotiert hatte. Ferner wurde die Verpachtung von Hopi-Land zum Zweck der Kohlegewinnung im Tagebau sowie der für fünf Millionen Dollar erkaufte Verzicht der Hopi auf das gesamte Land des Stammes angesprochen. Ein dritter Hauptpunkt befaßte sich mit John S. Boyden, dem vom BIA anerkannten juristischen Berater des Hopi-Stammesrates. Der

Bericht erklärte, Boyden habe zu der Zeit, als die *Peabody Coal Company* auf der Reservation tätig war, im Interesse dieses Unternehmens gearbeitet, und deckte damit einen Konflikt auf, der nach einer sofortigen Untersuchung von seiten der Regierung verlangte.

Zwischenzeitlich wuchsen sogar in der Fraktion der Fortschrittlichen Zweifel. Die *Peabody Coal Company* pumpte pro Minute 11 000 Liter Wasser aus eineinhalb Kilometer tiefen Brunnen herauf. Die Förderhöhe war bereits um mehr als drei Meter zurückgegangen und fiel jährlich weiter um knapp einen halben Meter. Überdies hielt sich das Unternehmen nicht an die vom *U.S. Geological Survey*, einer Bundesbehörde, ausgegebenen Vorschriften zum Abpumpen von Wasser.

Als nächstes wurde bekannt, daß der Pachtvertrag von *Peabody Coal* genau dann auslaufen würde, wenn die Kohlevorkommen erschöpft, das Land irreparabel verwüstet und die natürlichen Wasservorräte aufgebraucht sein würden. Und was würde dann mit der aufgeblähten Hopi-Bürokratie geschehen, was mit den Menschen, die den heiligen Pfad verlassen und sich dem Materialismus zugewandt hatten?

Was blieb, war die Prophezeiung der Hopi.

Sie wurde in den gesamten Vereinigten Staaten und auch im Ausland verbreitet; in der Presse und in Büchern wurde über sie berichtet. Diese Darstellungen sind sehr unterschiedlich, und einige weiße Kommentatoren scheuten sich nicht, eigene Interpretationen hinzuzufügen. Bei diesen Leuten entwickelte sich ein geradezu heiliges Interesse an der Prophezeiung; sie beharrten darauf, daß deren Inhalt wörtlich zu nehmen sei, daß Pahána wirklich eine Person, ein kommender Messias sei und daß die Welt der Zerstörung anheimfalle – mit Ausnahme derer, die am göttlichen Plan festhielten.

Unser außergewöhnliches Interesse an dieser schrecklichen

Prophezeiung verlangt nach einer näheren Betrachtung. Weshalb paßt sie so gut zu den unbewußten Ängsten, die heute so verbreitet sind? Welches sind ihre verborgenen Bedeutungen?

Die Prophezeiung der Hopi ist zutiefst religiös und spricht eine mythische Struktur unseres kollektiven Unbewußten an, die unterste Schicht unserer Psyche, die mit allen unsichtbaren Kräften des lebendigen Universums im Einklang steht. Sie ist grundverschieden von der bewußten Struktur unseres pragmatischen »weißen« Intellekts, der auf der rational beschränkten Prämisse aufbaut, daß der Mensch die Krone der Schöpfung und dazu bestimmt sei, sich die Natur untertan zu machen.

Doch wie jede Prophezeiung enthält auch diese viele interpretierbare Stellen und eine große Zahl von Symbolen und archetypischen Bildern. Die klarste Darlegung und die detailgenaueste Erklärung wurde mir 1970 von Chief Dan Kotchongva aus Hotevilla gegeben, dem Sohn des historischen Yukioma. Sie lautet kurz umrissen folgendermaßen: Pahána wird bei seiner Wiederkehr eine Rote Mütze oder einen Roten Umhang tragen. Er bringt die heilige Steinplatte (oder die fehlende Ecke) mit, und er wird »nicht einer, sondern viele sein, eine große Bevölkerung«. Er wird mit zwei mächtigen Helfern kommen. Von diesen wird der eine die Swastika tragen; sie repräsentiert das Männliche und Läuterung. Der andere wird das Symbol für die Sonne mit sich führen, die das Weibliche und Läuterung repräsentiert. Als Warnung werden sie die Erde erschüttern. Dann werden alle drei gemeinsam den Tag der Läuterung herbeiführen. Falls ihre Mission versagt, wird Einer aus dem Westen kommen wie ein Sturm. Auch er wird viele Menschen sein und unbarmherzig das Land bedecken wie die Ameisen. Wenn auch er es nicht schafft, die Menschen auf ihre Missetaten aufmerksam zu machen, wird der Große Geist der Erde Zerstörung schicken. Aber selbst wenn nur einige Hopi ihrem alten Glauben treu bleiben, werden Pahána und seine beiden Helfer einen neuen Plan zum ewigen Leben entwerfen, in dem alle Menschen die gleiche Religion haben, eine Sprache sprechen und alles gerecht teilen werden.

Die Swastika und die Sonne sind die wichtigsten Symbole bei den Zeremonien der Hopi; sie werden noch heute auf die Kürbisrasseln aufgemalt, die die Kachinas mit sich führen, und haben eine tiefgehende esoterische Bedeutung.

Die Swastika ist eine Form des universalen Symbols des Kreuzes. Ihr Sinn ist klar. So wie die Arme des Kreuzes in jeweils entgegengesetzte Richtungen weisen und damit Konflikt und Teilung repräsentieren, steht ihr Kreuzungspunkt für Versöhnung und Vereinigung; er ist auch der Punkt, an dem Bewußtes und Unbewußtes zusammentreffen.

Unter dem Aspekt des Hopi-Konzepts von Zeit betrachtet repräsentieren die horizontalen Arme des Kreuzes unsere lineare Vorstellung der in Vergangenheit, Gegenwart und Zukunft aufgeteilten Zeit, während die vertikalen Arme die Zeitdauer der Hopi versinnbildlichen. An ihrer Schnittstelle verschmelzen sie zu einer nicht unterteilten zeitlosen Linie.

Ebenso ergiebig in ihrer symbolischen Bedeutung ist auch die Swastika-Form des Kreuzes.

Wir erinnern uns, daß die frühesten Hopi geordnete Wanderungen in die vier Himmelsrichtungen unternahmen. Als sie an den Grenzpunkten ankamen, wo das Land mit dem Meer zusammentrifft, wandten sich die führenden Klans nach links und »formten« so eine Swastika, die sich gegen den Uhrzeigersinn dreht und die die Erde symbolisierte, die sie für ihr Volk beanspruchten. Die anderen Klans wandten sich nach rechts und beschrieben damit eine Swastika, die sich im Uhrzeigersinn mit der Sonne dreht und ihre Treue zu dieser obersten schöpferischen Kraft symbolisierte.[4]

Nach Beendigung ihrer Wanderungen kehrten alle Klans zum zentralen Schnittpunkt der Kreuzungsarme zurück – will sagen: Nachdem sie »psychische« Reisen an die Grenzen des Bewußtseins am weiten Ozean des kollektiven Unbewußten unternommen hatten – wo das Land mit dem Meer zusammentrifft –, fanden sie ihr heiliges Heimatland, das spirituelle Zentrum ihres inneren Universums.

Geographisch durch Túwanasavi, das Zentrum der Welt, repräsentiert, steht dieser Mittelpunkt heute sowohl für wörtlich zu nehmende als auch mythische Wahrheiten. Er ist ein Brennpunkt des Konflikts zwischen zwei Lebensweisen, der indianischen und der der Weißen, zwischen einer unermeßlichen Vergangenheit und einer drohenden Zukunft. Und in diesem Konflikt kann er auch zum Zentrum der Versöhnung werden.

Die symbolische Bedeutung von Pahána, dem Verlorenen Weißen Bruder, beinhaltet nicht die wörtliche Auslegung, die man ihr so häufig angedeihen läßt. Katchongvas Darstellung der Prophezeiung zufolge ist er »nicht einer, sondern viele«. Er ist die Personifizierung des ursprünglichen unbefleckten rein spirituellen Wesens des Menschen und als solches in uns allen. Er ist in der Tat sowohl einer als auch viele, das göttliche universale Selbst, das alle unsere geringeren weltlichen Selbste verkörpert. Langsam, aber sicher wird sich dieses universale Selbst im Zuge der Erweiterung unseres Bewußtseins hin zu einer Wahrnehmung der in uns inhärenten Einheit manifestieren. Dieses Selbst, das eine universale ewige Sein, nennen die tibetischen Buddhisten das *Dharma-Kaya*, die Essenz der Buddhaheit. Es ist eigenartig, daß einige dieser Leute einmal die Hopi besuchten und dabei die roten Hüte und gelbroten Umhänge ihres Ordens trugen – womit sie im Aussehen dem vorausgesagten Pahána entsprachen. Zudem fanden sie viele Parallelen zwischen ihren religiösen Überzeugungen und jenen der Hopi.

Um die Hopi-Prophezeiung in einen größeren Zusammenhang einzuordnen, muß man daran denken, daß auch die alten Maya mit astrologischer und mathematischer Präzision für das Jahr 2011 das Ende dieser Fünften Welt durch eine Erdkatastrophe voraussagten. Wie nahe steht doch diese Weissagung sowohl der Prophezeiung der Hopi als auch unseren eigenen zunehmenden Befürchtungen gewaltiger Erdbeben und einer Verschiebung der Erdachse!

Vielleicht lassen sich meine eigenen in dem Buch »Mexico Mystique« gegebenen Interpretationen dieser uralten Voraussage der Maya auch auf die Prophezeiung der Hopi anwenden. Womöglich waren die mythischen früheren Welten der Maya, Navajo, Hopi und Buddhisten keine Landmassen im wörtlichen Sinne – obgleich sich die Landflächen der Erde periodisch verändert haben –, sondern vielmehr anschauliche, sinnbildliche Darstellungen der sukzessiven Stadien in der Evolution des Bewußtseins einer die Zeiten überdauernden Menschheit. Aus diesem Grunde habe ich die von den Maya vorausgesagte Sechste Welt als die »kommende Sechste Welt des Bewußtseins« bezeichnet.

Die gegenwärtige materialistische Phase im Leben der Hopi mag in der Tat negativ erscheinen. Aber wenn wir die uralten Vorstellungen der Nahuatl sprechenden Völker und der Chinesen von der zyklischen Veränderung von einer Polarität in ihr Gegenteil akzeptieren, dann können wir auch annehmen, daß die Hopi das universale Gesetz von Bewegung und Veränderung befolgen und sich gegenwärtig »nur« in einer schmerzhaften Übergangsphase hin zu einem neuen Stadium der Evolution befinden.

Wir alle stehen heute an der Schwelle zu einer neuen Ära, einem neuen zyklischen Umschwung der Weltgeschichte. Dennoch enthält dieser Blick in die Zukunft aus der unermeßlichen

Vergangenheit eines Volkes heraus, das vielleicht die ersten Bewohner Amerikas repräsentiert, auch eine Warnung. Wenn wir einen kataklystischen Bruch zwischen dem Spirituellen und dem Materiellen, zwischen unserem Herzen und unserer Vernunft abwenden wollen, dann müssen wir unsere Beziehungen mit allen Lebensformen der Natur erneuern.

Die heiligen Berge der Welt

Meine Heimat, so klein und einzigartig sie auch sein mag, spiegelt das unteilbare Leben des gesamten Universums wider. Die alten Chinesen waren sich dieser Beziehung des Teils zum Ganzen bewußt und nannten sie Tao, das ungeteilte Eine, den Sinn der Welt, den Weg von Himmel und Erde; und daraus entstand ihre erste Religion, der Taoismus. Andere Völker der fernen Vergangenheit in Indien, Ägypten, Tibet, Mexiko und Britannien müssen eine ähnlich innige Beziehung zwischen den Kräften der sie umgebenden Natur, den Wäldern und Flüssen, den Bergen und Sternen beobachtet haben. Aus dieser transzendentalen Einheit von Himmel, Erde und dem Menschen heraus entwickelten sie ihre philosophischen und religiösen Systeme und ihre großartigen Kulturen. Und in ihren Zeugnissen treffen wir immer wieder auf das Motiv heiliger Berge, das universale Thema der Dualität, die Symbole des Kreises und des Quadrats, die wir auch im indianischen Amerika vorfinden.

Die weltweite Bedeutung heiliger Berge wurde mir durch die Freundschaft mit W. Y. Evans-Wentz nahegebracht. Er war ein großer Gelehrter, dessen lebenslange Beschäftigung mit psychischen und spirituellen Dingen sich über drei Kontinente erstreckte.

Dr. Evans-Wentz wurde 1878 in Trenton, New Jersey, geboren und verbrachte seine ersten Lebensjahre in La Mesa, Kalifornien, in der Nähe von San Diego. Nach dem Besuch der

Stanford University setzte er seine Studien im englischen Oxford und in Rennes in der Bretagne fort; von allen drei Universitäten erhielt er hohe akademische Würden.

Vier Jahre lang betrieb er parapsychologische Forschungen bei den keltischen Völkern in Irland, Wales, Cornwall, Schottland und in der Bretagne. Das Resultat dieser Arbeit war sein erstes Buch, »The Fairy Faith in Celtic Countries«, das 1911 publiziert wurde. Im Anschluß daran verbrachte er drei Jahre in Ägypten zu Forschungen über die antiken Begräbnisriten, die im »Totenbuch der Ägypter« beschrieben werden. Dann bereiste er Ceylon, Indien und Tibet und studierte intensiv den tibetischen Buddhismus. Auf diesem Gebiet entwickelte er sich durch seine Herausgabe und Veröffentlichung heute so bekannter Werke wie »Das Tibetanische Totenbuch«, »Milarepa, Tibets großer Yogi«, »Yoga und Geheimlehren Tibets« und »Das tibetanische Buch der großen Befreiung« zu einer internationalen Autorität.

Dr. Evans-Wentz wandte sich dem Mahayana-Buddhismus zu, ließ sich in Indien nieder und erwarb in Almora in der Provinz Kumaon ein Grundstück. Dort lebte er in einem Ashram in Kasar Devi, den er zu einem Forschungszentrum für religiöse Philosophien des Ostens ausbauen wollte. Doch der Ausbruch des Zweiten Weltkriegs setzte diesen Bemühungen ein Ende, und er kehrte nach San Diego zurück.

Unsere Korrespondenz begann im Jahre 1947, als ich mich mit den esoterischen Bedeutungen indianischer Zeremonien im Südwesten der Vereinigten Staaten befaßte. Damals entdeckte ich in Dr. Evans-Wentz' Serie über Tibet viele tibetische und hinduistische Parallelen zu den Glaubensvorstellungen der Navajo und der Pueblos. Und auch er fand in meinen Büchern »The Man Who Killed the Deer« (dt.: »Martiniano und der Hirsch«) und »Masked Gods: Navajo and Pueblo Ceremonia-

323

lism« eine erstaunliche Ähnlichkeit in den grundlegenden esoterischen Aussagen beider religiöser Systeme.

Zu dieser Zeit arbeitete Dr. Evans-Wentz am vierten und letzten Band seiner Serie über Tibet; danach wollte er wieder nach Indien zurückreisen. Doch die Veröffentlichung verzögerte sich, bis er Amerika aufgrund seines fortgeschrittenen Alters nicht mehr verlassen konnte. Darüber hinaus hatte er zwischenzeitlich ein Interesse an den Indianern entwickelt.

Er hatte eine über zwanzig Quadratkilometer große Ranch südöstlich von San Diego geerbt. Das Land erstreckte sich über die mexikanische Grenze von Kalifornien nach Baja California hinein, und zu ihm gehörte auch Mount Tecate, den die Cochima, Yuma und andere Stämme als den heiligen Berg von Cuchama kennen, den »erhabenen hohen Ort«, auf dessen Gipfel die jungen Männer in die heiligen Riten ihres Volkes eingeweiht worden waren. Dr. Evans-Wentz begann nun, überlebende Stammesangehörige nach den entsprechenden Traditionen und Überlieferungen zu befragen und diese zu sammeln.

Im Verlauf seiner Arbeit schrieb er mir 1953 einen Brief und teilte mir mit, er wolle ein Buch über Cuchama schreiben, das aber auch Beiträge über andere heilige Berge enthalten sollte – etwa den Kailash in Tibet, den Omeishan in China und den Arunachala in Indien. In Amerika kannte er keine weiteren derartigen Berge und bat um entsprechende Auskünfte. Ich sandte ihm Material, unsere Korrespondenz weitete sich aus, und schließlich besuchte ich ihn in San Diego.

Er wohnte in einem billigen Hotel in der Innenstadt, wie es einem Pilger des edlen achtfachen Pfades geziemt. Zu jener Zeit war Dr. Evans-Wentz bereits über siebzig Jahre alt, doch er sah zwanzig Jahre jünger aus – ein großer, schlanker Mann von großer Zurückhaltung und mit einem warmen Charakter. Obwohl

ich kein Buddhist war, hatte er mich in seinen Briefen oft als
»Pilger«, »Freund des Pfades« und »Bruder Waters« angesprochen, und nun teilte er seinen reichen Erfahrungsschatz und
seine mystischen Einblicke mit mir.

Durch ihn lernte ich in Los Angeles einen seiner engen
Freunde kennen, George W. Bass, der in der britischen Armee
in Indien gedient hatte und später präkolumbische Ruinen in
Yucatan erforschte. Er war gerade damit beschäftigt, Illustratio-
nen für Dr. Evans-Wentz' Buch anzufertigen.

Wenig später unternahm Dr. Evans-Wentz mit George Bass
und dessen Frau, seinem jungen, medial begabten Neffen Eddie
und mir einen Ausflug nach Cuchama. Ich kannte Cuchama bereits von früher: Vor Jahren, als junger Ingenieur, war ich in Im-
perial Valley tätig gewesen und von dort regelmäßig mit der alten *San Diego and Arizona Railway* nach San Diego gefahren, um
meinem Chef Bericht zu erstatten. Dieser Zug war durch das
mexikanische Dorf Tecate gefahren, und dahinter ragte der mit
immergrünem Gebüsch und Bäumen bewachsene Berg auf. Seinen indianischen Namen und seine Bedeutung hatte ich damals
aber noch nicht gekannt. Mittlerweile war aufgrund eines internationalen Übereinkommens eine Feuerüberwachungsstation
auf dem Gipfel gebaut worden, doch wir durften die Straße pas-
sieren.

Oben angekommen, betrachteten wir mehrere Stunden lang
ungewöhnliche Felsformationen. Eddie kam durch seine übersinnlichen Fähigkeiten zu der Meinung, daß einst, lange bevor
irgendeine Katastrophe den Cuchama auf seine jetzige Höhe reduziert hatte, eine bestimmte ebene Fläche den felsigen Boden
einer großen Höhle gebildet habe. Er hob zwei kleine Steine
auf, die, wie er glaubte, Teile dieses Bodens gewesen waren.
Auch Dr. Evans-Wentz fand ein kleines Artefakt, das ihm durch
sein *prana* den Eindruck von Feuer und Rauch vermittelte. Zum

Schluß beteten wir an diesem »erhabenen hohen Ort« und erbaten Gutes für die Menschen der künftigen Jahrhunderte.

Als George Bass, seine Frau und ich wieder in Los Angeles waren, übergab Mr. Bass die beiden kleinen Steine und das Artefakt Charles F. Smith, einem Psychometriker. Auch dieser glaubte, daß einer der Steine einmal ein Teil des Bodens einer immens großen Höhle gewesen sei. Der andere wies Einwirkungen von Wasser auf. Von beiden erhielt der Psychometriker Eindrücke von Gerüchen, Hitze und tropfendem Wasser. Er meinte, Cuchama sei bereits in drei Kulturperioden frequentiert gewesen. Die ersten menschlichen Wesen dort seien Überlebende einer nicht seßhaften Rasse gewesen, die in ihrem Ursprungsland bereits ausgestorben gewesen sei. Sie hätten kurze Arme und Beine gehabt, doch ihre Körper seien aufgrund der Absorption der vitalen Naturkräfte enorm groß gewesen. Wann und woher sie kamen, wagte er nicht zu sagen; er meinte jedoch, der Cuchama sei zur Zeit ihrer Ankunft ein hoher, markanter Gipfel gewesen, den man bereits weit draußen im Pazifik habe sehen können. Das Artefakt, das Dr. Evans-Wentz gefunden hatte, vermittelte ihm das Bild einer großen Frau mit einem Stirnband. Das größere Stück, von dem es offensichtlich abgebrochen war, sei ein Kochgerät oder ein Werkzeug, das vor nicht allzu langer Zeit noch in Gebrauch gewesen sei. Dies bekräftigte Dr. Evans-Wentz' Eindruck von Feuer und Rauch.

Heute, Jahre später, ist es interessant, den Bericht über eine nächtliche Pilgerfahrt zum Cuchama zu lesen, die vor nicht allzu langer Zeit von Philip S. Staniforts, einem Professor für Anthropologie an der San Diego State University, und fünf Begleitern unternommen wurde. Staniforts beschrieb die psychischen Eindrücke in einem Artikel, der im Sommer 1977 in der Zeitschrift *Phoenix* erschien, und gab darin auch Zeichnungen des Gipfels und seiner ungewöhnlichen Felsformationen wieder. Seine Erfahrung bestätigt Dr. Evans-Wentz' Überzeugung, daß der Cuchama ein heiliger Berg von großer spiritueller Kraft war.

Während der Entstehungsjahre von Dr. Evans-Wentz' letztem Buch schickte er mir und George Bass immer wieder Auszüge und Entwürfe der Arbeit zur Durchsicht zu. Leider erlebten die beiden nicht mehr die Veröffentlichung des Werkes. George Bass starb 1961 in Prescott, Arizona; noch an seinem Todestag schrieb er mir eine kurze Nachricht. Vier Jahre später, im Jahre 1965, verschied Dr. Evans-Wentz in Encinitas bei San Diego.

Er hinterließ seinen Besitz in Indien der *Maha Bodhi Society*, die darauf ein buddhistisches Zentrum errichtete. Der Nettoerlös des größten Teils seines Besitzes in Kalifornien wurde der Stanford University übergeben zu dem Zweck, Stipendien und Professuren für orientalische Philosophien und Religionen einzurichten. Ein Teil seiner Ranch, einschließlich des Cuchama, wurde dem Staat Kalifornien vermacht mit der Bitte, den Berg zum öffentlichen Eigentum zu erklären. Er solle »für immer als mächtiges Monument bestehenbleiben, das über die Weiten des Stillen Ozeans hinweg guten Willen und Brüderlichkeit zwischen den Rassen und Glaubensbekenntnissen von Orient und Okzident symbolisiert«.

Dr. Evans-Wentz' Vermächtnis entsprechend erhielt die Stanford University auch eine große Sammlung seiner Manuskripte über den Orient sowie private Unterlagen, einschließlich des bis dato unveröffentlichten Manuskripts für sein Buch »Cuchama and Sacred Mountains«. Heute, so viele Jahre später, ist es mir eine große Freude, daß es nun endlich zur Veröffentlichung gelangt und ich dazu beitragen durfte, das letzte Werk eines so hingebungsvollen und hervorragenden Gelehrten zu edieren und zu kommentieren.

Schon immer haben die Buddhisten eine tiefe Verehrung für Berge gehegt. Ihr metaphysischer Weltberg Meru ist der Mittelpunkt des Universums; als sein irdisches Abbild gilt der großartige Mount Kailash im Himalaja. Es versteht sich von selbst, daß auch Dr. Evans-Wentz' Interesse an heiligen Bergen auf seinem buddhistischen Glauben und der Tatsache fußte, daß er lange im und unterhalb des mächtigen Himalajas wohnte. Sein letztes Buch befaßt sich natürlich in erster Linie mit den vielen Bergen und deren heiligen Traditionen, mit denen er am besten vertraut war. Es gab unzählige weitere, die darin keine Erwähnung finden, doch die Stellung, die sie in den jeweiligen Glaubenssystemen einnahmen, und die dazugehörigen Traditionen waren einander so ähnlich, daß wenigstens einige von ihnen hier genannt werden sollen.

Als die Buddhisten im ersten Jahrhundert nach China kamen, bestimmten sie den Himmelsrichtungen entsprechend vier heilige Berge. In der Provinz Shansi lag *Wu-t'ai-shan*, der Nordberg mit seinen fünf Gipfeln. *P-u-t'o-shan*, der Ostberg, war vor der Küste von Chekiang. Der Südberg der neun Blumen, *Chiu-hua-shan*, überragte die Provinz Anhwei, und der *Omei-shan*, der Westberg, befand sich in Szetschuan.

Aber bereits lange vor den Buddhisten hatten die Taoisten fünf heilige Berge auserkoren: den *T'ai-shan* in der Provinz Shantung als Berg des Ostens, den *Heng-shan* in Shansi als Berg des Nordens, den *Nan-yueh* oder *Heng-shan* in Hunan als Berg des Südens, den *Hua-shan* oder Blumenberg des Westens in Shensi und den *Sung-shan* im Zentrum, in der Provinz Honan.

In China besteht ein seltsamer uralter Glaube, nach dem ein riesenhafter göttlicher Mann namens P'an Ku, der vor der Erschaffung der Welt lebte, diesen fünf heiligen Bergen Gestalt gab: Als er starb, wurde aus seinem Kopf der *T'ai* im Osten, aus seinem Körper der *Sung* im Zentrum, sein rechter Arm wurde

328

zum *Heng* des Nordens, sein linker Arm zum *Nan* im Süden und seine Füße zum *Hua* im Westen. Deshalb erscheint dieser kosmische Mensch in der chinesischen Mythologie als der Schöpfer des Landes, das seine Gestalt trägt.

Jahrhundertelang kamen Pilger zu diesen neun Bergen, um sie auf steilen, gefährlichen Pfaden zu besteigen und in ihren zahlreichen Tempeln, Schreinen, Pagoden und Klöstern zu beten und Opfer darzubringen. In den Jahren 1935 und 1936, unmittelbar vor der japanischen Invasion Chinas, pilgerten zwei beherzte Frauen, Mary Augusta Mulliken und Anna M. Hotchkis, zu ihnen. Ihr bemerkenswerter Bericht über diese Reisen, der auch detaillierte Beschreibungen sowie Skizzen und Bilder enthielt, wurde schließlich 1973 in Hongkong veröffentlicht.

In Japan wurde die seit dem Altertum praktizierte Verehrung von Bergen in einer kürzlichen Studie von H. Byron Earhart von der Sophia University in Tokio dokumentiert, die mir mein Freund Bob Kostka zur Verfügung stellte. Diesem Bericht zufolge entwickelte sich bereits im siebten Jahrhundert *Shugendo* – der »Weg« der Pilgerfahrten und Rituale oder der Bergeinsamkeit, durch den Menschen sich die religiösen Kräfte heiliger Berge zu eigen machen konnten. Die Bedeutung und der Zweck von *Shugendo* werden ersichtlich aus der Herleitung des Wortes: *Shu* – der Beginn der Erleuchtung des inneren göttlichen Wesens des Pilgers; *gen* – seine ihm inhärente Fähigkeit zu Erkenntnis oder Verwirklichung und *do* – seine Erlangung dessen, was die Buddhisten als *Nirvana* und die Japaner als *nehan* bezeichnen.

Von den 134 heiligen Bergen der *Shugendo*-Sekte war der *Haguro* mit 33 Haupttempeln der bedeutendste. Auf ihm fanden zu jeder der vier Jahreszeiten oder »vier Gipfel« Zeremonien statt. Man nahm an, daß im Verlauf dieser Feierlichkeiten Adepten oder Pilger »in den Berg hineingingen« und damit diese Welt hinter sich ließen und in die »andere Welt« hinüberwechselten. Die Prozession auf den Berg hinauf und die zahlreichen Rituale symbolisierten die Vereinigung des mythischen Paares, das die Menschen erschaffen hatte, die fünf Reifeperioden innerhalb des Mutterleibs und die spirituelle Wiedergeburt aus dem Berg. Ferner erinnerte sie auch an den alten japanischen Glauben, daß die Geister der Toten zu den Bergen zurückkehren und aus ihnen wiedergeboren werden.

Shugendo nahm Elemente des Buddhismus, Taoismus und Shintoismus auf; später kamen auch neue rituelle Stätten hinzu. 1872 wurde es vom Staat verboten, aber nach 1945 entstanden neue Sekten, die diese uralte Tradition wieder aufgriffen.

Eine verblüffende Ähnlichkeit mit *Shugendo* wies das im alten aztekischen Mexiko am 29. Oktober begangene *Tepeilhuitl*, das »Fest der Berge«, auf. Besonders geehrt wurden dabei der *Popocatepetl*, der »Rauchende Berg«, und der *Iztaccihuatl*, die »Weiße Frau« (heute allgemein als »Schlafende Frau« bekannt). Der Dominikanermönch Diego Durán, der im sechzehnten Jahrhundert in dieser Region lebte, beschrieb die entsprechenden Zeremonien in seinem »Book of the Gods and Rites and the Ancient Calendar«, das in einer englischen Übersetzung vorliegt.

In den Häusern und Heiligtümern symbolisierten Nachbildungen aus Amaranth-Samen und Maiskörnern die bedeutendsten Berge des Landes. Das Zentrum bildete der aus Teig geformte Popocatepetl; er war mit Augen und einem Mund versehen und in Papier gekleidet. Neben ihm befand sich das Modell des Iztaccihuatl, der als seine Frau galt. Beiden wurden in zahlreichen Ritualen reiche Gaben dargebracht. Dann wurden die Figuren wie lebende Wesen »enthauptet« und der Teig in einer *Nicteocua* (»Ich esse Gott«) genannten Zeremonie verspeist. Anschließend opferte man Kinder und Sklaven, und die Menschen stiegen auf die Berge, wo sie Feuer entzündeten und Zeremonien abhielten.

Auch zu Ehren des Iztaccihuatl gab es ein in allen Einzelheiten vorgeschriebenes Ritual. Zwei kleine Jungen und zwei kleine Mädchen wurden in Tenochtitlan (dem heutigen Mexico City) kunstvoll ausstaffiert und dann in reich geschmückten Sänften und in Begleitung vieler angesehener Persönlichkeiten und Adeliger den Berg hinaufgetragen. Dort wurden die vier Kinder in einer großen Höhle geopfert, in der sich das Abbild der Göttin befand.

Der scharfsinnige Bruder Durán fügt seiner Beschreibung einen wichtigen Kommentar hinzu: »Die hauptsächlich mit der Verehrung dieser Berge und den Bittgebeten verbundene Intention war nicht, den Berg als solchen zu ehren. Ebensowenig wurden Berge als Götter betrachtet oder als solche angebetet. Die Absicht war eine andere, nämlich an diesen hochgelegenen Orten zum Allmächtigen zu beten, dem Herrn der Schöpfung, dem Herrn, durch den sie lebten. Diese drei Bezeichnungen benutzten die Indianer in ihren Gebeten und Hilferufen nach Frieden ...«

Duráns Bemerkung scheint nahezulegen, daß hinter den exoterischen Riten, mit denen diese Berge als lebende Gottesbilder verehrt wurden, noch eine esoterische Bedeutung als Orte des Zugangs zur göttlichen Macht der gesamten Schöpfung oder als Zugang zu einem höheren Bewußtsein lag.

Noch heute befinden sich auf dem Popocatepetl und dem Iztaccihuatl zahlreiche alte Schreine, und an einem von ihnen findet jedes Jahr am 3. Mai eine nächtliche Zeremonie statt. Die Verehrung von Bergen ist überall in Mexiko anzutreffen. Deshalb war es für mich nichts Ungewöhnliches, als ich bei meinem Ritt durch die Sierras vor etlichen Jahren sogar auf den entlegensten Gipfeln, fernab aller Dörfer, geopferte Truthähne und frische Blumen vorfand.

Am auffälligsten ist dieser Brauch bei den Chamula und Zinacanteco in Südmexiko und Guatemala, Nachfahren der alten Maya. Überall in den Hochländern dieser Region trifft man auf Holzkreuze – am Fuß und am Gipfel heiliger Berge ebenso wie an Quellen und Höhlen in ihren Flanken. Das Imposanteste, was ich in dieser Hinsicht entdeckte, war eine Reihe von einundzwanzig riesigen Kreuzen – manche sieben Meter hoch – auf einem kahlen Berggipfel in der Nähe des entlegenen primitiven Dorfes Romerillo, hoch oben in den Bergen von Chiapas. Zu allen diesen *Kalvarios* kommen die Menschen in Prozessionen, um Kiefernäste und Blumen, Rum und schwarze Hühner zu opfern, Kerzen zu entzünden und Weihrauch zu verbrennen. Wie der Ethnologe Evon Z. Vogt erklärt, hat das Kreuz keine christliche Bedeutung für die Zinacanteco. Es bezeichnet vielmehr die Versammlungsorte ihrer alten Maya-Götter und ist die »Pforte«, der Kommunikationskanal, zwischen Göttern und Menschen. Ebenso wie im *Shugendo* Japans und im aztekischen *Tepeilhuitl*-Ritus finden wir also auch hier heilige Berge als Orte der Kommunikation zwischen der Seele des Menschen und der göttlichen Schöpfermacht, als Orte des Zugangs zu höherem Bewußtsein.

Als Dr. Evans-Wentz im Jahre 1935 den großen indischen Weisen Sri Ramana Maharishi besuchte, fragte er ihn, ob er je einen Guru, einen Lehrer, gehabt habe. In dem Buch »Talks with Sri Ramana Maharshi« gibt er die Antwort des Weisen wieder: Ein Guru sei Gott oder das Selbst, das dem Suchenden in einer beliebigen Form erscheine – in Gestalt eines Menschen oder auch in einer anderen. Sein Guru habe die Gestalt des heiligen Berges Arunachala angenommen, der sich in der Nähe befinde. Dazu bemerkte Dr. Evans-Wentz, daß der menschliche

Körper gewisse geistig-seelische Zentren besitze, zu denen es korrespondierende Zentren auf der Erde gebe, und fragte dann, ob der Besuch solcher heiliger Orte geistig-seelische Wirkungen hervorrufe. Sri Maharishi bejahte dies und erklärte, was auf der Erde sei, sei auch im Körper, und was im Körper sei, sei auch auf der Erde.

Die Glaubensinhalte des indianischen Amerika scheinen diese östliche Lehre zu bestätigen. Eine Pyramide ist ein heiliger Berg. Dasselbe gilt für die Schwitz- oder Visionenhütte, deren Rahmen aus zehn gebogenen Weidenstöcken besteht (die Zahl der endlosen Zeit und des unendlichen Raums). Ebenso ist der menschliche Körper eine Pyramide, ein heiliger Berg. Die Prozessionen zu den Gipfeln heiliger Berge, die in Indien, Tibet, China, Japan und im indianischen Amerika unternommen wurden, waren also eine Suche nach Visionen – ebenso wie die Rituale im Zusammenhang mit der Schwitzhütte. Alle Adepten strebten nach einer heiligen Vision, einem Zugang zu höherem Bewußtsein, sei es auf dem Gipfel eines heiligen Berges, auf der Spitze einer von Menschen erbauten Steinpyramide oder im geistigen Zentrum der menschlichen Pyramide. Dieser Glaube existiert nach wie vor überall in den südamerikanischen Anden; mindestens dreißig der höchsten Gipfel dieses Gebirges beherbergen Schreine.

Mimi Lobell setzt in ihrer Studie über räumliche Archetypen das Auftauchen des Berges aus dem Meer des Chaos gleich mit dem Aufstieg von Ego und Selbstbewußtsein aus der Mutterschoß-Höhle des Unbewußten. Damals nahm die Epoche der Anbetung von Bergen und der Pyramiden bauenden Kulturen ihren Anfang, in der die Verehrung der Erd-Mutter der des Himmel-Vaters weichen mußte und patriarchale Strukturen an die Stelle der matriarchalen traten. Diese Veränderung schlug sich auch in der sozialen Schichtung in unterschiedliche Kasten nieder; an der Spitze der sozialen Pyramide stand fortan ein göttlicher Herrscher. Aber schließlich wurde dem Ego eine erneute Erleuchtungserfahrung zuteil, die es wieder mit der Mutter der gesamten Schöpfung in Beziehung brachte, dem Unbewußten. Somit war also die religiöse Funktion des heiligen Berges, den Menschen zur Überwindung seiner irdischen Existenz zu befähigen und die Einheit mit dem transzendentalen Universum zu erreichen.

In der Kosmologie der Navajo gibt es fünf heilige Berge, die ihr traditionelles Stammesland begrenzten: *Tsolltsilth*, der Heilige Berg des Südens mit der dazugehörigen Farbe Blau, der heute als Mount Taylor in den San Mateo-Bergen New Mexicos identifiziert wird; *Dogo-shee-ed*, der Heilige Berg des Westens mit der Farbe Gelb, heute gleichgesetzt mit den San Francisco Peaks in Arizona; *Debeh-ent-sah*, der Heilige Berg des Nordens mit der Farbe Schwarz, für den Hesperus Peak in der La Plata-Kette in Colorado gehalten wird; und *Siss-najini*, der Heilige Berg des Ostens mit der Farbe Weiß, dessen topographische Entsprechung bislang nicht genau bestimmt werden konnte. Verschiedene maßgebliche Stimmen glauben, es handle sich hierbei um Blanca Peak in Colorado oder Pelado Peak, Abiquiu oder Pedernal Peak in New Mexico. Allgemein wird aber angenommen, der betreffende Gipfel sei Wheeler Peak oberhalb von Taos, der höchste Berg New Mexicos, und auch ich stimme aus mehreren Gründen mit dieser Meinung überein. Innerhalb des von diesen vier physischen Bergen bezeichneten Gebiets ragte zur Zeit des Auftauchens der Navajo aus der vorherigen Welt die große zentrale Achse des Kosmos empor: *Tsilth-nah-ot-zithly*. Dieser Berg der Mitte oder der »Berg, um den herum sich alles bewegt«, ist dem Weltberg Meru, der metaphysischen Achse des buddhistischen Kosmos, zu vergleichen und ebenso wie dieser für die Menschen unsichtbar. Man hat ihn als Huerfano Mountain, oberhalb des Chaco Cañyon in New Mexico gelegen, identifiziert – ein bloßer Hügel, der nicht mehr darstellt als ein materielles Abbild seiner metaphysischen Realität.

Früher gab es in den Vereinigten Staaten noch viele andere heilige Berge. Aber zu wenige sind uns bekannt geworden, weil die einheimischen Völker dezimiert und entwurzelt und die Berge selbst entweiht oder zerstört wurden.

Pike's Peak in Colorado, an dessen Fuß ich geboren wurde, war einer der bemerkenswertesten dieser Gipfel. Im Schöpfungsmythos der Ute ist er von zentraler Bedeutung; sein mythischer Ursprung gleicht den Geschichten von der Sintflut. Seine übernatürlichen Kräfte zogen jahrhundertelang die Menschen an wie ein Magnet. Er war ein Mekka für die Ute, die aus den Rockies herunterkamen, für Arapahoe, Kiowa und Cheyenne aus den Great Plains im Osten, die geweihte Opfergaben in die heilenden Quellen an seinen Abhängen warfen. Als die Weißen kamen, wurde er zum Leuchtfeuer für die *Pike's Peak or Bust*-Wagentrecks der Goldsucher. Auch noch Jahre später, zur Zeit meiner Kindheit, hatte er seinen Zauber nicht verloren – ganze Züge voller Touristen kamen von überall her, um mit Maultieren seine Cañyons zu erkunden, aus seinen eisen- und natriumoxydhaltigen Quellen zu trinken oder einfach nur Blumen an den Wegrändern zu pflücken. Aber weder sein majestätischer schneebedeckter Gipfel noch die jungfräuliche Schönheit seiner Cañyons konnte allein die ruhige Klarheit und Energie erklären, die von ihm als einer Quelle der Spiritualität ausging. Wenn es für jeden Menschen einen psychologischen Archetypus oder einen Guru gibt, der sich als physischer Berg manifestiert, dann ist Pike's Peak der meinige. Ich wuchs mit ihm auf, ich wurde genährt von seiner beständigen, lebendigen Präsenz.

Erst in unseren Tagen wurde seine lebenspendende Energie

zerstört. Heute führen eine Zahnradbahn und eine Straße, die einer Rennstrecke gleicht, bis zum Gipfel. Im vorderen Teil der Bergkette wird Schotter abgebaut. Cheyenne Mountain, unmittelbar südlich von Pike's Peak gelegen, ist ausgehöhlt worden und beherbergt die Kampfeinsatzzentrale der nordamerikanischen Luftverteidigung. Die *Air Force Academy* hat sich den Nordabhang von Pike's Peak angeeignet, und im Süden des Berges breitet sich eine immens große Kaserne aus.

Mount Taylor, der heilige Berg des Südens der Navajo, ist das Zentrum des Uranabbaus in den Vereinigten Staaten. In seine Flanke wurde der tiefste Uranschacht der Welt hineingebohrt, und an seiner Ostseite, auf Land, das heute Laguna Pueblo gehört, ist die größte offene Uranmine in Betrieb.

Die San Francisco Peaks stehen für den heiligen Berg des Westens der Navajo. Dieses Bergmassiv ist auch den Hopi heilig; sie bringen Gebetsfedern dorthin, hinterlegen sie in Schreinen und nehmen Bündel von Kiefernzweigen mit nach Hause zurück, die sie in ihren Zeremonien verwenden. Heute protestieren beide Stämme auf dem Gerichtsweg gegen Pläne, die San Francisco Mountains zu einem Ski- und Erholungsgebiet auszubauen.

Dies sind nur einige wenige Beispiele aus dem Westen der Vereinigten Staaten dafür, wie heilige Berge in diesem Land zusehends dem Militär, der Industrie oder irgendwelchen Profitinteressen zum Opfer fallen. Unsere Zerstörung und Entweihung des lebendigen Landes hat uns zur reichsten und materialistischsten Nation der Geschichte gemacht. Doch unser nationales Ethos des wirtschaftlichen Fortschritts um jeden Preis hat uns dazu gebracht, die der Natur entnommene physische Energie mit der psychischen Energie zu erkaufen, die für unser Überleben als ein geistig-spirituell gesundes Gemeinwesen so notwendig ist. Heute erkennen wir fast zu spät die Rolle der physikalischen Ökologie in unserem Leben, während wir die der psychischen Ökologie nach wie vor verkennen. Denn allen lebendigen Entitäten des mineralischen, pflanzlichen, tierischen und menschlichen Reiches eignet ein inhärentes psychisches Leben, und nur sie alle zusammen bilden unser in sich ausgewogenes Lebenssystem. Jeder Teil trägt dazu bei, das Leben des Ganzen zu erhalten; wenn wir auch nur einem Teil Gewalt antun, schaden wir damit auch uns selbst.

Wenn wir diese Sichtweise akzeptieren können, dann sind wir vielleicht auch fähig zu erkennen, daß die heiligen Berge dieser Erde Quellen psychischer Energie sind, auf die die Menschheit für ihr Leben und ihre Entwicklung angewiesen ist. Vielleicht könnten wir sie – analog zu unseren Kraftwerken für physikalische Energie – als eine Art psychische Kraftwerke betrachten. Besser wären sie jedoch mit den *chakras* zu vergleichen, den psychischen Zentren im menschlichen Körper, auf die Dr. Evans-Wentz sich im Gespräch mit dem Maharishi bezog, denn sie dienen als Sammelpunkte oder Verteilungszentren, die über alle Kontinente unseres Planeten verteilt sind.

Es verdichtet sich in zunehmendem Maße die Überzeugung, daß heilige Berge und andere verehrte Stätten dieser Welt auf Schnittpunkten eines globalen Rasters oder Netzes aus Kraftlinien liegen. Können wir daraus folgern, daß frühere Kulturen, und sogar sogenannte primitive Gesellschaften, von solchen psycho-physischen Zentren wußten, die so über die lebendige Erde verteilt sind, daß ihre Energiefelder nicht nur das Leben in ihrer unmittelbaren Umgebung beeinflußten, sondern auch das des Planeten als eines lebendigen Ganzen? Wenn das zutrifft, müssen wir verspätet erkennen, daß das Reich des Physischen und das Reich des Psychischen letztlich die beiden komplementären Seiten eines transzendentalen Ganzen darstellen.

Eine amerikanische Renaissance

(Nachwort zu: »Cuchama and Sacred Mountains«)

Ebenfalls 1981 schlossen Waters und der Herausgeber dieses Buches die Redigierung des letzten Werkes von Dr. Evans-Wentz mit dem Titel »Cuchama and Sacred Mountains« ab. Frank Waters fügte dem Text eine Einleitung und ein Nachwort hinzu. Letzteres ist hier wiedergegeben; es ist gleichzeitig Waters' letzte Stellungnahme zur Situation zwischen Weißen und Indianern.

Die indianische Renaissance

Die fundamentale Wahrheit in Dr. Evans-Wentz' Meinung, daß derzeit eine indianische oder »amerikanische Renaissance« stattfindet, läßt sich nicht ableugnen. Ohne eine Stützung durch Daten und Fakten ist dieser Standpunkt jedoch zu sehr allgemeiner Skepsis und Ablehnung ausgeliefert. Deshalb habe ich Dr. Evans-Wentz' Ausführungen einige Bemerkungen angefügt; sie sollen seine Überzeugung erläutern und die faktische Wirklichkeit, wie sie sich heute darbietet, aufzeigen.

Wohl kein anderer Teil seines Buches bereitete Dr. Evans-Wentz solch große Schwierigkeiten. Er stimmte vollkommen überein mit den hochgesteckten Zielen und den politischen Leistungen von John Collier, dem Leiter des *Bureau of Indian Affairs* der US-Regierung, der 1940 in Patzcuaro im mexikanischen Bundesstaat Michoacan bei der ersten staatenübergreifenden Konferenz der Indianer Süd- und Nordamerikas den Vorsitz führte. Diese Verhandlungsrunde resultierte in der Etablierung eines *Inter-American Indian Institute* zur Förderung aller indianischen Völker. Die neugegründete Institution sollte von allen Regierungen vertraglich bestätigt werden; gleichzeitig sollten die jeweiligen Regierungen sich verpflichten, entsprechende nationale Institutionen ins Leben zu rufen und das *Inter-American Indian Institute* anteilig durch Zahlungen zu unterstützen. Die meisten der neunzehn Unterzeichnerstaaten hielten sich an diese Regelungen. Doch wie Collier später berichtete, brachen die Vereinigten Staaten den Vertrag, weil die Regierung die zu leistenden Subventionen nicht bewilligte. Damit war das *Inter-American Indian Institute* als effektive Organisation zum Scheitern verurteilt, und die Situation der Indianer in ganz Amerika erschwerte sich beträchtlich.

John Collier zog sich 1945 aus dem Dienst in der Bundesregierung zurück und arbeitete bei der ersten Vollversammlung der Vereinten Nationen kurzzeitig für die amerikanische Delegation als Berater der Treuhandverwaltung. Danach gründete er in Washington, D.C., das *Institute of Ethnic Affairs*, um die Lage der abhängigen Völker auf der ganzen Welt zu verbessern. Mit dieser Institution war ihm jedoch kein Erfolg beschieden, und so zog er sich aus dem öffentlichen Leben zurück. Er wohnte bis zu seinem Tod im Jahre 1968 in Taos, New Mexico, und war ein guter Freund von mir.

In jenen Jahren schrieb er zwei Bücher, »The Indians of the Americas« (1947) und »On the Gleaming Way« (1949). In beiden brachte er seine Überzeugung zum Ausdruck, daß die westliche Hemisphäre sich in der Zukunft an indianische Gesellschaften um Rat und Führung wenden werde, »selbst wenn die Staaten ihre Maßnahmen für die indianische Bevölkerung einschränken«. Dr. Evans-Wentz pflichtete Collier vollständig bei;

er hat im vorliegenden Werk auch ausgiebig aus dessen Büchern zitiert. Es ist schade, daß sich die beiden nie kennengelernt haben; sie waren große Idealisten, Humanisten und Kenner der amerikanischen Urbevölkerung.

1957 war es offensichtlich, daß die Konferenz von Patzcuaro im Jahre 1940 nicht zu der von Collier angestrebten panamerikanischen indianischen Renaissance geführt hatte. Dies teilte ich Dr. Evans-Wentz mit, nachdem ich einen Entwurf seines Manuskripts durchgesehen hatte, und fügte hinzu, daß für sein Festhalten an einer solchen Bewegung keine faktische Basis mehr bestehe.

Doch etwa um dieselbe Zeit ließ er mir durch George Bass ein Büchlein mit dem Titel »The Coming of the Great White Chief« zukommen. Darin war von einer geheimen alten Stadt in den Bergen Südmexikos die Rede, deren Bewohner weißhäutige Chigarau-Indianer seien. Sie würden regiert von einem Großen Weißen Häuptling, der die Vereinigung aller Indianer unter seiner Lehre prophezeie. Diese Vereinigung habe angeblich bereits bei der ersten interamerikanischen Konferenz der Indianer in Patzcuaro begonnen; damals habe der Große Weiße Häuptling den Delegierten mitgeteilt, es sei die Zeit gekommen, eine prachtvolle indianische Hauptstadt zu bauen. Der weiße Marmor für den Tempel stamme aus fünf ausgewählten Steinbrüchen in Mittelamerika, und der Transport des Steins sowie die Wanderung von Stämmen nach Norden werde nun bald erfolgen. Die Stämme würden den Rio Grande überqueren und dann nach Westen zu einer Bergkette wandern, auf die nur die Morgensonne scheine. Dort würden sie die Große Weiße Stadt mit ihrem weißen Marmortempel bauen.

Ich schrieb an Dr. Evans-Wentz und George Bass, das Büchlein sei mir zu unglaubwürdig, um es ernst zu nehmen. Der Große Weiße Häuptling sei auf der Konferenz von Patzcuaro, an der ich auf Einladung John Colliers hin teilgenommen hatte, nicht erschienen. Von einer alten, von weißhäutigen Chigarau-Indianern bewohnten Stadt in den Bergen Südmexikos – die ich bereist hatte – sei nichts bekannt. Die erwähnte Wanderung und den Transport großer Mengen von Marmor nach Norden in die Vereinigten Staaten könne ich mir nicht vorstellen angesichts Einwanderungsbeschränkungen, Zollbestimmungen und der Tatsache, daß für den Bau einer Stadt gar kein Land vorhanden sei, von den vielen weiteren praktischen Problemen im Zusammenhang mit einem derartigen Unterfangen ganz zu schweigen.

George Bass beantwortete meinen Brief ausführlich am 20. Januar 1958:

»Trotz grober Ungenauigkeiten und der seltsamen Namen, die darin verwendet werden, glaube ich, daß das Hauptthema des Büchleins eine Offenbarung von außerordentlicher spiritueller Bedeutung ist, die die Zukunft des gesamten amerikanischen Kontinents betrifft. Andernfalls hätte ich es weder Ihnen noch dem Doktor geschickt … Das Ganze impliziert eine höhere Bewußtseinsstufe … Die Höhenlage der »Stadt«, ihre Größe, ihre Wände, die weiße oder helle Farbe ihrer Gebäude und ihre Tore sind nichts anderes als Symbole für Zustände der Spiritualität … Die große Wanderung nach Norden und der Bau des Tempels weisen hin auf ein Fließen spiritueller Kraft in die gewünschte Richtung und die Entstehung eines Neuen Spirituellen Zentrums aus dem Alten Amerikanischen Mysterienzentrum in Südmexiko. Und das ist die wesentliche Aussage des ganzen Büchleins.

Weißer Marmor ist das Symbol für Reinheit und Wahrheit. Das Herausschneiden einzelner Quader unterschiedlicher Größe aus den fünf großen Steinbrüchen steht für die gesam-

341

melten spirituellen Wahrheiten aus jedem zivilisatorischen Zeitalter; unseres ist das fünfte, und es nähert sich seinem Ende in Chaos und Verfall … Die Errichtung des Tempels der Wahrheit und Gerechtigkeit bezeichnet die Einleitung des sechsten Zeitalters der Zivilisation auf dem nordamerikanischen Kontinent …

Es wird eine Gebirgskette erwähnt, wo *nur die Morgensonne scheinen soll.* Die »Morgensonne« ist die spirituelle Sonne, die *immer* im »Osten« scheint, so wie das spirituelle Auge des Menschen sie wahrnimmt. Und die »Gebirgskette« bezieht sich auf die spirituellen Höhen, progressive Ebenen des Bewußtseins …

Die Wanderung deutet die Vorbereitung an, die auf höheren Ebenen getroffen wird, welche der Zeit voraus sind, das heißt: den spirituellen Impuls, den die Obersten Häuptlinge projizieren, und die Reinkarnation von Seelen einer sehr hoch entwickelten Klasse, die vor mehr oder weniger langer Zeit bedeutsame Erfahrungen in Kulturen amerikanischer Indianer gesammelt haben. Die Wiedergeburt findet statt in dem Maße, in dem die Einrichtungen und Bedürfnisse der neuen Menschen auf der materiellen Ebene entwickelt werden …

Die moralische und spirituelle Regenerierung der Weißen scheint gegenwärtig das drängendste Problem zu sein …«

George Bass schickte eine Kopie dieses Briefes an Dr. Evans-Wentz und legte eine Notiz bei, die unter anderem folgendes besagte: »Ich kann Ihnen versichern, daß ich Ihnen das Büchlein nur aus dem Gedanken einer spirituellen Interpretation heraus sandte … Es steht außer Frage, daß sich die indianischen Restgruppen, die gegenwärtig nördlich des Rio Grande leben, in genügendem Maße für das Werk erholen werden. Die Meister und die Helfer werden in großem Umfang Weiße für ihre Arbeit heranziehen. Viele der Helfer sind bereits hier; einige bereiten den Weg bewußt vor, andere arbeiten unbewußt. Wenn das Sonnensystem in das Wassermann-Zeitalter hinüberwechselt, werden die Konditionen und Schwingungen für ihre fleischliche Manifestation gegeben sein – oder zumindest für eine auf einer wesentlich tieferen Ebene, so daß ihr überragender Einfluß spürbar werden kann ...«

Dr. Evans-Wentz stimmte dieser okkulten Interpretation zu, betrachtete aber auch meine wörtliche Auslegung als »vertrauenswürdig«. Dementsprechend revidierte er diesen Teil des Manuskripts und schickte es an George Bass mit der Bemerkung: »Ich würde mich freuen, wenn Sie eine Kopie an Frank Waters senden würden, damit er sie seinen Vorstellungen gemäß verändern kann; er kann dann auch hinzufügen, was er möchte, und erklären, daß meine freie Bearbeitung für ihn nicht mehr ist als ein Entwurf. Wenn Sie und er nichts dagegen haben, werde ich diese Sache als Anhang in das Buch aufnehmen. Das Thema ist von außerordentlicher Bedeutung und mehr oder weniger ein Resultat der Diskussion über das Büchlein ... Ich gehe davon aus, daß Frank Waters das Manuskript deutlich verbessern wird. Niemand ist dafür besser geeignet als er.«

Ich schrieb also seinen revidierten Entwurf um, und diesen Text faßte er dann noch einmal neu. Diese neue Version enthielt als Zitat meine Feststellung, daß die Indianer beider Amerikas in der Tat eine Stadt bauen würden, allerdings nicht eine physische, sondern eine spirituelle, und daß die Renaissance auf einer kommenden höheren Bewußtseinsebene stattfinden würde.

Ich beschäftigte mich mit diesem Thema bereits in meinem Buch »Mexico Mystique«, dessen Untertitel »The Coming Sixth World of Consciousness« eine Parallele zu George Bass' »sechstem Zeitalter der Zivilisation« darstellt. Dieses Werk beschäftigt sich mit dem Mythos der alten Maya, welcher besagt, daß vor der jetzigen bereits vier Welten existierten, die durch

Katastrophen zerstört wurden. Die gegenwärtige Fünfte Welt hat den exakten mathematischen und astrologischen Berechnungen der Maya zufolge 3113 vor Christi Geburt begonnen und wird im Jahre 2011 nach Christus enden und von einer Sechsten Welt abgelöst werden. Diese sukzessiven Welten scheinen mir Allegorien für die großen Stadien in der Evolution des sich erweiternden menschlichen Bewußtseins zu sein. Falls das zutrifft, berechtigen sie zu einer näheren Beschäftigung mit der phantastischen Voraussage, die die Maya vor tausend Jahren trafen.

Das von den Maya errechnete Datum 2011 nach Christus stimmt in etwa überein mit dem Datum 2160 nach Christus, das in der Fußnote auf Seite 181 [der amerikanischen Ausgabe des Buches, zu dem dieser Text das Nachwort darstellt, A. d. Ü.] als das ungefähre Ende des gegenwärtigen Fische-Zeitalters und der Beginn des Wassermann-Zeitalters genannt wird. Aber seine Bedeutung reicht noch weiter: Da das 2160 Jahre dauernde Fische-Zeitalter das zwölfte und letzte des Tierkreises ist, bedeutet dies, daß mit seinem Ende auch der große Präzessionszyklus von 25 160 Jahren zu Ende geht.

Das kommende erste Zeitalter des neuen Präzessionszyklus ist das des Wassermanns. Sein astrologisches Zeichen ist der Wasserträger. Da Wasser als ein Symbol des Unbewußten gilt, kündigt dies ein weiteres Stadium in der kontinuierlichen psychischen Entwicklung des Menschen an, in dem zu seinem bewußten, rationalen Wissen jene Wahrheiten hinzukommen, die bislang im Unbewußten verborgen liegen. Dies scheint sich bereits anzudeuten in unserem relativ neuen Interesse an der modernen Tiefenpsychologie, an alten Mythen sowie den religiösen Philosophien des Ostens und des indianischen Amerika.

Aus diesem Grunde sollte man das Büchlein »The Coming of the Great White Chief« nicht vorschnell übergehen. Trotz all seiner faktischen Irrtümer greift es wieder jenen verbreiteten Mythos auf, der aus dem Unbewußten des gesamten indianischen Amerika geboren wurde: Die Rückkehr des Großen Weißen Gottes zu seinem Volk, das Wiederauferstehen der alten indianischen Kulturen nach Jahrhunderten der Unterdrückung und den Beginn einer neuen Ära der Brüderlichkeit für alle Menschen. Wie groß ist diese Überzeugung, und wie hartnäckig hat sie sich gehalten! Von den Azteken des alten Mexiko, die die Ankunft des spanischen Eroberers Cortés für das Kommen des Großen Weißen Gottes Quetzalcoatl hielten, bis zu den Hopi unserer Tage, die noch immer der Prophezeiung anhängen, daß bald Pahána, ihr Verlorener Weißer Bruder, aus dem Land der aufgehenden Sonne zurückkommen wird, um ein Zeitalter zu beginnen, in dem alle Rassen, alle Menschen vereint sein werden.

Abgesehen von den je nach Stamm unterschiedlichen Versionen ist der Mythos immer derselbe. Er ist die unbewußte Projektion der Sehnsucht des indianischen Amerika nach Erfüllung und nach Brüderschaft mit allen Rassen. Er ist der unerfüllte Traum der gesamten Menschheit. Und er ist die Essenz von Dr. Evans-Wentz' vorliegendem Buch.

So viel zu der mytho-religiösen Überlieferung, die dem tiefen Unbewußten des Menschen entspringt. George Bass und Dr. Evans-Wentz, die beide diesem Pol unseres dualen Wesens sehr nahestehen, waren nur allzu bereit, die unter dem wörtlichen Sinn liegende esoterische Bedeutung des fraglichen Büchleins zu erkennen. Die meisten von uns sind mehr auf den anderen Pol eingestellt, unser rationales Bewußtsein, das uns mit den täglichen Aspekten unseres Lebens in dieser Welt in Bezug bringt. Die Aussöhnung dieser beiden Pole aber ist, so C. G. Jung, die zukünftige Aufgabe der Menschheit.

Die Schwierigkeit dieses Unterfangens wird illustriert durch

345

die drückenden Probleme, mit denen die Urbevölkerung der westlichen Hemisphäre konfrontiert ist. Die Lage hat sich seit den von John Collier geplanten Reformen drastisch verändert. Die panindianische Bewegung ist nach wie vor nicht mehr als ein vages Ideal. Aber fast in allen Staaten Amerikas hat das Elend der indianischen Völker einen neuen Tiefstand erreicht.

Das fast vier Millionen Quadratkilometer große Amazonas-Tiefland, das heute größtenteils zu Brasilien gehört, war bei der Ankunft der Europäer im Jahre 1500 die Heimat von etwa einer Million Menschen gewesen. Heute leben dort kaum noch 140 000 Indianer in indigenen Gesellschaften, 87 Stämme sind ausgestorben, und die Dezimierung der Urbevölkerung schreitet fort.

1978 schlossen sich acht Staaten zum Amazonas-Pakt zusammen, um die wirtschaftliche Entwicklung des riesigen Amazonas-Beckens zu koordinieren. Zu dem 14 000 Kilometer umfassenden Straßennetz, das zu diesem Zweck gebaut wird, gehört auch der 5000 Kilometer lange Trans-Amazonian Highway, der durch mehr als die Hälfte der 171 Stammesgebiete verläuft, der 4000 Kilometer lange Northern Perimeter Highway, der das Gebiet der Yanomami in Brasilien und Venezuela durchschneidet, und der Santarem-Cuiaba Highway. Diese Straßen erschließen die Region multinationalen Konzernen wie Westinghouse, General Motors und der Weltbank, die die riesigen Vorkommen an Eisen, Aluminium, Mangan, Zinn und Kupfer ausbeuten. Dazu werden Millionen von Hektar Regenwald gerodet, um Weideland für Rinder zu erhalten, deren billiges Fleisch in die Vereinigten Staaten exportiert wird. Schon beim Bau dieser Straßen wurden von Arbeitern Masern, Grippe und Geschlechtskrankheiten eingeschleppt, die ganze Dörfer der Yanomami und Xingu in Mato Grosso dezimierten. Hinzu kamen nachgewiesene Methoden des Völkermords einschließlich

Massakern von seiten der Militärs sowie der Einsatz von Giften, biologischen Waffen und Napalmbomben. FUNAI, die staatliche Indianerbehörde von Brasilien, vertritt den Standpunkt, daß »man den Indianern nicht erlauben kann, die Entwicklung zu behindern«, und nimmt sich das Recht heraus, indianisches Land zur Erschließung zu verpachten.

Auf ähnliche Weise werden den 70 000 Indianern des kolumbianischen Teils des Amazonas-Beckens ihre angestammten Gebiete von Nichtindianern entrissen.

Den Ache und Guarani in Paraguay, die die größten indianischen Bevölkerungsgruppen dieses Staates bilden, ist es verboten, ihre Muttersprache zu sprechen, ihre eigenen Lieder zu singen und ihre Religion auszuüben.

Uruguay wurde wegen der dort vorherrschenden Verfolgung der indianischen Bevölkerung durch das Militär als »Folterkammer Südamerikas« berüchtigt.

Die Hälfte der 13,5 Millionen Bewohner der Anden sind Indianer. In Peru verbietet ihnen ein 1969 erlassenes Gesetz zur Reformierung der Landwirtschaft, sich als »Indios« zu bezeichnen; sie dürfen sich nur »Campesinos« oder Bauern nennen.

Von den fünf Millionen Einwohnern Boliviens sind etwa vier Millionen Indianer; sie sind von Genozid und Ethnozid durch das Militärregime bedroht.

Von den sechs Millionen Einwohnern Guatemalas verfügt Schätzungen zufolge nur etwa ein Prozent über achtzig Prozent des Bodens. Die Mehrheit der Bevölkerung des Landes sind Indianer, die praktisch als Sklaven der spanischstämmigen Grundeigentümer leben müssen – ihr Verdienst beträgt etwa 1,20 DM pro Tag.

Die Rechte der Mapuche-Indianer in Chile werden seit dem 1973 erfolgten Staatsstreich der Militärjunta ständig unterdrückt und mißachtet.

Und die andauernde Revolution in El Salvador ist zu gut bekannt, als daß sie an dieser Stelle kommentiert werden müßte.

Es ist unnötig, diese und andere Maßnahmen gegen Indianer hier aufzuzählen, die von Staaten verübt wurden, welche die Militärhilfe der Vereinigten Staaten und die wirtschaftliche Unterstützung multinationaler Konzerne in Anspruch nehmen können. Sie wurden bereits im September 1977 in Genf bei einer von Nichtregierungsorganisationen veranstalteten Menschenrechtskonferenz von 125 indianischen Delegierten vorgetragen, um die »Diskriminierung indigener Völker in den Amerikas« zu belegen.

Die Situation der Indianer in den Vereinigten Staaten ist sehr uneinheitlich und verwirrend. Auf der negativen Seite der Bilanz stehen die Lebensbedingungen, die im Vergleich mit anderen Bevölkerungsgruppen weit unter dem Durchschnitt liegen: Die Indianer haben die höchste Kindersterblichkeitsrate, die höchste Rate vorzeitiger Schulabgänger und die größte Arbeitslosigkeit; dazu das niedrigste Pro-Kopf-Einkommen und die niedrigste Lebenserwartung. Einige Schritte wurden unternommen, um die Wohn- und Gesundheitssituation sowie Bildung und Ausbildung zu verbessern. Doch der Kongreß hat die Mittel für erst kürzlich eingeführte Maßnahmen in den Bereichen Gesundheit, (Aus-)Bildung, Sozialhilfe und wirtschaftliche Entwicklung gekürzt. Im Repräsentantenhaus wurden Gesetzesvorlagen eingebracht mit dem Ziel, alle Verträge mit Indianern sowie jegliche spezifisch indianische Gesetzgebung aufzuheben und die Wasserrechte auf indianischem Land einzuschränken. Die Industrialisierung einiger Reservationen wird durch die Verpachtung von Land zur Kohlegewinnung im Tagebau vorangetrieben; bestes Beispiel hierfür ist der international bekannt gewordene »Raub der Black Mesa«, die den Navajo und Hopi gleichermaßen heilig ist. Das Innenministerium verpachtete dieses den Indianern gehörende Land an private Energieunternehmen mit der rechtsgültigen Zustimmung der Stammesräte beider Völker, doch die Betroffenen wurden größtenteils nicht einmal davon in Kenntnis gesetzt.

Die meisten Stämme betrachten diese Stammesräte als Marionetten, die streng vom BIA, dem *Bureau of Indian Affairs*, kontrolliert werden. Diese Behörde des Innenministeriums für indianische Angelegenheiten ist einer der größten Streitpunkte. Der Unmut dagegen führte zur Gründung des militanten *American Indian Movement* (AIM) und resultierte in der Besetzung von Alcatraz 1968 und dem 1972 vom AIM organisierten *Trail of Broken Treaties*, einer großen Demonstration, die nach Washington, D.C., marschierte. Dieses Unternehmen begann als eine friedliche Präsentation indianischer Rechte vor der Bundesregierung und endete mit der gewalttätigen Besetzung des BIA-Hauptgebäudes durch die Demonstranten. Im Jahr darauf kam es zu der blutigen zweiten Konfrontation in Wounded Knee/South Dakota, wo 1890 die letzte tragische Schlacht der Indianerkriege des neunzehnten Jahrhunderts stattgefunden hatte. 1978 folgte der *Longest Walk* indianischer Abgeordneter von Kalifornien nach Washington, D.C., wo sie ihre Beschwerden dem Kongreß vortrugen. Diese und zahlreiche andere Ereignisse zeigen klar und deutlich, daß zwischen Weißen und Indianern nach wie vor schwerwiegende Unausgewogenheiten bestehen.

Auf der positiven Seite läßt sich die 1946 durch den Kongreß erfolgte Einrichtung der *Indian Claims Commission* verbuchen. Ferner wurden indianischen Stämmen viele Millionen Dollar zuerkannt dafür, daß ihnen auf unrechtmäßige Weise Land weggenommen wurde. Der *Alaska Native Claims Settlement Act* von 1971 bestimmte, daß die Ureinwohner des Landes über mehrere Jahre verteilt insgesamt 962,5 Millionen Dollar sowie etwa

162 000 Quadratkilometer bundeseigenes Land erhalten sollten. Ein weiterer vielversprechender Schritt war die Einrichtung einer *American Indian Policy Review Commission*, die unter anderem vorschlug, das kontroverse *Bureau of Indian Affairs* völlig neu zu strukturieren. Solche legislative Maßnahmen zeugen vom wachsenden Stolz der Indianer auf ihr natürliches Erbe und dem Bestehen auf ihren Rechten. Sie gehen jedoch auch einher mit unserem relativ neuen Interesse an indianischer Kultur und Religion, nachdem wir diese über ein Jahrhundert lang mehr als mißachteten.

All diese Widersprüche und Kontraste weisen auf die noch immer schmerzliche Unausgewogenheit zwischen Indianern und Weißen in den Amerikas hin. Dieser Konflikt wurzelt in der bei beiden Gruppen völlig unterschiedlichen Auffassung der Natur und des Menschen. Er resultierte in der tragischen Vorherrschaft der materialistischen westlichen Zivilisation über die naturalistische indianische Gesellschaft – zum Schaden beider. Ein wirkliches politisches, soziales und ökonomisches Gleichgewicht von Weißen und Ureinwohnern läßt sich nur durch eine Aussöhnung ihrer ideologischen Differenzen erreichen, die sich nicht mit oberflächlichen Korrekturen zufriedengibt, sondern tiefer geht.

Diese Aussöhnung wird noch viel Zeit in Anspruch nehmen, doch gemäß den spirituellen Gesetzen, die die Evolution des Lebens im gesamten Universum bestimmen, wird sie unausweichlich kommen. Und dann wird nicht nur die amerikanische Renaissance stattfinden, von der dieses Buch handelt, sondern auch die Einheit des Ostens und des Westens – jenes Ziel, dem Dr. Evans-Wentz sein ganzes Leben und all seine Arbeit widmete.

Amerika: Eine Fußnote

(aus: »Mountain Dialogues«)

Waters beschließt sein Werk »Mountain Dialogues« damit, daß er seine vielen Themen um den stetigen Brennpunkt der Interdependenz aller Realität konzentriert, und faßt den Großteil seines dreiundachtzig Jahre umfassenden Denkens mit dem folgenden hoffnungsvollen Blick auf Amerikas Zukunft zusammen.

Was immer man über die westliche Zivilisation sagen kann, ist nicht mehr als eine Fußnote in den zahllosen Werken, die auf die eine oder andere Weise deren verwirrendes Wesen und ihre nicht vorhersagbare Zukunft zu erklären suchen. Mit westlicher Zivilisation meinen wir natürlich deren volle Blüte und machtvollste Entfaltung, unser Amerika, die Vereinigten Staaten.

Das Welt- und Menschenbild der großen vergangenen Zivilisationen in Ägypten, Indien, Tibet, China und Mexiko wurde bereits kurz umrissen.* Beeindruckend hierbei ist die Ähnlichkeit dieser Anschauungen. Sie alle sprechen von der inhärenten Ganzheit des Menschen und seinem Einssein mit dem Universum. Ihre religiös-philosophischen Lehren beruhen auf universalen Gesetzen – so ursprünglich manche von ihnen auch er-

---

* vgl. S. 297.

scheinen mögen und so hoch entwickelt andere waren – bis hin zu einer umfassenden »heiligen Wissenschaft«, die weit über die rein mechanistischen Wissenschaften unserer Tage hinausgingen. Sie waren mehr mit der inneren Entwicklung des Menschen befaßt als mit seinem täglichen äußeren Wohlbefinden.

Viele Wortführer unserer Tage hängen denselben Überzeugungen an – Schwaller de Lubicz, Jung, Wilhelm, Evans-Wentz, Wachsmuth, Gurdjieff, Ouspensky und Collin und all die anderen, die ich zitiert habe. Sie sind nur eine kleine Minderheit, und ihre leisen Stimmen werden im allgemeinen überhört – ebenso wie ihr Glaube, daß der Mensch ein Abbild der Struktur und der Funktionen des Universums ist, daß er für die kosmischen Gesetze empfänglich ist, die die Rhythmen der Natur und die Bewegungen der Himmelskörper beherrschen und daß er somit von Natur aus die harmonische Einheit des universalen Ganzen widerspiegelt.

In direktem Gegensatz dazu steht die dogmatische Ansicht, die unsere materialistische, rationalistische westliche Zivilisation durchdringt, deren Tentakel inzwischen den ganzen Globus umspannen. Sie insistiert auf dem obsessiven Glauben an den ökonomischen Fortschritt, dessen einziges Ziel in einer kontinuierlichen Zunahme des Bruttosozialprodukts besteht. Dies wiederum findet seinen Niederschlag in dem anmaßenden Glauben, daß der Mensch der alleinige Herr seines Schicksals sei und daß die moderne westliche Zivilisation die Krönung all dessen darstelle, was er in der Vergangenheit erreichte.

Doch wir können diese vorherrschende Meinung und die ihr anhaftenden überholten Werte nicht anklagen, ohne die beachtlichen Leistungen unseres hochentwickelten rationalen Bewußtseins und die technischen Errungenschaften der modernen Wissenschaft anzuerkennen. Sie haben uns geholfen, die in der

Vergangenheit gewonnenen intuitiven Wahrheiten besser zu begreifen und uns ein Bild von den künftig noch zu erforschenden Gebieten machen zu können.

Die moderne westliche Physik untersucht die Beziehungen zwischen sämtlichen Konstituenten der Materie. Sie hat die mechanistische Sichtweise aufgegeben, derzufolge die Materie aus voneinander unabhängigen »Bausteinen« der Natur zusammengesetzt ist – Molekülen, Atomen, Elektronen, Protonen und anderen subatomaren Partikeln, die zu klein sind, um sich durch Beobachtung zu erschließen. Als Formen der Materie existieren sie gar nicht; sie sind Formen von Energie. Der große Physiker Niels Bohr wird oft mit folgendem Satz zitiert: »Isolierte Teilchen sind Abstraktionen; ihre Eigenschaften sind nur durch ihre Interaktionen mit anderen Systemen definierbar.« Wir haben unser gesamtes Wissen über sie dadurch gewonnen, daß sie bei extrem hohen Geschwindigkeiten in einem Hochenergie-Teilchenbeschleuniger in eine Zielfläche oder »Blasenkammer« geschossen werden. Dort kollidieren sie mit anderen Partikeln und hinterlassen dabei Spuren, die fotografisch festgehalten werden können. Die Eigenschaften der Teilchen werden dann per Computeranalyse mathematisch deduziert.

Von diesen unsichtbaren subatomaren Partikeln wurde behauptet, sie seien lediglich Produkte unseres theoretischen Denkens; die Sichtweise des Physikers von der Natur sei nicht die der Natur selbst, sondern sie sei seinen menschlichen Postulaten entsprechend konstruiert. Der experimentierende Physiker ist von den »Objekten«, die er beobachtet, nicht abgetrennt; sein eigenes Bewußtsein ist mehr als Teilnehmer denn als objektiver Beobachter involviert. Sämtliche Barrieren zwischen Beobachter und Beobachtetem, Subjekt und Objekt, sind aufgehoben. Bekanntes und Unbekanntes sowie der Prozeß des Wissens selbst verschmelzen zu einem undifferenzierten Ganzen. Das erinnert an die Orakel des *I Ging*, die man erhält, wenn man Münzen wirft, um eines der Zeichen mit den sechs Strichen zu bekommen. In den Akt des Werfens der Münzen fließt der psychische Zustand des Fragers mit ein, und dieser deckt sich mit den in groben Zügen im Text dargestellten physischen Ereignissen.

Im Lichte des wissenschaftlichen Konzepts der Partizipation an allen Phänomenen der materiellen Welt scheint das Universum nicht aus voneinander getrennten Entitäten zu bestehen, sondern ein Netz von Beziehungen zwischen Teilen eines einheitlichen Ganzen zu sein. Diese Vorstellung deckt sich mit der Prämisse der östlichen Metaphysik, daß alle sinnlich wahrnehmbaren Dinge nur Manifestationen des einen universalen und ewigen Absoluten, des irreduziblen Realen, sind. Und dies scheint das eine große Muster des Universums zu sein – die Interdependenz aller lebenden Systeme vom Menschen über die Welt der Pflanzen bis hin zu den Sternen des Weltraums.

Die Psychologie als angewandte Wissenschaft ist ein Produkt der westlichen Zivilisation. Sie deckt die Beziehung zwischen der Materie und der menschlichen Psyche auf. Wie wir wissen, definierte Jung als erster mit dem von ihm gewählten Begriff »Archetypen« die uranfänglichen Bilder, die seit frühester Zeit im kollektiven Unbewußten des Menschen existieren. Später nannte er sie »psychoide Archetypen«, da sie sowohl psychisch als auch non-psychisch sind und nicht nur das menschliche und das gesamte organische Leben prägen, sondern auch das der physischen und anorganischen Welt – sie bilden also eine Brücke, die Geist und Materie verbindet. Daraus entwickelte er seine Theorie der Synchronizität, welche besagt, daß die Energie der Archetypen sich in der kausal unzusammenhängenden Koinzidenz eines psychischen Zustands und eines physischen Ereignisses manifestiert. Auch hier sehen wir also wieder, wie die

Energie des Archetypus dem menschlichen Geist und der Welt der Materie gleichermaßen ihren Stempel aufdrückt. Die menschliche Psyche und die natürliche Welt scheinen eins zu sein.

Doch die Psychologie hat ihre Grenzen. Sie betrachtet Götter, Geister und andere Materialisationen als mentale Phänomene, die vom Unbewußten projiziert werden. Der metaphysische Osten hingegen akzeptiert sie als reale Phänomene, die der *sangsaric*, der begrenzte Geist, wahrnimmt.

Ein weiterer Zankapfel zwischen dem metaphysischen Osten und dem pragmatischen Westen ist das hartnäckige Problem der Reinkarnation oder Seelenwanderung. Das strenggläubige Christentum weist diesen Gedanken zurück, auch Jung konnte ihn nicht akzeptieren. Der bereits zitierte Maharishi dagegen behauptete, er sei aufgrund seiner Bemühungen in früheren Inkarnationen im Hier und Jetzt zur Selbstverwirklichung fähig gewesen. Er war so sehr von der Doktrin der Reinkarnation überzeugt, daß er behauptete, das Karma, der Einfluß vergangener Leben, werde vom Handelnden selbst hervorgerufen. Dieser Handelnde sei jedoch das Ego, das zur niedrigeren Stufe gehöre. Seine Reinkarnationen seien nur Überlagerungen, die durch die Selbstverwirklichung transzendiert werden könnten. Daraus folgerte er seine typische und scheinbar widersprüchliche Behauptung, daß es keine Reinkarnation gebe, weil es kein Ego gebe, sondern nur das Selbst: Verwirkliche dein Selbst, das ist alles.

Heute jedoch sind immer mehr Menschen davon überzeugt, daß jenseits der von unseren Sinnen erfaßbaren noch eine ausgedehnte andere Welt existiert und eine andere Zeitdimension als die, in der wir zufällig leben. Hellseher und medial begabte Menschen berichten über diese Bereiche. Lebende Personen geben Zeugnis ihrer früheren Inkarnationen. Es gibt beglaubigte Fälle von hypnotischen Rückführungen in den pränatalen Zustand und viele weitere Aspekte des paranormalen Lebens, das wir jenseits unserer sensorischen Existenz führen.

Alle diese Dinge werden mittlerweile nicht mehr einfach als okkulte Phänomene abgetan. Regierungsstellen, Universitäten, Gesellschaften und Individuen, einschließlich Wissenschaftlern vieler unterschiedlicher Fachgebiete, forschen in den Bereichen der außersinnlichen Wahrnehmung, der Psychokinese, außerkörperlicher Erlebnisse und des Lebens nach dem Tod. Die Parapsychologie scheint sich heute in derselben Phase zu befinden wie die Freudsche Psychologie in ihren Anfängen, und es dürfte kaum ein Zweifel daran bestehen, daß sie eine große Zukunft vor sich hat. Der gemeinsame Nenner all ihrer verschiedenen Gebiete ist die Prämisse der umfassenden Wechselbeziehungen zwischen Geist und Materie, den Lebenden und den Toten sowie der chronologischen und der unveränderlichen Zeit.

Alle diese neuen Ansätze in der Wissenschaft erhärten den Glauben der alten Kulturen an die inhärente Ganzheit des Menschen und seine harmonische Beziehung mit dem gesamten Universum. Ihr Verständnis ist allerdings weitgehend auf die wissenschaftlichen und akademischen Bereiche begrenzt. Sie üben keinerlei Einfluß aus auf die Willkür und Allmacht von Regierungen und multinationalen, militärischen, politischen und öffentlichen Medien, die den Kurs der gegenwärtigen westlichen Zivilisation vorgeben und das tägliche Leben der Allgemeinheit bestimmen. Ihre destruktiven Reglementierungen scheinen geleitet zu sein von einer linearen Auffassung der Zeit und der Geschichte und von der Annahme, daß die Welt ausschließlich materiell ist.

Die letzten beiden Ansichten sollten wir näher betrachten.

Wie wir erfahren haben, ist die Zeit selbst nicht eine lineare Folge von Vergangenheit, Gegenwart und Zukunft. Sie ist vielmehr ein abgerundetes Ganzes, das in jedem Augenblick alle Unterteilungen unserer rational erfaßten linearen Zeit mit einschließt. Das alte Symbol des Uroboros – die Schlange, die sich in den Schwanz beißt – repräsentiert den vollständigen Zyklus, der Zeit und Raum umfaßt und Anfang und Ende verbindet. Alles Leben widerspiegelt die zyklische Natur der Zeit und eine zyklische Periodizität: die Sterne, die in ihren Umlaufbahnen kreisen, die Aufeinanderfolge der Jahreszeiten und der Zeitalter des Tierkreises, die Geburt, der Tod und die Transformation der Erde und aller Lebewesen; selbst Zivilisationen sind diesem organischen Zyklus unterworfen.

Nicht anders verhält es sich mit der Geschichte der Menschheit. Sie besteht nicht aus einer geradlinigen Evolution aus prähistorischen Gesellschaften über primitive Kulturen bis zum stolzen Höhepunkt der westlichen Zivilisation des zwanzigsten Jahrhunderts. Wie wir sahen, haben vergangene Zivilisationen Höhen des Begriffsvermögens und Ziele erreicht, die zu erlangen wir bislang nicht imstande waren. Unser Empire State Building hält keinem Vergleich mit der göttlich inspirierten Großen Pyramide von Ägypten oder der Sonnenpyramide in Mexiko stand. Unser kolossales Rose Bowl Stadion und andere riesige Stadien sind nicht mehr als kommerzielle Sportarenen, die nichts gemein haben mit den großartigen Ballspielplätzen Mesoamerikas, auf denen Spiele mit bedeutsamen religiösen Funktionen ausgetragen wurden. Ebensowenig haben wir eine religiöse Philosophie zustande gebracht, die sich mit jenen des alten Ägypten, Indiens, Tibets oder Chinas messen ließe.

Unsere enge säkulare Betrachtungsweise der Geschichte stützt sich auf das Christentum, welches das Leben der Menschheit auf einer linearen Zeitskala von der Ankunft Christi bis zu einer schließlichen Apokalypse, der Zweiten Wiederkunft, mißt. Es mißachtet die kosmischen Zyklen von Geburt, Tod und

Transformation aller lebenden Entitäten in der Natur, negiert den Glauben an die Reinkarnation des Menschen, beschränkt ihn auf ein einziges, kurzes Erdenleben und hat ihn zu einer Ewigkeit in einem imaginierten Himmel beziehungsweise einer ebensolchen Hölle verurteilt.

Doch durch die Jahrhunderte zieht sich ein untergründiger Bewußtseinsstrom, der diese lineare Betrachtungsweise transzendiert. Gespeist von hinduistischen und tibetischen Yogis, chinesischen Taoisten, Gnostikern, Kabbalisten, Sufis, Rosenkreuzern und einer Handvoll christlicher Mystiker, hat er die alten hermetischen Lehren am Leben erhalten.

Für Idealisten ist es zwecklos, die Illusion aufrechtzuerhalten, wir könnten die Vorstellungen, die unser gegenwärtiges Leben bestimmen, durch die Lehren der Vergangenheit ersetzen. Unsere alles verzehrende westliche Gesellschaft kann nicht einfach so eine Kehrtwendung machen; dazu ist sie auf ihrer linearhistorischen Einbahnstraße bereits zu weit gegangen.

Der andere Hauptgrund für unser Unvermögen, die Pferde mitten im Sprung zu wechseln, ist meiner Meinung nach das bei uns vorherrschende Bewußtsein, daß die Welt nur materiell real sei. Das Bewußtsein des Menschen bestimmt immer die Art und Weise, wie er die Welt sieht. Verändert man es, dann verändert sich auch die Welt. Die planetarische Gestalt der Erde veränderte sich mit dem sich erweiternden Bewußtsein des Menschen; in früheren Zeiten wurde sie für flach, rechteckig, rund und elliptisch gehalten, für die Nabe eines kreisförmigen Universums und zuletzt für ein winziges Pünktchen in einer von zahllosen Galaxien.

Was immer sie ist – die Welt, wie wir sie sehen, ist physisch real wie die Erde unter unseren Füßen. Ihr Gesamtgewicht in Tonnen wurde genau errechnet; andererseits wurden subatomare Teilchen mit einem Durchmesser von etwa vier Milliardstel eines Zolls fotografiert. Der interplanetarische Raum wird in Millionen Kilometern und Lichtjahren gemessen, die Zeit bis in Millionstel Sekunden aufgeteilt. Diese Makro- und Mikroeinheiten in der Messung haben inzwischen die Absurdität des »googol« erreicht, der Eins mit hundert Nullen.

Doch so, wie die Welt vom Standpunkt der östlichen Metaphysik aus gesehen wird, mag ebenso immateriell oder unwirklich und das Konstrukt unseres begrenzten Bewußtseins sein. Wenn dem aber so ist, wie wird uns die Welt dann erscheinen, wenn unser Bewußtsein sich erweitert und wir eine neue Sichtweise erlangen? Werden wir dann den Eindruck bekommen, daß wir wie Kinder versuchten, eine vergängliche, sich auflösende Seifenblase zu vermessen und zu erforschen? Die Landung eines Astronauten auf dem Mond mitsamt seinen Golfschlägern vergrößerte lediglich unser technisches Wissen und demonstrierte die Intention, unsere Vorherrschaft sogar noch auf andere Himmelskörper auszuweiten – auf Kosten von Millionen hungernder Menschen auf unserem Heimatplaneten. Sie trug nichts bei zu einer Erweiterung unseres begrenzten Bewußtseins, doch eben diese Funktion scheint der einzige triftige Maßstab aller menschlichen Leistung zu sein. Welchen Sinn soll die Monate oder Jahre dauernde Erforschung des interstellaren Raums mit Hilfe schwerfälliger technischer Apparate haben, wenn sich selbst die größten, unmeßbaren Entfernungen im Nu von einem Gedanken überwinden lassen?

Ebenso ist es mit der Zeit. Mit einem Traum, einer Vision, einer paranormalen Erfahrung können wir die linearen Grenzen von Vergangenheit, Gegenwart und Zukunft, so wie wir sie derzeit wahrnehmen, überschreiten. Doch wie ist das möglich, wenn Zeit und Raum dimensionale Felder sind, wie wir heute glauben? Und wie stellt sich dieser Sachverhalt dar, wenn sie lediglich Manifestationen eines universalen Bewußtseins sind? Es wäre leichter, sie in uns selbst zu überbrücken, als sie nach außen zu projizieren.

Wenn wir der materiellen und der metaphysischen Sichtweise gleiche Wertigkeit einräumen, wie kann dann die Welt gleichzeitig als physisch real und immateriell unreal existieren? Nur das Bewußtsein bestimmt die Art und Weise, wie wir sie sehen. Doch zwischen den östlichen und den westlichen Vorstellungen von Bewußtsein besteht ein gewaltiger Unterschied.

Die tantrischen Lehren Indiens und Tibets behaupten, es gebe nur ein unbegrenztes universales Bewußtsein, das von Geist und Materie losgelöst sei. Das menschliche Bewußtsein hingegen ist mit dem psycho-physischen Körper verbunden, es ist das Denkvermögen des begrenzten Geistes. Seine Beobachtungen stellen lediglich die Objekte dar, die wir durch die physischen Sinne und deren Extensionen, wie etwa Mikroskope und Teleskope, wahrnehmen – also nur einen kleinen faktischen Ausschnitt des Lebens. Der Geist ist alles andere als ein objektiver Beobachter. Denn was wir Bewußtsein nennen, ist in Wirklichkeit unbewußt, weil es seinerseits das Objekt des einen ultimativen Beobachters, nämlich des kosmischen Bewußtseins, ist.

Diesem unendlichen, ewigen und einzig objektiven Bewußtsein wird die Kraft des *Seins* und des *Werdens* zugeschrieben. Es »finitisiert« sich selbst in der Welt von Gestalt, Bezeichnung und Form, während es selbst unverändert bleibt. Dieses Vermögen, in der Welt des Materiellen zu evolvieren und sie wiederum zu involvieren, erscheint unserem westlichen pragmatischen Denken alogisch. Doch es erklärt den östlichen Glauben, daß ein finiter, ein begrenzter, endlicher Stein auch unendliches Bewußtsein ist, das sich in Materie begrenzt und definiert, so wie es auch von unserem pragmatischen Bewußtsein begrenzt und definiert wird. Ebenso verkörpert auch das kleinste Teilchen organischer oder inorganischer Materie infinites, unendliches Bewußtsein und sein Vermögen des *Werdens;* dieses wird ersichtlich an der Kraft des lebenden Keims oder der Zelle, zu expandieren oder sich zu vervielfältigen, und an der immensen Gewalt des Atoms, wenn sie freigesetzt wird.

Diese tantrische Erklärung unseres begrenzten menschlichen Bewußtseins scheint philosophisch zu beschränkt zu sein, um von unseren technologisch und fortschrittsorientierten westlichen Spitzen der Gesellschaft, die der östlichen Metaphysik mit soviel Skepsis begegnen, akzeptiert zu werden. Zudem leugnet auch die moderne analytische Psychologie die Existenz eines kosmischen Bewußtseins oder eines universalen Geistes jenseits der Grenzen unseres endlichen menschlichen Geistes.

Robert Ornstein hat jedoch vor kurzem eine leichter zu akzeptierende neurophysiologische Erklärung dafür abgegeben, weshalb wir so und nicht anders denken. Er geht dabei von zwei unterschiedlichen Funktionen des menschlichen Gehirns aus. Die linke Gehirnhälfte kontrolliert die rechte Seite des physischen Körpers und unser rationales Denken, das mit der linearen Zeit in Zusammenhang steht. Die rechte Gehirnhälfte ist mit der linken Körperseite verbunden und für den intuitiven Prozeß zuständig, der unsere holistische Orientierung in Zeit und Raum reflektiert.

Ornstein glaubt, daß wir uns beim Aufstieg der westlichen Zivilisation zur Weltherrschaft mehr und mehr auf die rationale Denkfunktion der linken Gehirnhälfte gestützt haben, und zwar so weitgehend, daß wir von den materiellen Aspekten der Welt, mit denen der linke Teil des Gehirns befaßt ist, dominiert werden. Unsere Kultur ist geprägt von Intellekt und Rechtshändigkeit und unterdrückt fast vollständig jene Seiten des Bewußtseins, die die intuitive und spirituelle Wahrnehmung widerspiegeln.

Hand in Hand mit dieser physiologischen Theorie des geteilten Gehirns geht das Postulat der Psychologie, daß die Dualität des Menschen von der Spaltung in Bewußtes und Unbewußtes herrührt. Beide Aussagen beruhen auf der Prämisse, daß das Bewußtsein mit dem psycho-physischen Körper zusammenhängt, und stehen damit im Widerspruch zu der tantrischen Überzeugung, daß der Geist und sein begrenztes Bewußtsein einen Schleier zwischen die uns eigene Wahrnehmung und das universale Bewußtsein schieben?

Diese Dualität wird auf universaler Ebene illustriert durch das alte chinesische Symbol des *t'ai chi*. Es besteht aus zwei Hälften, Yin und Yang, die in einen Kreis eingeschlossen sind und die gegensätzlichen Polaritäten allen Lebens darstellen – männlich und weiblich, hell und dunkel, Winter und Sommer usw. Daß die Gegensätze komplementär und miteinander vereinbar sind, wird durch einen Yang-Flecken in der Yin-Hälfte und einen Yin-Flecken in der Yang-Hälfte des Symbols angedeutet. Denn wie das uralte *I Ging* sagt, schlägt jede Polarität schließlich in ihr Gegenteil um. Der umfassende Kreis ist der Uroboros, der alle Zeit und allen Raum umschließt, Anfang und Ende miteinander verbindet und auf diese Weise die zyklische Natur der Zeit bekräftigt.

So wird ersichtlich, daß die evolutionäre Erweiterung des menschlichen Bewußtseins ganz offenbar der organischen Struktur der gesamten Schöpfung folgt. Sie findet nicht allmählich statt, sondern in Zyklen von Geburt, Tod und Transformation. Und die periodischen Erweiterungen unseres Bewußtseins fallen zusammen mit den zyklischen Veränderungen, welche die eine kosmische Macht diktiert, die das unteilbare Leben der ganzen Menschheit, der gesamten Natur und selbst des Universums beherrscht.

Diese transzendente Macht übersteigt unsere Gewalt und unser Begriffsvermögen. Unter ihr blühten bereits frühere weltlich orientierte, lineare Zivilisationen auf und vergingen. Andere haben uns mit die Zeit überdauernden Monumenten und hermetischen Zeugnissen Kunde von ihrem höheren spirituellen Bewußtsein hinterlassen. Und auch unsere westliche Zivilisation ist heute am Ende ihrer materialistischen Weltherrschaft angelangt – gleichzeitig mit dem Ende des gegenwärtigen Tierkreis-Zeitalters und des präzessionalen Zyklus. Doch die Zukunft ist nicht so düster, wie es die Prophezeiungen der alten Maya und der Hopi behaupten; die Menschheit wird trotz Katastrophen weiterbestehen. Denn diese wesentlichste Veränderung seit dem Beginn der christlichen Ära bedeutet nicht nur den Tod, sondern auch die transformative Wiedergeburt unserer derzeitigen begrenzten Glaubensvorstellungen. Sie wird nicht über Nacht und auch nicht innerhalb eines einzigen tragischen Jahrhunderts kommen; doch sie ist bereits im Gange. In den unterschiedlichsten paranormalen Erfahrungen, in der Empfänglichkeit der formalen Wissenschaften für Doktrinen aus alter Zeit, in den weltweiten politischen und sozialen Unruhen können wir spüren, wie schon jetzt ihre untergründigen Bewegungen punktuell immer wieder an die Oberfläche durchbrechen. Es geschieht etwas, das von tiefer Bedeutung ist und das uns, wenn wir auf die sich in unserer Zeit ereignenden umgestaltenden Vorgänge achten, ein neues Stadium unseres sich stetig erweiternden Bewußtseins ankündigt.

Anmerkungen

Fever Pitch

1 Hier angegebene Daten beziehen sich auf die Zeit, in der sich Waters erstmals mit einem Manuskript beschäftigte. Ein wesentlicher Punkt für das Verständnis seiner Arbeitsweise ist, daß er ein Manuskript nach Beendigung bedenkenlos zehn, zwanzig Jahre oder noch länger in der Schublade verschwinden ließ, bevor er es zur Veröffentlichung überarbeitete.

2 Aus einem Gespräch mit Frank Waters am 31. August 1976.

3 Horace Liveright übernahm die Veröffentlichung dieses Buches. Er schrieb an Waters: »... Ihren sehr schönen Roman, dem Sie den gräßlichen und, wie ich meine, billigen Titel *The Lizard Woman* gegeben haben« und schlägt im folgenden *Blood Heat* oder *Painted Waves* als Titel vor. Es ist jedoch durchaus möglich, daß Liveright, obwohl er den Wert des Manuskripts erkannt hatte, nicht die Bedeutung des Titels als Ortsname bewußt war (Brief vom 20. Juni 1929). Dieser Roman wurde später unter seinem ursprünglichen Titel von Thorp Springs Press, Austin/Texas neu herausgegeben.

4 Thomas J. Lyon, *Frank Waters* (New York 1973), S. 69. Lyon stellt ferner ganz richtig fest: »*Fever Pitch* ist kein ... schlechtes Buch.«

The Yogi of Cockroach Court

1 Gespräch mit Frank Waters am 27. Januar 1974.

Easy Meat – eine Geschichte

1 *North American Review*, April 1931, S. 300–309.

Colorado Mining Trilogy

1 Lyon S. 133.

People of the Valley

1 Frank Waters, *People of the Valley*, New York 1941, S. 177.
2 *People of the Valley*, S. 282.
3 *People of the Valley*, S. 134.
4 Siehe auch Frank Waters, *Fifth World, Ninth Planet* in *Voices from the Southwest: A Gathering in Honor of Lawrence Clark Powell*, Flagstaff/Arizona 1976, S. 55–62.

The Man Who Killed the Deer – Martiniano und der Hirsch

1 Lyon S. 107.

The Colorado

1 Thomas J. Lyon, »The Works of Frank Waters«, eine auf Kassette aufgezeichnete Vorlesung für *Cassette Curriculum*, Everett/Edwards, Inc., 1974.
2 Bezeichnenderweise schrieb Waters den Großteil dieses Werkes während des Zweiten Weltkrieges, als er in Washington, D.C., für die Regierung arbeitete.

Masked Gods

1 »The Four Corners« ist der einzige Punkt der USA, in dem vier Staaten zusammentreffen, nämlich Utah, Colorado, Arizona und New Mexico. (Anm. d. Ü.)
2 dt.: Der Gang der Weltgeschichte, jedoch gekürzt auf 2 Bände (Anm. d. Ü.).
3 Arnold J. Toynbee, *Civilization on Trial*. Oxford University Press, New York 1947.
4 Das in diesem Kapitel von Frank Waters wiedergegebene mathematische und physikalische Wissen ist teilweise durch neue Erkenntnisse der Wissenschaft überholt. Es wurde jedoch nicht überarbeitet, um Waters' damaligen Wissensstand authentisch wiederzugeben. (Anm. des Verlags)

The Woman at Otowi Crossing

1 Frank Waters, *The Woman at Otowi Crossing* (Chicago, 1971), S. 240.

2 *Otowi*, S. 240.
3 Lyon, S. 131.

Das Buch der Hopi

1 Frank Waters, *Pumpkin Seed Point* (Chicago, 1969), S. XI.
2 Frank Waters, *Das Buch der Hopi*, Eugen Diederichs Verlag, 1980, S. 13.
3 Lyon, S. 53.
4 Waters, *Das Buch der Hopi*, S. 13.

Pumpkin Seed Point

1 Pumpkin Seed Point, S. XII.
2 Lyon, S. 62.
3 aus: »Tapfer ist mein Volk«, S. 204–206.
4 Der Leser wird Unterschiede in der Schreibweise von Hopi-Wörtern und -Namen zwischen diesem und den folgenden Textauszügen bemerken. Der frühere Versuch einer präzisen phonetischen Wiedergabe wurde später zugunsten einfacherer Formen aufgegeben. So wird etwa der Nachname von Old Dan, hier *Qochhongva* geschrieben, später, in *Mountain Dialogues*, als *Katchongva* wiedergegeben. (Anm. v. C. Adams)

To Possess the Land

1 Frank Waters, »The Western Novel: A Symposium«, *The South Dakota Review*, Herbst 1964, S. 14.

Mexico Mystique: The Coming of the Sixth World of Consciousness

1 Frank Waters, *Mexico Mystique: The Coming of the Sixth World of Consciuosness*, Chicago 1975, S. VII.
2 *Mexico Mystique*, S. IX.
3 José Arguelles, »Sacred Calendar and World Order«, *Shambhala Review*, Bd. 4, Nr. 55 (März/April 1976), S. 13.
4 Lilly de Jongh Osborne, *Indian Crafts of Guatemala and El Salvador*
5 Evon Z. Vogt, *The Zinacantecos of Mexico (?)*
6 Christine Price, *Heirs of the Ancient Maya*.

Mountain Dialogues

1 Benjamin Lee Whorf; *Sprache, Denken, Wirklichkeit*. Hamburg: Rowohlt 1963/1991.

2 *Laughing Boy*, dt. *Indianische Liebesgeschichte*, Fischer TB 1980 – dt. Erstveröffentlichung unter dem Titel *Der große Nachtgesang* 1933 im Eugen Diederichs Verlag. (A. d. Ü.).

4 Im Original heißt es, daß sich die führenden Klans nach rechts (gegen den Uhrzeigersinn) und die anderen Klans nach links (im Uhrzeigersinn) wandten. Da es sich dabei ganz offensichtlich um einen Irrtum handelt, wurde diese Stelle berichtigt. (Anm. d. Verlags)